U0503554

涛 ＼ 著

元时期山西地区

真教艺术研究

文物出版社

图书在版编目（CIP）数据

蒙元时期山西地区全真教艺术研究／吴端涛著. —
北京：文物出版社，2019.4
（考古新视野）
ISBN 978 - 7 - 5010 - 6098 - 6

Ⅰ.①蒙…　Ⅱ.①吴…　Ⅲ.①全真道 - 寺庙壁画 - 研
究 - 山西 - 元代　Ⅳ.①K879.414

中国版本图书馆 CIP 数据核字（2019）第 044203 号

蒙元时期山西地区全真教艺术研究

著　　者：吴端涛

责任编辑：谷　　雨
装帧设计：肖　　晓
责任印制：梁秋卉

出版发行：文物出版社
地　　址：北京市东直门内北小街 2 号楼
邮　　编：100007
网　　址：http：//www. wenwu. com
邮　　箱：web@ wenwu. com
经　　销：新华书店
印　　刷：北京京都六环印刷厂
开　　本：710mm×1000mm　1/16
印　　张：22. 75
版　　次：2019 年 4 月第 1 版
印　　次：2019 年 4 月第 1 次印刷
书　　号：ISBN 978 - 7 - 5010 - 6098 - 6
定　　价：90. 00 元

本书版权独家所有，非经授权，不得复制翻印

内容提要

　　本书主要从宫观、壁画和祖师形象三个层面对全真教艺术展开分析。

　　在搜集整理蒙元时期198所宫观的基础上，从区域分布、修建时段与殿堂设置三个方面展开对山西全真宫观的历史考察。继而归纳了起废与新建两种宫观修建模式，并认为全真教将立观度人纳入修道阶梯所产生的助推力量、全真教义的"有为"观和复归道教传统的思路确立合力促成了全真宫观的鼎盛发展。

　　永乐宫重阳殿壁画的研究则聚焦重阳画传的叙事结构及宗教性传达两个方面。笔者分别从时间、视角、结构和空间四个方面定义了重阳殿壁画的叙事性，并注意到壁画中图像与榜题之间的不对应问题，而图文之间的相互修正体现出了"涵化"的特征。笔者还借用罗兰·巴尔特的"刺点"概念对重阳壁画中地狱场景的图文结构及文本来源进行分析，借用米歇尔的元图像理论对重阳祖师在度化过程中使用的绘画母题进行了研究。

　　在宫观的宏观研究以及壁画的"超细读"基础上，笔者以孙不二形象为例，探讨教派祖师视觉形象的历史塑造问题。首先从图像志层面辨识了重阳殿壁画中的孙不二形象，并注意到其在壁画中出现与消失的现象。继而从性别角度分析其女性身份对其视觉形象演变所产生的影响。此外，全真女冠来源的复杂所引发的社会舆论的负面评价亦影响到了祖师形象的文字描述与图像表现。

作者简介

　　吴端涛，男，1986 年生，山东惠民人。2008 年、2011 年先后毕业于湖北美术学院，分获学士、硕士学位，论文获湖北省第十批优秀硕士论文。2014 年毕业于中央美术学院，获美术学博士学位。毕业后到中国美协《美术》杂志社工作。现为中国艺术研究院在站博士后，研究期间获第 63 批中国博士后科学基金 1 等面上资助。主要研究方向为中国绘画史、道教美术史。相关论文入选"图像与语词：第四届北京大学美术史博士生国际学术论坛"，以及由中国宗教学会等主办的"首届中国宗教学青年学者论坛"，并发表于《美术》《美术研究》《中国国家博物馆馆刊》《艺术探索》等学术期刊。

专家推荐意见书（一）

吴端涛的学术专著《蒙元时期山西地区的全真教艺术研究》在其博士学位论文的基础上，经过几年的沉淀、修订和完善，即将正式出版，可喜可贺。作为本书作者的博士导师，我更加感到欣慰。

端涛同学在博士学习期间的研究方向是美术基础理论研究，对于艺术和宗教的关系问题一直是他的兴趣所在。围绕艺术与宗教两者在特定时代和特定文化中的关系进行艺术学和宗教学的跨学科研究，这个角度新颖且重要。本书在探讨艺术与宗教相互关系的问题时，把分析具体史料作为基础和前提，同时又从具体作品出发，选择特定的代表性作品（永乐宫重阳殿壁画）作为研究对象。

对永乐宫的美术史研究始于20世纪50年代的永乐宫美术考古发现，永乐宫壁画特别是三清殿壁画因其高超的艺术水准及在元代美术史中的代表性地位不断吸引着海内外学人投入其中。较之三清殿壁画，学界对纯阳殿和重阳殿的关注则相对较少，特别是重阳殿壁画，对其个案研究者更是凤毛麟角。考虑到王重阳在全真教中的重要性，以及重阳殿壁画内容与王重阳及全真教众的密切联系等原因，足见该殿壁画在全真教历史的研究中至关重要。同时，因为该殿壁画破损严重且经历后世多次修缮，关于制作者以及壁画主题、画幅规模等学术界莫衷一是。因此，选择重阳殿壁画作为研究对象是需要学术勇气的。

本书从文图关系入手，以史料钩沉与图像分析相结合。作者在研究材料的搜集过程中，十分注意文献收集的全面性，除了对《道藏》《道家金石略》《金元全真教石刻新编》《北京图书馆藏中国历代石刻拓本汇编》《重阳宫道教碑石》等与论文相关的一手文献资料进行深入研读之外，还多次深入山西各地进行田野调查，将文献资料与实地遗存进行对比考证，用力可谓颇深。

本书由三章构成。第一章是对山西地区全真教宫观整体状况的历史性考察，作者所使用的材料依据主要来自于文字（包括宫观碑文及《道藏》中的相关文献，元代及以后的相关史料记载）；并运用先归纳后分析的方法，将史料中涉及的信息进行了条分缕析的整理。第二章则具体到永乐宫重阳殿壁画的研究中，借鉴图像学方法对视觉图像的内容与图文结构进行了细致研究；同时，在区域性研究的框架之内，运用社会学与人类学的分析方法，试图对艺术发生机制的原因及动力进行探讨。第三章以全真教代表性人物孙不二为例，在性别研究的视角下，借鉴女性研究的方法，对全真教艺术研究中易被人忽略的女性群体予以关注，并将不同时期的文字材料与图像材料进行比对，以此说明祖师（孙不二）形象的演变与发展。

改革开放以来，中国的美术史研究进入了开拓进取的新阶段。面对美术史学研究出现的新问题，本书作者一方面总结前辈的经验，回归艺术史本体，同时积极引进国外特别是法国年鉴学派至美国新史学变革以来的史学研究方法，摆脱以往单一的研究模式。可以看出，本书作者的研究视野是较为宽广的。比如，在第二章分析重阳殿壁画的图文结构时，借鉴了西方叙事学的理论。其中，涉及对叙事空间的讨论，则对壁画中九组地狱场景作为虚拟空间予以关注，并借用了罗兰·巴尔特的"刺点"概念，认为地狱场景作为虚拟空间在壁画中的出现不是偶然，折射出当时社会政治环境下人们的时代焦虑。而对于壁画中出现《叹骷髅》等绘画图像，作者总结了王重阳在传道中使用的四类传道图像，并注意到与其余三类图像母题不同，"叹骷髅"作为传统母题在全真教中的寓意产生着变化，同时《叹骷髅》图像作为画中画，作者还运用米歇尔的图像理论梳理其形成过程并分析其传达了全真教的生死图景。对此，研究者对宗教图像传达的目标——观者（或信众）的重视又是贯穿全文的一个重要特征。

本书在史论研究的深度及美学分析的维度上都具有高度的学术水平，我相信它的出版将会对国内外美术史学界带来积极的影响。

王宏建

2017 年 8 月 30 日

专家推荐意见书（二）

吴端涛攻读博士期间，以元代山西材料为对象进行了道教美术专题研究。道教美术是一个近年逐渐受到重视的跨学科的学术领域，其基本事实是中国人两千多年来的道教活动，基本对象是围绕着道教活动和信仰展开的视觉材料制作（或说美术创作），如宫观里固定的壁画和雕塑、可移动的绘画或工艺品、黄篆画、有道教倾向的文人画、道观建筑等等。交叉了宗教历史与思想、艺术史与理论。研究主要依据两个层次的材料展开：山西地区全真教的宫观分布及其发展史、芮城县永乐宫之重阳殿的叙事壁画。一大一小，一个是宗教活动的背景梳理，侧重于宗教历史、区域教派史；一个是个案，深入讨论图像与文本的关系，聚焦于美术史。作者显然做了大量的基础工作，包括搜索历史宗教文献，考察山西壁画，检索学界成果，检视中外相应的艺术理论等等。材料充实，观察细腻，语言平实，立论有据。

作者是中央美术学院王宏建先生的高足，跟随王先生做学问，显然会要求高瞻远瞩，视野开阔，立论深刻，中西贯通。作者似乎对艺术史的眼光颇有偏爱，将理论性的剖析贯彻于历史性的连缀之中。以具体山西道教艺术材料为线索，牵发到艺术与宗教的普遍性关系问题。如何从具象的材料（如特定教派与视觉材料、不同宗教文本的比较及其与图像的关系）来观察普遍的社会信仰与思想，抽离出一般艺术史、宗教思想、艺术理论三者的关系？作者在这本厚实的专著中提出了许多有新意的问题。

艺术史论的研究常常可能有两个偏向：艺术史的角度或许会侧重材料分析、考证，忽略普遍性的理论思考；艺术理论的角度则可能会泛泛而论，或隔靴搔痒，或生搬硬套外国相关概念。我们知道，探讨一般性艺术理论问题时，具体实例与史料不仅是理论的出发点（基础与前提），还是检验理论观点的场域。如何使得艺术史的研究具有理论感，又使得艺术的理论性研究"接地气"？吴端涛的研究在史论两者的结合上做了有益的尝试，既有深入具体的画面分析和文本解读——成系统的分析，不是碎片式的举例，以及历史发展逻辑的联系，还有从具体材料中抽绎生发的理性剖析，从个体到一般。我觉得这一点值得许多研习艺术史的青年同行学习。

　　本书内容充实，材料切实，立论踏实。提出和论辩了一些有意义的问题，闪耀着年轻人的智慧火花。后面的附录也体现了作者的用功和用心。这些资料的收集、检索、分类和排列，为作者和读者的后续研究提供了有益的线索和帮助。值得向艺术史、宗教史和文化史研习者推荐。相信在此基础上还会碰撞出新的耀眼的火花，为中国文化史的场域增添光彩。

李裕

2017 年 8 月 25 日

目　录

插图目录

绪论

一　研究缘起

中国传统道教在融合吸收先秦道家、黄老方术的基础上，呈现出自汉晋成形，及隋唐发展，经两宋鼎盛，至元明清式微的清晰发展脉络①。道教在不同时期虽然流派众多，但相互之间多有交流和借鉴，且在积极融合前代思想的基础上能自成体系。其中，金代中期，王重阳（1113～1170 年）② 在陕西地区创立了一种有别于其他传统道教的新道教——全真教。其后，经全真七子③及三代弟子的传道设教，对传统道教从教义、戒律，到宫观组织、修行方式、祀神体系，以及终极超越境界等都进行了革新，于元代统治了北方道教，与南方的正一道并立为二，形成了北全真、南正一的道教宗派新格局。全真教作为新道教，与传统佛教及其禅宗、体现传统儒学的士绅文化之间产生了新的联系；同时，作为视觉化的宗教宣传方式，全真教艺术不论是宗教义理，还是外在科仪、像设，于博采众长中独树一帜，体现出成熟而自觉的特征。

就目前学界对全真教学术研究的整体看，区域性研究正成为一时显学。学者刘

---

① 重点参考了李养正先生的研究。见李养正：《道教概说》，北京：中华书局，1980 年，上编"道教史纲要"，第 3～210 页。

② 王重阳，原名中孚，字允卿，入道后改名喆，字知名，号重阳子，京兆咸阳人。著有《重阳分梨十化集》《重阳立教十五论》《重阳全真集》等。

③ 据全真教史料可知，全真始祖王重阳，在抵达山东后，先后度化七位高徒，即丹阳子·马钰、长真子·谭处端、长生子·刘处玄、长春子·丘处机、玉阳子·王处一、广宁子·郝大通、清静散人·孙不二，其中，孙不二原为马钰之妻。至元六年（1269 年），元世祖对全真教褒封制词，封其五祖七真，王重阳位列五祖之一，其余分别为东华教主、正阳钟离真人、纯阳吕真人、海蟾刘真人；重阳度化的七位高徒均入列七真之中。详见［元］刘志玄等撰：《金莲正宗仙源像传》之《元世祖皇帝褒封制词》，《正统道藏》洞真部谱录类。

固盛指出，目前全真道研究应从四个方面寻求突破，即：研究视角的变化、研究时空的拓展、研究材料的发掘以及研究内容的深化。在研究展望中，他重点提到了全真教与区域文化的关系："借鉴文化人类学、新文化史、新社会史的相关理论，从时间与空间、文献与思想、宗教与社会等各个维度，在区域文化史的视域下对全真道的发展历史与文化内涵进行综合考察，相关研究必将取得新的突破。"① 张广保进而将区域道教研究的新趋势，称为道教研究的"本土转向"②。区域研究旨在发现研究对象的特殊性，而在此基础上分析该地区宗教与艺术的关系问题，显然又具备了从特殊性中寻找普遍性规律的特点。

基于美术史研究的出发点和落脚点应在视觉形象的物质作品，卿希泰认为："道教美术是体现道教教义，反映神鬼思想和道士修道生活内容的美术作品，一般分为道家思想的壁画、文人道画、墓室石刻、道教宫观中的道教始祖、神仙鬼属的石刻造像、道祖故事画，举行道教仪式悬挂的水陆道场画以及道教修道生活画等。"③ 据此，对山西地区全真教艺术的研究，将进一步围绕其宫观系统，主要在建筑、雕塑与绘画三个层面上展开。

从全真教史来看，蒙元时期是其由发轫走向鼎盛的关键时期；从艺术史研究的角度看，山西地区拥有永乐宫（即大纯阳万寿宫，全真教三大祖庭之一④）和太原龙山石窟等目前为数不多保存较完整的元代宗教艺术重要遗存。两相综合，对蒙元时期全真教艺术在山西地区的发展状况做一整体的梳理与研究，不论是对全真教史的研究，还是宗教艺术史研究来说，都具有重要的学术意义。

二　研究现状

中华人民共和国成立以来的美术史学发展可分为前后两个时期，从 1949 年到 1976

---

① 刘固盛：《全真道与老庄学研究的新进展——第二届全真道与老庄学国际学术研讨会述要》，《世界宗教研究》2012 年第 3 期。

② 张广保：《当代道教研究的新动向：区域道教研究——兼评孔令宏、韩松涛著〈江西道教史〉》，《世界宗教研究》2012 年第 4 期。

③ 卿希泰：《中国道教》（第四卷），上海：东方出版中心，1996 年，第 66 页。

④ 一在陕西终南山刘蒋村，即今陕西户县重阳宫；二是山西永济县永乐镇大纯阳万寿宫，即今芮城永乐宫；三是大都长春宫，即今北京白云观。

年，堪称继承五四新文化运动的批判精神和面向大众"推陈出新"的时期；1976 年至今，则是美术史学在改革开放中开拓进取的新时期①。新时期的美术史学在总结前期教训，回归艺术史本体的同时，也力图打破之前的封闭状态，积极了解和引进国外同行的理论方法并挖掘新资料，摆脱单一的研究模式，使国内的美术史学在国际化中确认自己的民族身份。正是在世界学术研究视野中，中国的道教史研究以及道教美术史研究在研读史料过程中不断反思，在新旧史观碰撞中发展，研究队伍不断扩大，研究层次持续深入，研究者的知识结构也在不断整合，正体现出愈发磅礴的力量。而全真教艺术研究也在中国美术史学发展的同步共振中不断呈现出新的研究面貌和学术深度，并体现出从对建筑、造像、壁画（某一殿壁画）的割裂式研究而走向"立体"的整体性研究的趋势。

山西地区的全真教艺术研究主要有两大重镇，即以芮城永乐宫为代表的宫观壁画研究和太原龙山石窟为代表的石窟造像艺术研究。接下来，将就两者的学术史发展做一简要介绍。

（一）永乐宫全真教艺术史学史

今天学术界注意永乐宫，始于元刊《道藏》之研究。1941 年陈垣先生撰《南宋初河北新道教考》，文中述及主持元道藏刊印的披云真人宋德方，即葬于河东永乐镇纯阳宫。1949 年陈国符先生撰《道藏源流考》，据道藏历代尊经纲目，谓经板雕就，贮藏于平阳永乐镇纯阳万寿宫。此在元代文化史上占有一定地位的纯阳万寿宫现状如何，殊值忆念。抗战期间，日人水野清一、日比野丈夫等人曾到永济调查古迹，不闻有此宫消息。意者，盖荒废已久。1952 年山西省文物管理委员会突然传来永乐宫（即纯阳万寿宫）保存无恙之喜讯。1954 年北京文物整理委员会工程组前往复查，同年 11 月《文物参考资料》即刊出该工作组的永乐宫调查简报，得知不仅建筑完好，且保存巨大面积的元代壁画。此惊人之大发现，除震动文物界和艺术界之外，我们考古工作者也受到强烈吸引。此次专程晋南，永乐宫即为主要目的地。②

据宿白先生这段记载可知，至 1952 年山西省文物管理委员会突然传来永乐宫保存

---

① 薛永年：《回顾新中国 60 年的美术史学》，《美术》2010 年第 3 期。

② 宿白：《永乐宫调查日记——附永乐宫大事年表》，《文物》1963 年第 8 期。

无恙的喜讯之前，学界尚不清楚永乐宫是否存在。两年后，北京文物整理委员会工程组前往复查得以确认，并发现"不仅建筑完好，且保存巨大面积的元代壁画"，并于同年11月，在《文物参考资料》中刊出永乐宫调查简报。自此，永乐宫正式进入学界研究视野。

重阳殿　　　纯阳殿　　　三清殿　　　龙虎殿

图 0.1　永乐宫原址示意图（采自山西运城永乐宫景区文物保管所）

1957 年，因为兴建三门峡水库，中央文化部和山西省人民委员会共同决定把永乐宫从原址永济县（今永济市）永乐镇迁到 22 公里外的芮城县北郊中龙泉村（图 0.1～0.6）。在迁移之前，古代建筑修整所、山西省文管会、中央美院和当时华中分院以及有关部门做了临摹、揭取和拆卸等一系列科学记录工作。1964 年永乐宫整体搬迁工程基本完毕①。在此期间，一系列关于永乐宫建筑、壁画及涉及相关教派人物的研究性文章不断涌现②。因为搬迁，与壁画的揭取和复制工作相关的系列研究文章也不断发表③。同时，为了配合整体搬迁，位于永乐镇永乐宫旧址内的宋德方、潘德

① 《永乐宫迁移重建竣工》，《美术》1963 年第 5 期。

② 包括徐邦达：《从壁画副本小样说到两卷宋画——朝元仙仗图》，《文物参考资料》1956 年第 3 期；王世仁：《"永乐宫"的元代建筑和壁画》，《文物参考资料》1956 年第 9 期；傅熹年：《永乐宫壁画》，《文物参考资料》1957 年第 4 期；王静：《永乐宫的壁画》，《美术》1958 年第 1 期；吕俊领：《永乐宫的彩画图案》，《文物参考资料》1958 年第 4 期；宿白：《永乐宫创建史料编年——永乐宫札记之一》，《文物》1962 年第 Z1 期；宿白：《永乐宫调查日记——附永乐宫大事年表》，《文物》1963 年第 8 期；杜仙洲：《永乐宫的建筑》，《文物》1963 年第 8 期；朱希元：《永乐宫元代建筑彩画》，《文物》1963 年第 8 期。

③ 如杨芝荣：《用土办法揭取古代壁画试验成功》，《文物参考资料》1958 年第 10 期；陆鸿年：《怎样用传统方法复制古代壁画》，《文物参考资料》1958 年第 10 期；祁英涛：《永乐宫壁画的揭取方法》，《文物》1960 年第 9 期等。

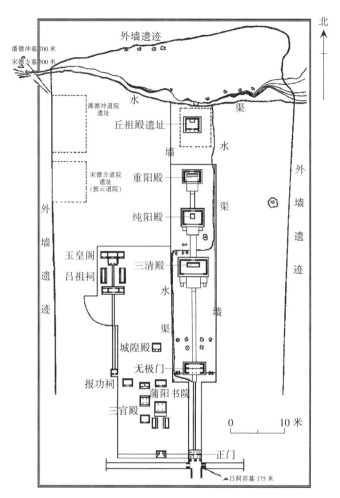

图 0.2　搬迁之前的永乐宫平面图（采自山西省文物管理工
作委员会编《永乐宫》）

冲墓葬以及芮城县新址地基下的一系列墓葬被发掘、整理①。值得注意的是，因
为宋德方和潘德冲二人与永乐宫修建有着莫大的关系，故二人墓葬的发掘也为以永
乐宫为中心的全真教艺术研究打开了一个新的研究方向②。此后，伴随《山西省大同

---

① 1960 年 10 月《考古》杂志同期发表了李奉山《山西芮城永乐宫旧址宋德方、潘德冲和"吕祖"墓发
　 掘简报》，徐苹芳《关于宋德方和潘德冲墓的几个问题》和解希恭《山西芮城永乐宫新址墓葬清理简
　 报》三篇文章，其中解希恭的《山西芮城永乐宫新址墓葬清理简报》涉及永乐宫搬迁新址地下的春秋
　 战国时期墓葬。
② 见第一章第二节。

图 0.3   永乐宫诸殿匾额（吴端涛拍摄）

市元代冯道真、王青墓清理简报》等一系列蒙元时期全真教人物墓葬的陆续发掘，打开了该时期在山西，特别是大同地区全真教艺术研究的"地下"视野①。

可以看到，对永乐宫的研究，早期主要聚焦其建筑、壁画（具体到某一殿壁画）和碑刻、题记的专题研究。其中，永乐宫壁画特别是三清殿壁画因其高超的艺术水准及在元代美术史中的代表性地位从而成为永乐宫艺术研究的重点。王逊先生的《永乐宫三清殿壁画题材试探》借助道教文献与壁画图像相结合的方法，将宣和系统（宣和时期颁行的神祇名目系统）与三清殿《朝元图》诸神祇名目建立起联系，同时又通过比较分析来界定全真教新的神祇体系，并通过与敦煌壁画中的五星形象、吴道子、梁令瓒等人的星象图比较，从而将三清殿《朝元图》置于整个美术史的发展

① 比较重要的材料有《山西省大同市元代冯道真、王青墓清理简报》，《文物》1962 年第 10 期；解廷琦：《大同金代阎德源墓发掘简报》，《文物》1978 年第 5 期。

图 0.4　永乐宫搬迁位置示意图（采自谷歌地图）

序列之中，建立起一套界定道教神祇具体位业的新范式①。这个范式影响巨大，并影响至今。循此思路，学者耿纪朋的《永乐宫三清殿〈朝元图〉人物冠弁浅考》，赵伟的《永乐宫三清殿壁画主要神祇位业研究》《永乐宫三清殿壁画北极四圣考》，邓昭的《永乐宫三清殿壁画女性主神身份辨析——兼论其他主神》② 等，围绕三清殿主神身份及服饰等问题展开了深入讨论。

　　较之三清殿壁画，学界对纯阳殿和重阳殿的关注相对较少。于希宁先生的《混成殿壁画》是目前所知有关纯阳殿（混成殿）壁画研究公开发表的最早成果。于希宁除了对壁画主题"纯阳帝君仙游显化之图" 与榜题及图像进行了比对和释读，还就其"作为一个中心主题而包括若干不同情节的连续行驶的壁画"形式的历史源流、

---

① 王逊：《永乐宫三清殿壁画题材试探》，《文物》1963 年第 8 期。

② 耿纪朋：《永乐宫三清殿〈朝元图〉人物冠弁浅考》，《中国道教》2006 年第 12 期；赵伟：《永乐宫三清殿壁画主要神祇位业研究》，《美术观察》2008 年第 3 期；邓昭：《永乐宫三清殿壁画女性主神身份辨析——兼论其他主神》，李淞主编《道教美术新论——第一届道教美术史国际学术研讨会论文集》，济南：山东美术出版社，2008 年，第 283 页。

图 0.5 搬迁后永乐宫地图（采自谷歌地图）

创造性的台阁化方式构图进行了分析，并对壁画中涉及绘画工匠的题记等进行了初
步考证①。此后，陆鸿年先生根据其在永乐宫摹绘壁画的经历，先后撰写《临摹"钟
离权渡吕洞宾"壁画的一些体会》《永乐宫壁画艺术》和《摹绘永乐宫元代壁画的
一些体会》三篇文章，并先后在《美术》《美术研究》《文物》上发表②。其中，他
对纯阳殿扇面墙北壁的"钟离权度吕洞宾"壁画以及有关题记和画工的问题进行了
详细介绍和分析。在此基础上，曾嘉宝的《永乐宫纯阳殿壁画题记释义——兼及朱
好古资料的补充》，刘科的《吕洞宾信仰及其图像表现》，以及陈杉《〈纯阳帝君神

① 于希宁：《混成殿壁画》，《山东师范学院学报》（人文科学）1957 年第 3 期。

② 陆鸿年：《临摹"钟离权渡吕洞宾"壁画的一些体会》，《美术》1959 年第 7 期；陆鸿年：《永乐宫壁
   画艺术》，《美术研究》1959 年第 10 期；陆鸿年：《摹绘永乐宫元代壁画的一些体会》，《文物》1963
   年第 8 期。

游显化图〉图像结构》等，对纯阳殿壁画从榜题、图文关系、壁画题记、壁画结构等方面展开了多层次的深入研究，使得纯阳殿壁画研究成为永乐宫艺术研究的新热点。

图0.6   搬迁后永乐宫鸟瞰图（采自中新网）

　　与之对比，重阳殿壁画的研究则冷清不少。究其缘由，当主要因为该殿壁画破损严重，且经后世多次修缮，包括制作者以及壁画主题、画幅规模等诸问题无法断定，故令学界无奈对其冷置。其中，值得一提的是，陆鸿年先生曾在《永乐宫壁画艺术》中提到重阳殿壁画"无作者题字，在东壁中段所绘石碑上有洪武元年（1368）字样是否绘制比前殿晚十年，还是个疑问"[1]，此后，学界一般沿用此说法。而刘科在其博士论文《金元道教信仰与图像表现》中对此进行了勘误，她通过对照壁画仔细识读，发现陆提及这块有日期的石碑位于编号12的"留颂邙山"中，但题写时间应为"洪武贰拾四"[2]（图0.7）。但即便这款题记被准确识读，仍无法解决刚提到的无法断定此殿壁画初次完工的时间下限之难题。

①　陆鸿年：《永乐宫壁画艺术》，《美术研究》1959年第10期。
②　刘科：《金元道教信仰与图像表现——以永乐宫壁画为中心》，成都：巴蜀书社，2013年，第122页。

图 0.7　洪武贰拾四年题记（采自萧军编著《永乐宫壁画》，第 274 页）

改革开放以来，伴随整个中国美术史研究视野的不断扩展，除了对永乐宫的建筑、壁画和碑刻、题记的专题研究之外，还逐渐呈现出将其宫观系统整体地作为元代全真教艺术的代表纳入道教美术专门史研究之中的趋势。学者王宜峨于 1994 年出版的《道教美术史话》，可谓国内道教美术史专著的开山之作。全书共五章，前两章分析了道教美术形成的基础，后三章则从魏晋、宋元和明清三部分展开。全书对道教材料的运用以及对道教美术发展的整体把握已见雏形，但通篇仍旧以宫观造像与壁画、文人道画等分节讨论。在第四章宋元时期的道教美术中，虽涉及永乐宫的介绍，但仍将其在宫观造像和壁画中分而述之。1995 年江西美术出版社出版了金维诺、罗世平著《中国宗教美术史》，该作对道教材料的研究与梳理已经十分系统，并将道教美术的历史发展明晰地呈现于学界。其中第六章元明清时期的宗教美术之第三节全真教的兴盛与元代道教壁画重点介绍了永乐宫壁画。此外，柴泽俊的《山西寺观壁画》则单就山西地区寺观壁画的源流与绘制，上起唐、五代，下至明、清，从区域艺术史研究的角度，对山西地区寺观壁画进行了详细整理和介绍。在其第三节元代寺观壁画中，重点介绍了芮城永乐宫三清殿、纯阳殿、重阳殿和龙虎殿的壁画状况①。可以说，通过上述一系列道教美术通史（专门史）研究成果的陆续出版，为全真教艺术的整体研究奠定了基础。与之同时，高质量画册的陆续出版也为深入而整体的永乐宫全真教艺术研究提供了必要条件②。

这种"整体研究"的代表首推美国学者康豹（Paul R. Katz）所著《多面相的神仙——永乐宫的吕洞宾信仰》③。该书讨论了以永乐宫为代表的宗教圣地的空间安排，圣地内及其周边文本的制作、传播和接受等问题。其中一个很具启发性的创见就是将永乐宫体系视为一个总体，并统称为一个"巨文本"。作者将整个全真教的祭祀系统视为总体"巨文本"的同时，认为其面向不同的读者可解读为诸如宫观碑文和壁画等不同的小文本，继而讨论了促成这种文本多样性的各种因素。该著作对于整体性的强调与不同文本之间的关系探讨是极具启发性的，也体现出史学研究的发展对宗教艺术研究的引领作用。

（二）龙山石窟全真教艺术史学史

值得注意的是，早期道教的教义并不主张供奉神像。《老子想尔注》云："道至

① 柴泽俊：《山西寺观壁画》，北京：文物出版社，1997 年。
② 画册方面，金维诺主编《中国美术全集·绘画编·14·寺观壁画》，北京：文物出版社，1988 年；中国美术全集编辑委员会《中国美术全集·雕塑编·28·元明清雕塑》，北京：人民美术出版社，1988 年；金维诺主编《永乐宫壁画全集》，天津人民美术出版社，1997 年；中国殿堂壁画全集编辑委员会《中国美术分类全集·中国殿堂壁画全集·3·元代道观》，太原：山西人民出版社，1997 年；国家文物局主编《中国文物地图集·山西分册》（上、中、下册），北京：中国地图出版社，2006 年；萧军编著《永乐宫壁画》，北京：文物出版社，2008 年；芮城县道教文化促进会编《吕祖洞宾故事图集》，扬州：广陵书社，2009 年等都涉及了永乐宫的建筑、雕塑、壁画及道画等状况。
③ ［美］康豹：《多面相的神仙——永乐宫的吕洞宾信仰》，吴光正、刘玮译，济南：齐鲁书社，2010 年。

尊，微而隐，无状貌形象也，但可从其诚，不可见知也。"在这部道家经典中就认为作为至尊无上的大道是"大象无形"的，既然无形，则具体化的状貌与形状自然就无法替代大道的存在。但偶像化和实体化的道家尊神形象还是被创造了出来。东汉延熹八年（165 年）桓帝于宫中铸老子像，可能是史书中所载最早的道教造像。罗哲文认为，道教造像供奉之风，约起于南北朝，盛于唐宋，此后逐渐式微，且因战乱以及自然风化等原因导致现存道教石窟遗存已屈指可数①。全真石窟则数量更少，据景安宁（Anning Jing）的整理，目前仅有山西太原龙山石窟、山东莱州神山（寒同山）石窟、河北赤城县金阁山长春洞、山东文登市昆嵛山紫府洞（东华洞）、陕西华县太华山朝元洞等遗存。其中，龙山石窟和神山石窟仍有残存石像；金阁山长春洞和华山朝元洞仅有石窟，并无原来造像；昆嵛山紫府洞仅有碑记史料可查。而在北方现存的全真道教石窟中，仍保存有相当数量完整的造像者仅有山西太原龙山石窟一处②（图 0.8）。

图 0.8　太原龙山石窟（吴端涛拍摄）

①　罗哲文：《中国名窟——石窟寺、摩崖石刻及造像》，天津：百花文艺出版社，2004 年，第 17 页。
②　景安宁：《道教全真派宫观、造像与祖师》，北京：中华书局，2012 年，第 236 页。

龙山石窟进入学术视野当始于 20 世纪二三十年代，日本学者常盘大定（Tokiwa Daijo，1870～1945 年）和关野贞（1868～1935 年）赴山西考察时意外发现了龙山石窟，并先后几次对石窟进行了拍照、记录。二人于日本昭和十三年（1938 年）出版的《东洋文化史大系·宋元时代》中发表了龙山石窟之虚皇龛、七真龛、披云子龛等石窟的部分照片。值得注意的是，当时七真造像中除刘长生、郝大通刻像无头外，其余均完好。二人拍摄的全部照片则于 1975 年在《中国文化史迹》（日文版）第一册中发表。通过《中国文化史迹》发现，照片最晚拍摄于 1925 年（即日本大正十四年），其中除宋德方刻像照片无头外，其余与《东洋文化史大系》中所发表的相同，但 1920 年拍摄的宋德方造像的头像尚存，可知宋德方造像头像于 1920～1925 年被盗走（图 0.9）。

图 0.9　常盘大定、关野贞于大正九年（1920 年）与大正十四年（1925 年）拍摄龙山石窟第七窟宋德方像对比（采自常盘大定、关野贞：《中国文化史迹》）

中华人民共和国成立后，龙山石窟得到了较好保存。罗哲文于 1956 年发表的《太原龙山、蒙山的几处石窟和建筑》中提到："在现在太原市西南三四十里的龙山和蒙山上，还保存着好几处自北齐到唐宋时期的石窟和石、砖建筑物，……1954 年冬天，……由于时间仓促，未能全面勘查，像昊天观的元代石窟就没有去到。"① 可见，龙山石窟此时已经进入国内学者的研究视野，并得到了重视。此后，虽历经波折，但因石窟地处偏僻深山，更仰赖太原市文管会的大力保护，使其免遭再次摧残，得以保存如斯。

1980 年史岩发表的《龙山石窟考察报告》② 是国内第一篇关于龙山石窟的重要研究文章。1980 年秋，中国道教协会遣李养正与王宜娥参访并调查龙山昊天观。之后，李养正发表《龙山道教石窟有关问题初探》③，此文于 1994 年修改后改名为《太原龙山全真道石窟初探》，在陈鼓应主编《道家文化研究》第五辑发表④。经此，龙山石窟的介绍性文本开始陆续出现于各种艺术类丛书中⑤。

综合来看，20 世纪 90 年代之前，涉及龙山石窟的文章大多以介绍为主，对各窟造像的深入研究寥寥无几。世纪之交，龙山石窟的研究取得长足进步，这当与山西大学张明远教授的研究密切相关。她于 1994 ~ 1995 年，对龙山石窟进行了 10 余次实地考察，并发表了系列重要论文⑥。2002 年，她的《太原龙山道教石窟艺术研究》对各窟的基本形制、制作年代、窟名以及艺术风格等进行了系统而整体的展示⑦，成为目前学界研究龙山石窟中最为重要的成果，也标志着龙山石窟研究进入了系统而深入的研究阶段。此后，胡文和在《中国道教石刻艺术史》中系统梳理了龙山石窟的研究情况，特别对形象造型（天尊、真人、侍女、童子）及服饰特征与大足南山

---

① 罗哲文：《太原龙山、蒙山的几处石窟和建筑》，《文物参考资料》1956 年第 4 期。
② 史岩：《龙山石窟考察报告》，《新美术》1980 年第 2 期。
③ 李养正：《龙山道教石窟有关问题初探》，《道协会刊》1981 年 1 月。
④ 陈鼓应主编《道家文化研究》（第五辑），上海古籍出版社，1994 年，第 439 ~ 455 页。
⑤ 如王子云在《中国雕塑艺术史》（北京：人民美术出版社，1988 年）、曹齐在《中国大百科全书·宗教卷》道教美术条（北京：中国大百科全书出版社，1988 年）、杨伯达在《中国美术全集·元明清雕塑卷》（北京：人民美术出版社，1988 年）、陈少丰在《中国大百科全书·美术卷》龙山石窟条（北京：中国大百科全书出版社，1991 年）、国家文物局教育处编《佛教石窟考古概要》（北京：文物出版社，1993 年）中均有涉及。
⑥ 张明远：《唐代龙山石窟研究》，《美术观察》1996 年第 2 期；张明远：《龙山石窟考察报告》，《文物》1996 年第 11 期；张明远：《龙山石窟历史分期问题研究》，《敦煌研究》1999 年第 2 期。
⑦ 张明远：《太原龙山道教石窟艺术研究》，太原：山西科学技术出版社，2002 年。

石刻道教造像进行了比较分析①。宁俊伟《论山西龙山道教石洞龛》则对龙山各龛的具体修建时间进行了梳理②。

海外学者比较有代表性的是景安宁。景安宁对龙山石窟研究的重要成果为《龙山道教石窟》（The Longshan Daoist Gaves）③和专著《道教全真派宫观、造像与祖师》④。在《道教全真派宫观、造像与祖师》第四章全真石窟中，他重点介绍了全真派的石窟建造情况，特别是龙山石窟。其中，景安宁以全真教宋德方派系的宫观系统为中心，重点探讨了全真道教的宫观形制、造像设置和全真祖师的关系，并深入地揭示出全真派宫观、造像的最大特点在于特别强调祖师的地位。进而认为开凿龙山石窟目的在于建立起坚如磐石的全真宫观造像范本，并使其传至远久，成为宫观造像的永恒典范。

综上，龙山道教石窟研究目前呈现如下特点：

1. 龙山石窟研究不断深入，经过学界近一个世纪的探索，其建造年代、各龛名称、尊神名号等已基本明朗。

2. 在断定石窟分期及建造年代的基础之上，从创建者、创建动机、艺术风格及题记等方面对石窟整体的综合解读有助于确定部分争议龛的祀神名称。

3. 将龙山石窟置入整个道教史的研究及其子目录之下，对全真教、全真教龙门派、山西地区的全真教以及龙门派在山西地区的传播情况等进行综合研究既显必要，也是今后研究的重要趋势。

4. 存疑，尚待进一步研究的问题及方向如下：

1）龙山1号龛、3号龛、6号龛、7号龛等祀神名称有待进一步确认。

2）"二古洞"（即目前确定的4、5号龛）的初建年代及修葺年代需进一步厘定。

3）龙山石窟与建筑（建造在石窟之上的建筑以及昊天观）之间的关系有待深入。

4）从区域性视角探讨山西地区道教造像艺术风格的特殊性。

---

① 胡文和：《中国道教石刻艺术史》（上、下册），北京：高等教育出版社，2004年。

② 宁俊伟：《论山西龙山道教石洞龛》，《中国道教》2006年第5期。

③ Anning Jing, *The Longshan Daoist Gaves*. Artribus Asiae，2008（68.1），pp. 7 – 56.

④ 景安宁：《道教全真派宫观、造像与祖师》。

5）比较研究：龙山唐窟、元窟之间的风格比较，龙山石窟与其他地区（比如四川、山东）道教石窟之间的比较，在此基础之上看全真教宫观及石窟之间的关系，龙山道教石窟与太原天龙山佛教石窟在石窟形制和艺术风格上的比较等。

（三）区域宗教史视野下的全真教艺术研究史

全真教史学研究，当始于清代道友陈铭珪（1824～1881 年）所著《长春道教源流考》，此书于 1921～1922 年在《亚洲学术杂志》第 2～4 期陆续刊登。全书共八卷，详细考录了全真教发展史以及教派代表人物，特别是由"七真"之一丘处机建立的全真教龙门派法系弟子信息，为国内全真教派史学术研究奠定了基础①。此后，诸如傅勤家《道教史概论》、许地山《道教史》（上编）、陈垣《南宋初河北新道教考》② 等一系列道教研究成果不断涌现。

中华人民共和国成立以来，国内道教研究主要可分为两大阶段：1966 年以前和 1977 年之后③，而 1966～1977 年基本处于停滞阶段。1966 年以前关于道教研究的著作很少，且多是 1949 年前就从事道教研究的学者所作。诸如 60 年代初，先后出版了陈国符的《道藏源流考》和王明的《太平经合校》。1977 年以来，在道教研究上出现了新气象，其中一个很重要的体现就是大型的专题研究和文献整理工作陆续展开，诸如《道藏提要》《道家金石略》以及多卷本《中国道教史》等。

在这种新气象产生的过程中，有一个关键词不得不提："国际道教研究会议"（International Conference on Taoist Studies）。根据陈耀庭的研究④，第一次国际道教研究会议于 1968 年 9 月在意大利的佩鲁贾举行，欧美各国代表出席，会议论文发表在美国芝加哥大学出版的《宗教史》杂志第九卷第二至三期（1969～1970 年）。第二次国际道教研究会议于 1972 年 9 月在日本长野县蓼科召开，与会学

---

① 详细可参考卿希泰：《道教研究百年的回顾与展望》，《四川大学学报》（哲学社会科学版）2006 年第 4 期。

② 傅勤家：《道教史概论》，北京：商务印书馆，1933 年；许地山：《道教史》（上编），北京：商务印书馆，1934 年；陈垣：《南宋初河北新道教考》，辅仁大学，1941 年。

③ 杨云：《道教研究现状》，《哲学动态》1988 年第 6 期。

④ 陈耀庭：《国际道教研究会议介绍》，《道协会刊》1981 年第 1 期。

者共 14 人，有日本的酒井忠夫（1912～2010 年）、宫川尚志，英国的李约瑟（Joseph Terence Montgomery Needham，1900～1995 年），法国的索安（Anna Seidel，1938～1991 年），美国的斯特里克曼（Michel Strickman）等。第三次国际道教研究会议于 1979 年 9 月在瑞士苏黎世举行，会议由瑞士促进学术研究基金组织，苏黎世大学和法国远东学院主办，来自美、日、英、法、西德、瑞士、荷兰等国道教研究专家共 30 人参加。值得注意的是，第一、二次国际道教会议没有中国代表参加，自第三次会议开始首次出现中国学者身影，分别是来自中国社会科学院哲学研究所的王明研究员（提交论文《中国道家到道教的演变和若干科学技术的关系》）以及天津轻工业学院陈国符教授（《中国外丹黄白术考》）。1979 年也是中国道教研究史上重要的一年，是年中国宗教学会成立。学术空气的自由令沉寂多年的道教研究专家开始活跃，中国道教研究也迎来了新的发展期。

整体而言，中华人民共和国成立以来的全真教研究主要集中于修炼思想及理论①，教义、戒律、仪式②，宗教史③，诗词文学④，养生学⑤，教派人物及其思想⑥

①　主要集中在内丹心性学研究方面，诸如张广保《金元全真道内丹心性学》，吕锡琛、胡孚琛《道学通论》，任法融《论全真教的修持理法——降心》，白如祥《王重阳心性思想论纲》等。

②　卿希泰主编《中国道教史》关于全真教教义教制问题的部分篇幅，刘仲宇《近代全真仪式初探》，张泽洪《金元全真教斋醮科仪初探》，周立升《全真道的创建与教旨》，任法融《道衍全真》，仁宗权《丘处机与全真道戒律的兴起》等。

③　汤其领《王重阳与全真道之创立》，尹志华《丘处机与全真道在燕京的发展》，潘雨廷《南宋初全真道的创教过程》，张广保《蒙元时期全真宗祖谱系形成考》和《蒙元时期全真教大宗师传承研究》两篇，卿希泰《全真道在金代的产生及其思想特点》，朱越利《有关早期全真教几个问题》等。

④　柳存仁《全真教和小说西游记》，詹石窗《南宋金元道教文学研究》，左洪涛《从丘处机道教词看其苦修》《论丘处机的道教词》和《丘处机道教词思想探析》，徐翠先《体道与诗的结合——读丘处机的〈磻溪集〉》和《金代全真诗简论》两篇等。

⑤　詹石窗主撰《道教与中国养生智慧》，赵卫东《丘处机养生思想略论》，赖炜芳、黄永锋《丘处机〈摄身消息论〉》，赵芃《谭处端〈水云集〉养生自然思想》等。

⑥　孔令宏《王重阳与全真教北宗的思想略论》，熊铁基《试论王重阳的"全真"思想》，马颂仁《七真各自的思想特色、活动的再评价——兼论四哲、七真说的出现过程》，左洪涛《论丘处机道教词的内外双修思想》，张应超《丘处机与全真道》等。

等方面，西方的全真教研究与中国基本一致①。无论中西学者，对全真教艺术史研究的涉及较少。这主要是因为全真教具有视觉形象的物质遗存较少，研究材料相对集中，主要是在永乐宫、太原龙山石窟以及历朝所存的全真教石刻等。研究成果中比较重要的有张方《全真祖庭——重阳宫石刻艺术简述》②，常大群《山东半岛全真七子碑刻、摩崖石刻寻真》，景安宁《道教全真派宫观、造像与祖师》，以及美国学者康豹《多面相的神仙——永乐宫的吕洞宾信仰》，刘讯《政治中的神仙：高云峒方丈与清末全真道在北京的眷顾和权力网络及其宫观扩张》，日本学者蜂屋邦夫《中国的道教——其活动和道观的现状》等。

　　具体到山西地区全真教的宫观研究，杨晓国的《金元时期全真教在山西活动探索》是目前所见最早的成果③。程越在《金元时期全真道宫观研究》中，搜集整理了金元时期的全真教宫观资料并集结成资料库，其资料库中全真宫观基本涵盖了整个华北地区，包括山东、山西、河南、河北、陕西、北京等地区，但遗憾的是他并未对山西地区进行单独梳理④，据此笔者抽取了其中有关山西地区的宫观，并结合碑刻资料等，对他没有提到的宫观进行了增补，最后辑录共 198 所（见附录 1）。

　　同时，对蒙元之际的政治背景及区域全真教发展研究也较少单独涉及某一区域，特别是山西地区的研究。对此，为研究山西地区蒙元时期的政治状况，笔者从姚丛吾、陈高华、萧启庆、瞿大风等学者的成果中进行了抽取和梳理。而对于全真教在

---

① 　如荷兰汉学家施舟人《道教的分灯》，美国的孔利维（Livia Kohn）*Cosmos and Community：The Ethical Dimension of Daoism*（《宇宙与全体：道教的伦理维度》），日本早稻田大学的森由利亚（MORI YURIA）《明代全真道与坐钵——以坐钵和内丹的关系为中心》，蜂屋邦夫的《金元时代的道教》，小柳司气太的《东洋思想研究》《东洋思想研究编篇》等。此外，值得注意的是，英国利慈都会大学（Leeds Metropolitan University）于 2009 年成立了道教与后人本主义心理学研究所（Manchester Academy for Transpersonal Studies），并特别设立全真道与后人本主义心理学研究组；而在美国，法国学者高万桑、美国学者康豹于 2001 年共同组织了有关全真道的专题《中国宗教研究》（Journal of Chinese Religious），集中围绕全真道宗教认同的形成及其早期教团的修行生活这一主题，进行个案的、历史的研究，对海外全真教研究的学术深入发挥了重要作用。详见陈明、吕锡琛：《全真道研究综述》，《世界宗教研究》2010 年第 5 期。
② 　收录于熊铁基、麦子飞编《全真道与老庄学国际学术研讨会论文集》（上、下册），武汉：华中师范大学出版社，2009 年。
③ 　杨晓国：《金元时期全真教在山西活动探索》，《晋阳学刊》2004 年第 4 期。
④ 　程越：《金元时期全真道宫观研究》，济南：齐鲁书社，2012 年。

山西地区的传道设教状况，则不但将《正统道藏》，陈垣、王宗昱所编纂的碑文材料中相关的文字记载，以及陈铭珪《长春道教源流考》中对丘处机法系诸弟子的整理进行了再梳理，还重点参考了姚丛吾对丘处机的研究①、郑素春对尹志平的研究②等。而对于全真宫观的殿堂设置，张广保③、景安宁等人的研究十分重要。其中，景安宁在研究思路上提醒学界应"谨慎的处理道经和图像之间的关系，在图像研究中不能想当然地认为文字比图像重要或者前者是后者的依据，因此图像总是根据文字制作"④。他的这种质疑，提醒学界在面对图像与文本的互证问题时，应看到两者之间存在着并不对等的张力关系。这也使笔者在讨论全真教与其视觉艺术的关系时，一方面在研究对象的厘定上，要对图像本身的图像志因素极为重视；另一方面在研究思路的把握上，也要勇于质疑文字资料的权威性。这种有意识的自觉构建也成为笔者在本书研究中对待全真教艺术的一个基本态度。

总体看来，目前对于蒙元时期山西地区全真教及其艺术状况的考察，主要包括两个方面，一个是从美术史角度对宫观壁画的神灵位业进行考证和辨析；另一个则从宗教与社会以及政治、经济、文化等宏观层面，对道教的宫观系统及其组织形式进行分析。然而，实际情况是，两者的研究成果无法有效地整合在一起。坦诚而言，目前的道教艺术研究很大程度上仍处于图像志的识别与界定的初级阶段。这种基础工作显然极为重要，但同时也应不断思考如何在图像志层面的考证基础之上，将目前的道教艺术研究推向艺术与文化的互动之中，而且这种互动又能以全真教教义为根基而不脱离整体。这种努力无疑可以促进当前道教艺术研究的整体发展，同时也可以反观当下美术史研究中所面临的诸多疑难问题。其中，致力于解决宗教图像与经典文本之间互证的准则与尺度正是本书的期待和志向所在。因此，本书的讨论可以说从图文关系入手，并基于宗教与艺术之间关系的根本关切这一个大的前提来看待全真教艺术是怎样发生、发展的。

① 姚丛吾：《元丘处机年谱》，《东北史论丛》（下册），台北：中正书局，1970 年，第 214～276 页。
② 郑素春：《全真道士尹志平（1169～1251）的宗教实践》，《辅仁宗教研究》第 23 期，2013 年。
③ 张广保：《金元时期全真教祖庭研究》，陈鼓应主编《道家文化研究》第二十三辑"多元视野下的全真教"专号，北京：生活·读书·新知三联书店，2008 年。
④ 景安宁：《道教全真派宫观、造像与祖师》，第 319 页。

三　研究材料与方法

在研究材料的搜集过程中，注意文献收集的全面性。目前所采取的办法不多，文字与图像是两个方面。在所掌握的资料量上，文字又占了主要地位。文字主要以道教经典文本为主。具体到道教资料，主要是《道藏》。值得注意的是，佛教与道教以及佛教美术与道教美术之间的相互影响一直以来都是关注的热点，特别是在道教以及道教美术研究中。在诸多的研究成果中，荷兰汉学家许理和（Erik Zürcher，1928～2008 年）提请学界应注意所谓的中国"佛教"和"道教"只不过是我们在塔尖上所见的景象，是由寺院组织和教士团体的成立所造成的局势。在这个层次上，两者之间的区别是非常明显的。但是，如果向下观之，他们之间存在着相当程度的互相覆盖，到了最底层几乎是完全混杂的①。这也提醒着我们在强调不同宗教的差异性以确定研究边界的时候，必须要审慎地处理材料以防止矫枉过正。精英阶层以下的中国社会和经典层次以下的道教文本很难进入正统的、可资传承的史料之中，起码在目前已经很难见到；但正因此，造像、庙宇、碑刻、墓葬和其他诸如雕塑、绘画，以及瓷器、玉器等工艺品的众多美术史料，对于理解该时代的道教就成为十分重要的证据。其中特别注意的是，在对幸存的宫观碑刻进行搜集整理时，一方面对其年代断定和真伪认真对待，另一方面也要注意碑刻本身所代表的一定的意识形态性，即它可能并不客观。目前，这方面主要依靠的手头材料是陈垣《道家金石略》②，王宗昱《金元全真教石刻新编》③，北京图书馆金石组编《北京图书馆藏中国历代石刻拓本汇编》④ 以及刘兆鹤、王西平编著《重阳宫道教碑石》⑤ 等。同时，图像方面主要以宫观及石窟造像为主，主要为永乐宫（主要是建筑、壁画，雕塑已毁）和太

---

① ［荷］许理和：《佛教征服中国：佛教在中国中古早期的传播与适应》，南京：江苏人民出版社，1982 年，第 47 页。

② 陈垣编纂《道家金石略》，陈智超、曾庆瑛校补，北京：文物出版社，1988 年。

③ 王宗昱编《金元全真教石刻新编》，北京大学出版社，2005 年。

④ 北京图书馆金石组编《北京图书馆藏中国历代石刻拓本汇编》，郑州：中州古籍出版社，1989 年。

⑤ 刘兆鹤、王西平编著《重阳宫道教碑石》，西安：三秦出版社，1998 年。

原龙山石窟（石刻尚存，昊天观建筑遗址不存）。另外，也会适当地将部分发现的考古材料（如墓葬中道士使用的器具、服饰以及墓室壁画）纳入研究之中。

总体来看，研究方法上主要以史料钩沉与图像分析相结合。借鉴西方宗教艺术研究中使用的图像学方法，对视觉图像进行分析；同时，在区域性研究的框架之内，运用社会学与人类学的分析方法，试图对艺术发生机制的原因及动力进行探讨；在性别视角下，借鉴西方女性研究中的方法，对全真教教众中的女性群体予以关注，并纳入到研究的范围之内。

四　研究思路

艺术和宗教的关系可以从不同的角度来考察，对二者在特定时代和特定文化中的相互关系进行历史研究和艺术学研究是其中之一。它一方面基于在展开理论论述时，重视对历史材料和艺术学材料的参考与使用；另一方面也意味着在解决宏观理论科学问题时，要与具体材料相结合。这样，探讨艺术与宗教相互关系的哲学以及社会学问题时，明确地把分析具体史料作为基础和前提。

具体而言，笔者试图在第一章中解决全真宫观在山西地区的区域分布状况（特定空间中的共时性考察）、建设时段（历时性考察）、殿堂设置及修建理念（综合时间与空间，探讨整体的殿堂设置及其修建理念是如何形成的）三个方面的问题。在对山西地区全真宫观的扫描式宏观分析的基础上，笔者试图选择具体之某一宫观，对其中某一殿堂的壁画进行分析。兹以众多宫观中保存最为完善、宗教地位最重要的芮城永乐宫，并以其三大殿中相较而言研究最少、问题最为突出的重阳殿为例，分析宗教介入绘画（壁画）的具体情况。

第二章涉及宗教壁画的叙事性特征、壁画宗教性表现以及两者的关系问题。笔者注意到在永乐宫重阳殿壁画中，其图文两部分在共同构成完整叙事的同时，存在并不一致的地方。这种不一致是如何体现的，反映了什么问题，以及影响是什么等都是论文中需要解决的。可以说，宋代以来，艺术的功能和性质都在逐渐发生变化。在价值观上，逐渐突破了"成教化、助人伦"的束缚，并力图摆脱其文学性和叙事性特征，而重在展示画面语言的自在自为性。反思宗教艺术的文学性和叙事性特征的变化意味着对艺术中介入宗教的那部分（称之为"宗教艺术"）成为本书的重点关切。而联系到元代文人群体的艺术创作渗透到宗教中来，也昭示着艺术自觉的风气在宗教艺术之中萌发。在此，笔者借鉴了部分叙事学的理论，国外学者诸如克里斯蒂安·麦茨（Christian Metz）、兹韦坦·托多罗夫（Todorov TzVetan）、西摩·查特曼（Symour Chatman），国内学者比如申丹①等人的叙事研究方法，从时间、结构、视角、空间等方面定义重阳画传的叙事性，而其中涉及叙事空间的讨论，则对壁画中九组地狱场景所体现的虚拟空间予以关注。对此，借用罗兰·巴尔特（Roland Barthes）的"刺点"概念进行深入分析。而对于类似壁画中出现的《叹骷髅》等绘画图像，则从其作为画中画的理论入手，讨论其是如何形成并传达宗教的生死图景的。

　　第三章可以说是第一章宏观研究与第二章对宗教壁画"超细读"的综合。将第一章基于文字材料而建构的宫观知识以及对文字材料依赖所引发的反思，与第二章壁画图像形象所表现出的宗教性以及宗教壁画叙事文本的图文结构分析进行了双向整合。从研究方法上看，第二章选取一铺壁画中的某一个局部，分析其视觉形象的表现及内容；而第三章则反过来，选取一特定的视觉形象，检索整铺壁画中其所在的具体位置，以及在表现上存在的问题，也即反思视觉形象的表现与载体——宫观空间两者之间的关系。笔者注意到整铺壁画中 13 ~ 48 共 36 个度化场景的重要性，作为重阳度化的重要对象，孙不二则尤其引人注目。这样，它不但与壁画本身发生关系，而且与整个宫观以及宫观背后所代表的宗教也产生了联系。在此将超越图文关系的研究思路，进而关注性别与宗教之间的互动关系问题。第二节则跳出第一节对壁画中孙不二出现与消失进行研究的思路，从孙不二其人入手，检索其相关图文两方面的文本资料，看其在登真之路的不同过程中的文字描述与图像表现，并注意到图文两者之间的关系；具体到全真教祖师的视觉图像表现，还关涉"孙不二"形象在历史知识中的生成、发展、变化乃至最终的定型问题，图像与文本两个方面的努力以及两者之间的关系问题，以及对道教性别观的思考。

---

① 如［美］西摩·查特曼：《故事与话语：小说和电影的叙事结构》，徐强译，北京：中国人民大学出版社，2013 年；申丹、王丽亚：《西方叙事学：经典与后经典》，北京大学出版社，2010 年等。

　　孙不二形象问题的探讨除画传中的图像表现之外，还涉及道经中仙真图像的研究，许宜兰的《道经图像研究》① 对此做过系统整理，她概括了道经中所见的仙真图像，并认为对许逊、八仙和全真七子的表现是其中的三种主要类型，她重点分析了前两种，即许逊和八仙的图像表现，而本书则重点分析第三种——全真七子的仙真图像。那么，使用性别研究的方法及成果来探讨宗教与艺术的关系问题时，又该需要注意哪些方面呢？安乐哲（Roger T. Ames）在《中国的性别歧视观》② 中提到，"宗教与女性"研究更多地受制于西方的范式和外在的尺度，这很大程度上与"女性主义"产生和发展的西方背景有关。正如陈云所认为的那样，对于"道教与女性"研究来说，也就意味着回到中国自身的文化脉络和历史情境之中，回到道教自身的文化传统和历史境遇中来③。戴思博（Catherine Despeux）在 Women in Daoism 中勾勒了道教传统中女性的地位和角色，将其分为三个部分：女神（Goddesses）、女仙（Immortals）和女性神职人员（Priestesses），此书对女性角色的三部分划分十分重要④。陈静在《道教的女仙——兼论人仙和神仙的不同》中，区分了道教神仙的两个来源：一类是修成的，一类是降生的，修成的神仙是由人而仙，而降生的神仙是由神而仙，并指出归属于人仙的女仙并没有摆脱男性的框架，也就是说生活于凡俗社会的女性不能完全摆脱父权社会在她们身上打下的烙印——普遍的性别歧视的语境⑤。其对神仙来源的两类区分以及对第一类修成女仙背后的男性背景及性别歧视的语境分析极具启发性。

　　李贞德（Jen－der Lee）在《最近中国宗教史研究中的女性问题》中提出，在宗教与女性研究这一范畴中，有三个主题值得探讨：一、经典与教义对女性的态度，亦即性别是否影响信徒的救赎与成圣；二、女性在宗教组织中的地位问题；三、宗教对女性信徒生活的影响⑥。而正是这三个方面的讨论主题，拓展了该书思路，并有助于解释孙不二形象塑造中所体现出的问题。寻此思路，本书对孙不二形象的分析也将按如下三个方面展开：

① 许宜兰：《道经图像研究》，成都：巴蜀书社，2009 年，第 93～148 页。

② ［美］安乐哲：《和而不同：比较哲学与中西会通》，北京大学出版社，2002 年。

③ 陈云：《道教与女性研究述评》，《世界宗教研究》2004 年第 1 期。

④ Catherine Despeux, *Women in Daoism*. In Livia Kohn（ed.），Daoism Handbook. Leiden：Brill，pp. 384 －412.

⑤ 陈静：《道教的女仙——兼论人仙和神仙的不同》，《宗教学研究》2003 年第 2 期。

⑥ ［美］李贞德：《最近中国宗教史研究中的女性问题》，载《近代中国妇女史研究》第二期，1994 年。

首先，经典教义对女性的态度问题在孙不二身上体现得十分明显。可以看到，从元初的《金莲正宗记》到清代刊刻的《新刊七真因果传》（此版本影响非常大，《全真七子得道传》基本保存了其内容并在今天作为宣传品被摆放到大大小小的全真宫观中），在表述孙不二入道成仙的为数不多的几个道教经典文本中，通过分析文中收录的十余种文本论述的不同，可以看到对孙不二的介绍有着明显的变化——有价值倾向地裁剪与增加了部分内容。这一方面需要呈现并分析这些文本之间的变化，同时还需考量变化背后的动因，或者这些改变体现了哪些观念。

第二，孙不二身上也可以反映女性在宗教组织中的地位问题。作为全真七子之一，较之一般信众，在她身上可以看到更多传统观念与宗教教义之间的价值观碰撞，其与宗教影响的张力得到了最大化的体现。

第三，宗教教义对女性信徒生活的影响在孙不二身上也有所反映。对于全真教而言，信徒生活的最大特点就是出家住观，而家庭对于传统女性的重要性不言而喻，因出家所牵扯的方方面面问题也会随之而来。这也使得探讨全真教女性信众的生活问题较之其他宗教无须出家的信条变得更加尖锐。

五　存在的问题

在撰写过程中，笔者注意到本书可能面临如下三方面问题：

1. 道教材料在空间存在状态上的整体性与特殊性。其整体性，是针对整个道教文化空间而言的，比如道教宫观系统本身，除宫观之外还有其他宗教附属组织的存在，即宫、观、庙、庵是一个完整的体系。其中的建筑单体，建筑空间内的造像与壁画等又成为完整体系中的一部分。这种整体性因为目前学科门类划分的细化等因素而被人为地割裂、碎片化。比如，元至元二年（1336年）左右，隶属于河中府河东县永乐镇纯阳万寿宫（永乐宫）的观庵至少有18所，有的地点甚至远在陕西①。

---

① 　分别是河中府云台观，解州路化饰庵，姚温村曹老庵，主脑沟长春观，华州渭南县杨郭村道院，道靖观，重真观，焦山玄真观，西里庄北孙老庵，牛角川静乐观，岳村刘姑道院，芮城县翠微谷大水泉长生观，招贤村清微庵，崇真观，西庄清和观，姚村纯阳庵，力山种德庵，灵仙观。见《纯阳万寿宫提点下院田地常住户记》，陈垣编纂《道家金石略》，第792～795页。

本书涉及的部分道宫的附属观、庵、庙的所在地区除部分在山西地区之内，其余几所其实也已超过了书中所框定的今山西地区的行政区划，这就面临着如何理解宗教范围与行政区划边界的关系问题。这种情况在晋东南地区的全真宫观又尤为突出。为此，我们只能将现隶属河南济源、沁阳等地的庙、庵等暂不录入资料库中。

2. 时间上的累积性。这关涉具体宫观修建年代的断定。从目前所知道教遗存考虑，其物质存在状态具备鲜明的地域性分布，而这种地域分布又有时间上的接续关系：比如北朝道教造像多集中在关中地区，巴蜀地区道教石窟在开凿年代上主要是隋、唐与宋三代，而蒙元时期在宫观建筑方面的大量遗存则以山西地区为翘楚。这当然是比较笼统的说法，而具体到个别地区的个别宫观甚或其中个别造像或壁画时，时间上又存在类似覆盖现象，通过不同时期的修缮将时间累积起来。故而对于不同宫观的修建时间的断定一直是最困扰的地方，在本书所辑录的198所宫观中，不少其实很难界定其确切的初始修建时段，最多只能推断其下限；而壁画则因经多次重绘，在多大程度上保留了原貌也无法确知。

3. 视觉图像本身的混杂性。这种混杂性，一个比较集中的体现是佛道混合或三教（儒道释）混合的造像碑，如何对其中的道教图像因素进行分离并解读，将直接关切到道教材料的合理使用。而其中至关重要的，首先就面临如何在图像志层面，对具有符号性的道教因素进行识别、界定，以及探讨符号本身的演变过程。

显然，无论我们在面对永乐宫这个"立体"的文化遗产时所采取的态度如何，作为历史研究的重要史料与研究方法之间的张力不可回避。而这种张力就体现在一个看似不是矛盾的矛盾上：一方面应该将"永乐宫"纳入美术史的研究范围之内，进而纳入宗教美术的发展序列之中，对其进行图像志层面的解读，艺术形式的风格分析，进而探讨其艺术与宗教之间的功能转换关系；另一方面又须将"永乐宫"看作是一个了解全真道全盛时代——元朝、了解整个道教史发展中关键节点的"黑匣子"。前者可能会面临一个大材料与小材料之间的取舍问题，而后者则必然涉及实证研究与宗教理解的对峙。面对这个问题，不论前后哪一点，单独使用都可能会使材料的整体性遭到割裂。

如果把永乐宫视为一个整体，作为美术史研究对象的"永乐宫"可供容纳的范围毕竟是有限的，这也是美术品与一般物质所不同的地方，而宗教美术品可能会进一步筛掉一些与此无关的"杂质",问题是,剩下的还是永乐宫吗?就像我们今天一谈起永乐宫,可能想到的仅仅是三清殿《朝元图》,甚至都不是完整的《朝元图》,而只是教材上所截取的片断。而研究的对象也多局限于三清殿等重要的殿宇之上,但永乐宫毕竟不仅是一座宫殿,而曾是一个具有严格谱系程序的活态建筑组群。同时,我们即便将其作为客观资料进行研究,因为年代久远,且中间又几经修缮、整体搬迁,加上文本资料匮乏,尚不足完全还原当时的历史,客观公正的要求即便需要但似乎又是不可能完成的任务,而宗教理解则涉及永乐宫特殊的身份问题,这里包含对当时宗教氛围以及宗教感情的同情与理解。但这种非物质层面的问题不是仅靠今天有限的宗教知识和看似科学的研究方法就能解决的,所以如何协调好实证与宗教之间的矛盾也是在面对道教材料时亟须注意的。

最后简要说明一下因为研究周期所限而遗留的问题:

第一章,只是大体勾勒出了蒙元时期全真教在山西地区发展的基本轮廓,对几位重要教派人物(比如尹志平、李志常、宋德方、潘德冲等人)的详细考察仍有待继续深入挖掘、整理。同时,因为搜集的信息所限,只是选取了198所中太原路12所以及平阳路22所共33所宫观,不足六分之一,因此数据的合理性被打了折扣。特别是对晋东南地区的全真宫观壁画的研究仍有继续深入的必要。

第二章,笔者意在将图像的叙事性特征与元代白话文发展以及道化剧的兴盛联系起来,并认为,两者对壁画的叙事性结构产生了影响,但同样因为研究精力所限,未能深入分析。另外,在地狱场景分析中,尚没有对地狱信仰在佛道之间的发展变化关系问题,地狱信仰在道教内部自魏晋至明清的变化、地狱数量的变化反映了什么问题,具体到永乐宫重阳殿壁画中又产生了怎样的影响等深入研究。

第三章,在对女冠群体的分析中,附录6所涉及的女冠信息,笔者相信只是很小一部分;而对于倡优入道时涉及的不同职业之间的户籍变迁等问题也未能梳理清楚,希望可以在日后研究中补全。

第一章　蒙元山西全真教宫观建设的历史考察

第一节　政教背景及区域分布

通过资料统计发现，蒙元统治时期全真教盛行之时，其在山西地区的宫、观、庙、庵数量是极为庞大的①。

杨晓国在《金元时期全真教在山西活动探索》②中提到，据目前可见到的文献资料（包括碑刻）作不完全统计，金元时期分布于山西的全真道观，其总数约在300座以上，其中近三分之二即创建于金大定十年到元至正二十八年（1170～1368年）之间。基本分布在太原地区及其以南沿汾河下游和临涑水的诸州县，如平遥、洪洞、赵城、襄陵、临汾、翼城、绛州、闻喜、稷山、安邑、永济等地。

根据陕西户县重阳宫所存的一通元代翰林直学士王利用所撰宋德方传记《玄通弘教披云真人道行之碑》（1320年）碑阴所刻《披云真人门下法派名氏之图》③，即丘处机门下宋德方法派弟子及主要宫观名号的记录，按照其所属行政地区排列，在路、州、府、县名下，共有宫、观、庙、庵名222个。据笔者的

---

① 目前对全真教宫观研究的成果主要有景安宁、康豹、张广保、程越等人。见景安宁：《道教全真派宫观、造像与祖师》；[美] 康豹：《多面相的神仙——永乐宫的吕洞宾信仰》；张广保：《金元时期全真教祖庭研究》，陈鼓应主编《道家文化研究》第二十三辑 "多元视野下的全真教" 专号，第52～134页；程越：《全真祖庭白云观在金元时期的沿革》，陈鼓应主编《道家文化研究》第二十三辑 "多元视野下的全真教" 专号，第135～143页；程越：《金元时期全真道宫观研究》等。

② 杨晓国：《金元时期全真教在山西活动探索》，《晋阳学刊》2004年第4期。

③ 拓片见北京图书馆金石组编《北京图书馆藏中国历代石刻拓本汇编》（第49册，元），第81～82页。拓片文字识读主要借鉴景安宁的整理，见景安宁：《道教全真派宫观、造像与祖师》，第117～234页。

不完全统计，在 222 所宫观中，隶属于山西地区（行政区划范围之内）的就多达近 90 所。

在此基础之上，笔者参考程越在《金元时期全真道宫观研究》之宫观资料库中山西地区的宫观记载，加上部分石刻碑记中的宫观数据记载（其主要依靠陈垣《道家金石略》和王宗昱《金元全真教石刻新编》），整理出了分布于山西地区的宫观共 198 所（见附录 1）①。接下来，就具体情况进行介绍。

一 政教背景

在分析全真教在山西地区传道布教的具体情况之前，需交代一下当时政治、宗教背景，从蒙元时期山西兵势②以及宗教传布情况两个角度展开。

（一）山西兵势

回看山西地区的政治状况，可从唐玄宗在位（712～756 年）之时，山西大部归时任三镇节度使的安禄山（703～757 年）管辖范围之内开始。公元 936 年，后晋高祖石敬瑭（892～942 年）建立后晋政权，隶属燕云十六州的山西应州（今山西应县）、寰州（今山西朔州东）、朔州（今山西朔州）、云州（今山西大同）被后晋割让给契丹。自此，山西北部四州进入多民族统治时期。至辽太宗会同年间（938～947 年），契丹健全南北两院制度，山西四州归南院管理。后立西京（今山西大同），并设立西京道，自此山西四州归其管辖。此时，辽与北宋南北对峙，山西北部四州归辽，山西南部则在北宋治下。

12 世纪初，女真部崛起。1115 年，建立金朝。十年后，宋金联合攻辽，辽天祚

---

① 需要说明的是，因为宫观实际建筑时间、具体位置和建筑规模等除其中有部分与资料库中宫观重合外，大多数均无实际数据，故除了分析整体分布状况时录用之外，对宫观的修建时间、殿堂设置、祀神以及像设等进行分析与梳理时则暂不放入。

② 对于蒙元时期的山西兵势，参考了姚丛吾、陈高华、瞿大风等人的研究。姚丛吾：《成吉思汗窝阔台汗灭金战事的分析》，《东北史论丛》（下册），第 305～338 页；陈高华：《元大都》，北京出版社，1982 年；瞿大风：《元朝统治下的山西地区》，博士学位论文，南开大学，2003 年等。

帝耶律延禧（1075～1128 年）被俘，辽灭。金天德三年（1151 年），与南宋以淮河、大散关为界，南北对峙。此时，山西全部落入金政权之手，金分设河东南、北二路辖而治之（图 1.1）。

13 世纪初，草原蒙古族兴起。1206 年，成吉思汗（铁木真，1162～1227 年）统一蒙古各部。四年后攻金。金大安三年，即成吉思汗六年（1211 年），金兵初败野狐岭，再败会河堡（今张家口东南）。九月，蒙军夺取金中都门户居庸关，但并未直取中都，而是分兵掠取了中都附近包括山西诸州县的车马粮草等物，旋即退去①。

此后，蒙古政权对山西地区进行了长达 21 年（1211～1232 年）的军事征服与占领。瞿大风认为，蒙古大军对山西地区的占领可分为三个时期②。

第一时期为 1211～1217 年，此时，成吉思汗率部对山西地区的影响以俘掠人口和生产生活资料为主，虽然山西仍在金的统治之下，但当地人民的社会生活却遭到了极大的破坏。1212 年，金失西京，山西北部四州被蒙古军队占领。翌年秋十月，蒙古再次进攻，《元史》卷一《太祖本纪》记载："是秋分兵三道，命皇子术赤察合台、窝阔台为左军，循太行而南，取保、遂、安肃、安定、刑、洺、磁、相、卫、辉、怀，掠泽、潞、辽、沁、平阳、太原、吉、隰，拔汾、石、岚、忻、代、武等州而还。……是岁河北郡县尽拔。"贞祐二年甲戌（1214 年）金宣宗（完颜珣，1163～1224 年）议和。五月，金迁都南京（即汴梁，金灭北宋后称汴京，后改为南京，今河南开封）。成吉思汗旋策马南下，兵分两路攻打。一路由木华黎（1170～1223 年）为统帅，征讨辽东，一路由将领三木合拔都（生卒年不详）和契丹人石抹明安（1164～1216 年）等为统帅南进。实自此开始，山西诸州县多遭践毁，中原数千里混乱悲惨。1215 年，蒙军兵势南向，进攻山西诸地，势如破竹，不时便过定襄③，忻州以北崞县、五台、繁峙相继自立为州。

第二时期为 1217～1223 年，为木华黎攻占时期，此时蒙军以全面征服与占领山西为主要目标。自 1218 年起，木华黎连续发动欲占领山西地区的军事行动。是年，成吉

---

① ［明］宋濂等：《元史》卷一《太祖本纪》、卷一百二十二《槊直腯鲁华传》，北京：中华书局，1976 年。
② 瞿大风：《元朝统治下的山西地区》，第 28～40 页。
③ "乙亥兵势南向，郭守微遂自沁源北奔至定襄。"见《玄元观记》，王宗昱编《金元全真教石刻新编》，第 122～123 页。

图 1.1　金大定二十九年（1189 年）地图（采自国家文物局编《中国文物地图集·山西分册》上册，第 51 页）

思汗立太原总管府。翌年，蒙古军破汾①、石②诸州，置临州行兵马都元帅府，时属河东北路大部被蒙军攻破。旋即攻打河东南路绛阳及解梁属邑。秋，按陈那颜（生卒年不详）总军南征，下平阳、霍州、晋安、潞州等十余城，后下怀州、孟州等③。当是时，嵂山军节度阎德刚（生卒年不详）经画略定④，颇与方外士人周旋⑤。至1220 年，河东南北二路几为蒙军占据⑥。

第三时期为 1223～1232 年，由窝阔台汗（1186～1241 年）完成对山西的全面征服与占领。期间，金与蒙元之间对部分地区的城池进行了多次拉锯，失而复得，得而复失，金将领恒山公武仙（？～1234 年）甚至反攻到忻州地区。金正大五年戊子（1228 年），晋城尚有游骑，四处抓捕行人⑦。但 1229 年窝阔台汗即位后，对山西连续展开大规模军事进攻。1231 年十二月初，窝阔台捕杀河中府守将完颜讹可（生卒年不详）。1232 年正月，窝阔台汗发兵南下，吏民道众四散⑧，此时元兵已平河中府⑨，完成了对山西

---

① ［清］李文起：《汾阳县志》卷八《仕实》。

② 《重建□□兴玉莲之洞铭》，陈垣编纂《道家金石略》，第 530～531 页。

③ ［清］胡聘之：《山右石刻丛编》卷二十四《梁秉钧碑》，清光绪二十七年（1901 年）刻本；［明］宋濂等：《元史》卷一百五十一《杜丰传》。

④ "经画略定"：盖指蒙元的"画境之制"。蒙古灭金前后，中原汉地世侯军阀林立，其占据的地盘犬牙交错，打乱了原有的路州县秩序。针对这种情形，蒙廷借助"十道"监司或监察区，按照金朝路州旧制画界，首次调整汉地路州县地界秩序。阎德刚作为嵂山军节度使，在蒙军占领嵂州之后，通过画境制度，将其势力范围进行了统一规划，之后，阎德刚在其境内休养生息，此时与方外之士多有交流。关于"画境之制"，可详参李治安等：《中国行政区划通史·元代卷》，上海：复旦大学出版社，2009年，第 319～323 页。

⑤ 见《朝元观记》，陈垣编纂《道家金石略》，第 494 页。

⑥ "及庚辰岁，此方（汾阳）抚治以宁，因尔还乡。"见太原路汾州长春观《修建长春观碑铭（并序）》，王宗昱编《金元全真教石刻新编》，第 128～131 页。

⑦ "道者杜志元，晋城县移风乡招贤里水北村人也。其先本京兆杜陵人，后徙居平阳，十世祖迁于晋城。……黎明为游骑所获。久之，执者稍缓，逃入山。因省梦中事，遂弃家簪冠焉。"见平阳路泽州会真观《会真观记》（写于 1249 年），王宗昱编《金元全真教石刻新编》，第 121～122页。

⑧ "天兴初，严冬，吏民道众逃避军马，□山深藏，尚不能保全性命，先生安然不动。因致平阳四元帅招诱抚恤，守先生□□得获安。"《金华山三阳洞主阳和子白先生墓志》，陈垣编纂《道家金石略》，第 1078 页。

⑨ "岁壬辰，河朔甫定，君还乡井。"见平阳路潞州长子县通玄观《通玄观记》（写于 1280 年），王宗昱编《金元全真教石刻新编》，第 132～133 页。

的全面征服。行省兵马都元帅忽神公塔察尔（生卒年不详）平汴而西，大河东分置营寨[1]。窝阔台大军由河清县渡河，三月丁亥平中京（今河南洛阳），兵及嵩洛[2]。1234 年，即金哀宗（完颜守绪，1198～1234 年）天兴三年，元太宗窝阔台攻陷南京（即汴梁），金亡。此后，山西三路全部归入蒙元政权行中书省治下。而至 1305 年大地震之后，太原路改名为冀宁路，平阳路改名为晋宁路（图 1.2）。

综上可知，山西地区作为蒙金交战时的主要战区，自 13 世纪初的三十余年间，战火不断，对当地的生产生活造成了极大的破坏。在此大环境下，全真教实无太大人力物力去建宫立观。北方的山西大同诸州很早以前就作为幽云十六州的一部分而长期居于少数民族的统治之下，而南方的太原、平阳二路则在蒙元之际方为少数民族统治。也就是说，太原与平阳二路之前受北宋文化的影响巨大，而大同地区的中原传统则更多地体现在唐五代时期的影响下。同时，虽然很难确切地统计出当时全真教众的具体人数，山西三路的人口基数则或可说明一定的问题。宋金对峙时期南与北人口的比例约为 6：4，元朝则为 6.7：1，相差悬殊[3]。而元代山西地区的人口总量，据李治安等人的统计，大同路户数为 45945 户，太原路为 75404 户，而平阳路则达到了 120630 户[4]，几乎是大同路与太原路户数的总和。此数据虽难称得上精确[5]，却可反映出当时山西地区人口南多北少的现实。可以看到，当时整个北方人口

---

[1] 大兵伐金，塔察尔从师授兵马都元帅，下河东诸州郡，济河破潼关，取陕洛，壬辰 1232 年，从渡白坡，睿宗与金人战于三峰山，大破之，诏塔察尔进攻忭城，癸巳 1233 年，金主迁蔡州，塔察尔率师围蔡，甲午 1234 年灭金，遂留守镇抚中原。参见《山右石刻丛编》卷三十四；《元史》卷四《世祖本纪》；《迁修洞霞观记》，陈垣编纂《道家金石略》，第 1190～1191 页。

[2] 按：1232 年蒙军南下，《金史·本纪》记载天兴元年（1232 年）正月丙戌，元兵平河中府，由河清县渡河，三月丁亥平中京，兵及嵩洛，故避至绛也。河清县，即孟津县。中京，即金中京金昌府，即今洛阳市。根据《东华观记》记载，河南路嵩州此时正处于蒙军战火之下，故迁回原址闻喜实为不得已。但因战事南移，此时河中府已全部为蒙古所据，而绛州等处早已被蒙军占领十余年，战事方平，百废待兴，故居环堵而韬光养晦。见《东华观记》，陈垣编纂《道家金石略》，第 517～518 页。

[3] 周良霄、顾菊英：《元代史》，上海人民出版社，1993 年；转引自萧启庆：《内北国而外中国：蒙元史研究》（上册），北京：中华书局，2007 年，第 45 页。

[4] 李治安等：《中国行政区划通史·元代卷》，第 55～61 页。

[5] 当时因为战争，南北之间的人口流动十分频繁，三晋地区也是如此，加上大量平民被统治者占为驱口，而瞒报户籍，所以精确地统计当时的户数几乎是不可能的。

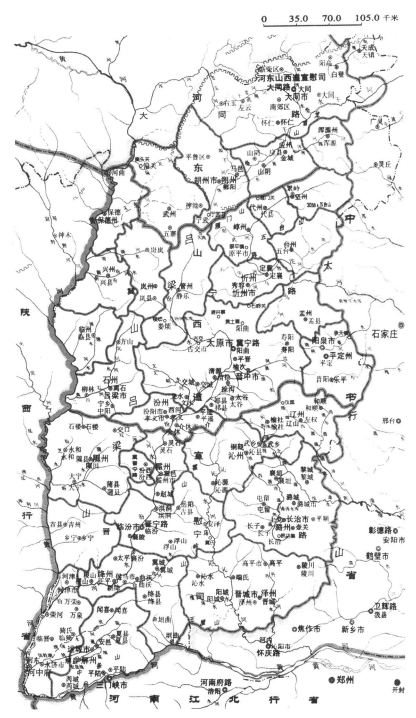

图1.2　元至顺元年（1330年）地图（采自国家文物局编《中国文物地
图集·山西分册》上册，第52页）

大量减少，盖因蒙元南下，华北杀戮甚烈，以及随之而来的人口被迫不断南移有关①。至1232年，也就是蒙元军队完成山西地区的全面征服之前，金元两军的拉锯作战导致山西南部的河中府等地战火不断，经历战争的摧残，此时的河东大片地区正面临新一轮的人口回流以及休养生息。刘因（1249～1293年）撰《武强尉孙君墓铭》："金崇庆末，河朔大乱，凡二十余年，人民杀戮几尽，其存者以户口计，千百不一余……其存焉者，又多转徙南北……"北方世俗民众饱受兵火蹂躏，耕桑俱废，无力租种，而蒙古统治者虽宠遇全真教，但日事杀伐，横征暴敛尚且不敷自用，王恽（1227～1304年）作《卫州胙城县灵虚观碑》中就提到："岁壬辰，金人撤守，天兵徇取之。明年，京城（汴梁）大饥，人相食，出逃死求□者，日不下千数。既抵河津，人利其财贿，率不时济，殍死风雪中及已济而陷没者，一日间亦无虑百数。方草昧未判，独全真教大行，所在翕然成风。"② 而且"扑买"制的施行加重了当地人民的负担③。可以说官民此时皆已无余力供养数以万计的全真教众。

此后，全真教在山西布道设教的形势逐渐好转。其中，1223年，丘处机(1148～1227年)④ 西行觐见成吉思汗成为重要的转折点。记载晋宁路解州芮城玄逸观的《创建玄逸观碑》（写于1326年）中即提到："夫我全真大教，自长春宗师（丘处机）栖迟磻溪、龙门凡十有三年后复居海上，声传漠北。遇太祖圣武皇帝玄纁青蒲之聘，征诣行在，首以道德仁义为陈，一言止杀，万国生春。自是以来，玄教运彰，犹初升之日，始达之泉，不期明而光，不期浃而遍。"⑤ 丘处机的"一言止杀"救中原万民于刀下，此般深厚功德亦得到当时深受儒家"仁义"熏陶的文人士大夫阶层的认可，并获得了如元好问这般名儒对全真教极高的评价。自成吉思汗征召丘处机，"赐号神仙，俾掌管天下道门"⑥，且允许全真教于蒙古所占汉地随意立观传教，"所

---

① 萧启庆：《内北国而外中国：蒙元史研究》（上册），第45页。

② 见《甘水仙源录》卷九，《秋涧集》卷五三，陈垣编纂《道家金石略》，第564～565页。

③ "扑买"制，参见萧启庆：《忽必烈"潜邸旧侣"考》，萧启庆：《内北国而外中国：蒙元史研究》（上册），第115～116页。

④ 丘处机，登州栖霞人。著有《大丹直指》《磻溪集》《青天歌》等。

⑤ 陈垣编纂《道家金石略》，第777～778页。

⑥ 《道藏》第3册，文物出版社等，1988年，第386页。

据大小差发赋税都休教著者"①，获得了经济特权。

"祸兮福之所倚，福兮祸之所伏。孰知其极？其无正？正复为奇，善复为妖……"②事情不只存在好的一面，正常的事情若超过极限，也就变为不正常了。对此，元代儒士郑介夫（生卒年不详）说："今天下大寺观租入钜万，徒众千百，飨用过于宫簮，积蓄俟于邦赋。为长老、观主者营求而得之。""今僧、道不蚕而衣，不耕而食，皆得全免徭税。而愚民多以财产托名诡寄，或全舍入常住，以求隐蔽差役。"③ 全真教发展至元成宗时期（1295～1307年），因为长期得到政府的支持，导致宫寺势力过于庞大，以至于很多并未诚心入道者鱼目混珠地进入道观之中，以谋求私利，因此，全真教的真正危机也就来了。

（二）政治与宗教环境

宗教服从于政治是蒙元时期政教关系的基调。总起来看，元代的宗教政策与宗教管理体制可谓"兼容并蓄，广事利用"④。朝廷为方便佛教的管理而下设宣政院⑤，也里可温教即基督教设有崇福司⑥，而伊斯兰教则设有回回掌教哈的司⑦。

在行政管理方面，管理道教诸派的直属机构是集贤院。元中统二年（1261年），为了解中原宗教文化，忽必烈（1215～1294年）"遣王佑于四川等路采访医、儒、僧、道"⑧。统一中原之后，为管理全国道教事务，于至元二十二年（1285年）正式

① 《道藏》第34册，第500页。
② ［魏］王弼校注：《老子道德经注校释》，楼宇烈校释，北京：中华书局，2008年，第151页。
③ 李修生主编《全元文》第33册，南京：凤凰出版社，2004年，第88～90页。
④ 陈杉、刘康乐：《论元代的宗教政策与宗教管理体制》，《西南民族大学学报》（人文社会科学版）2011年第5期。
⑤ 元朝掌管全国佛教事宜和藏族地区军政事务的中央机关，由帝师兼领。忽必烈始置总制院，后改为宣政院。
⑥ 元世祖至元二十六年置，掌基督教事务，管理教士及十字寺教堂，延祐二年改为崇福院。
⑦ 元代掌管伊斯兰教事务的机构，"哈的"为阿拉伯文的旧译，亦作嘎锥、戛尊、卡迪，并声称"我们蒙古人相信只有一个上帝，主宰所有人的命运，但就像上帝让人的手生出互不相同的五指一样，上帝也允许不同地方的人们拥有不同的信仰"。见［英］道森编《出使蒙古记》，吕浦译，北京：中国社会科学出版社，1983年。
⑧ ［明］宋濂等：《元史》卷一《世祖本纪》，第76页。

设立中央衙门集贤院，"秩从二品。掌提调学校、征求隐逸贤良，凡国子监、玄门道教、阴阳祭祀、占卜祭遁之事，悉隶焉"①。集贤院管理职能主要是任命与监督：即通过任命道教各教派或宫观的领袖担任职务，以达到监督道教事务的目的。对此，日本学者吉冈义丰、窪德忠，我国学者陈垣、姚从吾、孙克宽、张广保、郑素春、陈高华②等人的著述多已提到，不再赘述。

可以看到，在金朝统治下的中国北方，禅宗临济宗势力很大，影响广远。待蒙古灭金统治中原之后，蒙古统治阶层便极力拉拢临济宗上层僧侣海云印简（1202～1257 年）等人，从蒙古大汗到燕京断事官都对其尊崇备至③。待元朝统一，为加强其对吐蕃地区的控制，转而极力推崇喇嘛教。"虽帝、后、妃、主皆因受戒而为之膜拜。"④ 元灭南宋后，道教中在南方具有广泛影响力的正一道派也被传入大都，元统治者又对其大加笼络，正一道掌教张留孙（1248～1321 年）、吴全节（1269～1346年）等深得上层信任。

据《元史》《新元史》中《释老传》记载，蒙元之际在华北地区共存全真教、真大教、太一教以及正一教四大道教流派。《重修清微观记》中亦提到："大凡今之所谓道士者有肆，曰全真，曰太道，曰太壹，曰正壹，各立科仪而行祈禳厌祷之事，俱以老氏为宗，岂其然乎。"⑤ 然全真甫兴辄声动中原，远播边陲，南至云南，北及西伯利亚，其影响在道教诸派中为最。金代道士王丹桂⑥撰《草堂集》之《满庭芳十一首》序文也说："雪霁郊园，冰凝池沼，时当探入穷冬。重阳此日，降迹阐真风。还是丹阳师父，辞尘世、飞上天宫。玄元理，一升一降，显现至神功。无穷。

---

① ［明］宋濂等：《元史》卷八十七《百官志》，第 2192 页。
② 比如：［日］窪德忠：《全真教的形成》，《东洋文化研究所纪要》第四十二册；陈垣：《南宋初河北新道教考》，北京：中华书局，1962 年；姚丛吾：《东北史论丛》（下册），第 175～204 页；孙克宽：《元代汉文化之活动》，台北：中华书局，1968 年，第 199 页；张广保：《金元全真道内丹心性学》，北京：生活·读书·新知三联书店，1995 年，第 3～73 页；郑素春：《全真教与大蒙古国帝室》，台北：台湾学生书局，1987 年；陈高华：《元大都》，第 108 页。
③ 见僧念常：《佛祖历代通载》，《大正新修大藏经》第 49 册，No. 2036。
④ ［明］宋濂等：《元史》卷二百二《释老传》，列传第 89，八思巴等人。
⑤ 王宗昱编《金元全真教石刻新编》，第 143～144 页。
⑥ 王丹桂，生卒年不详，字昌龄，号五峰白云子，师事马钰。

真匠手，京南陕右，河北山东。但儿童耆老，谁不钦崇。应物随机顺化，垂方便、三教通同。"① 可见当时全真教在华北地区的发展盛况。

除在道教众教派中能引领群雄，与佛教诸宗相比亦不遑多让，俨然一国宗教之主。而名宫梵馆更是星分棋布。记载晋宁路解州芮城县真常宫的《真常宫记》（写于1311年）："自长春真君以来，玄化既行，而教风益着，其华宫壮观，巨容俨像，而星罗夷夏。其奉真敬道之姓，无间王侯商贩，以今视昔，则相去万万也。嘻，道教其盛乎！"② 其盛况令士人感慨不已："古所谓存乎其人，乃今见之。夫物蔽于一曲，则有不能通者，此二家（佛道）所以更为盛衰耶？吾于此有感焉。三纲五常之在，犹衣食之不可一日废。今千室之邑，岂无人伦之教者？至于挟兔园策授童子之学者，乃无一人焉。寒不必衣，饥不必食，痛乎风俗之移人也。呜呼！二家之盛衰，又何足记邪？"③

对于当时全真道教之盛的原因，记载平阳路河中府荣河县栖云观的《创修栖云观记》（写于1280年）提到："国家以马上取天下，军务倥偬，日不暇给，首宗崇此教，尊道德之人，居之京邑，以示天下，天下风靡从之。"④ 说明了政治之于宗教的显著推动作用。而更为重要的是，正因为蒙元南侵，天兵南牧（1232年，壬辰之兵），"大夫士衣冠之子孙陷于奴虏者，不知其几千百人，壹入于道，为之主者，皆莫之谁何"。而记载平阳路泽州会真观的《会真观记》（写于1249年）中更是提到："正大戊子……，遂惊寤。黎明为游骑所获。久之，执者稍缓，逃入山。因省梦中事，遂弃家簪冠焉。"⑤ 游骑盖为元军，当时被骑兵抓住的百姓即纳为奴，所以当时很多地方军民四散，人心惶惶，因此兵荒马乱亦加剧了全真教教众的吸纳。

以上资料可以帮助我们从两个方面理解政治因素对当时道教之盛的作用：即政权对道教的正面支持，以及反面助澜——政权更迭，军事占领，导致当时的士大夫衣冠之子孙无不流离失所，而道教为他们提供了避难所。栾城县《太极观记》中就

---

① ［金］王丹桂撰：《正统道藏》太平部。
② 陈垣编纂《道家金石略》，第735~736页。
③ 见《明阳观记》，王宗昱编《金元全真教石刻新编》，第120页。
④ 王宗昱编《金元全真教石刻新编》，第134~135页。
⑤ 王宗昱编《金元全真教石刻新编》，第121~122页。

载："是时天下初定，民未厌服，而叛命者众，朝议将致天讨以罚口之。汤火遗黎，旦暮假息，竦命于锋镝之下。丘虑蒿兰共刘，百方周至为之曲说，竟用是豁免。至有囚俘亡命，辄辋其冠而羽其衣者，一无所问。凡前后所活，无虑亿万计。"① 联系到当时入籍道教所带来的明显好处，如"租、庸、调、举不及其身"② 等，所以当时"通都大邑，道宫之琼楼玉宇，连甍接栋，相望于阛阓间。虽十家之邑，三户之聚，颐真进道之庐，无地无之。纶巾羽服，以道自名者，肩相摩，踵相接也"③。甚至记载平阳路潞州长子县通玄观的《通玄观记》（写于1280年）中说："今通都大邑，营垒村落，远及深山大泽，莫不黄冠峨峨、奠居相望"④，可谓盛况空前。

　　究其得宠之原因，从全真教义本身分析，蒙古朝廷对全真教的支持是有内在理由的。金末，全真道流行，提倡禁欲与苦行。这种修行特点取决于知识分子在修道时内心所根植并经过书香熏陶出的儒家内省与自我超越的性格。从政治学的角度上看，这种性格可以解读为具备政府"招安"性的前提特征。故在今天看来，我们不妨揣测，正是因为这种禁欲与苦行的软弱性与内收特征，一定程度上降低了士子对新政权的反抗，而当这种特征作用于修道的时候，因为政权交替以及战火连绵，使得身体与心灵遭到双重破坏与自我放逐的知识分子，很容易在全真教那里找到自我认同。出于对修道群体中这批知识分子的看重，也就造就了全真道形成初期的得宠。

　　然而，这种全靠内心约束的道德准则对于统治者而言，实则并不保险。特别是当一个非政治组织强大到一定的规模时，必然会因为教派成员来源的鱼龙混杂而存在被有心人所利用以对抗政权的可能。《大元通制条格》卷二十九记载："已前京兆府地面里，王祖师庵头聚着人众，生歹心来。如今这先生又这那般胡行……"此条1280年的资料也为新政权对全真教的新一轮高压控制埋下伏笔。陈高华注意到，元朝统治者对佛教和道教的支持，使得佛道两教通过朝廷的各种优惠政策，而占有了大量土地和其他生产资料，有的还允许经商和高利贷。寺院里的上层僧侣因此掌握了大量财产的支配权——而这些，原本属于当地的地主阶级，僧侣中不少人甚至被

① 陈垣编纂《道家金石略》，第599～600页。
② 《创修栖云观记》，王宗昱编《金元全真教石刻新编》，第134～135页。
③ 《创修栖云观记》，王宗昱编《金元全真教石刻新编》，第134～135页。
④ 王宗昱编《金元全真教石刻新编》，第132～133页。

元朝政府授予官爵等荣耀，加入新的贵族、官僚阵营。对于寺院田产的官方保护，从不少圣旨碑中就可看到，而授官和封号更是屡见不鲜。但也正是这些物质方面的巨大累积导致了欲望膨胀，并由此产生的名利追求促使教派之间，如全真教与佛教之间发生过多次冲突，其中，为争夺庙宇和财产甚至还发生了相互斗殴伤人的恶劣事件①。

佛道之间的利益斗争由来已久，前代较近的是北宋徽宗朝，当时敕令天下僧人为道士②。发展至元代，佛教与道教特别是全真教有三次直接交锋。

第一次在蒙古宪宗五年（1255 年），宪宗召集佛道论辩，道教输，遭打压。全真教时任掌教为李志常。禅僧雪庭福裕（1203～1275 年）向阿里不哥控告道士刊行《老子化胡经》和《八十一化图》谤讪佛教，以及占夺佛寺田产，阿里不哥转奏宪宗，于是旨召李志常到和林，在皇宫万安阁内与佛教首领那摩国师③、福裕等人进行辩论。此时佛教在蒙古朝廷的地位已居于道教之上，李志常辩论失败，宪宗降旨毁道教"伪经"，归还所占佛寺和田产。

第二次在蒙古宪宗八年（1258 年），第二次佛道论辩少林寺福裕辩胜时任掌教张志敬，宪宗旋即下令焚毁道经。

第三次在元世祖至元十八年（1281 年），忽必烈下令焚道经，并诏谕天下，十月，集百官于悯忠寺，焚烧道藏，道经除《道德经》外一切焚毁。

佛道之争缘于元初全真盛期道士占据不少佛教寺庙，在争夺寺院过程中，道士还有殴打和尚之行为发生。因此，在宪宗、世祖当政时，几次对全真教的打压都使得佛教直接得利。对此，陈高华认为，偏袒佛教的行为无疑是"统治者权衡得失"的结果，"但元朝统治者的意图，不过是稍微压抑一下道教的势力，并不是想加以取缔"④。

---

① 对于僧道争辩之事，可详参 [元] 僧详迈：《辩伪录》，《大正新修大藏经》第 52 册，编号 No. 2116。

② 南宋曾敏行《独醒杂志》之《泗州浮屠下僧伽像条》对此有生动的描述："泗州浮屠下有僧伽像。徽宗时，改僧为德士，僧皆顶冠。泗州太守亦令以冠加于像上，忽天地晦冥，风雨骤至，冠裂为两，飞坠于门外。举城惊怖，莫知所为。守遽谒拜曰：'僧伽有神，吾不敢强。'遂止。"见 [宋] 蔡绦、曾敏行撰《铁围山丛谈·独醒杂志》，李梦生、朱杰人点校，上海古籍出版社，2012 年，第 160 页。

③ 那摩国师，克什米尔人，对于那摩国师来蒙古参与佛教传播的具体情况，可参考黄春和：《元初那摩国师生平事迹考》，《法音》1994 年第 9 期。

④ 陈高华：《元大都》，第 111～112 页。

对于佛、道两家而言，其信众基础的深厚程度在不同时期虽各有千秋，然佛教自汉代东传，在中原积淀数载，深得人心，并获得了历代掌权者的支持与信奉；道教虽代有兴替，但总体看仍不及佛教受宠遇之高。记载太原路台州明阳观的《明阳观记》（写于1244年）中就说："至于黄老之教，人徒知有之，求所以尊师重道如供佛然者，则无之有也。兵劫之后，此风故在。"① 因此，全真教在创教之初，面对佛教的庞大势力，以及道教派系之间的竞争，仍然举步维艰，直到丘处机觐见成吉思汗才一举奠定了上层对其支持的地位，其一言止杀又为后来教团势力的扩大创造了大好的舆论环境。但由于当时全真教势力的急剧扩张已经严重影响到了儒、道、佛三家势力的均衡态势，一家独大的宗教局面不但使儒家与佛教的代表势力怀有嫉恨之心，蒙元朝廷本身也自有担忧。比如，为遏制不断增长的宗教信徒和宫观数量，至元十七年（1280年），朝廷规定寺观僧道人数，"今后自淮河迤北随处和尚先生每一个寺观里，一佰人以外休教住者"② 值得注意的是，至元二十二年（1285年）设立集贤院时，乃全真教第十一任掌教张志僊（？～1302年）甫掌全真之时，此时在道教诸派中得势者已非全真，全真教正处于发展低谷，而与之相应，全真教的宫观建设已进入了低潮期。对于宫观建设时段问题，将在本章第二节具体展开。

当然，全真教与儒家的关系向来是不错的。但可看到，自窝阔台汗时期全真教的势力获得迅猛发展，此后亲近儒士的忽必烈当政，旋即对全真教进行了打压。全真教的失势其实在二位权力交接期间，即蒙哥汗在位时便已有萌芽。其标志性事件就是蒙哥宪宗元年，朝廷默认了儒士从全真教手中夺回庙学的主权③。对此问题，将在第三章中进一步展开。

二　区域分布

现将列表中记载的198所宫观进行区域分布整理，所得结果如下：

---

① ［金］元好问撰《明阳观记》，王宗昱编《金元全真教石刻新编》，第120页。
② 方龄贵校注《僧道》，《通制条格校注》卷二十九，北京：中华书局，2001年，第704～705页。
③ 对于庙学掌权者及权利的交接，请参看萧启庆：《大蒙古国的国子学：兼论蒙汉菁英涵化的滥觞与儒道势力的消长》，《内北国而外中国：蒙元史研究》（上册），第89～112页。

表 1.1　资料库所载 198 所全真宫观在山西各路州的具体分布

区划	具体分布	宫观编号	宫观数量（座）	宫观总量（座）	区划数值（索引号）
大同路	浑源州	1、2、3、4、5	5	8	1～7，M1
	大同	M1	1		
	武州	6	1		
	应州	7	1		
太原路（1305 年大地震后改名为冀宁路）	直属十县	8、11、12、16、26、29、30、32、34、35、36、37、38、39、41、42、43、61、63	19	56	8～63
	忻州	14、17、19、22、23、40、48、49、50、51、52、53、54、55、56、57、58	17		
	汾州	13、18、20、21、44、45、46、47	8		
	崞州	15、24	2		
	石州	28、31、33	3		
	平定州	59、60、62	3		
	台州	27	1		
	兴州	9	1		
	代州	10	1		
	岢岚州	25	1		
平阳路（1305 年大地震后改名为晋宁路）	解州	66、73、80、83、84、87、88、92、93、94、95、96、98、99、105、108、114、115、116、120、121、125、126、127、128、129、130、131、132、175、176、177、178、179、180、181、182、183、184、185、186、187、188、189、193、194、195、196、197	49	134	64～197
	直属六县	64、69、72、74、76、77、81、111、122、135、136、137、138、139、140、141、142、143、144、145、146、147	22		

续表1.1

区划	具体分布	宫观编号	宫观数量（座）	宫观总量（座）	区划数值（索引号）
平阳路（1305年大地震后改名为晋宁路）	河中府	70、97、102、103、104、110、112、113、133、134、148、149、150、151、152、153、154、155、156、157、190	21	134	64～197
	泽州	79、82、101、165、166、167、168、169、170、171、172、173、174	13		
	绛州	67、71、89、106、107、117、118、119、158、159、160、192	12		
	潞州	85、86、109、161、162、163、164	7		
	霍州	100、123、124、191	4		
	沁州	65、78、90	3		
	吉州	75、91	2		
	隰州	68	1		

　　根据表1.1，可以看到山西三路的全真宫观分布不均。其中，平阳路最多134所，太原路次之，有56所，大同路最少，仅8所。可以说，山西地区的全真宫观主要分布在平阳路。现具体到每个地区，分而述之。

　　大同路的8所宫观，主要分布于浑源州，大同、武州、应州各一所。从各地的分布率来看，今山西境内大同路所直属三县（计算单位算一）、四州有宫观记载的州数占了五分之四，但浑源州一地就占据5所①。可以说，大同路全真教宫观分布极少，且不均。

　　太原路的56所宫观，分布于其所属的十县、十四州之中的直属四县②九州，比

① 据《中国行政区划通史·元代卷》大同路治下领一录事司，五县，八州。其中，五县之宣宁、平地及八州之弘州、丰州、东胜州、云内州均在今内蒙古自治区治下，故不计算在内。今山西境内大同路所直属三县为大同、白登、怀仁，四州为浑源州、应州、朔州、武州。因受材料所限，这种统计只能部分说明程度上的强弱。

② 元太祖成吉思汗十三年（1218年）立太原总管府，直属十县之中并无太原之名，而据查府第治所应为阳曲，其与今之阳曲县不同，而表中宫观标号8、11、16、26、38、41、42、43八者资料中均仅注太原，

较分散,而其中又以太原路直属四县最多，北部的忻州次之，南部的汾州略少，成为太原路全真宫观分布最多的三个地区。十四州的另五州即坚州、管州、保德州、临州、盂州则没有记载。总体来看，太原路直属十县（计算单位算一）、十四州有宫观记载的州数占三分之二。

平阳路的 134 所宫观，广泛分布于直属六县一府九州中的直属五县一府八州，其中以解州为最多，共 49 所（安邑 6 所：编号 66、80、83、178～180；夏县 4 所：编号 116、120、121、181；解县 4 所：编号 108、175～177；闻喜 5 所：编号 73、84、88、105、114；芮城 30 所：编号 87、92～96、98、99、115、125～132、182～189、193～197），占近一半的比例，其中又以芮城为最多，占解州总数的一半。其次，直属五县共 22 所（临汾 9 所：编号 64、76、77、111、122、135～138；襄陵 9 所：编号 139～147；浮山 2 所：编号 69、81；汾西 1 所：编号 72；岳阳 1 所：编号 74）。河中府共 21 所，其中除荣河 2 所（编号 112、113）、万泉 1 所（编号 70）、猗氏 1 所（编号 110）之外全部在永济（共 17 所）。另外，泽州、绛州等也数量较多，而唯有辽州没有记载。总起来看分布的普及率，平阳路直属六县（计算单位算一）一府九州中，有宫观记载的州数占到十一分之十，几乎遍及整个平阳路。而其中又以解州的芮城以及河中府的永济两处为最多，两地也正是东祖庭的大纯阳万寿宫即永乐宫的所在地。

考虑到取样的偶发性因素，部分数据可能并不确切。从整个宫观分布所占的比例来看，平阳路的宫观普及率最高。每路的宫观建设也呈现出相对集中的态势：即大同路主要集中在浑源州，太原路主要集中在直属十县以及忻、汾二州，平阳路主要集中在解州的芮城以及河中府的永济两地。联系到整个山西的地理位置分布，可以看出全真教的宫观建设和道教活动主要集中在南部地区，主要指太原—平遥—介休—霍州—临汾—绛州—解州以及河中府的汾河流域地区（图 1.3），而北方则比较少。

并无详细记载，除 16 昊天观可知在今天太原市之外，其他七观是否为当时的阳曲无考。而 34 卿云观在冀宁路阳曲县太平乡辛庄村，今天有两个辛庄村，一个在阳曲县高村乡，一个是古交市，均不在太原市辖区。故如上所提九所宫观是否均应纳入阳曲一县待考，暂且将标有太原也纳为阳曲。其余为属榆次（12、61、63）、交城（29、30）和寿阳（32）的六所宫观，故共直属四县，此说法并不准确，待考。

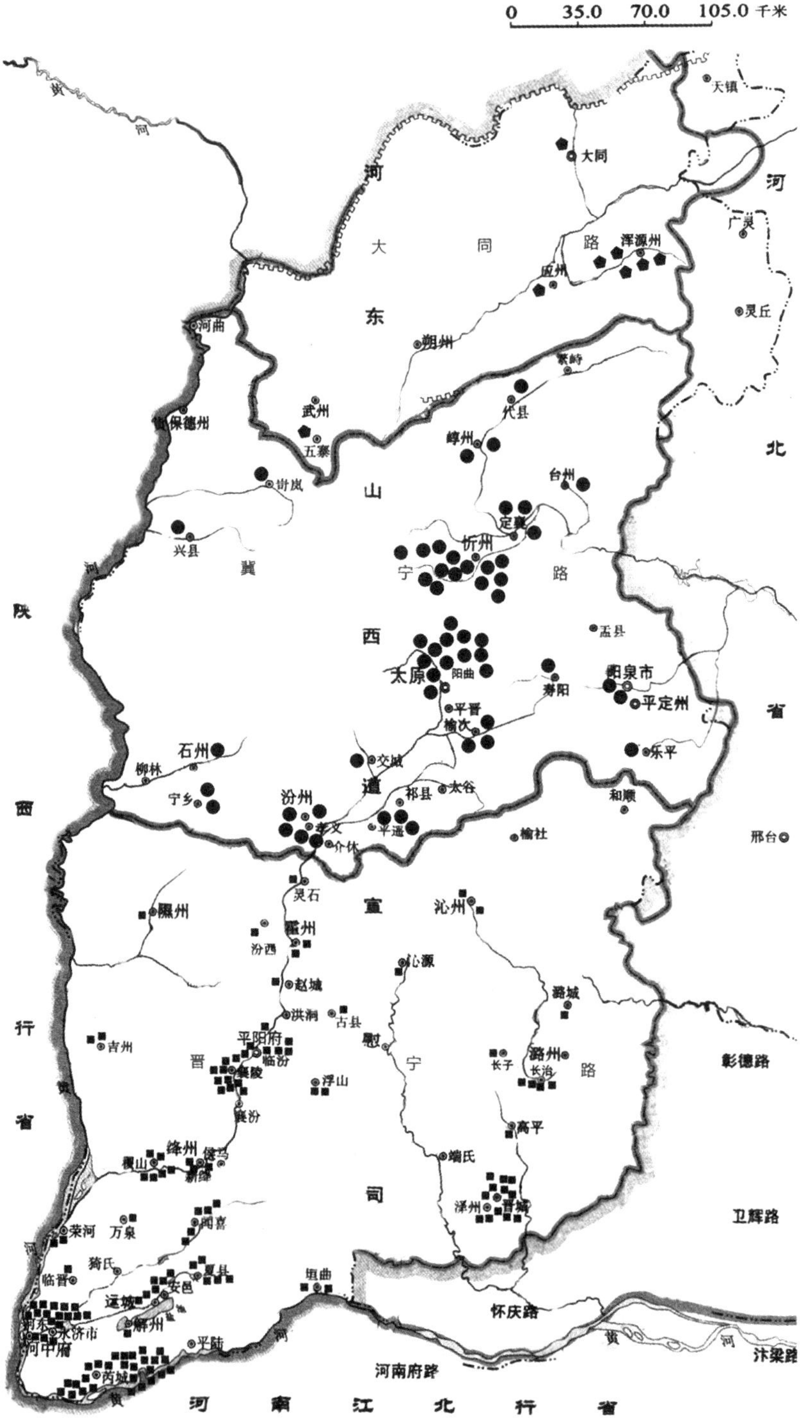

图 1.3　蒙元时期山西地区 198 所全真宫观分布示意图（吴端涛制图）

那么，这种宫观分布所呈现出的自南而北递减的区域分布特征该作何解释呢？

三　洞天福地理念下的宫观地形选择

从地形看，山西三路（大同、太原、平阳）西有吕梁与陕西相隔，南与河南以黄河为界，右依太行以邻河北，北以长城以据内蒙古大草原。可以说，一河两山基本把山西相对封闭地与中原及北部草原各地分隔出来。同时，山西境内也是山脉林立，多呈南北纵向分布，在吕梁与太行之间，汾河自太原市一直南下，于河中永济与黄河交汇，其所经之处形成太原盆地、临汾盆地与运城盆地，此三处也正是宫观分布最为密集之地。

具体而言，太原直属四县（阳曲、榆次、交城、寿阳）及汾州（主要在汾阳、平遥、孝义三县），左靠吕梁山，右倚太行山支脉太岳山，位于汾河下游的太原盆地之内；太原北面忻州的十七所宫观则主要分布在今忻州市以及定、襄二地，两地地处五台山南麓的忻定盆地，此地位于滹沱河与牧马河的交汇处，水源丰沛。由此，太原路就形成了直属十县交城—（榆次）晋中—（阳曲）太原—寿阳的"之"字形区域，南面汾阳—孝义—平遥的三角形区域，和北部忻州—定襄两点之间的宫观分布集群所组成的三大全真宫观密集区。

平阳路直属五县中的临汾—襄陵—浮山—岳阳四地所围成的方形区域位于临汾盆地的中心，自然是水源丰富，物产丰饶，为全真教的立观度人提供了物质基础；而河中府与解州中间横跨一座中条山，中条山中段又有十分重要的盐池等经济资源，此处临山靠水，道观修建讲究远离尘嚣；运城盆地的肥沃土壤和丰厚水源也提供了经济基础，故成为整个山西地区全真教的一大重镇。

综合分析，全真教在山西地区以太原、临汾和河中府三地最为重要（图1.4）。因此，山西地区的宫观分布，除了前文所提及的政治因素以及宗教因素之外，地理因素也是十分重要的。这引发我们对全真宫观地形选择问题的思考。

现列举资料库中所采集的位于山西不同地区、修建于不同时间的23所宫观碑记，其中记录了宫观当地的地形状况。

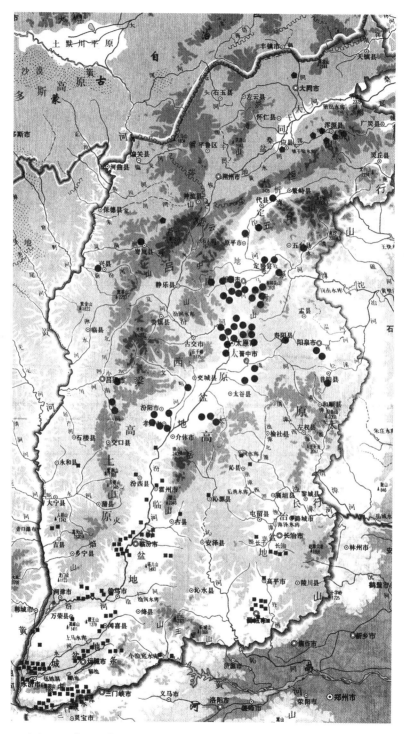

图1.4　蒙元时期山西地区全真宫观地形分布示意图（吴端涛制图）

表1.2　资料库中记载地形的 23 所全真宫观

编号	观名	位置	地形描述
5	渊静观	大同路浑源州恒山	一山之胜概，尽为渊静几阁之供矣。
13	长春观	太原路汾州	隆冈巨壑，烟林岩穴……东瞰汾水，西望介山，地和气秀。
19	重阳观	太原路忻州定襄	四山耸翠，其地绵亘壮丽，称道家所居，以修乡里之善缘也。
24	神清观	太原路崞州	有山水之秀，有宫宇之盛，又有道德之士表而出之，兼是三者，余所罕及。
28	元都清虚观	太原路石州宁乡	今兹灵宇在本县之左方，卧龙冈之半腹，去市稍远，寂寥幽迥，真上士栖真之所也。
31	玉莲洞	太原路石州宁乡	以古圣之迹，今着又显，何以不众中供敬。
32	清微观记	冀宁路寿阳县郭义村	若夫地势雄远，东连方山，南面龙门，西接罕山，北背芦城。
34	卿云观	冀宁路阳曲	……蕊罗山乃辛庄之奇观，其上则云叶权枒……其下则坚珉盘结，琼洞壁穴。
40	玄元观	冀宁路忻州定襄	面揖金鮀而背靠土岭。右经滹沱之水，左朝凤泉之峰。
59	玉真观	冀宁路平定州阳泉	地形偃伏抱含，深幽显敞……此一乡之小有洞天也。
67	玄都万寿宫	平阳路绛州	有严绛宫，于汾之湄，霞纡绀宇，□截瑶基。
79	会真观	平阳路泽州	东濒丹水，故曰丹西。在水之曲，亦曰汭曲。又曰韩营。左仙门，右小河，前龙门，后漳源，其土沃衍，乃福地也。
80	通玄观	平阳路解州安邑	其周围也，东腋沁水河，南面六神顶，清溪谷胁于西，峨眉山背于北。形势爽垲，真可谓之福地。
81	修真观	晋宁路浮山县	惟家之故址，岗雄势垲，匪俗家可居，愿施为焚修之所。
84	兴真观	平阳路解州闻喜	此一规地，古帝王练习歌舞之离宫也……小民居之，恐非吉兆，可求访逸客幽人，以为颐真养浩之所。

编号	观名	位置	地形描述
87	玉泉观	平阳路解州芮城	其地左顾玉皇之原，右挟玉泉之水，北则有崇山叠阜之屈盘，南则有茂林修竹之拥郁。
92	乐全观	平阳路解州芮城	观在中条之阳，芮水之谷，地僻而境幽，土瘠而事简。
94	玉京观	平阳路解州芮城	去观百步，皆闻异香，非沉檀比。
99	真常宫	晋宁路解州芮城	条山之颜，大河之阳，东接平陆，西距永乐……又多古贤仙圣之迹。
105	三灵侯庙	平阳路解州闻喜县东镇	……西北积千峰之翠色，东南瞰万顷之澄澜。
112	栖云观	平阳路河中府荣河	邑旧有大宁宫……宫之东有地百亩……前对披云亭，仰揖金山，俯瞰黄流，幽阒寥阒，天然幽栖之地。
115	玄逸观	晋宁路解州芮城	其形势则震玉簪而披焦岭，蹴昆浪而枕方山。烟岚郁其上，溪水灌其中。……其为幽人逸士之居，宜哉。
122	崇圣宫	平阳路临汾县	大霍苍苍，汾水洋洋，而镇而浸，华居晖煌。

　　通过全真宫观资料的记载，可以发现全真教建宫立观时对地形的要求是很苛刻的。

　　那么，地形是如何选择的呢？记载平阳路潞州长子县通玄观的《通玄观记》[①] 中有"意忖目度，定宫庭位"的说法。也就是说，为选取地形，应一思二观，择地而建。就如风水断定理论一样，而其依据则是传统道教中的"洞天福地"理论。记载冀宁路平定州阳泉县（今阳泉市）玉真观的《玉真观记》[②] 认为，玉真观所在之处，地形堪为洞天。解州安邑通玄观的《重修通玄观碑记》[③] 指出其"形势爽垲，真可谓之福地"。泽州会真观的《会真观记》[④] 中也说："其土沃衍，乃福地也。"可见当时人们多以"洞天福地"这种看似颇为神秘的标准去寻找地形建筑观宇。当然，这种高标准自然也有具体的所指：首先，认为修仙得道所处的环境很重要（修道的需

---

① 王宗昱编《金元全真教石刻新编》，第 132 ~ 133 页。
② 王宗昱编《金元全真教石刻新编》，第 145 页。
③ 王宗昱编《金元全真教石刻新编》，第 117 页。
④ 王宗昱编《金元全真教石刻新编》，第 121 ~ 122 页。

要）；其次，出于敬拜的思想，认为唯有这种"洞天福地"才能使得祭祀的仙真觅得
适合的居所（敬神的体现）；而反过来，修道之士正是在这样一个适合仙真逗留的场
所里修行，才能与之神会，得其聆讯，以得参合入道之玄机（与神相遇的机缘要
求）。这种场所就正如《崇圣宫碑》① 中所描述的，一如修道之士心目中的众神栖居
之地——郁罗之台，楼观规模极广，乃福区灵境，堪比当世王侯居所。

具体而言，怎么算是福地呢？首先要有山，浑源恒山"一山之胜概，尽为渊静
几阁之供"②，忻州定襄重阳观"四山耸翠，其地绵亘壮丽，称道家所居"③，寿阳县
清微观所处之地则地势雄远，东西两胁连山，北背芦城，南面龙门④。记载平阳路绛
州玄都万寿宫的《玄都万寿宫碑》中对这种地形的选择道出了最基本而关键的前提：
附近山林遍布，古木参天，以此便可"伐夏台之木，刻管岑之林以为桷，凿姑射之
石以为础"⑤，即丰厚的建筑材料来源供应。

其次，最好还要有水，背山面水，就像解州芮城玉泉观"左顾玉皇之原，右挟
玉泉之水，北则有崇山叠阜之屈盘，南则有茂林修竹之拥郁"⑥ 那般。所以，在平阳
路临汾县崇圣宫的道士们也忍不住赞道："大霍苍苍，汾水洋洋，而镇（山以镇之）
而浸（水而浸之），华居晖煌。"⑦ 正是在如此环境下，才能生发出如汾州长春观那
般"晦迹其下，心远地偏"⑧ 的感慨与情操。因为从道士的角度而言，一个好的地形
对于他们的修身入道非常重要。被认为是"天然幽栖之地"的平阳路河中府荣河县
栖云观，在其《创修栖云观记》中亦着重提到："睹山而悟生之本静，观水而知柔弱
胜刚强。……栖云之幽幽，可以处休。栖云之奥奥，可以观妙。陟彼栖云，万象错
陈。观水待恃，见山知仁。"⑨ 观山水之本性可以进一步增加道士的修为，这与全真

---

① 陈垣编纂《道家金石略》，第 488 页。
② 陈垣编纂《道家金石略》，第 437～438 页。
③ 王宗昱编《金元全真教石刻新编》，第 124～126 页。
④ 王宗昱编《金元全真教石刻新编》，第 143～144 页。
⑤ 陈垣编纂《道家金石略》，第 656 页。
⑥ 陈垣编纂《道家金石略》，第 683 页。
⑦ 陈垣编纂《道家金石略》，第 488 页。
⑧ 王宗昱编《金元全真教石刻新编》，第 128～131 页。
⑨ 王宗昱编《金元全真教石刻新编》，第 134～135 页。

教的心性修炼无疑可以相互印证。

　　当然，在山水俱佳之地，如果能有点人文气息就更好。比如太原路石州宁乡县的玉莲洞"以古圣之迹，今着又显，何以不众中供敬"①。由此可知他们在选择地形时不但看重地理环境——山、水，还从人地关系上来对待宫观。平阳路解州芮城县乐全观所处之地为"天壤中之佳处"②；解州芮城玉京观则因为"去观百步，皆闻异香，非沉檀比"的特殊地形被认为是"天其或者，众闻异香"③。而圣贤作为天的代言人，也为附会其降临之所提供了条件，"非圣贤降临，岂有此奇特"。与之相比，解州芮城县真常宫背靠条山，面临黄河，东接平陆，西接永乐（平陆、永乐皆道教圣地），地形无差之外，人文化成，多古贤仙圣之迹就显得更加宝贵④。记载太原路崞州神清观的《神清观记》则进一步总结了宫观佳处的三要素，即山水之秀，宫宇之盛，以及有道德之士而居⑤，前者为自然条件，中者为经济基础和宗教氛围，而后者则提到了人文环境的要求，如果达到三者，方算完美。记载平阳路解州芮城县玉泉观的《玉泉观记》将人地关系上升到了新的高度："地未尝不以人而为重，人未尝不以地而后兴。地之于人，相为表里，断断乎不可易也。"⑥ 人地关系是道教修行与择地而居、择处而修的出发点。正所谓地之于人，相为表里。然而，类似神清观这样"有山水之秀，有宫宇之盛，又有道德之士表而出之，兼是三者"的则实在少数。人们在表达这种独特地形难得的同时，又将其与俗家之居所进行了区分，在此其潜台词则是：此地非俗家之物，俗家莫争。人们将太原路石州宁乡县元都清虚观谓之"潇洒无尘之境，上士栖真之所"⑦，而晋宁路浮山县（今浮山市）修真观所处的地址，虽为庭园之故址，但地形雄垲，"匪俗家可居"⑧，这里明确地界定了俗家之居与道人之居以及仙人之居的区别。记载平阳路闻喜县兴真观为"小民居之，恐非吉兆，

---

① 陈垣编纂《道家金石略》，第 530～531 页。

② 陈垣编纂《道家金石略》，第 652 页。

③ 陈垣编纂《道家金石略》，第 633 页。

④ 陈垣编纂《道家金石略》，第 735～736 页。

⑤ 陈垣编纂《道家金石略》，第 480 页。

⑥ 陈垣编纂《道家金石略》，第 683 页。

⑦ 王宗昱编《金元全真教石刻新编》，第 118～119 页。

⑧ 王宗昱编《金元全真教石刻新编》，第 144～145 页。

可求访逸客幽人，以为颐真养浩之所"①。在此，俗家与仙人之居的区别也规定了两者之间的区分不可僭越。

由此，可以更进一步思考，其实全真宫观对地形的选择也成为政教双方沟通的桥梁与权利博弈的结果。记载平阳路闻喜县东镇三灵侯庙的《三灵侯庙像记》中有："欲访幽人寂士，主而居之。幸遇道流杖履而至，……众遂默议曰，似有道缘。遂具状疏，敦请杨公住持此庙及作养玄仙馆，永为主宰。杨公徘徊四顾，山川明媚如列画图，西北积千峰之翠色，东南瞰万顷之澄澜，心与缘会，惠然而应。……一方士庶，岁时祈祷，得以拈香致福，优游于其间矣。"② 这里有一个选择与合作的全过程：1. 选人（访幽人寂士）；2. 遇道（诘问，考察，默议）；3. 聘请（具状疏敦请，许诺永为主宰）；4. 权力转移。这也反映了受访者——道士的心理活动：欲卜终焉之计——徘徊四顾（地形选择）——心与缘会——惠然而应。而结尾则提到两个关键词：士庶祈祷，优游其间。这说明建立祭祀场所固然为全真教的发展提供了客观物质保障，但对于士庶等"功德主"或那些地方的享有权力的人员来说，这些宫观的修建又何尝不是他们祈祷致福的"根据地"，工作之余优游的处所，以及获得精神慰藉的"乌托邦"，甚至获得上级官方庇护与认可的政绩工程，从而达到政治目的的工具与桥梁呢？

显然，对于道士而言，对宫观地形的选择以及择观而主，他们往往并不是掌握主动权的一方。《兴真观碑铭并序》中说，宫观在建，众位会首（信众）"焚香躬礼西山高隐史公上人。三祷不已，杖履乃来，游玩数夕，境与心会，遂卜终焉之计"③。具有启发性的是，史公上人既是高隐的身份，则意在向世人昭示其对俗世的排斥性选择，故三祷不来。但他最后为何又来了呢？是妥协还是被感动了？在此可否理解为，宫观是士大夫或乡贤为圆自己的长生之梦而建，而入驻宫观原本就是违背道士——特别是那些高隐、高道的修行原则的，故实际上宫观的建立，明的是道教以此为根据地，扩大规模，度人之所，而暗的则是暗合了部分乡贤等人的虚荣心与长

---

① 陈垣编纂《道家金石略》，第 533～534 页。

② 陈垣编纂《道家金石略》，第 559 页。

③ 陈垣编纂《道家金石略》，第 533～534 页。

生梦。此时，道士的入观与修行是两条路，入观的行为更多的是顺和了地方要求的妥协，即便他们的内心是愿意的，但也要在表面上做足了文章，而他们唯一可以说出口的选择与否的原因则在于地形是否适合仙山福地的历史描述；双方皆大欢喜的结局则反映了新兴宗教与地方势力的利益博弈和相互利用。

第二节　全真宫观的建设时段

一　建设时段

现以十年为单位，对所掌握的宫观资料进行分期梳理，来看宫观修建主要集中在哪几个时期。

表 1.3　资料库中所载 198 所全真宫观的修建时段分布①

时间段 （年）	大同路 （编号 1 ~ 7）	太原路 （编号 8 ~ 63）	平阳路 （编号 64 ~ 197）	宫观总量 （座）
1200 之前			64、82	2
1201 ~ 1210	1			1
1211 ~ 1220	2、3	8	65、66、80	6
1221 ~ 1230	4	9、10、11、12、13	67、68、69、70、71	11
1231 ~ 1240	5、6、7	14、16、17、18、**19**、20、21、22、23	72、73、74、75、76、77、78、79、**80**	21
1241 ~ 1250	M1	24、25、26、27、28、29、30	81、**82**、83、84、85、86、87、88、89、90	18
1251 ~ 1260		15、31	91、92、93、94、95、96、97、98、99、100	12
1261 ~ 1270		**9**、32、33	101、102、103、104、105、106、107、108	11

① 阿拉伯数字为宫观编号，黑色加重为增修宫观编号。

时间段 （年）	大同路 （编号 1~7）	太原路 （编号 8~63）	平阳路 （编号 64~197）	宫观总量 （座）
1271~1280		34	109、110、111、112、122	6
1281~1290			113、114、115	3
1291~1300		35、36	**102**	3
1301~1310		37	116、117、118、119、120、121、**122**、123、124	10
1311~1320		**21**、38、39、40、**41**、42、43、**44**、45、46、47、48、49、50、51、52、53、54、55、56、57、58	**84、125、126、127、128、129、 130、 131、 132、 133、 134、 135、 136、 137、 138、 139、 140、 141、 142、 143、 144、 145、 146、 147、 148、 149、 150、 151、 152、 153、 154、 155、 156、 157、 158、 159、 160、 161、 162、 163、 164、 165、 166、 167、 168、 169、 170、 171、 172、 173、 174、 175、 176、 177、 178、 179、 180、 181、 182、 183、 184、 185、186、187、188、189**	88
1320 之后		59、60、61、62	**101、190、191**	7
时间不确定		**63**	192、 193、 194、 195、196、197	7

从时间段上看，1221~1270 年的 50 年是整个全真教宫观发展的重要时期，资料中共有 73 座建成于此时，或至少此时已建立（可上下浮动十年的时间，其中编号 11~13 以及 69~71 的 6 座修建时间基本在 1225 年以后，而编号 32、33、101~107 的 9 座修建时间基本在 1265 年之前，也就是说，1225~1265 年的 40 年间修建完成了 65 座），占据了总量的三分之一以上。而考虑到有 7 座宫观时间不确定（63、192~197）；另有《披云真人门下法派名氏之图》（北京图书馆藏拓本）中 70 多座宫观

1320 年前已建成，但无法确知其具体时间，主要为 41～58 的 18 座，以及 135～189 的 55 座等。这样看来，1225～1265 年的 65 座占据有效计算之内的 118 座宫观的一半左右。

全真宫观在 1225～1265 年的集中修建也印证了上一节的分析，即全真宫观的建设兴衰与全真教在山西地区的活动及全真教整体在蒙元之际的遭遇是基本一致的。总起来看，自 13 世纪 20 年代中期至 50 年代中后期的三十余年，即尹志平、李志常担任掌教时期是山西地区全真教宫观修建的高潮期，而到 50 年代末、60 年代初开始骤然减少。也就是说，全真教在太祖铁木真（1206～1229 年）、定宗贵由（1246～1249 年）、宪宗蒙哥（1251～1260 年）三代获得政府大力支持，一时兴盛，并于各地广建道观，其范围"东尽海，南薄汉淮，西北历广漠，虽十庐之聚，必有香火一席之奉"①。而全真教于 1258 年达到发展的波峰期，此后，形式急转直下。

二　全真教领导人在山西的布道设教

全真教诸掌教中，我们大致可以将王重阳、马钰（1123～1183 年）②视为第一代，丘处机、谭处端（1123～1185 年）③、刘处玄（1147～1203 年）④等视为第二代，以随丘处机西行觐见成吉思汗的十八大弟子为代表的则可视为第三代，第三代弟子中又以尹志平（1169～1251 年）⑤、李志常（1193～1256 年）⑥、宋德方（1183～1247 年）⑦等人为翘楚。在王重阳、马丹阳时期，即全真教初传时，因为政治气候以及地形阻隔等诸原因而并未过多涉及山西地区，反而更多的是在周边的京南陕右以及河北、山东一带传播。1223 年，丘处机及十八弟子觐见成吉思汗后顺利返回燕京，对全真教而言，此行可谓收获颇丰（图1.5）。如上一节所言，蒙元政权给予全真教非

---

① ［明］宋濂等：《元史》卷二二〇《释老传》，第 476 页。

② 马钰，宁海人，著有《自然集》《渐悟集》《洞玄金玉集》等。

③ 谭处端，始名玉，字伯玉，宁海人，著有《水云集》。

④ 刘处玄，字妙通，东莱武官庄人，著有《至真语录》《仙乐集》《道德经注》等。

⑤ 尹志平，字太和，号清河道人，莱州人，著有《葆光集》《北游录》等。

⑥ 李志常，字浩然，号真常子，河南范县人，著有《长春真人西游记》二卷。

⑦ 宋德方，字广道，号披云，掖城人，著有《乐全前后二集》。

图 1.5　《雪山应聘图》局部（北京白云观藏）

常大的特权，比如财政特权以及军事保护等，这些都为全真教在华北地区的势力拓展提供了巨大保障。

　　具体到山西地区，可以说，在丘处机掌教之前虽已有零星活动，但规模不大①。直到丘处机掌教时，为促进整个华北地区全真教的发展壮大，开始对山西地区从整体上进行谋划布局，到了第三代宗师即尹志平、李志常等人掌教时，全真教在山西

---

① 虽说马钰并未直接在山西传道布教，但部分生长于河东地区的慕道之士，渡过黄河，到达陕右，成为马钰的再传或三传弟子，可以说已经在山西地区展开传道活动，但总体而言规模并不大。

地区的大规模传教活动达到了鼎盛期。此时，两任掌教通过"赐额"等形式不断对山西地区的宫观进行整合，并且通过宋德方、潘德冲（？～1256年）等人及其再传弟子们在山西地区的传道得到了体现。对此，将在后文进一步分析①。

（一）缘在西南：丘处机对山西宗教的第一次规划

金兴定三年己卯（1219年），丘处机居山东莱州昊天观，是年五月，太祖忽必烈遣使刘仲禄请丘处机西行。此前，金宋两国遣使请赴，丘均未许。此后，庚辰1220年正月，丘离莱州北上，随身带领十八弟子，奉旨西行觐见成吉思汗②。十八弟子中，宋德方先后奉命整修、刊印《道藏》，并主持修建了太原昊天观（即龙山石窟）以及河东的诸多宫观③，而潘德冲则奉尹志平、李志常二人之命，提点河东道教诸事，并主持修建了被奉为东祖庭的大纯阳万寿宫（即今永乐宫）④。二人为全真教在山西地区的传布可谓功不可没，盖其布教因缘，自待丘处机携其西行之时已见端倪。

比如，丘处机与潘德冲说其"缘在西南"（1219年）：

> 己卯，从长春西行及还，抵盖里泊，长春诏师（即潘德冲）曰：如缘在他年，在西南，此时永乐吾道矣。长春仙后，甲辰河东永乐祠堂灾，祠盖吕纯阳仙迹也。朝议崇建改为纯阳万寿宫，命李真常选道望隆盛者任其事，真常泊清和二宗师集众议，众以为无踰于师（没有比得上潘的），且长春命之矣，乃署师为河

---

① 对于全真教在山西地区的传播活动，主要参考了《正统道藏》，比如元李道谦《甘水仙源录》中关于七真、尹志平等人的记载，李道谦编著的《七真年谱》中对七真生平及活动区域的介绍，以及元秦志安《金莲正宗记》中的七真撰述，而近人材料的使用则主要依据陈垣《道家金石略》、王宗昱《金元全真教石刻新编》中关于七真及弟子在山西地区行动的史料钩沉，以及陈铭珪《长春道教源流考》中对丘处机法系诸弟子的整理等。对于近世海内外学人的研究，则参考了姚丛吾、郑素春等人的论著：姚丛吾：《元丘处机年谱》，《东北史论丛》（下册），第214～276页；郑素春：《全真道士尹志平（1169～1251）的宗教实践》，《辅仁宗教研究》第23期，第109～138页。
② 西行此事，多有记载，可参见《长春真人西游记》《七真年谱》等。
③ 资料库中仅宋德方名下宫观就近百所。
④ 《唐有纯阳吕真人祠堂记》："岁在壬子，冲和大师潘德冲奉清和宗师命，提点河东，于是辟垣墉、新宫宇……"；王鹗《大朝重建大纯阳万寿宫之碑》："……掌教清和（尹志平）真常（李志常）二真人乃命燕京都道录冲和大师潘德冲充河东南北路道门都提点办其事……"；《终南山祖庭仙真内传卷下清和真人传》："乙巳春，命潘冲和主领河东永乐纯阳宫之法席，以事建立。"

东南北两路道教都提点，委往营之。师至永乐，合事庀徒不数稔，新宫告成……①

丘处机与宋德方交谈，亦说其"缘在西南"（1220 年）：

> 庚辰，（宋德方）侍长春西游度野狐领（岭），指战场白骨曰：我归当荐以金箓，此亦余北行一段因缘耳。及归，同太君尹千亿醮于德兴之龙阳观，前数日稍寒，醮二夜三日乃如春。即还燕，长春私谓师曰：汝缘在西南。师因及恢复道经事。长春曰：兹事体大，他日而当任之，仍授以今号。甲午……②

与之相似的还有重显子陈道益（1151～1232 年）。陈道益在大定间，同郡灵真子为引度，即许以法器。灵真子实丹阳马钰之高弟，传授有源流：马钰——灵真子——重显子，尝住持葛公山清虚宫。《清虚宫记》载：陈道益，自号重显子。在武川，陈与丘相遇，经丘指点遂往大恒山，寻居葛公山。山居六年，修建庵观至百所。自居清虚宫，徒学愈众，所度弟子逾千人。其中以高志筌、史志筌、赵志完等最为著名。天兴元年卒，年八十一，赐号洞虚真人。《渊静观记》中也有：

> （重显子）自武川来，遍游南方，设教度人……及谒长春宗师，又知修行之要，独善其身，不若广建道场，为大利益事。用是所至之方，苟缘契有在，必尽心焉。区以记之，如渊静者百有奇。③

陈道益谒见丘长春的时间是哪一年？据文中内容可知，陈自武川而往恒山，居葛公山六年，度人无数，后于天兴元年（1232 年）卒，也就是说，居葛公山的时间最迟在 1226 年，即武川见丘处机的时间当在 1226 年之前。而丘处机癸未（1223 年）觐见成吉思汗后回京。由"癸未之三月，车驾至赛蓝，诏许师东归，……八月至宣德，元帅邀师居真州之朝元观。明年春，住燕京大天长观"④ 可知，丘长春 1223 年三月启程回京，八月至宣德，1224 年春驻跸燕京大天长观。陈道益既师事马丹阳弟子雪山灵真

① 陈铭珪：《长春道教源流考》，《藏外道书》第 31 册，第 1～157 页。
② 陈铭珪：《长春道教源流考》，《藏外道书》第 31 册，第 1～157 页。
③ 《渊静观记》，陈垣编纂《道家金石略》，第 437～438 页。
④ ［元］李道谦集《甘水仙源录》卷二，《道藏》第 3 册。

子，则自然非随同丘处机觐见成吉思汗，而在武川（今呼和浩特市北）遇丘长春，则当是于丘回京途中，即 1223 年八月之前。

与陈道益同时得见丘处机的还有刘道宁①，见面后丘处机"令（刘）筑室西京"。《浑源县真常子刘君道行记》中载：

> 癸未秋，真人丘处机入觐回，君执弟子礼，……因授秘诀，加号真常，令筑室西京。未几，推为道宫长，游戏十年，庭无一讼。逮长春仙蜕，清和绍休，尤与君相得。②

刘道宁于癸未 1223 年在丘处机入觐成吉思汗返回的途中有缘与其相见，此时应为丘处机回燕途中经过西京大同时。丘令其筑室西京，在大同扎根，并赐号真常子。

如上四位后来果然成为全真教在山西地区布道设教的重要人物。那么，丘处机"缘在西南"说之根据在哪？如果不是随意指点，那其用意何在？或者说这种指点是丘的意思，还是宋、潘等人的谎言？因为不论是宋，还是潘，抑或陈、刘，丘与他们所说都是私下里的话，知道之人甚少。但是他们四人为了能在山西各地扎根、布施道坛，则是可以拿祖师丘处机真人来说事儿的。因为丘的话可以为他们的山西之行提供教派内部的合法性，或者说这种合法性可以为他们在山西的布道设教奠定稳定的舆论条件。进而是否可解释为是他们对宗教势力分布的一个有意安排？此时太行山右的河北、山东已经势力遍布，而吕梁以西的陕西因为是重阳祖师之发迹地也早已势力大增，但位于两山中间的河东地区因为地形相对封闭，加上政治原因，几乎是全真教派未经开发的处女地，加上此地物产丰富，最初几年战争的影响也因为地理位置上的优势而逐渐恢复甚至兴盛，在蒙元政权统一河东地区之后，更是成为"腹里"之地，而被划为中书省的直辖范围。可以说，战后经济恢复得相对较早，政治上容易获得更多的扶持符合教会势力的长远发展……由此处所引起的思考，无法不让人怀疑，"缘在西南"是一种有意为之的宗教部署策略，至于是否由丘处机直接

---

① 刘道宁的生卒年不确定，学界持两种说法，即 1185～1260 年或 1172～1246 年。参考周永慎编著：《历代真仙高道传》，北京：中国社会科学出版社，2003 年，第 217～218 页；张志哲：《道教文化辞典》，南京：江苏古籍出版社，1994 年，第 239～240 页；李修生主编《全元文（八）》，南京：江苏古籍出版社，1998 年，第 22～23 页。

② 陈垣编纂《道家金石略》，第 493 页。

发动，则已无法确知了。

（二）开启肇端：全真掌教尹志平在山西

有关尹志平在山西传道布教、立观度人的情况，目前海内外研究的成果不多，其中，比较重要的为郑素春的研究，其在《全真道士尹志平（1169～1251）的宗教实践》①　第二部分关于生平事迹与著述的研究中，为笔者对尹志平在山西地区的活动状况提供了一个大范围的了解，而文章第四部分论及宗教实践的行为表现之兴修宫观，也为学界了解尹志平在山西地区的立观度人情况提供帮助。

通过资料的整合分析可以看到，尹志平在山西地区的宗教活动主要集中在他担任掌教后期即 1235～1237 年的两年（离京期间），以及 1238 年让位全真掌教于李志常之后。详细情况如下：

担任掌教前，曾于 1219 年入陕西途中，经过绛州，驻跸玄都万寿宫②；担任掌教后，经过山西的次数明显增多。1235 年春，去终南途中，经过忻州、嶂州③，驻于定襄④。后至平遥，驻跸清虚观⑤，应杜德康之邀，在平遥玉清观作醮⑥。九月至平阳，命宋德方镂刻《道藏》经板，是年冬，演教于长春观⑦。1236 年春，抵达陕西榛莽之地，

---

① 郑素春：《全真道士尹志平（1169～1251）的宗教实践》，《辅仁宗教研究》第 23 期。

② 《玄都万寿宫碑》，陈垣编纂《道家金石略》，第 656 页。

③ 乙未春，会真人（尹）适终南，道由忻（州）嶂（州）之间路过，神清观提点柳志春迎接，并将神清观归之于尹。见《神清观记》，陈垣编纂《道家金石略》，第 480 页。

④ 乙未春西行，道出忻界。张侯敦请，驻于定襄。缘由：初沁州社长官躬诣燕京长春宫，恳请清和师真赴平遥之玉清观主领醮事，许之。见《创建重阳观记》，王宗昱编《金元全真教石刻新编》，第 125 页。可知："沁州社长官"疑为字误，应为杜长官，即杜德康，而设醮之地为平阳玉清观，设醮目的为祈雨济旱。

⑤ 乙未年，尹志平住持平遥清虚观，并改名为太平兴国观。"有万户梁公，久钦道价，即奉施本县清虚观。师增修粉饰，胜于往日，更为太平兴国观。"见《清和演道玄德真人仙迹之碑》，陈垣编纂《道家金石略》，第 538～541 页。另"吾邑太平兴国观，亦真人住持之地"，见平遥清虚观《清和真人石刻》，陈垣编纂《道家金石略》，第 472 页。

⑥ 王恽《大元故清和妙道广化真人玄门掌教大宗师尹公道行碑铭并序》："乙未春，关辅略定，师西游，并图营建，又兴复佑德、云台二观，太平、宗圣、太一、华清四宫，以翼祖观。初道出汾晋，沁长杜德康请设醮，绿章方启，玄鹤翔空，仙侣散坛，时雨济旱。"见《秋涧集》卷五六，陈垣编纂《道家金石略》，第 689～690 页。

⑦ 见《清和演道玄德真人仙迹之碑》，陈垣编纂《道家金石略》，第 538～541 页。

规度兆域及宫观基址。从祖庭还，过恒岳之阳遇刘道宁①，秋，奉旨试经云中②。1237年，在九月还燕之前，经过山西，杜志元得遇尹志平③。九月，杨惟中（1205～1259年）奉敕召尹志平还燕。还燕后，1238年春，尹志平让全真掌教于李志常④。

尹志平请辞掌教一年后，1240年九月，云阳子抵燕⑤，请尹志平西行，改葬重阳祖师于刘蒋，杜志元在祖庭复遇尹志平⑥。1241年五月，尹过太原，时自春不雨，禾种不入，出己帑为香火费，为民祈雨。1242年春，尹至沁州神霄宫，住岁余⑦。1243年夏，尹移至太原天宝观。作醮祈雨。秋八月，尹奉蒙公主皇后懿旨，回五华山，离开山西⑧。

可以设想，自1235年春至1237年九月间，除在终南之外，尹志平应多次往还于燕秦之间，而其所经山西的通道大概如下：今忻定盆地的繁峙—代县—崞州—定襄—忻州；以及南下太原盆地的太原—晋中—交城—平遥—汾阳—孝义—介休；经过汾河中游的汾西—霍州—临汾（平阳），过侯马、河津，随汾河与黄河交汇处，到达今陕西的韩城（自河津至韩城是古代由太原到长安的惯用通道），后自韩城到达祖庭，途经之地当多有立观度人等事（图1.6）。

---

① "丙申春，尹清和谒祖庭还，会君（刘道宁）于古恒岳之阳，语之曰：'吾近游陕右，奉田侯德粲之命，凡玄宫道宇，皆择人主之。惟华山之云台，地灵物秀，实仙家一洞天，非君无可托者。'"陈垣编纂《道家金石略》，第493页。

② "丙申正月朔，复还河东，真常从燕来接于云中，共听圣旨。是时忻守张侯，自出己财，独建重阳观。"见王宗昱编《金元全真教石刻新编》，第124～126页；"沁州杜帅又施神霄宫，增广堂庑。"见《清和演道玄德真人仙迹之碑》，陈垣编纂《道家金石略》，第538～541页；另王恽《大元故清和妙道广化真人玄门掌教大宗师尹公道行碑铭并序》："丙申春，奉旨试经云中，度千人为道士。俾祈天永命，禔福元元。师德望既隆，所至风动云委，吏民瞻拜，至凶悍无赖辈，皆感化弭服。"见《秋涧集》卷五六，陈垣编纂《道家金石略》，第689～690页。

③ "丁酉，杜志元遇尹清和，赐名志元，号通微子，以乐真为庵，乞化一生。"见王宗昱编《金元全真教石刻新编》，第122页。

④ ［元］李道谦集《甘水仙源录》卷三。

⑤ "庚子秋九月，云阳子从蓥清真抵燕，请真人（尹）西行，改葬重阳祖师于刘蒋间，稽首堂下。"见《神清观记》，陈垣编纂《道家金石略》，第480页。

⑥ "庚子，杜志元赴终南，会葬重阳祖师，复遇尹清和、于洞真、宋德方三师，授天师秘箓、天心正法。"见王宗昱编《金元全真教石刻新编》，第122页。

⑦ 《清和演道玄德真人仙迹之碑》，陈垣编纂《道家金石略》，第538～541页。

⑧ 《清和演道玄德真人仙迹之碑》，陈垣编纂《道家金石略》，第538～541页。

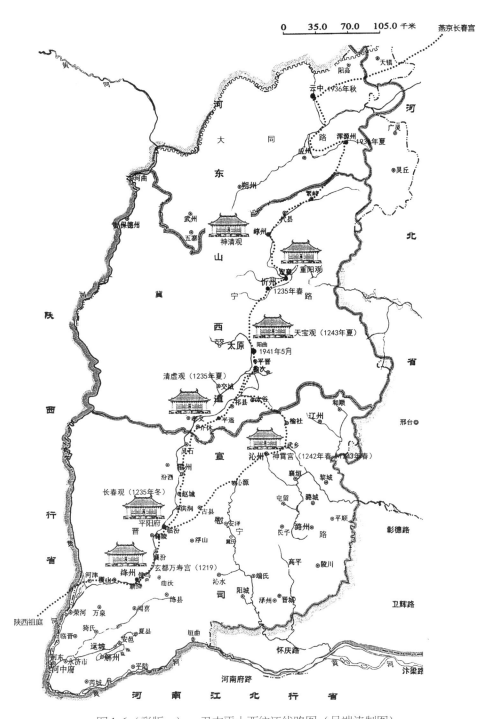

图 1.6（彩版一）　尹志平山西往还线路图（吴端涛制图）

据《清和妙道广化真人尹宗师碑铭并序》可知，尹志平至 1237 年奉召回京之前，山西地区"时平遥之太平兴国观、嶂州之神清观、前高之玉虚白云洞、定襄之重阳观、沁州之神霄宫、平阳之玄都宫，皆主于师"①。而 1237 年九月还燕至 1240 年九月赴终南祖庭改葬的三年间在燕京。1240 年九月赴终南途中过山西，及 1241 年春离终南返回至 1243 年秋八月之间，当一直在山西主持全真教诸事宜。

（三）恢宏鼎盛：宋德方、潘德冲等人与永乐宫的修建

值得注意的是，在尹志平、李志常两任掌教全真教期间，宋德方和潘德冲作为二人宗教政策在山西地区的实际实施者，为全真教在山西地区的传布付出巨大。因前文已有所提及，且亦多学人论及，兹不赘述②。

第三节　全真宫观的殿堂设置及修建理念

一　继承与创新：全真宫观的殿堂设置

李志全在《天坛十方大紫微宫懿旨及结瓦殿记》中说：

> 凡修建宫观者，必先构三清巨殿，然后及于四帝二后，其次三界诸真，各以尊卑而侍卫，方能朝礼而圆全，无慊于焚修□奉之心，相称于祝寿祈□之地。③

依此可以看到，当时在修建宫观时，已经按照"以尊卑而侍卫"的观念建立起一套"三清—四帝二后—三界诸真"的以祀神尊卑而成的宫观形制逻辑体系。全真教与很多多神教一样，正是在继承与创新相结合的道路中，形成了自己的祀神体系，

---

① ［元］李道谦集《甘水仙源录》卷三。

② 对于宋德方的研究甚多。其中，比较重要的当属景安宁的《道教全真派宫观、造像与祖师》，书中，景安宁依据史料，对宋德方法系的宫观系统进行了仔细的梳理，并将宋德方对全真教祖师传承以及宫观造像诸多方面的贡献进行了评价。

③ 陈垣编纂《道家金石略》，第 480～482 页。

并将其直接反映到了视觉艺术之中。作为祭祀对象，原本属于不同系统的神祇之间开始被有意识地组织在一起，并对他们的职能以及所属领域进行规范，从而成为宗教世界里不同区域的掌管者。可以说，正是在这些有组织、有规范的神祇们的领导下组成了全真教教义中的秩序世界；而其祀神体系也成为宗教世界观的核心。在本章中，通过探讨宫观祀神及其神祇的世间驻跸场所——宫观，比较不同建筑的殿堂设置及其祀神对应关系，对山西地区全真教在建筑艺术上的体现作了扫描式的宏观解读。对此，我们需要厘清并追问全真教是如何建立起这套祀神观念的，在继承时是自觉还是被动的选择，创新时又有哪些依据可以凭借？

张广保指出："道教万神殿在历史上经历着由少到多，由简到繁的不断创造过程。随着一个新道派的产生，相应地一批旧神也就失势，直至最终被彻底遗忘。不过在变中也有不变者在，从全真教众多宫观中崇拜的不同神灵看，以崇奉三清、玉皇为主神的殿宇是构成其宫观神殿的基本因素。全真宫观就是由崇奉道教传统神灵的三清殿、玉皇殿等与崇奉本门新创神灵的五祖殿、七真堂等结合而成。当然随着宫观名目的不同，其崇拜的主神也自然有所不同。"① 此段话的重要性在于指出了道教宫观形制与祀神之间的相互关系，也凸显了宫观作为神灵驻足场所的特殊性——即因为祀神的变化而决定宫观的形制。而在全真教名下的宫观中，作为祀神场所的宫观形制主要由两部分构成：第一部分是继承，保留了三清玉皇信仰影响而形成的自唐宋而逐渐成熟的三清殿、玉皇殿；第二部分是创新，通过新创神灵而搭建起五祖、七真的供奉体系，并在此影响下形成了五祖殿、七真堂的基本建筑配置。而两部分又通过神灵位业的神阶排序扣合在一起，基本形成了三清殿—玉皇殿—五祖殿—七真堂的建筑主体形制模式。

然而，较之三清、玉皇信仰的直接吸收，五祖七真的理念奠定无疑是需要过程的。在形成过程中，五祖七真的具体名单是变化的，而这种变化也直接反映在宫观建设中②。兹通过对蒙元山西地区的宫观资料的整理，来揭示五祖七真形成过程中的一些问题。现将198座宫观中，提到关于建筑的基本殿宇名称、壁画造像等重要信息

① 张广保：《金元时期全真教祖庭研究》，陈鼓应：《道家文化研究》第二十三辑"多元视野下的全真教"专号，第120页。
② 七真名单变化的一个主要人物是身为女性的孙不二。对此，为何会变化，以及变化的影响将在第三章谈到。

内容的部分宫观材料进行梳理，选取太原路的编号 13 长春观（西岩庵）、16 昊天观、21 清虚观（太平兴国观或太平崇圣宫）、22 重阳观、23 玄元观（养素庵）、24 神清观、27 明阳观、28 元都清虚观、30 玄祯观（大玄真万寿宫）、32 清微观、40 玄元观、59 玉真观 12 所，以及平阳路的 67 玄都万寿宫、79 会真观（乐真庵）、80 通玄观、82 修真观、84 兴真观、87 玉泉观、88 东华观、89 洞神宫、92 乐全观、94 玉京观、99 真常宫、100 娲皇庙、101 清梦观、102 大纯阳万寿宫（永乐宫）、105 三灵侯庙、109 通玄观、112 栖云观、114 洞霞观、115 玄逸观、116 长生观、122 崇圣宫 21 所，共 33 所宫观进行分析。

表 1.4　资料库所载 198 所全真宫观中殿堂祀神的整理①

时间（年）	三清	玉皇	五祖	七真	其他
1200 之前					
1201～1210					
1211～1220					
1221～1230	80 三清殿 13 犹龙殿				
1231～1240	16 22 三清殿 23 老君殿 79 混元殿	16 22 玉皇殿	16	16 22 七真堂	16 22 三官堂，四圣堂，真官堂 23 灵官堂
1241～1250	24 三清殿 27 三清殿 28 三清殿 30 玄元殿 87 三清殿 88 三清殿 89 三清殿	27 通明殿	28 五祖堂 30 东华祠	24 七真堂 89 七真殿	24 真官祠 27 三官堂，四圣堂；秘篆堂，灵官堂 30 栖云祠 82 圣堂（不明） 84 圣位（不明）
1251～1260	13 元始天尊殿 99 三清殿		99 祖真殿（五祖七真？）	99 祖真殿（五祖七真？）	92 圣堂（不明） 94 圣堂（不明）、灵官 99 灵官祠 100 娲皇殿

① 注：观名以阿拉伯数字编号代替。

续表1.4

时间（年）	三清	玉皇	五祖	七真	其他
1261～1270	32 三清正殿 101 三清殿 102 三清殿		32 五祖七真堂 102 纯阳殿	32 五祖七真堂 102 重阳殿	32 关王祠 105 三灵侯殿
1271～1280	109 三清殿 112 供元始道君老子 122 三清殿	109 玉皇殿 112 玉皇殿 122 通明阁（祀昊天上帝，即玉皇大帝）		112 七真殿（盖无孙之位）	112 武安、灵官 122 七星堂
1281～1290					
1291～1300					
1300～1310					
1311之后	40 三清殿 59 正殿（祀老子）	21 玉皇阁	21 五祖殿	21 七真堂	

统计表后，有如下几个问题需要厘清：

1. 从现有资料看，全真教宫观中存制祀奉三清尊神为多，这直接影响到宫观形制的设置序列。但是，具体到一座宫观，则不一定同时供奉三清，有时仅供奉其中一位。除去宫观资料中不明者，比如 84 兴真观所提到的"圣位"，82 修真观、92 乐全观、94 玉京观三观中所提的"圣堂"，以及 5 渊静观、15 朝元观、31 玉莲洞、34 卿云观、115 玄逸观、116 长生观等宫观中，只有殿堂庙宇而不提及具体祀神名称者之外，仅有 13 长春观（单置犹龙殿，后加置元始天尊殿）、23 玄元观（单置老君殿）、79 会真观（单置混元殿）、30 玄祯观（设玄元殿）、112 栖云观（设殿供奉元始道君老子）以及 59 玉真观（置正殿绘塑老子像）六所明确表明祀神名称，且三清之中又以祀奉老子为多①。

---

① 全真教三清之中多供奉老子，这与重阳及其后全真七子对太上老君即老子的尊奉是密切相关的，为何重阳及七真在三清中独尊老子，已有多人论及。可参考蜂屋邦夫的研究："若说对神格的亲近感，太上老君即老子是他们最尊奉的神祇。"见［日］蜂屋邦夫著：《全真教草创期的信仰对象》，张泽洪译，《宗教学研究》2000 年第 4 期。

2. 在继承原来的祀神体系基础上，除三清、玉皇之外，作为道教护法天神的灵官信仰也得到体现且比较多，比如 22 重阳观、23 玄元观、27 明阳观、94 玉京观、99 真常宫、112 栖云观等都设置灵官殿（或堂、祠）进行供奉；其他比如相传辅助周王朝的三灵侯（唐宸、葛庸、周武），赐福、赦罪、解厄的天、地、水三官，四圣，抟土造人的娲皇女娲娘娘，甚至关羽（32 清微观祀奉的关王、112 栖云观祀奉的武安王），主掌岁时丰歉的北斗星君（122 崇圣宫的七星堂）等，全真教都为之专门设置祠堂以供奉，表明了全真教作为新兴道教宗派，在立足自身的同时，广泛吸收民间宗教信仰，意图拉拢信众，扩大自身力量的决心。

3. 关于五祖七真的祀奉，包括 28 元都清虚观设置五祖堂，30 玄祯观设置东华祠，24 神清观设置七真堂，89 洞神宫设置七真殿，99 真常宫设置祖真殿（祖真是否为五祖七真不明），32 清微观设置五祖七真堂，102 大纯阳万寿宫（永乐宫）分别设置纯阳殿、七真殿（今重阳殿，祀奉王重阳及其弟子）、丘祖殿（专门祀奉七真之丘处机，惜今不存），112 栖云观设置七真殿，21 清虚观元末明初分别设置五祖殿以及七真堂等。从数量上看，较之五祖七真的完整搭配，往往出现或者单独设置五祖殿（或堂），比如 28 元都清虚观单独设置五祖堂；或单独设置七真殿（或堂），比如 22 重阳观、24 神清观、89 洞神宫等 1250 年之前单奉七真，而不设五祖；甚至单独供奉五祖之一，比如 30 玄祯观设置东华祠单独供奉东华帝君，102 永乐宫单独设置纯阳殿单独供奉吕洞宾。而且围绕五祖七真的具体名单，特别是七真名单的变化，也会产生到底王重阳归于五祖还是七真而供奉的问题，并依此引出孙不二在全真教中的地位问题。比如，经过分析发现，此处所列举的大多数宫观中即便有设置七真殿的，孙不二也不在其供奉的七真之列（由此延伸出孙不二是否为七真之一的问题将在第三章讨论）。

4. 从五祖与七真的殿堂设置时间看，五祖殿（堂）的设置当晚于七真殿（堂）。而这种情况的出现当与五祖、七真的尊奉体系有关。据景安宁的研究，以五祖、七真为代表的全真列祖尊奉体系乃宋德方的贡献为大，而对五祖之一东华帝君的尊奉则主要是由王处一引领的①。也就是说，"五祖"尊奉的正式确立当晚于"七真"。

---

① 详参景安宁：《道教全真派宫观、造像与祖师》第三章全真宫观。

那么，联系到表 1.4 中 28 元都清虚观设置五祖堂，30 玄祯观"构真祠、祖东华"的记载，且两建筑完工时间分别为 1244 及 1248 年，正在宋德方仙逝（1247 年）左右，景安宁的推论就可得到印证。而五祖、七真（主要是五祖）正式确立于至元六年（1269 年），忽必烈下诏赠五祖、七真徽号，代表官方正式确认了五祖七真的尊奉体系。

综合以上四个方面的问题可以发现，全真宫观"三清—四御—五祖—七真"建筑空间的前后排列，可以说与全真教的宇宙观是基本一致的。在宇宙观之下的秩序感体现，不如说是一种纯粹的平面性直接呈现——自上而下的平面或二维的前后左右伸展，建筑布局似乎就成了仙真等级秩序的列表示意图（图 1.7）。值得注意的是，这种布局首先是相对稳定的，即在三清作为最高神祇固定下来之后，就成为建筑组群的中心所在；而其不稳定就在于其中的权、变关系。权变之标准是因地制宜的。比如，三清之下是祖师及本地区尊奉的祖师，而不同地区的祖师及其祭祀供奉居所因为地区宗教领袖的师承不同而不同；但不变之处就在于师承关系或者等级关系的

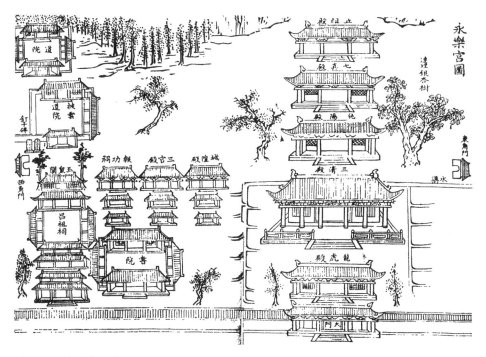

图 1.7　永乐宫殿堂设置图（采自清乾隆《蒲州府志》永乐宫平面图，载山西旅游景区志丛书编委会编《永乐宫志》）

体现是严格的。所以，这种师承关系或者等级关系，一方面体现不同地区宗教祖师的不同，另一方面也在不断强化其宗教师承的传承性，且这种传承性往往会外显为地方权力关系。这种平面叙述与碑刻或文字材料记载中的师承图谱是一样的。但需要看到的是，并不是所有的领袖都能位居殿宇之内，成为被祭祀的神灵。综上，通过比较与整理，我们发现，在道教宇宙观形成下的建筑布局既体现出相似性，同时又因不同地区的宗教领袖进入祭祀体系而体现出差异性。这种差异性，一方面是全真教对历代道教继承上创新之体现，另一方面又体现着全真教内部因为派系划分而表现出的教派内部权力比较。

然而，具体到实际的宫观建设中，殿堂设置所体现出的宗教观念却往往不能如愿得到明晰的体现。因为此种体现需要考虑到建筑自身的规模、修建所需人力物力、地方信众或功德主的信念力量等一系列外在因素，以及在全真教义的理解中不同时期不断转变的宫观修建理念等内部因素，这两方面都将成为影响殿堂设置的决定性因素。

接下来，就如上两个方面进行详细的阐述。

二　宫观修建的两种方式及立观度人的逻辑关系

（一）起废与新建：宫观修建的两种方式

记载平阳路河中府荣河县栖云观的《创修栖云观记》（写于 1280 年）有：

> 越冀日，三子来告归，与之坐而问曰：道路悠远，临事无以相质。观之成，因旧之基而作之邪？选择胜地而创为之也？师之所自出何人？名之所取何义？请指图摅状以示觊缕。①

碑文中提出了宫观建立的两种模式：因旧之基而作与择胜地而创，即起废与新建。起废，主要依靠旧有遗迹图经存世，并在此基础上进行复建或修缮。《重建

① 王宗昱编《金元全真教石刻新编》，第 134～135 页。

修真观圣堂记》："按图经，修真观在东门内街，南宋大观戊子陈迁孟新堂之故基
也，……道士李君净历历而告之曰：此殿堂也，此道院也，此客舍也，此堵而环
也，此圃而蔬也，此井而饮也。既得其详，于是……"① 在起废的情况下，因为旧有
的规制，会受到较多的限制，特别是全真教在继承与创新两种思路共存的情况下，因为
新加入的祀神体系而不得不在原有的旧制基础上进行重新安排，无疑会遇到很多的困
难。相较而言，新建则比较简单，受到旧有建筑规制的限制较少，可按实际需要进行
建设。

　　从工期上看，不同宫观中各殿堂的修建，可依宫观自身以及功德主的财政状况，
修建物资的到位与否等，量力而为，循序渐进。正如《洞玄灵宝三洞奉道科戒营始》
置观品四所说："造天尊殿、天尊讲经堂、说法院……合药堂等，皆在时修建，大小
宽窄，壮丽质朴，各任力所营。"② 虽然时间可迟缓，但其中殿堂却有一个先后建设
顺序，须先将最重要者比如三清殿修起，并辅助一些修道之用的基础设施，另则可
慢慢不断完善，正如平阳路绛州玄都万寿宫那样"以次修举"③，这体现了"按绪而
建"的修建原则。太原路交城县玄祯观前为玄元殿，东西置洞房，为星宿诸神圣座，
后辟道院，东华帝君祠堂，后为祀栖云祖师之堂，建筑单体的建设"各依传绪之
次"④，说明在当时，除祭祀体系的增减之外，其余的基本建制设施也是有一个先后
套路的。其余比如平阳路闻喜县东镇三灵侯庙以"坠卜为规"来开辟地基，"稍有次
序"而后经营五年乃成⑤，而太原路台州明阳观⑥、太原路忻州定襄县玄元观⑦、晋
宁路解州芮城县真常宫⑧、太原路汾州长春观⑨等也是云堂仙洞"各有攸序"。

　　两种观念下所涉及的系列问题，比如起废时旧有规制的细节如何，修缮时又需

① 李俊民撰《重建修真观圣堂记》，见《庄靖集》卷八，陈垣编纂《道家金石略》，第 482 页。
② 《洞玄灵宝三洞奉道科戒营始》，《正统道藏》太平部。
③ 《玄都万寿宫碑》，陈垣编纂《道家金石略》，第 656 页。
④ 《玄祯观至德真人记》，王宗昱编《金元全真教石刻新编》，第 136 ~ 137 页。
⑤ 《三灵侯庙像记》，陈垣编纂《道家金石略》，第 559 页。
⑥ 《明阳观记》，王宗昱编纂《金元全真教石刻新编》，第 120 页。
⑦ 《玄元观记》，王宗昱编纂《金元全真教石刻新编》，第 122 ~ 123 页。
⑧ 《真常宫记》，陈垣编纂《道家金石略》，第 735 ~ 736 页。
⑨ 《修建长春观碑铭（并序）》，王宗昱编《金元全真教石刻新编》，第 128 ~ 131 页。

注意哪些细枝末节，新建时的先后顺序，以及宫观建设观念背后所反映的全真教宗教观念及两者关系等值得注意。宫观建设中体现出的"新者敝之始，生者死之初"①，其新旧、生死观可以说与全真教的宗教修行理念是完全一致的。对于宫观的建设者与维修者而言，建筑的兴废更迭是历史的必然。《重修玄元观记》看到了宫观"以日月悠久，不能不颓圮"的现实情况，并提出"补之易之，与时宜之，俾所因者不坏"②的重要观点。一方面无须对旧有的建筑全部否定，推倒重建，同时也意识到即便是新建的宫观，也有颓圮的一天，而其中只需把控住一定的度，也就是"顾度形势，与之更始"③。这在《重修娲皇庙碑》④以及《重修清微观记》⑤等诸多碑记中均有体现。而记载晋宁路临汾县（今临汾市）崇圣宫的《崇圣宫碑》中提到："越二十六载，秋地震，屋尽圮，惟司命祠（南昌宫）独存。……乃□旧位，营而构之，成咸如初。改今号曰崇圣，从教主真人命也。"⑥崇圣宫因为地震，除了其中的南昌宫一座建筑单体幸存之外，其余皆遭到损坏，后来卢道恭本着"乃□旧位，营而构之，成咸如初"中"旧位""如初"的"修旧如旧"原则使之一直沿用下来。太原路石州宁乡县玉莲洞"展胤址基，更造规制"⑦，前后经营了十余年。而平阳路闻喜县兴真观于1333年重修，将"漏者增、败者新、倾者正、缺者完"⑧。这同时也为全真教通过自身创新而创立的五祖、七真之堂建制，与旧有的三清——玉皇信仰及其殿堂设置两相结合提供了理论前提和实践基础。

（二）立观度人：神人关系、修道阶梯与宫观修建

记载平阳路闻喜县东镇三灵侯庙的《三灵侯庙像记》（写于1263年）中涉及神人关系的探讨：

① 《玉真观记》，王宗昱编《金元全真教石刻新编》，第145页。
② 《重修玄元观记》，王宗昱编《金元全真教石刻新编》，第140～141页。
③ 《修真观记》，王宗昱编《金元全真教石刻新编》，第144～145页。
④ "废者益兴，新者益饰。"《重修娲皇庙碑》，王宗昱编《金元全真教石刻新编》，第131～132页。
⑤ "观宇敝而能新。"《重修清微观记》，王宗昱编《金元全真教石刻新编》，第143～144页。
⑥ 《崇圣宫碑》，陈垣编纂《道家金石略》，第488页。
⑦ 《重建□□兴玉莲之洞铭》，陈垣编纂《道家金石略》，第530～531页。
⑧ 《重修兴真万寿宫记》，陈垣编纂《道家金石略》，第808～809页。

　　夫三灵侯者，乃三元真君之别号也，本亦人灵，盖得道之尤精者也。积救厄扶危之行，已满人间，布爱民及物之恩，终归天上。镇非灾，闭目以安眠，伏横祸，藏眸而稳睡，千妖殄灭，五瘟消潜。人能敬于神，神能福于人，敬福交归，莫知其极矣。①

　　三元，又叫三官，三灵侯庙也就是祭祀三官大帝的庙宇。盖因道教将三官大帝之诞辰编造为三元日，即上元农历正月初五诞生天官紫微大帝，中元七月十五诞生地官清虚大帝，下元十月十五诞生水官洞阴大帝。据《三教源流搜神大全》卷一载，元始天尊分封三官，各有官阶及其职能，天官为上元一品，主赐福；地官为中元二品，掌赦罪；水官为下元三品，为民解厄。因其与百姓生活息息相关，在民间得到广泛的供奉。全真教也适时地将其纳入到自身万神供奉的体系之中来。

　　颇为耐人寻味的是，三官传说多种多样，但其中一个说法却得到大众的普遍认可，即认为三官本非天神，乃是一普通男子姓陈名子寿者娶妻而生。陈子寿，多被唤名陈郎，是个美男子，后遇龙王，后者将其三女许配于他，分别生三子，经由道教主神元始天尊敕封而为三官②。这个故事可以说毫无依据，但却获得了民间大众最广泛的认同。现象背后，笔者认为是因"神由人来"的神仙观而导致的。正如《三灵侯庙像记》所强调的，三官"本亦人灵，盖得道之尤精者"，三元真君作为得道者，其由人灵之得道尤精者而来，这就认为人神之间不过是程度上的不同，通过修道，通过一个个的修道阶梯，而可以最终达到这般成仙尊神的高度。而"人能敬于神，神能福于人，敬福交归，莫知其极"则进一步说明了神人之间唯有敬福相交，才是最理想的状态。

　　神人之间看似有隔，但实则有道可寻，有阶可进。正如《重修岳云宫记》中所论述的那般："夫仙者也，各适其适也。……道之精微玄妙，靡不洞贯而陶陶然以尽天年，孰谓非仙也乎？且道不远人，亦由学而可入。"③ 修道之途虽有远近，但成仙

① 《三灵侯庙像记》，陈垣编纂《道家金石略》，第559页。
② 以上关于三官大帝的描述，可参看马书田：《中国道教诸神》，北京：团结出版社，1996年，第60~66页。
③ 岳云宫，位于河南孟州，碑文乃杨奂撰，见《还山遗稿》卷上，陈垣编纂《道家金石略》，第525页。

之路却绝非妄想，仙家有多种层次的界定，如何成仙也有多种通达的途径，而特别是对于那些怀有抱负的宗教领袖而言，宫观的修建以及度化世人都已成为其修道之途的一部分。记录平阳路绛州玄都万寿宫的《玄都万寿宫碑》中载："公掌教余十年，梦寐烟霞，言归故山。其高风懿范，足以续道统之正传，为玄门之矜式，岂特完一宫而化一乡哉！"① 在此，宫观修建已经作为修道阶梯的一部分，而纳入修道者的整个修行体系之内。所以在宫观修建中，对仙真谱系的映射也显得必要并顺理成章。

同时，记载太原路忻州定襄县重阳观的《创建重阳观记》就认为："奥古之初，人有纯德，其居于于，不牧而自治，不化而自理，莫不康宁寿考而保守天真，奚待教哉！降及后世，人渐殊，德渐丧，放心而不知收，逐物而不知反，所以天真尽耗而流浪死生。圣贤哀悯，此教之由兴也。"② 正是"不牧而自治，不化而自理"的社会理想早已不复存在与"天真尽耗而流浪死生"的社会现实，才导致了诸如全真教等教派的产生。而且，道教之复兴与建宫立观之间的天然契合，也使得其避免了与老子所倡导的"不为"相冲突，从而寻找到了逻辑上修建宫观的合理性，以及不得而为之的借口。

另外，全真教的修行人员也通过很多其他方式来比附修建宫观，以此寻找建宫立观的理由。比如以奇闻树立信仰的合法性——因奇闻立观。记载平阳路解州芮城玉京观的《玉京观碑》载："一日，延官庶谊修建，去观百步，皆闻异香，非沉檀比。遍觅缘由，莫知所从，众皆疑异。中有殿□李君玉乃曰：'非圣贤降临，岂有此奇特。'自时厥后，凡所祈禳，无不应感。是以一方士庶，倾倒信奉，割地输财，助工借力，共成盛事。"③ 今天探讨事件发生的真实与否已无意义，而更值得注意的是观碑对此事件的描述——很大程度上是伪造——其本身的目的是昭然若揭的：只是为了说明神灵获得一方士庶的倾倒信奉并非毫无根据，而是确有所因。这无疑是为宗教信仰的扩大提供了先天合法性。

---

① 《玄都万寿宫碑》，陈垣编纂《道家金石略》，第656页。
② 《创建重阳观记》，陈垣编纂《道家金石略》，第633页。
③ 《玉京观碑》，王宗昱编《金元全真教石刻新编》，第124~126页。

修道者将修建宫观作为其修真阶梯之一，以积累功德的同时，从修炼出发，会引出两个关系：修己与度人。此时，儒家秉持的那套穷则独善其身，达则兼济天下的普世价值准则，同样适用于志于向道之士。修己之余尚需度人，度人须以宫观为场所，进而将"立观"与"度人"直接联系起来。约出于隋唐时期的《太上洞玄灵宝出家因缘经》就一直强调出家入道与建宫立观、写经立像等功德之间的联系，其中分别从出家因缘及出家之后的戒律和义务上做出了要求。比如说出家因缘：

> 夫出家者，或先世建立灵观玄坛及诸精舍，圣真仙迹广修堂殿，造诸形像，真应化身，庄严供养，抄经讲说，诵念流通，开悟人天。……或先世所在发心，平等一相，广化男女，劝助道场，立观度人，写经铸像，授经传戒，礼拜烧香，然灯念诵，布施忏悔，开悟群迷。……汝等先世信向三宝，写经造像，建立玄坛，度人济物，持斋礼拜念诵，烧香供养，行道布施，忏悔愿念不绝，大作功德，致令国王之报，人中第一，是不可思议。①

出家之后，亦有"十不得"与"八应当"，其中第一应当即为："常发大心，立观度人，写经造像，绍隆圣教。"对此，全真教是深表赞同的。记载太原路交城县玄祯观的《玄祯观至德真人记》中说："立观度人，道家之盛事，一物不弃，是谓袭明。不然，虽枯死山林竟何补益？"② 这就从教理上强化了宫观作为度人场所的重要性。可以说，"立观度人"的思维早就成为修道者潜藏内心的文化基因。对"立观度人"的要求与源起，伴随着宗教组织的建立已经形成，并成为搭建起世俗与信仰之间的血缘纽带。《太上洞玄灵宝出家因缘经》在言宿命因缘及出家科戒中就谆谆教诲般地告诫出家修道者："若四时失度，阴阳不调，当须立观度人。若水火刀兵，天下损伤，当须立观度人。若疫毒流行，人民死亡，当须立观度人。若国主有灾，厄运相逢，当须立观度人。……皆当立观度人。夫立观度人，上消天灾，安镇国祚，保护帝王，消禳毒害，开度人民，生死获庆，其福巍巍，普今一切，使有归依，功德

---

① 撰人不详，约出于隋唐，《太上洞玄灵宝出家因缘经》一卷，《正统道藏》洞玄部。
② 《玄祯观至德真人记》，王宗昱编《金元全真教石刻新编》，第 136～137 页。

无量，不可思议。"①

　　修道可赖立观度人，立观旨在度人，若不度人，则立观亦无用矣。《渊静观记》有"吾得一把茅、一盂饭足矣，何苦以胶胶羡物为哉。所慊者，圣真无像设之宇，门弟子无以揭香火之处"②。其对应的则是一种为民众而立观的功利性。然而，正如记载太原路忻州定襄县玄元观的《玄元观记》（写于1254年）中载，若夫"汨天理于既没，驰人欲而无穷，昏谬舛通，神怨人怒，虽能成九层之荼，干霄之构，亦有道者所不取也"③。即便成九层之荼，若道心不纯，亦不是有德之士所追求的。在此，入道或求助于道的两个范畴则以"在家"与"出家"为界限而区隔开来。在家之内，供奉神祇为求得一家之保佑，辟除不祥，如《清和真人石刻》所谓"得之者莫不朝夕瞻礼，以为保佑辟除之宝焉"④，以证当时供奉为保佑辟除灾祸之目的，而《重建修真观圣堂记》也提到对"伏愿免离五苦，延纳百祥，中外存亡，同证妙果"⑤的企望。而这一批有所欲求的"在家者"成为赞助宗教的重要力量，与之相对的则是出家。出家，即离开家，从家中走出，入向何处？入于道中。正如记载太原路汾州长春观的《修建长春观碑铭（并序）》中所说："夫道者，虚无妙用，自然之谓也。……故世人多所慕之，必假建其庵观，立夫师资，事神诲徒于厥中，居行其教。"⑥世人慕道，假借出资以庵观之立侍奉仙真，教诲徒众，广行其教。出家私则追求个人的长生，实则为超乎一家之家，而为天下之大家。

三　宗教理念转变对传道布教的影响

（一）无为到有为：宗教理念的转变

　　景安宁在《道教全真派宫观、造像与祖师》中，介绍了全真教修建宫观的情况，

---

① 撰人不详，约出于隋唐，《太上洞玄灵宝出家因缘经》一卷，《正统道藏》洞玄部。

② 《渊静观记》，陈垣编纂《道家金石略》，第437～438页。

③ 《玄元观记》，王宗昱编《金元全真教石刻新编》，第122～123页。

④ 《清和真人石刻》，陈垣编纂《道家金石略》，第472页。

⑤ 《重建修真观圣堂记》，陈垣编纂《道家金石略》，第482页。

⑥ 《修建长春观碑铭（并序）》，王宗昱编《金元全真教石刻新编》，第128～131页。

其中极具启发性的一点就是谈到了初期宗师在宫观修建理念上的变化①。全真教自重阳以后，"教门法度更变不一"，尹志平对此解释说："丹阳师父以无为主教，长生真人无为有为相半，长春师父有为十之九，无为虽有其一，有寸二勿用焉。"

可以看到，立观度人作为全真教发展盛期在特定历史条件下所提出的修行理念，其实与王重阳建教初期的理念是相左的。王重阳强调离家修道、云游四方，而并无修建宫观之需。其大弟子马丹阳等也反对大兴土木建宫立观。王重阳在《重阳立教十五论》第五论盖造中说："茅庵草舍，须要遮形；露宿野眠，触犯日月。苟活雕梁峻宇，亦非上士之所为。大殿高堂，岂是活人之活计？斫伐树木，断地脉之津液。"②而马丹阳《丹阳马真人十劝碑》③中亦教诲门人修道茅屋不过三间。

到第二代大师比如刘处玄、王处一等人时，开始有条件和能力修建灵虚、圣水等道观。至金末全真势力发展，建宫立观成为传教的首选要务。由无为而有为，由被动适应变为主动进取，从而张大教门，恰逢其时，声称："有为无为，一而已，于道同也。如修行人，全抛世事，心地下功，无为也；接待兴缘，求积功行，有为也。"又称："大抵修真慕道，须凭积行累功。若不苦志虔心，难以超凡入胜。或于教门用力，大起尘劳；或于心地用功，全抛世事。但克己存心于道，皆为致福之基。"④

直到第五任掌教丘处机晚年以及第三代大师如尹志平等，全真教实际上已成为当时北方最大宗教团体，茅屋不过三间的祖制显然不能满足实际发展要求。当时入道道士的数量急剧增加，宫观的规模以及建制也在不断地更新与膨胀。加上入道须出家的硬性要求，所以除了修道之外，道士的日常生活以及日后的养老等实际问题也需要在建造时予以考虑。实际的迫切需要令第三代大师们在宫观建设上费了不少脑力。可以说，正是这些客观实际需要促发了全真宫观体系的建立与完善，而这正体现了几代宗教领袖之间由无为到有为的观念转换。

这种从无为到有为的宗教价值观念的转变，不但促进了宫观建设进而扩大了宗

---

① 景安宁：《道教全真派宫观、造像与祖师》，第 111～117 页。

② 《重阳立教十五论》，《正统道藏》正一部。

③ 陈垣编纂《道家金石略》，第 432 页。

④ 《道藏》第 33 册，第 159 页。

教规模，同时也推动了对宗教知识体系本身有意识地积累与建构。有意识地对已存的新旧教派知识进行整理，对宗教事务及宫观资产进行记录，促进了整个全真教知识体系的形成以及宗教语义家族的构建，从而成为一套有法可依、有理可循的体系；而在当时，这种记录被冠以各种目的和愿望体现出来。

其中，经典文本的参与十分重要，特别是道藏文本的整修与重刊。它为宗教领导者重新梳理并建构一套全新的宗教组织以及管理体系提供了理论基础，为宗教奉神体系搭建了梁架。道藏荟萃成藏始于唐，宋蒙元各朝代有增辑。宋有孙明道辑《道藏》，金有宋德方重刊《玄都宝藏》，其中，比较重要的是以文本记录了官方多次向全真教敕赠道藏的行为。比如，金泰和七年（1207 年）丁卯，元妃施道经二藏，一驿送栖霞太虚观（丘处机执掌），一驿送圣水玉虚观（王玉阳执掌）①。第二次是壬辰（1232 年）四月，皇后嫔妃幸长春宫，降香设斋，特赐三洞四辅道经一藏，令旦望看读，为国焚修，与民祈谷者②。第三次是癸卯（1243 年）秋八月，蒙公主皇后懿旨，……以岭云怡老，潍阳玉清观，并永乐纯阳宫藏经板样③等。或许，以官方立场赐《道藏》的行为可以从政治正确的象征性层面解读为皇家对全真教的支持；同时，《道藏》作为一种特殊的知识体系，对于全真教而言无疑也是十分重要的。中统三年（1262 年）《玄都至道披云真人宋天师祠堂碑铭并引》："……复恐学者乍见玄经广文不知有一贯之实，或致望洋之叹，故每藏立一知道之士主师席，令讲演经中所载圣贤之所以为圣贤之事……"④ 在《道藏》整修之后，多次重刊，并广布宫观场所，还设置讲经师以传播知识，可以想见当时道藏知识普及的规模与速度。也正是在这个意义上，我们不得不重新审视宋德方整修翻刻《玄都道藏》的意义。

可以说，在王重阳建立全真教初期，其宗教组织，上至祀神体系，下至基本的教务组织，以及宫观管理都不成形，而真正建立并成为系统是到了丘处机以及他的二传及三传弟子那里。而宋德方整修历代道教知识，完成《玄都宝藏》的刊印工作可谓标志着这套体系的完备。整修道藏工作完成后，在全国特别是北方几处比较重

---

① ［元］李道谦编《七真年谱》，《道藏》第 3 册。
② 《清和演道玄德真人仙迹之碑》，陈垣编纂《道家金石略》，第 538～541 页。
③ 《清和演道玄德真人仙迹之碑》，陈垣编纂《道家金石略》，第 538～541 页。
④ 《玄都至道披云真人宋天师祠堂碑铭并引》，陈垣编纂《道家金石略》，第 547 页。

要的宫观贮藏。这种分批贮藏一方面促成了道教知识体系的整合与建构，另一方面在新的道教知识系统之内，全真教从宗教义理到教规教条都得到了体现，并完成了自我的宗教认同，从而加速了全真教在道教甚至宗教体系内的正统化。而具体到宗教艺术，则首先从形而上意义上将全真教的祀神体系进行了新的整合与创新，特别是将传统的三清信仰与新的五祖七真体系搭建起紧密联系，从而为其在宗教宫观的建设以及造像和壁画的视觉表现上确立了标准。

（二）从"全三教之真"到复归道教传统

可以看到，在创始人王重阳那里，全真教主张三教合一。何为"全真"？熊铁基认为全真之义至少包括"全三教之真""全老庄之真""全心性之真"三个方面①。王重阳的全真思想受影响于五代北宋以来的佛、道合流趋势。南宋曾敏行《独醒杂志·刘美中记梦诗》就颇能代表当时对佛道两家的看法："刘尚书美中尝夜谈与一方士谈禅，往复辩论宗乘中事甚详。美中因问之曰：'仙家亦谈佛耶？'方士曰：'仙佛虽二，理岂有二哉？'美中既寤，颇异其事，遂纪之以诗云：……颓然就枕睡思浓，梦魂悠悠迷处所。仙君胜士肯见临，促席从容款陪语。自言本事清灵君，学佛求仙两无阻。……重闻妙语发深省，若更离尘佛亦尘。方平羽节何时来？道宫佛殿随尘埃。……"② 仙佛虽二但理为一，求仙学佛两无阻。也正是当时这种已经具有普遍共识之观念，才使得全真之道打破壁垒，广纳博取，以极具创新性的形式成为当时的新道派。对此，王重阳诗云："儒门释户道相通，三教从来一祖风。"③ "心中端正莫正邪，三教搜来做一家。义理显时何有异，妙玄通后更无加。"④ 柳存仁认为："王喆教旨的伦理性比宗教性来得强，它强调老子传统中的纯净及缄默，另外再加上忠孝的观念，反映了中国人的民族意识。"⑤ 而刘固盛分别总结了全真教之全儒、释之真，他认为全儒学之真，就表现为对儒家纲常名教的容纳和吸收，而全佛之真

---

① 熊铁基：《试论王重阳的"全真"思想》，《世界宗教研究》2008 年第 2 期。

② ［宋］蔡绦、曾敏行撰：《铁围山丛谈·独醒杂志》，第 155 页。

③ 《孙公问三教》，《重阳全真集》卷一，《道藏》第 25 册。

④ 《永学道人》，《重阳全真集》卷一，《道藏》第 25 册。

⑤ 柳存仁：《道教史探源》，北京大学出版社，2000 年，第 274 页。

在于阐明道体与发明心性①。而王重阳在《金关玉锁诀》中就认为："三教者，如鼎三足，身同归一，无二无三。三教者，不离真道也。喻曰：似一根树生三枝也。"②同时，王重阳在山东传教的时候，创立的教团也多以三教来命名，比如三教平等会、三教金莲会、三教三光会、三教玉华会等。

王重阳《了了歌》："汉正阳兮为的祖，唐纯阳兮做师父，燕国海蟾兮是叔主，终南重阳兮弟子聚。为弟子，便归依，侍奉三师合圣机。"③ 一个需要正视的观念是王重阳对三教的态度决定了如何理解全真教这个教团的仙真谱系。李大华介绍了三种说法：即以道教为本位融摄佛学、儒学的"融摄说"，利用儒学和佛学改造道教的"改造说"，以及利用儒道佛三教而创立全真教这个新道教的"创造说"④。三种学说的根本区别在于李大华认识到王重阳作为一位仕途失意的传统儒生，没有接受过系统的传教训练，也没有接受过一个教统，而是靠自悟，"一悟绝人"，同时他的修炼也是自家体认，而不是衣钵相传，所以并不存在一个完全的道教系统去融摄儒佛，也不存在吸收儒佛而改造道教的前提，他行的是一个创造立新之事。这种自悟使其很难在道教内部严整有序的义理体系之内深入且开拓，但同时也因其较少存在因过于沉湎于道教传统而可能形成的思维沉疴，而能在整个大的文化传统中任意撷取，具有很大的灵活性和自由度。也正是在这个意义上，王重阳在《了了歌》中所介绍的汉钟离—吕洞宾—王重阳的传派谱系，可以认为是王重阳自己认定的宗派而非真实的传授。同时，这种三教圆融的原则也贯彻到了他的弟子们中间。比如，丘处机言："儒释道源三教祖，由来千圣古今同。"⑤ 刘处玄曰："三教无分，全真门户。"⑥ 谭处端云："三教由来总一家，道禅清净不相差。仲尼百行通幽理，悟者人人跨彩霞。"⑦

---

① 刘固盛：《全三教之真——以全真道老学为视角的考察》，《全真道研究》（第一辑），济南：齐鲁书社，2011 年，第 1～20 页。

② 王重阳：《金关玉锁诀》，《正统道藏》太平部。

③ 《重阳全真集》卷九，《道藏》第 25 册。

④ 李大华：《儒学如何进入全真教的思想世界》，《全真道研究》（第一辑）。

⑤ 《磻溪集》卷一《师鲁先生有宴息之所牓曰中室内又从而索诗》，《正统道藏》太平部。

⑥ 《仙乐集》卷三《四言颂》，《正统道藏》太平部。

⑦ 《水云集》卷上《三教》，《正统道藏》太平部。

　　较之重阳初建全真时对三教思想的广摄博取，复归道教老传统之内则成为尹志平等第三代高道们所致力完成的事业。他们自觉地对历代道教知识进行梳理与整合，并创造性地应用于立观度人之中。一般而言，面对知识有两种处理方法：法先王与法后王。全真教第三代高道们所采取的策略是法先王，而这种策略也直接影响了其祀神体系的形成。究其原因，不外乎为其自身创制一种先天的合法性。正如钱锺书所说："新风气的代兴常有一个相反相成的表现，它一方面强调自己是崭新的东西，和不兼容的原有传统立异；而另一方面更要表示自己大有来头，非同小可，向古代也找一个传统作为渊源所在。并定义为'事后追认先驱'。"而这种策略会"影响创作，使新作品从自发的天真转而为自觉地有教养、有师法；它也改造传统，使旧作品产生新意义，沾上新气息，增添新价值"①。这也体现为全真教立观度人观念下对宫观修建的自觉，并通过历代宫观形制及功能的沿革有了客观的认识。嘉议大夫河东山西道提刑按察使王博文（1223～1288 年）撰《栖真子李尊师墓碑》（李志明）："度道士以守宫观，虽近代之制，然自汉武帝时于甘泉官中为台，画天地太一诸鬼神像，各置祭具，自是之后，蔓绵衍溢恢张弘大以至于今，其来远矣。"② 说的就是这个道理。正是法先王的思路之上，全真教的自觉，表现在创派宗教领袖们怀抱复兴道教本真面目的责任感。正如《洞神宫碑》所说："大朴即散，昧乎性天，老子设教，言垂五千。糟粕之余，浸失其传，全真之学，于是兴焉。重阳祖师，首唱于前，丹阳碧虚，心印相沿。"③ 面对当时"糟粕之余，浸失其传"的现实，《玄都万寿宫碑》中认为："去古益远，畦畛叠出，其文愈繁，其道愈晦。……去圣逾远，淳风渐离。"④ 而《玄祯观至德真人记》中进而归纳为："杂以方术，渐丧本源，内圣外王之道郁而不彰久矣。"⑤ 正是对道教流弊的清醒认识，全真教历代祖师的立教之规中对此一直防微杜渐，并务求去弊存真，上溯老庄，以修性炼真为务。正所谓"全真者，以开通为基，以见性为本，以养命为用，以谦和为德，以卑退为行，以俭约为常。积真既

---

① 钱锺书：《七缀集》，北京：生活·读书·新知三联书店，2002 年，第 2～3 页。

② ［元］李道谦集《甘水仙源录》卷六，《道藏》第 19 册。

③ 丹阳即马钰，碧虚为杨明真。陈垣编纂《道家金石略》，第 707 页。

④ 《玄都万寿宫碑》，陈垣编纂《道家金石略》，第 656 页。

⑤ 《玄祯观至德真人记》，王宗昱编《金元全真教石刻新编》，第 136～137 页。

久，故能坎不流而周于太虚。其为天下后世崇而奉之者，盖有由矣"①。

小　结

第一章分别从区域分布、修建时段、殿堂设置及修建理念三个方面展开对蒙元时期山西地区全真宫观建设的讨论。首先对分布位置进行归纳，发现山西三路（大同、太原、平阳）的分布是不均匀的：数量上自南而北，平阳路最多，太原路次之，大同路最少；从地形因素看，汾河流域周边地区分布比较密集，而这种分布无疑与"洞天福地"的理念有着直接的联系。其次，数据显示全真宫观的修建高峰主要集中在1221~1270年的50年间；先是全真掌教丘处机对宋德方等几位弟子施以"缘在西南"的指示从而完成了全真教在山西地区布道设教的初次规划，继而通过掌教尹志平在1235~1243年的八年内多次在山西地区的驻跸，以及继任掌教李志常的领导，使得该地区的全真教发展达到了鼎盛时期。在第三节中，通过对资料库中殿堂设置的祀神情况的分析，来进一步反思全真教在祀神体系上的继承与创新。全真教有选择地继承了传统道教中的三清、四御信仰（但三清中多单尊老子，而四御中亦独尊玉皇大帝）；此外对于灵官、关羽、三官、女娲娘娘等民间神祇的尊奉也广泛接纳，这体现了全真教为其势力在地方的扩张，积极吸收并整合民间宗教力量的决心。同时，全真教还创造性地发展了五祖、七真的尊奉体系。总体上看，五祖殿（堂）的设置晚于七真殿（堂），且其中对于"七真"的具体名单（多有王重阳而无孙不二）具有争议（对此原因，将在第三章中进一步探讨）。最后，整理出全真宫观的修建方式主要有起废与新建两种模式。当时无论是道教内部的修道人员还是物资赞助者以及士大夫、乡绅等地方势力都将立观度人以功德累积的方式纳入其修道阶梯之中，由此所产生的助推力量不容忽视；加上全真教在教义上从"无为"到"有为"的观念转变，以及从"全三教之真"到复归道教传统的思路确立，共同促成了全真宫观的鼎盛发展。

---

① 王宗昱编《金元全真教石刻新编》，第124~126页。

第二章　全真教艺术形象的图文结构及宗教传达

——以芮城永乐宫重阳殿壁画为例

　　在第一章第三节关于山西地区全真宫观的殿堂设置分析中，笔者于 198 所里选取其中具有有效信息的 33 所，整理之后发现，其中至少 25 所有关于壁画及造像的记载，占总数近 80%①，可见壁画绘制在当时是十分普遍的。接下来的两章，将以永乐宫重阳殿壁画为例，分别从壁画的图文结构及形象塑造两方面对全真教的艺术形象进行分析②。

---

① 不消说编号 21 清虚观三清殿之精美彩塑，101 清梦观三清殿内四壁的精美壁画以及 102 大纯阳万寿宫（永乐宫）三清殿气势恢宏的朝元图等现存之物，单从 23 玄元观之"金碧丹腾，炫夺人目"，24 神清观之"饰之以金碧"，27 明阳观之"思所以立坛宇、严像设"，28 元都清虚观之"焕丹青于列圣之像，灿金碧于群仙之容"，32 清微观之"金碧辉赫"，40 玄元观之"丹腾映口"，59 玉真观之"绘塑庄严，金碧绚烂"，67 玄都万寿宫之"够求良工为三清塈像"，80 通玄观之"法像严整"，84 兴真观之"绘装塑像"，87 玉泉观之"妆塑绘像，色色就绪"，89 洞神宫之"绘塑庄严，金碧交映"，100 娲皇庙之"层檐揭角，丹腾一新"，105 三灵侯庙之"真仪橡吏"，109 通玄观之"贮丹漆"，112 栖云观之"立元始道君老子像，……列七真人于座"，114 洞霞观之"仪像饰以金碧，灿然一新"，115 玄逸观之"殿堂晬容"，116 长生观之"圣容炜烨"等等可见当时宫观壁画的恢宏壮丽。另外，诸如 23 玄元观之"用斧斤（以斧修削）埏埴（以水和泥而成泥坯）塑像严口"。凡五年而断手"等材料还简洁地描述了塑像的程序。具体见附录 1。

② 对于永乐宫重阳殿壁画的分析，主要参考了宿白、王逊、王畅安、景安宁、康豹等人的研究，而刑义田对汉代画像内容与榜题关系的探讨也给予了启发。建筑及其示意图引用杜仙洲：《永乐宫的建筑》，《文物》1963 年第 8 期，建筑图为附文，李竹君等绘制；王逊：《永乐宫三清殿壁画题材试探》，《文物》1963 年第 8 期；王畅安：《纯阳殿、重阳殿的壁画》，《文物》1963 年第 8 期；宿白：《永乐宫创建史料编年——永乐宫札记之一》，《文物》1962 年第 Z1 期；宿白：《永乐宫调查日记——附永乐宫

第一节　重阳殿壁画的叙事性及图文结构

重阳殿，位于纯阳殿后，曾名袭明殿，亦称七真殿。建成于中统三年（1262年）①，为永乐宫现存建筑中最后一座殿堂。面阔五间，进深三间六椽，单檐九脊顶。殿身前檐中部三间装格扇，后檐明间置板门（图2.1）。

殿内四壁有仙传壁画，分布在东西北三壁及扇面墙背面，绘王重阳和七个弟子的故事，可谓"王重阳祖师画传"。扇面前塑王重阳和七真像。画传叙述以时间为轴，按逆时针方向，自东而北向西（图2.2）。

据朱希元等人《永乐宫壁画题记录文》编号，东—东北—西北—西四壁共49幅标号为1~49。景安宁认为至此还未结束，应接续扇面后壁西侧上部，结束于东侧下部，加上扇面后壁中绘三清像左右各三幅，上一下二，共六幅，统而认为共55幅。需要说明的是，陆鸿年、王畅安、萧军、柴泽俊等人以"关于王喆的轶事，尚未发现有和纯阳《通纪》相类的重阳故事集"为原因，持重阳画传共49幅的观点，即不包括扇面墙图像在内；笔者采用景安宁的划分方式，认定重阳殿壁画底本为李志常《重阳王真人悯化图》，故壁画应符合55幅的形制，将扇面墙后壁所绘画传故事六幅包括在内。但景安宁未将这六幅进行编号，笔者根据重阳殿壁画的叙事顺序，并考虑到相关道藏文献中的叙事时间先后，最后拟定编号顺序为：《南京升霞》编号50，《四子捧柩》编号51，《权瘗孟园》编号52，《秦渡论志》编号53，《重现文登》编号54，《会葬祖庭》

大事年表》，《文物》1963年第8期；朱希元等录，王畅安校《永乐宫壁画题记录文》，《文物》1963年第8期；景安宁：《道教全真派宫观、造像与祖师》，第286~344页；［美］康豹：《多面相的神仙——永乐宫的吕洞宾信仰》，第162~213页；邢义田：《画为心声：画像石、画像砖与壁画》，北京：中华书局，2011年，第47~68、69~91、92~137页。

① 主要依据为中统三年王鹗撰《大朝重建大纯阳万寿宫之碑》："壬子（1252年），真常奉旨祀五岳回，驻于纯阳万寿宫，翌日登九峰，憩于纯阳洞，爱其峰峦秀拔，以王椅名之，且命其徒刘若水辈别营上宫，倾囊倒囊，悉为潘助。……于是为殿三：曰无极，以奉三清；曰混成，以奉纯阳；曰袭明，以奉七真。……是宫之作，肇于德冲。十年于兹，告成厥功。"

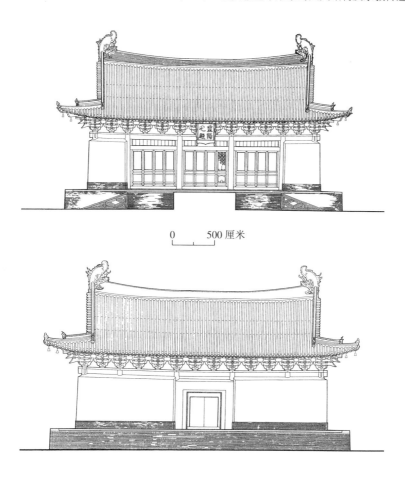

0 500 厘米

0 500 厘米

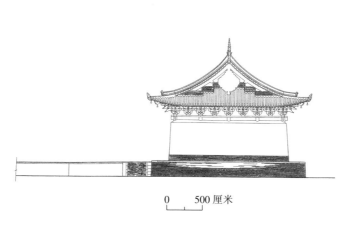

0 500 厘米

图 2.1 重阳殿正立面、背立面、侧立面图（采自萧军编著《永乐宫壁画》，第 35 页）

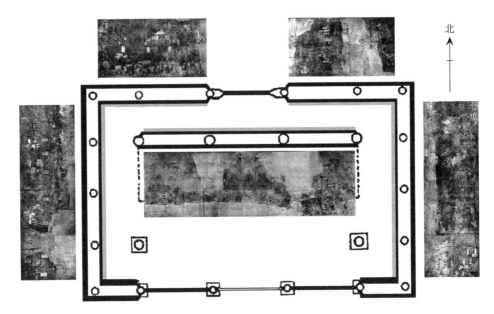

图 2.2　重阳殿壁画绘重阳画传位置示意图（采自萧军编著《永乐宫壁画》，第 272、304、338 页等；建筑示意图引用杜仙洲《永乐宫的建筑》附文，《文物》1963 年第 8 期；吴端涛制图）

编号 55①（图 2.3）。

　　根据柴泽俊先生的统计，重阳殿内与重阳画传相关的壁画面积共约 145.07 平方米，可谓占据了整个重阳殿壁画的绝大部分（表 2.1）。

　　重阳画传的构图与纯阳殿《显化图》相似，采用分幅而兼通景的处理方法，每幅左侧上角书写榜题。元任士林（1253～1309 年）撰《重阳王真人悯化图序》载："重阳王真人悯化图，凡五十有五，李真常实为之，张诚明遂为之题其目，史宏真为之传其事，王资善为之序其然，何窈窈然如也。盖悯一世之穷，相率而期于此，此图之不容不作也。"② 据此，景安宁认为，画传的底本就是全真掌教李志常编写过

---

① 其中，柴泽俊认为东西北三壁为《王重阳神化传记图》，扇面墙背面画三清及侍者像，虽认为壁画有一个共同的故事底本，但亦将扇面墙部分排除在外。详情可参考：陆鸿年：《永乐宫壁画艺术》，《美术研究》1959 年第 3 期；朱希元等录，王畅安校《永乐宫壁画题记录文》，《文物》1963 年第 8 期；萧军编著《永乐宫壁画》，第 49～54 页；景安宁：《道教全真派宫观、造像与祖师》，第 298～305 页；柴泽俊：《山西寺观壁画》，第 53 页。

② ［元］任士林：《松香集》卷四，陈垣编纂《道教金石略》，第 717～718 页。

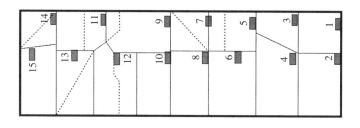

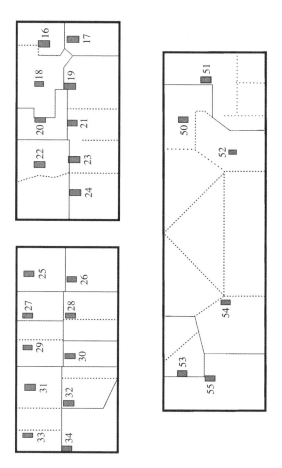

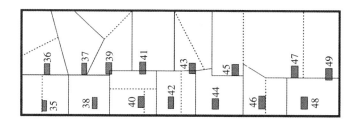

图 2.3　重阳殿壁画编号（吴端涛制图）

表 2.1　重阳殿壁画统计表①

位置	画面高度	上边宽度	下边宽度	平均宽度	壁画面积
东山墙	3.21 米	10.08 米	9.92 米	10.00 米	32.10 平方米
西山墙	3.21 米	10.32 米	10.16 米	10.24 米	32.87 平方米
后檐墙东半部	3.21 米	6.05 米	5.95 米	6.00 米	19.26 平方米
后檐墙西半部	3.21 米	6.19 米	6.07 米	6.13 米	19.68 平方米
前檐墙东梢间	3.21 米	2.03 米	1.97 米	2.00 米	6.42 平方米
前檐墙西梢间	3.23 米	2.06 米	2.00 米	2.03 米	6.56 平方米
扇面墙北侧	3.43 米			12.00 米	41.16 平方米
合计					158.05 平方米

的这部《重阳王真人悯化图》②，但可惜的是此本传记的完成时间无法确知③。再加上重阳殿壁画的完成年代不确④，同时，因为壁画后补处极多，且补绘时间较

---

① 采自柴泽俊：《山西寺观壁画》，第 53～54 页。

② 景安宁对重阳殿重阳画传的作者与壁画年代进行了论证，其中，他认为画传的底本是全真掌教李志常编写的《重阳王真人悯化图》，并从三点说明了原因。其一，从数量上来看，悯化图共 55 幅，而重阳殿壁画也是 55 幅；其二，壁画和榜题墨迹虽为 14 世纪后期元末作品，但榜题文字所据的底本可以确定写于至元六年（1269年）之前；第三，榜题文字三次采用丘处机诗句，但没有采取其余七真之一的文字，说明榜题所据底本作者更加接近丘处机，即或丘处机的门人。基于以上三点，景安宁认为重阳殿壁画的榜题基本原文照抄了李志常的《悯化图》，并基本保存了其原貌。景安宁：《道教全真派宫观、造像与祖师》，第 298～305 页。

③ 将重阳殿壁画与李志常的《悯化图》建立起联系的一个问题在于李志常《悯化图》的完成年代不确。据画传 55《会葬祖庭》所描述的内容，1242 年李志常召集天下道流，在终南祖庭会葬重阳仙柩。若底本为《悯化图》的话，那么首先可以肯定的是《悯化图》的创作当在 1242 年之后，然而，矛盾的地方在于榜文中述及"太祖圣武皇帝"的称呼，这个称呼是成吉思汗去世后于 1266 年所追谥的庙号，那么完成 55 的时间肯定又在 1266 年之后。但李志常 1256 年已经去世。所以，从 55《会葬祖庭》上看，底本应该不是《悯化图》，起码 55《会葬祖庭》不是《悯化图》的一部分。

④ 1252 年李志常来永乐宫，"规度营建，整治玄纲"，定夺潘德冲所建三殿（无极、混成、袭明）的命名、供奉尊像等重要问题（见《终南山祖庭仙真内传》卷下真常真人条，宿白：《永乐宫创建史料编年——永乐宫札记之一》，1962 年第 Z1 期），而各殿壁画的绘制底本也应包括在内。但直到中统三年（1262 年），"是宫之作，肇于德冲，十年于兹，告成厥功"，也就是说重阳殿壁画的绘制上限是 1262 年。根据三清殿完工于泰定帝泰定二年（1325 年），纯阳殿壁画完工于顺帝至正十八年（1358 年），"重阳殿壁画无纪年题记，以其风格笔意论，似又迟于纯阳殿，殿宇完工，壁画最末……"（宿白：《永乐宫创建史料编年——永乐宫札记之一》，1962 年第 Z1 期）而王畅安"据摹绘者说原画东壁中部所绘的石碑上隐约有'洪武元年'（1368 年）字样"（王畅安：《纯阳殿、重阳殿的壁画》，《文物》1963 年第 8 期），刘科复查后发现是"洪武贰拾肆年"即 1391 年（刘科：《金元道教信仰与图像表现——以永乐宫壁画为中心》，第 122 页）。

晚，大量集中于清雍正年间及之后①，因此，从壁画图像完整性角度，我们很难断定绘制期间的时间跨度而造成的原作图像内容有多大改变。

同时，因为大量补绘的存在导致图像面貌的偏差，也使我们在分析此殿壁画时不得不面临的一个问题，即以此来反观《悟化图》时，两者之间的契合度又有多大？换言之，即便我们能确定《悟化图》就是其底本，在底本不存，且图像原貌不确的两难境地之下，图像与其原制时代的密切联系出现裂缝。为此，一个比较可靠的办法就是建立起壁画图像与道藏文本之间的关系。道藏文本里钩沉出其与壁画特别是榜题相关的内容，一来使重阳画传建立在整个全真教的知识系统之内，二来，以此反观重阳画传中出现的问题，可以检讨因为年代问题而造成的文本变化。

就目前掌握的资料而言，重阳殿壁画所示的仙传故事的文本来源分布广泛，且十分零散。但考虑到这些文本的整体性以及重要性，其中影响巨大，而流传广泛的则主要有《金莲正宗记》中的七真传记，《七真年谱》，《甘水仙源录》中的七真碑文，《历世真仙体道通鉴续编》之王嚞、马钰条，《历世真仙体道通鉴后集》之孙仙姑条，《金莲正宗仙源像传》之重阳子等。其中，元秦志安编《金莲正宗记》序文落款太岁辛丑岁（1241 年），元李道谦撰《七真年谱》后序落款于至元辛未岁（1271 年），金源璹撰《终南山神仙重阳真人全真教祖碑》（载李道谦集《甘水仙源录》）序文落款至元戊子即 1288 年，元赵道一撰《历世真仙体道通鉴》续编及后集完成时间为至元甲午年（1294 年），元刘志玄等撰《金莲正宗仙源像传》落款于泰定丙寅阳至日（1326 年）。在时间上看，秦志安编《金莲正宗记》最早，李道谦撰《七真年谱》次之，刘志玄等撰《金莲正宗仙源像传》的时间最晚。

---

① 据宿白的统计，重阳殿东、西、北壁和扇面墙南北壁壁画中部以下明末清初的游人题记很多，其中较为清晰的就不下十则。宿白统计中，编号 T31 在扇面墙南壁西端的题记时间较早，为万历三十三年（1605 年），较晚的则是编号 T39，在北壁自东第四间，为雍正十年（1732 年）四月，而后一则为 T40，在扇面墙北壁西间，为雍正□年，字迹不清，具体年月无法识读。这些题记无一在新补绘之内，他据此推断补绘年月绝不在雍正十年之前。见宿白：《永乐宫调查日记——附永乐宫大事年表》，《文物》1963 年第 8 期。

　　根据如上几种重要的道藏文本,笔者将重阳殿壁画所涉及信息进行了统计(见附录2),并就其中所涉榜题与图像之间关系进行分析。

一　重阳殿壁画的叙事性研究

　　康豹定义了永乐宫壁画的两种不同类型:无极门与三清殿中的壁画属于仪式性壁画,纯阳殿与重阳殿壁画属于说教性壁画①。其两种类型得以定义基于无极门与三清殿的主要职能,即为全真教举行斋醮仪式时的场所,而其中的壁画一方面作为活动的背景来烘托整个仪式的气氛,同时壁画中的仙真形象也成为斋醮仪式所供奉的神灵对象本身。而说教性壁画的定义则源于纯阳殿与重阳殿壁画的内容属于表现宫殿所供奉特定祖师个人的生活场景,以及修道和度化成仙的故事情节。可以说,这种区分具有一定的合理性,因为无论是前者还是后者,虽然界定的标准不同(前者基于职能,后者则基于画面的内容),但其视角主要是从受众或道众的立场而定义。对于重阳殿壁画,仅仅是从画面本身来说,主要有人物、山水以及屋木的表现,可以称之为风俗画,同时又因为单个画面之间的联系而称之为连环画,李松提到,纯阳殿、重阳殿主墙的壁画,内容与表现手法和三清殿《朝元图》迥然不同,是连环画式的画传②。每图上方有榜题说明图中内容,属于文图并茂的连环画形式。其中单组画传涉及多个情节表现,又自己构成一组连环画面——连环画的形式既存在于整体画面之中,又在其中的一个小场景之中出现。而如果从作为画传的壁画属性上来看,其可称为叙事性绘画。对此,陈杉认为,纯阳殿壁画区别于无极门和三清殿的仪式性壁画而属于叙事绘画,出于说教目的③。那么,具有说教性质的连环画传性壁画是否为叙事性绘画呢?或者说他的叙事性是如何界定的?

　　目前学界对于叙事性绘画(Narrative Painting)的讨论虽偶有涉及,理论体系却并

---

①　[美]康豹:《多面相的神仙——永乐宫的吕洞宾信仰》,第162~213页。

②　李松:《纯阳殿、重阳殿壁画的艺术成就》,金维诺主编《永乐宫壁画全集》,第6页。

③　陈杉:《〈纯阳帝君神游显化图〉图像结构》,《宗教学研究》2012年第1期。

不系统。对于绘画的叙事性以及叙事性绘画的概念的讨论，在中国美术史范围内，比较重要的研究者有陈葆真、巫鸿等，且内容多集中在汉代的画像石等艺术①。值得注意的是，台湾雄狮美术《西洋美术辞典》认为，叙事性绘画作为西洋美术史中的专门术语，用以指称题材与风俗画大体相似，但含有较强文学性的绘画。而赵晨在博士论文《汉代画像艺术的"叙事性"研究》中，用以特指可以用来"讲故事"和表述观念的绘画语言和艺术技巧。需要说明的是，显然叙事性这种绘画创作方式在永乐宫壁画中的体现是有源可溯的，并在表现手法上体现出了传统的力量。但本书无意将其置入整个美术史发展的链条之中，来探讨汉代至元代之间的叙事性绘画本身所体现出的变化，而重在揭示已经成为"传统工艺"的叙事手法在全真教这个大的宗教范围之下，于重阳殿壁画中的具体展现情况，并致力于为学界提供一个可供具体分析研究绘画叙事性问题的基本范式。

对于叙事学理论的研究多针对文学及电影等艺术门类，且对构成叙事性因素的界定也是众说纷纭。法国电影叙事学理论家克里斯蒂安·麦茨②（Christian Metz，又译作克里斯蒂安·梅茨、梅兹，1931～1993年）提出了识别叙事的五条标准：

第一，什么是叙事：一个完整的叙事具备开头和结尾，两者构成叙事的整体性和统一性。即使截取一小段时间，也需要服从一个安排顺序，至少假设一个起点和终点。第二，叙事是一个双重的时间段落：一方面是被讲述事件的时间性，另一方面是叙事行为本身的时间性。第三，任何叙述都是一种话语：符号学认为，现实世界无人述说，而叙述则是一种话语，即由陈述句组成的一个系列。但并不意味着任何话语都是叙事。第四，叙事的感知是被讲述事件的"非现实化"：即在叙事面前，观者能很清醒地认识到它不是现实，虽然有些作品取材于真实的故事，但观者绝不会将它们混同于现实。第五，一个叙事是一系列事件的整体③。

显然，麦茨提出的这五条标准更适合于电影叙事的讨论。它是否适用于绘画呢？

---

① 比如陈葆真《中国汉代和六朝叙事性绘画中的时间和空间》以及巫鸿《礼仪中的美术——巫鸿中国古代美术史文编》中几篇文章涉及"叙事性"，以及巫鸿《武梁祠：中国古代画像艺术的思想性》中对"情节型"构图与"偶像型"构图的讨论。

② 刘云舟：《麦茨对电影叙事学研究的贡献》，《当代电影》2012年第4期。

③ 对于以上五条标准不做深入阐释，可详参 [加] 安德烈·戈德罗、[法] 弗朗索瓦·若斯特：《什么是电影叙事学》，刘云舟译，北京：商务印书馆，2005年，第17～23页。

换句话说，如果将绘画定义为叙事性特征的话，其中又有哪些因素可以抽离出来加以借鉴呢？综合叙事学理论成果，笔者提炼出四个可以构成叙事性绘画的重要因素，即时间（具有一定的时间跨度）、视角（体现叙事者的话语或态度）、结构（内在于叙事之中的不同事件构成整体）以及空间（叙事空间）。而对于界定重阳殿壁画为叙事性壁画，也将从上面的四个角度来尝试展开分析。

值得注意的是，重阳殿壁画由榜题与图像两部分构成。除去55组场景图像共同构成一个叙事之外，榜题本身也有一套叙事逻辑。壁画中的这种双重叙事一方面通过文字——榜题形成完整的叙事体系，同时又通过图像——壁画，将表现不同时间、地点及情节的单个画面通过有效方式组合在一起而成为具备完整叙事性的画面（图2.4）。这个特征也体现出了重阳殿壁画的复杂性，这个复杂性就在于图像与榜题之间，虽然大部分是对应的，但仍然有不一致的地方，并且这两个（画面与榜题）看似完全统一的组合模式不时出现分离的状态，而对此，将在本节第二部分做出讨论。

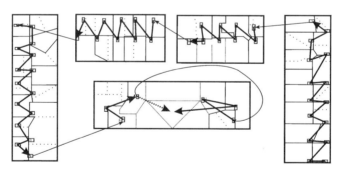

注：1. 绿色代表画传故事的叙事走向以及观众的视线牵引方向，红色代表不同墙壁之间的衔接；
　　2. 结合扇面墙方位，将壁画倒置，其中中央倒三角为三清像，故可以设想在52与53之间，观众可能会断开而首先瞻仰三清像，故用虚线标出。

图2.4（彩版二）　　重阳画传四壁五面叙事线路图（吴端涛制图）

（一）叙事时间

叙事性绘画强调故事中不同情节之间的连贯性，以主人公作为不同画面之间的线索与主线。此连贯性多以时间为轴展开主人公活动事迹。法国文学理论家兹韦坦·托多罗夫在《叙事作为话语》中提出："从某种意义上，叙事的时间是一种线性时间，而故事发生的时间则是立体的。在故事中，几个事件可以同时发生，但是话语则必须把它们一件一件地叙述出来；一个复杂的形象就被投射到一条直线上。"①绘画的局限性决定了一个单幅的画面只能表达连贯时间中的一个瞬间，但每个瞬间的联合即动作转换的节点，则可以形成一个完整的动作序列。

在附录 3 中，笔者整理了重阳殿壁画中所载情节内容有关的五种道藏文本，根据检索其中所涉及的情节，按照全真教史和情节发生时间的先后，整理成线，通过对比发现，重阳殿壁画的书写顺序与原本真实的叙事时间存在一定的差异。按照叙事性的时间原则，重阳殿壁画的内容基本上是依照重阳身上发生事件的先后进行排列的，在保证大的叙述情节的发展顺序不发生偏差的前提下，一些局部情节又不排除倒叙以及插叙等打断时间的因素存在。笔者将王重阳度化情节按照几个关键的时间节点进行了界定，比如 13《会真宁海》成为主要的叙事节点，之前其主要在陕西传教，而发展到 13 时，传教正式转入山东；此后直至 28《妆伴哥》，即 13～28 主要为度化马钰夫妇的情节，此段可视为王重阳度化全真七子前期，虽壁画中的顺序与各种道藏文本中叙述顺序略有不同，但整体叙述与 29 及之后有明显差别；而 29《长春入谒》开始一直到 48《会纥石烈》止即西壁壁画，则重在表现其余五子入道，及重阳携丘、刘、谭、马四子入汴等情节，标志着王重阳度化全真七子后期，也是度化的主要时期，在六个文本中，此期叙事情节的先后顺序也是差异较大；自 49《三师勘符》之后，即扇面墙后面的六幅情节描述，表现重阳仙逝的情节，其余五个文本虽记载不多，但其中仍可发现其叙事的先后规律性。

在壁画绘制中，东西两壁分工而绘的形式是极为常见的。这种形式自古就有，而西较之东而上的评断也在众多宫观寺庙壁画中得见，可见这种以西为尊在宫殿壁画中有着长久的共识。宿白在论及纯阳殿的《纯阳帝君神游显化之图》中说，其"亦与三清殿同，绘画人分两组同时进行，一组画东面一半，一组画西面一半"，而在注释中也说"以东壁南端为开始处，向北延长，迄北壁折而向西，以抵北壁，自

---

① ［法］兹韦坦·托多罗夫：《叙事作为话语》，陈平原：《中国小说叙事模式的转变》，北京大学出版社，2010 年，第 35 页。

东第二间西端。北壁第三间为殿后门。此后，组画不自北壁第四间而从西壁南墙续起，向北延长，迄北壁折而东向以尽于北壁第四间之东端。如此布置，正可作为上述壁画绘制系同时分两组进行的推测之旁证"①。在此，宿白以绘制顺序进而得出壁画绘制是由两组进行的结论。此逻辑给我们的反向启示是，重阳殿壁画画传的发展顺序是东—东北—西北—西，与纯阳殿的不同，所以极有可能是一组人绘制完成的。也就是说，自古左右分而治之的传统没有在重阳殿得到延续，我们尚不确知这种情况发生的原因何在，或许因为财务状况的危机而只能一组工匠完成。但此段话的重要启发在于工匠的分组进行可能会对整个画传的叙事造成影响，即时间上的叙述顺序因为绘制者的不统一而被前后割断。而一组人自始而终绘制的好处在于可最大限度地保证整个叙事的完整性，降低因为制作者的不同而对壁画的叙事性所造成的影响。可以说，重阳殿壁画的这种安排强化了其在叙事时间上的连续性。而这个假设的意义就在于进一步印证了东、北、西三壁壁画在叙事表达上的时间接续关系。

作为叙事，其三铺壁画应视为一个整体，其中时间性必然有所贯穿。然而，榜题及图像在发生的时间顺序上却并没有严格按照史料中所载王重阳活动的先后时间，通过对整个画传故事（包括榜题以及图像）和相关道藏文献中所涉及场景的对比研究，可以发现三个大的故事节点（13《会真宁海》，29《长春入谒》，49《三师勘符》）的先后顺序确保了整个叙事在时间上的完整性及连贯性，但同时，个别情节却没有严格按照时间的先后来展开，反而采取了诸如倒叙或插叙的方式，特别是中段的描述。比如在度化七真过程中，18《汴梁》的情节在道藏的五种文本中均属于比较靠后的情节，而事实上也确实应该发生在重阳携丘刘谭马四子离开山东，到达汴梁之时，但在画传中，却将其放在度化马钰夫妇的系列情节之中（见附录3）。

对于叙述中的插叙情况，或许一个说得通的理由是，在这种"英雄传奇"式的表述方式中，会在保持大的情节发展顺序前提下，有意识地选择其中几个场景而将其在时间轴上提前或置后，以此表明它更想突出相对独立的单个故事中的空间性，以及在单个故事空间里人物活动的具体内容，而非不同故事之间的时间连贯性。当然，这可以看到故事空间对故事情节的限制，并有可能以此建构一个新的故事发展

---

① 宿白：《永乐宫调查日记——附永乐宫大事年表》，《文物》1963 年第 8 期。

序列。但其实，这种时间的断裂却不会对整体叙事造成影响，因为内在的宗教性认同，可以将不同的故事情节以跨时间的方式并置在一起。

（二）叙事视角

从叙事角度来看，申丹认为有一个描述的角度比较特别，即故事讲述者站在俯瞰的角度对故事中人物的心理活动，以及生活和社会行为，甚至整个故事的主旨等进行介绍与揭示，对故事进行一个全景式的描述，将故事人物及其所处的空间一起展现在观者面前，这个人可以称为全知叙述者[1]。他通常采用无所不知、无所不在的"上帝视角"来对故事世界的一切予以揭示。

故事情节需要围绕主要人物来展开。同时，画面需要表现主要人物与周遭人物之间的互动以及人物彼此的行为与反应。对此，作为整个画传叙事的讲述者，其态度就显得格外重要。在讲述故事时，具体到不同场景的视角切换，以及不同场景之间的顺序安排都受到影响。而具体到叙事角度上，讲述者多采取一种"上帝视角"或"全知视角"。

首先全知叙事者以俯瞰的角度引领观者（观察者处于故事之内，也可以称为内视角）。在空间的表现中，受到这种全知视角的影响，观众的视线切换是十分频繁的，一般情况下，北方宫观正殿多坐北朝南，而人们也多以此角度观察画面空间中的具体活动。比如重阳殿东壁，编号1中场所的主视线为上北下南，2、3则将视角右移，东北方向成为正北，从4开始一直到7，忽然对调，西北方向转为正北，12又转为东北（与2、3相同），其中穿插10及其后半部分表现正侧面，即以西为正北。而后的13、14、15三个场景则更加精彩，13与15以中线的云气为轴，将马丹阳梦鹤起飞之地所建全真庵与15《分梨环堵》之中王重阳所居之全真庵相互对称，实则一处，而14则从中间之对角线一分为二，右下表示沃雪场景，左上表示七鱼成蟹的情节，时间上有先后，但观者视角无须转移，从建筑主体以西北为正北，只需由下侧移而上即可。整壁自始至终看完则需要转换：上（1）—右上（2、3）—左上（4、5、6、7）—左（8）—右（9）—左（10、11）—右上（12）—左上（13）—右上（14、15）（图2.5、2.6）。

---

[1]　申丹、王丽亚：《西方叙事学：经典与后经典》，第132页。

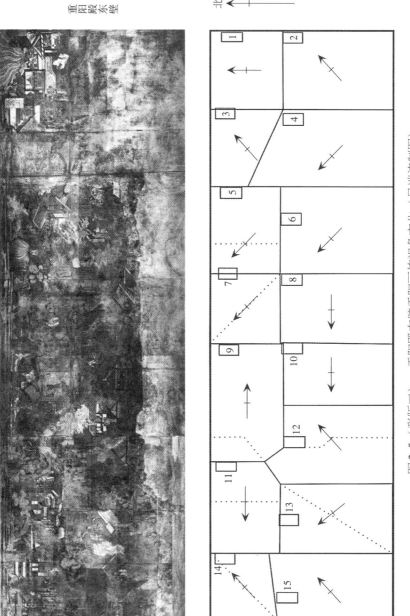

图 2.5（彩版三） 重阳殿东壁重阳画传视角变化（吴端涛制图）

图 2.6 重阳殿东壁线描图（吴端涛绘图）

同时，壁画设计者或制作者还对整个故事的主旨、故事人物的心理活动，以及生活和社会行为进行解释，此时，他跳出了故事之外，即外视角。而这种全知视角的叙事模式则多在榜题中得以体现。比如10《刘蒋焚庵》榜题：

> 重阳祖师自南时迁居刘蒋，一日将东游，遂焚其庵。里人惊救之，见师婆娑舞于火边。人问何喜如是？乃作歌以答之曰："休休休，已后有人修。"
>
> 后果丹阳等四师建祖庭，玉阳买额为灵虚观，逮清和、真常二宗师嗣教，即灵虚故基，奉朝命改修重阳万寿宫，而营建始大。复修之言，信有征矣。

在这段榜文中，其述及的内容主要由两部分组成，第一部分是对两个场景的描述，即刘蒋焚庵和婆娑起舞，而第二部分"后果丹阳……信有征矣"的论述则起到了一个画外音的作用。

同时，也需考虑到语言风格的影响，特别是文言文体与白话文体之间的不同。我们需要注意的是元代白话的兴起，在一系列的圣旨碑中，大量白话语体占据了官方的语言系统，同时现存的很多元杂剧文本中，白话文体也大量使用。对此，陈平原比较了文言与白话在小说叙事中的不同，他认为文言文其文字简洁，长于叙述，但细节描写较差，而白话文则语言清新脱俗，更善于描摹人情世态。而也正是因为这两点的不同，造成了两种文体在写作时对叙事视角所构成的影响，他进而认为："同一个故事，在文言小说笔下，可能是倒装叙述、限制叙事；而在白话小说家笔下，则只能是连贯叙述、全知叙事。"① 对此，一方面需看到榜题的文本仍然是文言，没有受到白话语体的侵占；另一方面还需谨慎对待元代白话文体的盛行对重阳殿壁画中的叙事到底施加了何种潜移默化的影响。但是，目前用白话语体的影响来评估绘画仍然很困难。比如，至少在叙事视角上，全知视角的大量使用就不能完全以元代白话文的影响来解释，毕竟全知视角的使用是很早就有的事。

（三）叙事结构

在重阳殿壁画叙事中，其叙事结构主要由王重阳去山东之前的出生、入道（画传

---

① 对于文言小说与白话小说在叙事模式上的不同，可见陈平原：《小说的书面化倾向与叙事模式的转变》，《中国小说叙事模式的转变》，第238~267页。

第1~12），王重阳到山东后度化七真（画传第13~48），以及王重阳羽化升仙（画传第49~55）三部分组成。三部分之间通过时间的接续，以及不同视角的转换性描述（榜文）与壁画表现（图像）而成为情节跌宕起伏、事件发展前后完满的整体（图2.7）。

然而，在由三部分组成的完整叙事中，其对叙事结构中不同情节设置的重视程度却并不一致。而全真教义的传达显然也不是完全依靠叙事情节本身的跌宕起伏来打动信众，而是重在通过展示重阳祖师在不同空间环境下对某位弟子的度化来完成教义对信众的洗礼。因此，较之重阳的诞生、入道以及修道和成道，重阳度化七真无疑是该画传故事作用于整个宫观体系的核心事件。度化场景强化的是不同地域场景里人物关系的物质构成，以及宗教与现实的冲突。正如巫鸿所认为的那样："此类构图是自足和内向的，其内容的表现仅仅依赖画面内的图像，观看这种'情节性'图像的人只是一个观者，而非参与者。"① 但事实是，出现在宗教场所的观者无法完全置身事外，同时具有了参与者的身份。在此，将宗教偶像进行叙事性表现的方式更像是一个无言的邀请，希望观者——主要是信众和将要成为信众的百姓能不自觉地代入叙事中，作为与宗教偶像对话的普通人，完成身份的置换，并能在意识清醒的情况下，加深对宗教的认识，可称之为"有距离地迷失"。这种有距离的迷失，就如森由利亚（Mori Yuria）针对吕洞宾度化时所说的"二律背反"。森氏认为："在吕洞宾与被他捉弄的人之间包含着二律背反的因素：一方面，没有经历过宗教洗礼的普通人，不能完全享有被度脱的机会；然而另一方面，他们通过吕洞宾留下的奇迹以及他们自身存在的痕迹，最低限度地得到了机会，知道了他们自身存在的世界的确与'道'相同。"② 而在重阳殿中，王重阳可以与吕洞宾的身份置换，并产生相同的效果。

核心事件需要将核心人物的行动按时序逐一展现，但这些场景之间却时有间断，并无明确的因果关联，也正因此，对不同度化场景隔断因果关系地重新安排以及大

① 巫鸿：《武梁祠：中国古代画像艺术的思想性》，北京：生活·读书·新知三联书店，2006年，第149~150页。
② 森由利亚，日本早稻田大学教授。见［日］森由利亚：《吕洞宾和八仙——引人进入神圣的世界》，吴光正主编《八仙文化与八仙文学的现代阐释——二十世纪国际八仙论丛》，哈尔滨：黑龙江人民出版社，2006年，第196页。

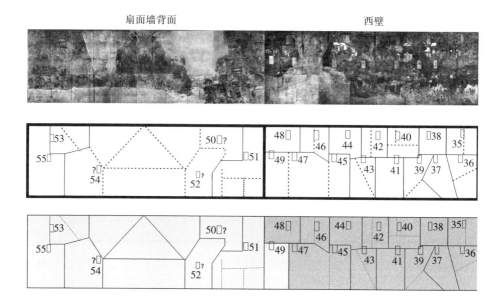

的思路上的时间性，避免了因对时间序列的过度体现而弱化了故事的主题及宗旨的可能，从而现实与宗教、宗教与政治等冲突也在时序的断裂中得以强化并保持独立。

　　在此，还需要考虑到道化剧的文本结构与显化图的图像程序关系。对于文本来源的渠道分析，以及可能采取的其他文本及其原因探讨有助于我们在故事结构上认识到道化剧与显化图之间的关系①。虽无直接证据证明元杂剧剧本对当时的壁画创作发生直接影响，但不能忽视的是，当时神仙道化剧的演出确实为全真教在地方的传播产生了助力。么书仪总结了十七种现存元杂剧中的神仙道化剧②，明初宁献王朱权（1378～

---

① 对于道化剧与全真教的关系问题，多有人论及，诸如么书仪、詹石窗、王汉民、侯光复等人。詹石窗《简论道教对传统戏剧的影响》从神仙系统、修行义理、符号象征三个方面探讨了道教对传统戏剧的多方渗透和深刻影响。王汉民在《全真教与元代的神仙道化戏》一文中从剧作内容、度世主角、度脱方式等方面论述了元代神仙道化戏与全真教思想之间的关系。而侯光复认为："作品情节大多系根据全真教的一个传说或者拼凑几个传说构置而成，像《黄粱梦》《岳阳楼》《任风子》诸剧，就是直接渊源于《纯阳帝君神化妙通纪》和《金莲正宗记》等著名全真教典的记载。"见么书仪：《元杂剧中的"神仙道化"戏》，吴光正等主编《想象力的世界——二十世纪"道教与古代文学"论丛》，哈尔滨：黑龙江人民出版社，2006年，第230页；詹石窗：《简论道教对传统戏剧的影响》，《世界宗教研究》1997年第4期；王汉民：《全真教与元代的神仙道化戏》，《世界宗教研究》2004年第1期；侯光复：《元前期曲坛与全真教》，吴光正等主编《想象力的世界——二十世纪"道教与古代文学"论丛》，第338页等。

② 么书仪：《元杂剧中的"神仙道化"戏》，吴光正等主编《想象力的世界——二十世纪"道教与古代文学"论丛》，第230页。

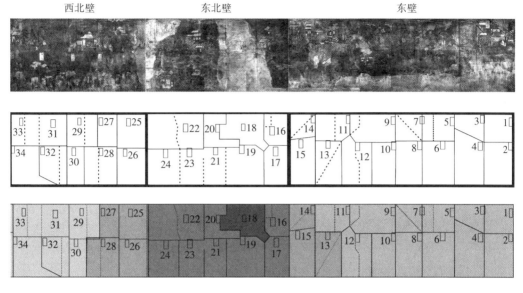

注：画传由三部分组成，第一部分为第1~12，重阳入道，由棕色标出；第二部分为第13~48，重阳度化，先后由
　　橙、红、蓝色标出；第三部分为第49~55，重阳仙逝，由绿色标出。

图2.7（彩版四）　重阳画传的叙事顺序、整体结构及图文关系（吴端涛制图）

1448年）所著《太和正音谱》"杂剧十二科"中，将神仙道化列为第一①。元钟嗣成
（约1279~1340年）辑《录鬼簿》载元代戏曲作家马致远（约1250~1324年）所做杂
剧共十三种（天一阁抄本），存于今日者尚有八种，其中《陈抟高卧》《马丹阳三度任
风子》《岳阳楼》《黄粱梦》等皆为与全真教有关的山林隐逸或神仙道化剧目。

　　以往对全真教与道化剧之间关系的探讨多注意到全真教教义对道化戏内容题材
和故事情节的影响作用。然而，道化剧对全真教的反作用却往往被人忽视。其实，
通过具有广泛普及性的道化剧表演，可以在大众层面上深化全真教教义；同时，作
为全真教传播之形式，教义的普及与深化同样对显化图产生影响。值得一提的是，
道化戏的盛行还直接促发了全真宫观建设中剧场理念的形成以及宫观中戏台形制的
产生，并通过杂剧形式传道设教，促发了一批因戏剧而入道的群体。可以说，绘画
中的祖师显化场景与戏剧中的道化情节一道作为宗教宣传的工具而对全真教的传播

① 名目：一、神仙道化；二、隐居乐道（又曰林泉邱壑）；三、披袍秉笏（即君臣杂剧）；四、忠臣烈
　　士；五、孝义廉节；六、叱奸骂逸；七、逐臣孤子；八、钹刀赶棒（即脱膊杂剧）；九、风花雪月；
　　十、悲欢离合；十一、烟花粉黛（即花旦杂剧）；十二、神头鬼脸（即神佛杂剧）。

起到了作用。而且，同样作为艺术的门类，绘画与戏剧之间相互发生着作用。周贻白注意到："按元代的法律，凡私藏兵器盔甲，及妄撰词曲，犯上恶言者，轻则徒流，重则死刑。因而元代一般杂剧作家，多颓废自放，或消极地撰些神仙道化、山林隐逸的作品，借以自晦。"① 因为时代的驱使让文人参与道化剧的创作，而全真教的流行为丰富道化剧的内容提供了素材；但同时，也正因为大量神仙道化剧的创作在民间产生强烈影响，促使全真教在宣传教义时，除了绘画、音乐等传统艺术形式之外，也将戏剧纳入到宣传工具之中。根据廖奔的整理统计②可以发现，在山西地区的宋元戏台数量众多，且与当时的全真教之间有着十分密切的关系，其中甚至与永乐宫也直接发生了关联。比如，现在永乐宫偏殿中所陈的潘德冲石棺就刻绘了演剧图，对此，徐苹芳在《关于宋德方和潘德冲墓的几个问题》③ 中有所探讨，而冯俊杰《山西神庙剧场考》也重点提到，并推测演剧图中的门楼即元初的永乐宫宫门，且具体讨论了龙虎殿搭板戏台④的技术问题。联系到当时戏剧中神仙道化戏的剧目众多，且其中多与全真教有关，可以想象对当时全真教义的传播是有着积极意义的。

重阳画传中分幅而兼通景的画法，既段落分明，又极其完整，统一和谐，这种由不同的静止画面而组成的动态叙事形式可以说与道化剧的情节展开异曲同工。道化剧作为戏剧表现形式，在依托传统戏剧表达方式的基础之上，附带了宗教的色彩。而以永乐宫等为代表的宗教活动场所，因在空间上受限而无法直接建造戏台的缺憾在这种动态的连环画传中得到了最大程度的弥补。画传壁画的展现，使得信众在获取宗教知识的同时，也提升了整体建筑空间中的宗教气氛。而这种宗教气氛的获取（其职能）更是从诸如重阳祖师画传中的十幅度化马钰夫妇的地狱经变图中达到了高潮。这种虚拟性场面的出现与此前大量客观描述重阳生平故事的画传场面不同之处在于，它不仅是虚拟的，而且还包含了更多的宗教引导机制下的价值判断，也就是隐性地引导信众趋同于宗教或某种道德标准，而这种隐性驱使也使得整个静态的画面在动态的布局之中起到了如道化剧的效果。

---

① 周贻白：《中国戏剧史长编》，北京：人民文学出版社，1960 年，第 202 页。

② 廖奔：《宋元戏台遗迹》，《文物》1989 年第 7 期。

③ 徐苹芳：《关于宋德方和潘德冲墓的几个问题》，《考古》1960 年第 8 期。

④ 冯俊杰：《山西神庙剧场考》，北京：中华书局，2006 年，第 130 ~ 133 页。

（四）叙事空间

申丹在《西方叙事学：经典与后经典》中对叙事空间进行了分析，其中提到了美国叙事学家西摩·查特曼（Symour Chatman，1928～）在《故事与话语——小说和电影的叙事结构》中所提出的"故事空间"（Story Space）和"话语空间"（Discourse Space）两个概念①。其中，"故事空间"指事件发生的场所或地点，而"话语空间"则是叙述行为发生的场所或环境。并指出了其中一个值得关注的问题，即故事空间与视角的关系。当然，这种故事空间的论述主要是针对文学叙事，但在叙事空间一章的开头，申丹就将叙事空间的讨论基础扩展到其他常规的艺术门类，比如雕塑、图片以及摄影艺术中的叙事性分析。顺此思路，就可以打破莱辛（Gotthlod Ephraim Lessing，1729～1781年）在《拉奥孔》中论述文学作品属于时间艺术，而雕塑、绘画等属于空间艺术的藩篱。而笔者在这里又将此原本应用于文学叙事中的范式引回造型艺术之中。当然，笔者也时常提醒自己，其中需要注意一些特殊的情况而不可完全一味地套用。

在整个画传叙事结构中，可以明确看到不同叙事空间的存在。在 13《会真宁海》之前，王重阳画传的故事情节主要集中在其本人的入道上，故事空间主要在陕西。而自 13 开始，一直到 48《会纥石烈》，故事情节主要为重阳度化全真七子，故事空间主要在山东，包括宁海、登州、浮山、莱州等地，离开山东后主要在河南的汴京（见附录 4）。

值得注意的是，作为事件发生的地点或场所，故事空间可以是真实的物质空间，也可以是虚拟的场所②。可以说，在画传 1～12 的系列活动中，故事空间多是真实的物理空间，比如：重阳诞生之地咸阳（1《诞生咸阳》），被度化修道之地醴泉酒监（3《传受秘语》），甘河镇（4《遇真甘河》、7《甘河易酌》），南时村（5《南时坐居》、8《躬植海棠》），刘蒋庵（10《刘蒋焚庵》），终南县资圣宫（9《题壁付图》），邱山上清宫（11《留颂邱山》）以及华山（12《别河辞岳》）等。

在抵达山东度化全真七子，特别是马钰夫妇时，故事空间多是真实空间与虚拟

---

① 申丹、王丽亚：《西方叙事学：经典与后经典》，第 127～143 页。

② 申丹、王丽亚：《西方叙事学：经典与后经典》，第 135 页。

空间的混合使用，特别是出现了虚拟的地狱场景。在画传16～24的九组度化故事中，除18《汴梁》表现山东宁海（榜文中提及，图像中无表现）以及河南汴梁（图文中俱有述及）之外，其他故事都发生在山东宁海，且宁海全真庵为真实空间；而与九组真实空间对应的地狱场景则是虚拟空间，其中22《洒净水》一组中，榜文提及了炉炭地狱，而在图像中则有两个地狱场景的虚拟空间表现（表2.2）。

表2.2　九组地狱场景中的空间表现

编号		16	17	18	19	20
榜题	真实	1 宁海 ·孙室	1 宁海 ·全真庵	1 宁海 2 汴梁 ·王氏旅邸	1 宁海 ·全真庵	1 宁海 ·全真庵
	虚拟	拔舌地狱	沉沦地狱	? 地狱	? 地狱	犁舌地狱
图像	真实	1 宁海 ·全真庵	1 宁海 ·全真庵	2 汴梁 ·王氏旅邸	1 宁海 ·全真庵	1 宁海 ·全真庵
	虚拟	拔舌地狱	沉沦地狱	? 地狱	? 地狱	犁舌地狱
编号		21	22	23	24	
榜题	真实	1 宁海 ·全真庵	1 宁海 ·全真庵	1 宁海 ·全真庵	1 宁海 ·全真庵	
	虚拟	镬汤地狱	1 炉炭地狱	铁轮地狱	穿腹地狱	
图像	真实	1 宁海 ·全真庵	1 宁海 ·全真庵	1 宁海 ·全真庵	1 宁海 ·全真庵	
	虚拟	镬汤地狱	1 炉炭地狱 2? 地狱	铁轮地狱	穿腹地狱	

　　故事空间场所性的存在，使得故事情节需要在不同场所之间跳跃与切换，而正因为故事情节需要在物理空间中展开，故情节安排必然会影响到故事空间的安排与选择；反之，故事空间亦可限定情节的进一步发展。那么，在同等条件下的一组榜题中，若涉及不同的故事空间，则会因为考虑到物质空间的连贯性以及空间塑造的可行性等技术问题，仅仅对其中的一个比较易于表现的场景进行表现。也就是说，故事空间作为物质空间的表达会影响到故事情节的发展。但空间塑造本身的技术问

题却又同时在情节所允许的范围之内，或在不打断情节正常发展的情况下，对情节中的局部进行选择与处理，以使得故事空间的传达得以顺畅。

比如，上面所提到的13《会真宁海》与15《分梨环堵》两组画传故事，在叙事顺序上虽然中间还隔着14《沃雪朝元》，但在整铺壁画的表现中，却是左右相接的。在13《会真宁海》中，榜文述及登郡题壁、丹阳怡老亭题诗、怡老亭会真、丹阳建庵四个场景，而在图像中仅表现了怡老亭会真（画面右下）与丹阳建庵（画面左上）两个场景。而15《分梨环堵》则在图像中表现了马钰夫妇携带一子于全真庵门外站立，隔墙而立者王重阳环堵百日于全真庵内。13与15两场景的联系在于13之丹阳建庵与15之重阳环堵之地为同一空间——全真庵，只是前者尚未建成，而后者已经竣工。仔细阅读画面就可以发现，两组场景的连接之巧妙在于，若将13之丹阳建庵对全真庵的描绘，以对角线下移，将庵的主体置于同一个视点的话，与15之全真庵正好是左右对称的。但时间上有先后，一个未建，一个已建成。而视角则13以西北为正北，15以东北为正北，故只需将15庵门上移，就正好与13庵门成轴对称。这样的处理十分巧妙，既点出了全真庵的位置，又达到了同一空间中以视角的转移而实现时间变化的效果（图2.8）。

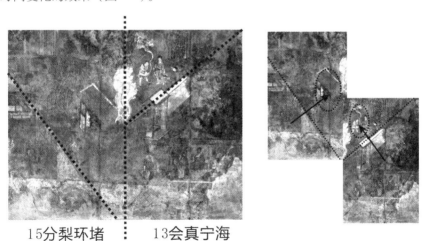

图2.8　重阳殿东壁15《分梨环堵》与13《会真宁海》的图像表现（采自萧军编著《永乐宫壁画》，第274页）

同时，情节发展中的故事空间的选择与表现也有一定的隐喻性。其空间隐喻，一是可能涉及阶级情感，比如为了表达宗教传播的普世性，而力图使得不同阶级的人物都出现在画面之中，所以老人、中年、小孩以及健康、残疾、男性、女性、士农工商、贵族、贫民、娼优等不同社会身份都有选择性表现，这些又具体到不同场所以及代表性建筑之中，涉及其建筑规模、形制等；二是宗教选择以及时政映射。可见，场所从来不是随意选择、价值中立的。而对于具体故事空间中所涉及的绘画空间描述和榜题文字描述，则可以看到工匠画工的指导者即宗教传播者的感情投射以及主观诉求。作品中大量对山林岩石的描述，将建筑屋木等林列其中，并间以云气等纹样的使用，无不与他们的避世思想和隐修主题相吻合。故事空间的选择显然体现了道教对自然的看法，以及道教修行对处所的地理环境要求。综上，故事空间不但是事件发生的场所，同时也是表达描述者即宗教传播者之宗教观念的主要方式，在场所的选择上有意而为，绝非随意。

这里，在整个故事中具有明显虚构色彩的地狱场景则显得另类，但同样具有深意——通过虚构来反衬真实场景的真实性。在此，"故事空间"不仅是虚构故事中人物和事件的发生地，同时也是展示宗教领袖形象、传达宗教教义、表达对社会看法的重要方式。无疑，这种以宗教传播者的视角即全知视角，并采用宗教驯服以及展示宗教力量的话语来进行"客观"描述的"故事空间"，正如英国历史学家彼得·伯克（Peter Burke，1937~）提出的"图像与社会景观"的关系那样①，不仅在叙事结构上对整个故事情节的塑造和结构内部的组织序列之间的关系产生了重要影响，甚至也会直接影响到观者对壁画故事的理解。因此我们看到的画像是一种被画出来的观念，是带有某种意识形态和视觉意义的"社会景观"，是非客观的"真实"再现。这种社会景观是人为的，是当时身为"观者"的信众其视域之内的景观，是一个被语言所划分出的世界②。如果说这样一个人为设置的观察角度尚不足以决定图像的象征意义的话，至少也发挥了明显的影响。

同时，如果图像的制作者来自眼前所描绘的那一文化的外部，社会的距离或文化的距离所具有的重要性就变得十分明显。那么，宗教图像的特殊性，以及相关图

---

① ［英］彼得·伯克：《图像证史》，杨豫译，北京大学出版社，2008 年，第 162 页。
② "我的语言的界限意味着我的世界的界限。"见［英］维特根斯坦：《逻辑哲学论》，韩林合译，北京：商务印书馆，2013 年。

像程序的制约性，不可否认地最大化确保了宗教理想图式的流传。但不容忽视的是，毕竟因为画工的身份与背景的不同，对宗教教义以及图像的理解不同，文化的理念以及个人信仰问题等都或多或少造成一种社会或文化的距离，在这种距离之下，原本所期望的图像和完成的图像之间是有偏差的，这种偏差往往体现或成就了制作者自身的某种意识形态和视觉意义的"社会景观"。宗教度化故事的选择与表达代表了宗教传播者的宗教意图，并力图通过叙事性的故事情节，以及客观再现性的故事空间场景的描绘，在逼真的艺术现实中完成对信众宗教教义的洗礼。在此，故事空间的再现性无疑是情节中宗教隐喻的又一个"陷阱"。

二　重阳殿壁画中榜题与绘画的关系

附录 2 重阳殿壁画图文分析正是根据榜题文本在画传中的出现情况而做出的统计。在此，需要考虑的是五种道藏文本在写作年代上的前后关系所导致的文本的不一致。正是基于如上这五种道藏中的相关文本，接下来具体分析一下其中所涉及的榜题与图像之间的相关问题。

（一）榜题与图像：图文涵化

图像与文字的组合，一般被认为比单独的图像更能产生效果。结构主义的研究方法有一种倾向认为图像总有一种意义，不存在任何含糊性，要破解谜团只有一个办法，只有一种密码有待破解；而后结构主义的特点则恰恰相反，它主张一幅图像所携带的所有意义同样有效，后结构主义强调含糊性，认为在我们这个时代，凡是新的东西基本上都强调不确定性，无论靠题词还是别的什么办法，都不可能把意义凝固下来或加以控制。对此，彼得·伯克提醒我们，图像意义的不稳定性和多样性使得图像制作者往往通过诸如加标签或其他"图像文本"方式来试图控制这一多样性①。标题、题记等文本表面上看是在试图与图像取得意义上的一致，而更深层的意义则是用来规定并制止图像意义本身的无止境的流动，而这种无止境的流动则会进

---

① 　[英] 彼得·伯克:《图像证史》，第 253 页。

一步通过不断地解释和重新定义反过来与文本建立新的限定关系。

　　一般而言，在叙事性绘画（纯阳殿、重阳殿壁画）中，形象可以划等于"自然符号"，而在仪式性绘画（三清殿壁画）中，形象往往更多地倾向于"习俗符号"。这个论断基于语言对形象的绝对领导作用，而文字大于形象的观念也等级性地对应于殿堂设置上，并与之相契合：三清殿在前，纯阳殿在中，重阳殿在后。且这种序列里，自前往后，习俗的社会性因素递减，而客观的自然性增加。同时，这种排列方式与道教的宇宙观也是契合的，无言之境以纯仪式性语言来表述，而世俗之境则以自然符号来反映。这是一种直线形的宇宙观。仪式性绘画在此被人为地神秘化，这种神秘化也暴露了语言的不足，比如三清殿壁画东西两壁的两位女性后土皇帝祇与金母的身份尚无法确知，起码在图像志层面上的表述不够明确，它的识别涉及文化解码，但在宗教文本的语言序列中同样得不到明确的对应。在此情况之下的莫衷一是恰恰就反证了形象与文本之间中间地带的存在。

　　那么，在宗教性绘画中，图像与榜题又是如何体现他们之间的这种相互关系的呢？米歇尔（W. J. T Mitchell）说："文化的历史部分是图像与语言符号争夺主导位置的漫长斗争的历史，每一个都声称自身对'自然'的专利权。"[①] 对此，我们可以联想到彼得·伯克所提出图像的三种看法[②]。其中，有人把图像视为"镜子"或快照，而对立方则把图像视为符号系统或套式，第三种则反对把双方简单对立，主张图像的套式像文本一样，过滤了来自外部世界的信息，而不是排斥这些信息。特别是应用于宗教艺术的分析研究时，单纯地再现性描述与符号性传达都不足以应付在宗教形象的发展史中面临的所有情况。对于宗教图像而言，图像自身的外显形式与其内在主题之间往往并不能严格重合，甚至背离。可以说，作为更深度意义上的"自然"的宗教教义，其宗教传达离不开图像与文字的双向努力。那么，又该如何具体化地认识图像在其中的作用呢？伯克所提出的第三种即图像过滤信息的特征，为我们提供了新的思路。笔者认为，在图像与文本的交互影响中，体现出一种类似文

---

① ［美］W. J. T 米歇尔：《图像学：形象，文本，意识形态》，陈永国译，北京大学出版社，2012年，第50页。

② ［英］彼得·伯克：《图像证史》，第265页。

化学研究意义上的"涵化"（Acculturation）状态①。

首先，我们可以看到，图像与榜题之间，就宗教意义的表达层面而言，可以分为图文一致与图文不同两种情况。

1. 图文一致

通过对比榜题文本中的场景归纳与图像中的场景描述（见附录2），可以发现，榜题所述及的场景一般是一到两个，最多可达四个。而其中，仅有一个场景并与图像完全一致的占多数，比如在东北壁九个描述地狱场景的度化场面中，17《擎芝草》、20《夜谈秘旨》、21《拨云头》、22《洒净水》、24《念神咒》五个符合标准。而16《看彩霞》的两个场景即拔舌地狱和巧度孙氏也均有画面表现。18《汴梁》的三个场景即离家弃子（画面右下）、寓居汴梁（画面右中）、狱井之灾警丹阳（画面左部）更是全部在画面中得到了体现，这种比较少见。

另外一个三个场景均有表现的是40《散神光》：金莲堂二人对坐（画面右上）；重阳散神光，州人惊呼（画面下部）；重阳自写其神（画面左上）。榜题述及四个场景，且在画面中全部出现的则仅有51《四子捧柩》（图2.9）：丹阳乞钱（画面右下）；四子捧柩（画面中）；祖师启途（画面上）；祖师备饭（画面左下）。也正是因为一致，才有了上一节探讨图文与叙事空间的关系问题的基础。但这种一致是基于一个宽泛的概念，即只要与情节表述一致即可。

2. 图文不同

我们注意到，在重阳殿的整铺壁画表现中，榜题述及的内容与图像表现出的场景还存在着许多矛盾的地方，即图文不同的情况，且不在少数。这种矛盾一般分为如下几种情况：第一，图小于文，即图像仅仅表现榜题所述及的多个场景中的一个或几个，而不是全部；第二，图大于文，即图像除表现榜题场景之外，还述及其他

① 文化涵化作为文化变迁的一种主要形式，是国际人类学研究论坛上的重要课题之一。关于涵化这一学术用语，以三位美国人类学家的界说最具有代表性。1936年美国著名人类学家M. J. 赫斯科维茨在与R. 雷德菲尔德、R. 林顿合著的《涵化研究备忘录》中对"涵化"下了定义，认为涵化指的是"由个体所组成的而具有不同文化的民族间发生持续的直接接触，从而导致一方或双方原有文化形式发生变迁的现象"，在其1938年出版的《涵化：文化接触之研究》一书中，他又重申了这一定义。在此笔者借助此概念来比喻宗教壁画图像在表述意义世界时，与榜题文字之间相互影响而导致的共同宗教意义生成的关系，并提出一个思考图文关系的观察视角，准确与否尚期待同道商榷，望批评指正。

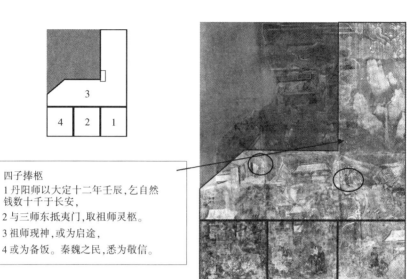

图2.9　第51《四子捧柩》（采自萧军编著《永乐宫壁画》，第344页）

的场景，而这些是榜题中所没有的；第三种情况比较特殊，即图文不对应，并且除了单纯的图文不对应之外，还与前两种情况相交叉，呈现出或图小于文兼图文不对应，或图大于文兼图文不对应的情况。当然，这些情况的发生多限于多场景的描述及表现。那么接下来，就针对上面所述一一分析。

（1）图小于文

在榜题中述及一个场景，而发生图文不对应的情况较少，目前仅有两处。即在23《起慈悲》对铁轮狱之描绘中，对地狱的描绘虽是相符的，但对于人物的描绘则不同，文本中所指的马钰夫妇，此处仅表现了马钰，而无孙不二的形象出现。另一处在36《立会三州》中，榜题记述立会三州，而画面中描绘的则仅是三州之一的福山立三光会的场景。对此，刘科推断："因立会形式与规矩均较为一致，而三光居五会之中，故仅画三光作为五会代表。"[1] 这种表现手法可视为部分代整体。

而榜题中述及两处场景，其中一处发生图小于文的情况则比较多。比如：3《传受秘语》之场景一邀饮于醴泉酒监中，但见酒监，未表现遇仙及邀饮场景，其画面

---

[1]　刘科：《金元道教信仰与图像表现——以永乐宫壁画为中心》，第148页。

位置在右下方；在 30《长真弃俗》之场景一中，述及长真叩门求治于重阳，被却后宿庵全真时的情节，但此情节在图像中并未表现。类似这种榜题述及而场景不表现的还有：34《开烟霞洞》之场景二重阳与丹阳对话；37《咒卤井》之场景二丹阳将井水化苦为甘；41《钓小张哥》之场景二小张哥省亲不至；47《然［燃］薪观节》之场景二祖师羽化时，四子立于床下（值得注意的是，此场景在扇面墙背面之 50《南京升霞》中有所表现）；48《会纥石烈》之场景二重阳登郡赠桂树传香诗（图 2.10）。

图 2.10　第 48《会纥石烈》（采自萧军编著《永乐宫壁画》，第 336 页）

另外，榜题述及三处或四处场景，而其中的一到两处场景并未表现的情况也有发生，只是比较少，目前发现有三处。29《长春入谒》中，榜题述及三处场景，场景一长春入道栖霞及场景二重阳化丹阳于宁海，在榜题中均有描述，但画面无表现。39《投冠蓬海》中，共述及三处场景，其中，第三处太守改桥画面未表现（图 2.11）。最后，榜题共述及四处场景，而画面中却有几处未表现的情况仅有一例，即 13《会真宁海》中，场景一登郡题壁与场景二丹阳怡老亭题诗在画面中均无表现。

可以发现，在重阳殿壁画中文字（榜题）中述及了一个或多个情节，而图像仅表示其中一个或几个而不是全部的现象不在少数。那么，这其中排除部分场景可能

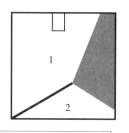
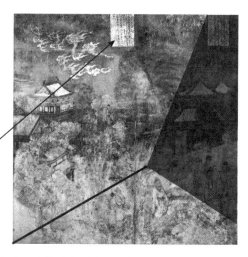

投冠蓬海

1 重阳祖师挈丹阳等三子，再过登州，游蓬莱阁，俯看洪涛，忽大风倏发，见师随风堕海，众皆惊骇。有顷，跃身而出，唯失簪冠，寻亦泛泛。

2 达岸，州东门外有望仙桥，祖师云：此桥他年，逢何必坏。人或诮之曰：桥跨河上。为河所坏，理之常也。

3 后一纪，太守何邦彦，以桥势雄峻，不利车马，遂命改作，其逆知类如此。

图 2.11   第 39《投冠蓬海》（采自萧军编著《永乐宫壁画》，第 322 页）

并不适合于直接进行画面表现的因素，比如 41《钓小张哥》之场景二（共两处）中述及小张哥省亲不至之外，其实大多数并不存在绘制困难等技术原因，而是制作者的有意为之，即通过场景选择来强化主线，突出主要矛盾。

（2）图大于文

图大于文较之图小于文，在重阳殿的整铺壁画中出现得比较少，目前仅有三处。比较明显的是 53《秦渡论志》，榜题中主要述及四子于秦渡镇真武庙前各论其志的场景，在画面左侧已经有所表现，但画面右端有三髻丹阳羽化后现身遇仙桥的场景①（图 2.12）。另外，类似的还有 33《太古传衣》，榜题仅"太古传衣"四字，而画面则有两处场景的描绘，第一处——画面左侧表现郝太古于马丹阳所建全真庵中谒见王重阳；第二处——画面右侧图像据刘科推测当是太古前往烟霞洞拜师，王重阳赠予无袖衲衣一事。此外，22《洒净水》中榜题所述及的是炉炭地狱，其在图像中表现于画面右部，而画面左部表现的则是另一个场景，与榜题所题显然不是一个，据其中所示的鬼卒石板行刑的场景描绘，与隋唐时期所传的《太极真人说二十四门戒经》中砠磨碓捣地狱部分相同。

----

① 因为对于扇面墙背面的图像识读以及区域划定尚不明确，故在此提出画面右侧丹阳现身遇仙桥的场景也属于 53《秦渡论志》之一部分的论题也仅仅是推测，有待进一步讨论。

秦渡论志
1 秦度乃澧河之要津,居澧水之西,
有镇曰秦渡镇。有真武庙,时四师憩于中,
月夜各言其志。马曰志贫,谭曰志是,
刘曰志闲,丘曰志志。
其志既异,居亦不同。
丹阳处于环堵,长真处于重水,
长生居东洛澜水之滨,长春居于岩谷。
故知为道者殊途而同归,百虑而一致也。
2 三髻丹阳羽化后现身遇仙桥的场景
(榜题中未提及)

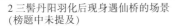
图 2.12 第 53《秦渡论志》(采自萧军编著《永乐宫壁画》,第 346 页)

(3)图文不对应

① 单纯图文不对应

单纯的图文不对应即图像表现与榜文的描述无法取得一致。该情况目前发现有一处。在画传第 5《南时坐居》中,榜题共述及两处场景(图 2.13),其中第二场景为南时坐居,画面表现与榜题是相符的,其位置在画面的左上侧。而第一场景即竹径遇仙,在画面中并未表现,同时,在画面右上部分却表现有溪畔二道持签的场景;在画面的右下部,则绘有茅庐,二道卧睡,一人门前洒扫的场景。不论是持签二道,还是卧睡的二道,均不是重阳在竹林中所遇仙人,而是在刘蒋结庵时的道友和德瑾与李灵阳。榜题所述是金世宗大定元年在南时村之事①,但图像中所示,乃大定三年重阳自南时村活死人墓出关后,迁居刘蒋村时与其二人结茅同居,已经是三年后的事了,无论在时间上还是空间上与榜题都不符合。

② 图小于文且图文不对应

图小于文且图文不对应,意指榜文中提及的情节并未在画面中全部出现,该情况出现在关于度化郝太古的两处场景中。在 31《度太古》中,榜题述及三处场景,其中

---

① 可见《七真年谱》:"世宗大定元年辛巳,重阳祖师年五十。于终南南时村凿圹丈余,封高数尺,以活死人目之,坐于墓中。……大定三年癸未,重阳祖师年五十二。秋,填活死人墓,迁刘蒋村,结茅与玉蟾和公、灵阳李公三人同居,即今之祖庭重阳万寿宫也。"

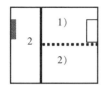

1) 溪畔二道持签;
2) 茅庐二道卧睡,一人门前洒扫

南时坐居

1 大定元年辛巳,师在山中独行,
忽遇二□于竹径中。
重阳默念曰,彼仙人也。
日受□学,传□秘旨。

2 遂于终南之南时村,自穿一穴,
起封高数尺,号"活死人墓"。
又于行攒上挂一方碑,书王公灵位。
独居者三载,仍有诗以畅玄旨。

图 2.13　第 5《南时坐居》(采自萧军编著《永乐宫壁画》,第 282 页)

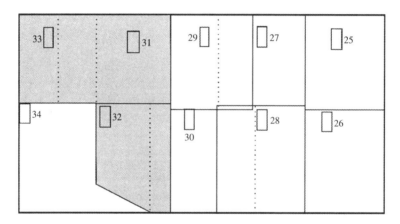

31. 度太古　32. 太古传衣　33. 太古传衣

图 2.14(彩版五)　北壁西侧三组度化太古图像(采自萧军编著
《永乐宫壁画》,第 306 页)

图 2.15　北壁西侧壁画线描图（吴端涛绘图）

场景一太古宁海卜卦与场景二重阳背肆而坐均未在壁画中表现，而这两处却在 32
《太古传衣》中表现了出来。而场景三度太古中，榜题提到的是太古谒见重阳于全真
庵，而画面却表现郝太古拜于烟霞洞。与之相对的则是 32《太古传衣》，榜题述及了
场景两处，其中，场景一太古宁海卜卦，重阳背肆而坐的场景，画面有表现；而场
景二哭谒烟霞，画面表现的却是郝太古谒见王重阳于全真庵。31 与 32 正好相反（图
2. 14、2. 15）。

③图大于文且图文不对应

与上相较，第 10《刘蒋焚庵》中对榜题场景的图像表现，则出现图大于文的情
况。在榜题中述及三个场景，第一个场景刘蒋焚庵在画面右下部有所体现，第二场
景重阳焚庵后，里人救火而重阳自己则婆娑起舞的场景在画面的右上角中有所表现。
而第三场景关于在故址修建重阳万寿宫之事壁画中则没有表现，如前文所分析的那
样，在此以叙事的外视角的方式进行了补充；而在画面中，除了表现前两个场景之
外，在左下部还刻画了重阳茅庵题壁的情节，该情节在榜题中没有，一个推测是其
表现了重阳在焚庵之前通过题壁表达去山东的决心，进而暗示出下一个动作：刘蒋
焚庵（图 2. 16）。

	2	□
*3		1

*3 重阳焚庵前茅庵题壁。

刘蒋焚庵
1 重阳祖师自南时迁居刘蒋，
一日将东游，遂焚其庵。
2 里人惊救之，见师婆娑于火边。
人问何喜如是？乃作歌以答之曰：
"休休休，已后有人修。"
3 后果丹阳等四师建祖庭，玉阳买额为
灵虚观，
逮清和、真常二宗师嗣教，即灵虚故基，
奉朝命改修重阳万寿宫，而营建始大。
复修之言，信有征矣。

按：榜题中 3 画面无表现

图 2. 16　第 10《刘蒋焚庵》（采自萧军编著《永乐宫壁画》，第 287 页）

3. 从度化太古的三组榜题及图像看图文涵化

如前所言的三种情况体现出，在图像表现中并不会全部表现榜题中所述及的所有场景，而仅仅只表现其中的一部分；同时图像也会表现榜题述及场景之外的其余情景的情况；或者某一场景上的图像表现与文本描述完全不同。第三种情况比较少，但却十分引人注意。

我们注意到，33《太古传衣》中发生了图大于文的情况，但单纯地看 33 并不能发现全部问题，而需要结合 31《度太古》与 32《太古传衣》一起来看。在 33《太古传衣》中（图 2.17），榜题仅"太古传衣"四字，而画面则有两处场景的描绘，第一处——画面左侧表现郝太古于马丹阳所建全真庵中谒见王重阳，即 31《度太古》榜题所述而画面未表现之场景三，第二处——画面右侧图像表现的内容，据刘科推测，当是太古前往烟霞洞拜师，王重阳赠予无袖衲衣一事，即 32《太古传衣》中文本所述而画面未表现之场景二哭谒烟霞，并且因为开烟霞洞一事早于郝太古入门，如此

全真庵   烟霞洞

图 2.17　第 33《太古传衣》（采自萧军编著《永乐宫壁画》，第 306 页）

图 2.18　第 33《太古传衣》榜题
（采自萧军编著《永乐宫
壁画》，第 317 页）

便出现一个绘制的问题，即壁画并未严格遵照时间线索绘制①。奇怪之处在于，制作者似乎已经认识到了 31、32 两榜题及图像之间的不一致，于是在 33 中将两个未表现的场景并置表现，并以此试图挽回之前在 31 与 32 中的错误。

景安宁将之归因为榜题本身就有问题："第三十三《太古传衣》题目与第三十二《太古传衣》雷同，是工匠抄写错误。而工匠也认识到错误，所以榜题框内只写了题目，没有重复抄写叙事文字。"②（图 2.18）如果抄写错误的话，其描述的场景就可能不是郝太古，对此景安宁认为应是王处一。矛盾之处在于，工匠在抄错榜题的情况下，为何不改正？而且如果已经意识到榜题错误——本来要表现王处一，却抄成了郝太古，那么为何图像仍按照错误的来表现？景安宁在此归因于榜题书写先于图像绘制的推测③也显得有点说不通。毕竟常理而言，错字的改正较之图像的重绘是相对容易的，而且画面情节中的表现，较之 31《度太古》以及 32《太古传衣》，还表现了两榜中均没有的情节，即两两对调（图 2.19）。

据此，笔者认为景安宁对于榜题错误的推测有待商榷，同时刘科所提出的时间线索打断的情况在整铺壁画中其实十分常见。并且较之时间的错置，似乎 33 的这种全真庵与烟霞洞的并置更值得玩味。考虑到永乐宫之于全真教的重要意义以及王重阳在全真教中的重要地位，其画传壁画的榜题书写显然需经过仔细斟酌，而壁画的

①　刘科：《金元道教信仰与图像表现——以永乐宫壁画为中心》，第 146 页。

②　景安宁：《道教全真派宫观、造像与祖师》，第 302 页。

③　景安宁：《吕洞宾与永乐宫纯阳殿壁画》，吴光正主编《八仙文化与八仙文学的现代阐释——二十世纪国际八仙论坛》，第 246 ~ 257 页。

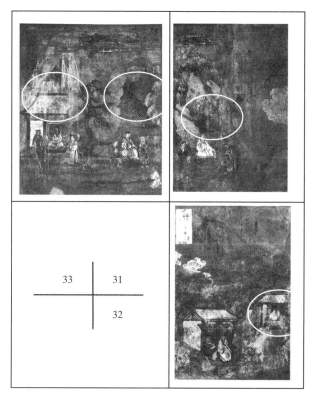

图 2.19　三组度化太古的图像表现（采自萧军编著《永
　　　　乐宫壁画》，第 306 页）

绘制也有着严格的布局，抄错榜题的情况即便发生也似乎难以容忍。与其说绘制过程中真发生错误，毋宁说这种错误在绘制画传 31 与 32 时就已经发生，只是错误的不是榜题，而是图像的绘制。一个可以说得通的解释就是，图像的绘制一旦完成，考虑到绘制技术困难以及所费工时、生产资料耗费（或许还可以考虑工期）等诸多限制因素，将 31 与 32 的榜题对调似乎不大可能实现（本来谒见全真庵就在哭谒烟霞洞之前），于是索性就将这个错误在 33 里一并得以修正，采取的措施便是将之并列出现。回到 33 中，画面左侧与右侧，均为太古跪拜，除了背景左为全真庵，右为烟霞洞之外，右侧赠予无袖衲衣似乎也表明了这一次跪拜是更为正式的收徒行为，即在时间上左侧在前，右侧在后。

　　经此，在 33 里就将 31 与 32 两组图像绘制时出现的失误予以妥善修正（壁画的绘制既然是一拨人，那么绘制的顺序从左到右以此类推的情况就极为可能），似乎更重要的是还体现出了图文之间相互修正的特点：即榜文中仅标示"太古传衣"，理论上若概念的限制（外延）相对松散，则其包含的内容也就越多，那么也就可以容许31与32中错误的出现，这样一来，33的具体内容，虽然是榜下无题，却可以将31与32的题文综合，而图像的并置又最大化消解了31与32中图像与文字之间的错误。而这种图文相互修正的特点，所体现出的正是借助人为（工匠）的力量而达到的涵化。

（二）由图文相互修正所引发的思考

李松认为："王重阳不同于吕洞宾，他是一个真实的历史人物，其生活的年代与壁画创作年代比较近。画传作者力求真实地再现这一全真开创者的生平事迹，……有的内容情节曲折，有的却缺乏情节性，不适合于连环画形式的表现。题材本身也增加了绘画表现的那个时代难度。"① 在此，我们可以在壁画中图文之间相互修正的基础之上，来进一步探讨图像表现的限制问题。

元任士林撰《重阳王真人悯化图序》曰：

> 然吾观重阳之为道也，如月在天，如风行水，其神凝，其形化，何往非迹，何往非图，逮云行月移，窍虚风济，其神迁，其道传，何有于迹，何有于图？虽然，道不可见，亦无不见，果且有迹与图乎哉，果且无迹与图乎哉？虽然，易象何为而作也，忘筌忘蹄，必有得是图之外云。②

王重阳以仙人身份，因高超的道行，无论言传身教还是行踪影迹都异于常人。这无疑为后世追随者提出了一个难题：其道之高，"何有于迹，何有于图"；然其"道"虽不可见，却"亦无不见"。因此，任士林提出了图像在表现这种高道神仙时应该"何为而作"，也就是图像存在的价值问题。

显然，图像的理解应基于图文关系研究这个大的基调。唐张彦远（815～907年）在《历代名画记·叙画之源流》中认为："记传所以叙其事，不能载其容；赋颂有以

---

① 李松：《纯阳殿、重阳殿壁画的艺术成就》，金维诺主编《永乐宫壁画全集》，第7页。

② 任士林（1253～1309年），字叔实，号松乡，奉化人，至大初（1308年），以郝大挺荐授安定书院山长。此段引文见〔元〕任士林：《松香集》卷四，陈垣编纂《道家金石略》，第717～718页。

咏其美，不能备其象；图画之制，所以兼之也。"说明图画在"明劝诫、著升沉"
"存乎鉴戒"的审美认识与教育意义之外，尚有文字描写所不可替代的视觉展示意
义。但图画从"附经而行"到"图史并传"①，"左图右史"的传统延续至今，图像
的存在意义从来不敢以单纯满足观感之好的"娱目"为目的，而失去文字意义约束
的图像往往被冠以以山水、禽鱼、草木之状而失"古意"②，或以"奢丽"之貌而
"动人侈心"③，其或因"淫冶美丽"徒以玩好④而存在道德失坠的危险。

宋人郑樵（1104~1162 年）在《通志·图谱略》之"索象"中有："河出图。
天地有自然之象。洛出书。天地有自然之理。天地出此二物以示圣人。使百代宪章
必本于此而不可偏废者也。图经也。书纬也。一经一纬。相错而成文。图植物也。
书动物也。一动一植。相湏而成变化。见书不见图。闻其声不见其形。见图不见书。
见其人不闻其语。"在陆士衡（261~303 年）、裴孝源、张彦远等人振臂遥呼下，郑
樵以力矫古人重文轻图之弊的姿态，时刻提醒着我们，在探索图文之间关系时应持
有更多的开放与包容。

重阳画传中呈现出图像（壁画）与文字（榜题）之间并非单纯的互补关系，两者
在意义展示层面往往体现出某种交义的可能性。米歇尔认为，词与形象之间的关系体
现在再现、意指和交流的领域内，这反映了象征与世界、符号与意义之间的关系。比如
在插图中，理想状态下的文本与形象之间的关系应是相互翻译、相互阐释、相互图解和
相互修饰的，但现实中，两者往往并不经常处于一种绝对的平衡之中。这就如莱辛所
认为的：画与诗这"两个善良友好的邻邦，虽然互不容许对方在自己的领域中心采

---

① ［明］宋濂《画原》："古之善绘者，或画《诗》，或图《孝经》，或貌《尔雅》，或像《论语》暨
《春秋》，或著《易》象，皆附经而行，犹未失其初也。下逮汉、魏、晋、梁之间，讲学之有图，
问礼之有图，列女仁智之有图，致使图史并传，助名教而翼群伦，亦有可观者焉。世道日降，人心
浸不古若，往往溺志于车马士女之华，怡神于花鸟虫鱼之丽，游情于山林水石之幽，而古之意益衰
矣。"

② ［明］吴宽《匏翁论画》："古图画多圣贤与贞妃烈妇事迹，可以补世道者。后者始流为山水、禽鱼、
草木之类，而古意荡然。"

③ ［北宋］米芾《画史》："古人论画，无非劝戒，今人撰《明皇幸兴庆图》，无非奢丽，《吴王避暑图》，
重楼平阁，徒动人侈心。"

④ ［清］松年《颐园论画》："古人左图右史，本为触目惊心，非徒玩好，实有益于身心之作，或传忠孝
节义，或传懿行嘉言，莫非足资观感者，断非后人图绘淫冶美丽以娱目者比也。"

取不适当的自由行动，但是在边界上，在较小的问题上，却可以互相宽容"①，而正是这种边界的模糊与态度上的容忍，也使得更多图文在意义层面上的僭越行为有了可以解释的空间。

因而，当我们认识到图像的自足与局限之间的张力时，才可以更清楚地看待榜题的作用。就像《太平广记》卷二一一载唐代一轶事："客有以按乐图示王维，维曰：'此《霓裳》第三叠第一拍也。'客未然，引工按曲，乃信。"沈括（1031～1095年）《梦溪笔谈》卷一七批驳此无稽之谈："此好奇者为之。凡画奏乐，止能画一声。"徐凝《观钓台画图》："一水寂寥青霭合，两崖崔嵬白云残。画人心到啼猿破，欲作三声出树难。"② 诗意是画家挖空心思，终画不出"三声"连续的猿啼，因为他"止能画一声"。

回到重阳殿壁画上来看，不妨揣测，制作者对图像再现较之文字描述的某种局限性应该是已有清醒认知的。确切地说，图文之间或许并非相互依赖，而分别只忠实于"事实"的某个层面，这个事实是榜题的文本与壁画中再现绘画情节的源初内容，也是两者所力图接近的第一现实。但是，图文之间却又在相互印证之外，还相互补充着第一现实所包含的信息，以共同完成这一"事实"的再现。

图文之间的不对等性首先表现在所描述的不同时间的打断与并置。这凭借制作者们所经常使用的一套处理手法。值得注意的是，重阳画传虽然由不同内容的55组图像共同组成，但相互之间的衔接部分却处理得很巧妙，特别是在东壁、北壁东侧、北壁西侧、西壁以及扇面墙所构成的四壁五面空间的组画之间。画面通过大量云气以及树木等符号对不同组画进行衔接（而这也为我们反过来断定两组画之间的分野提供了条件）。

当然，这种处理手法早已是公开的秘密，甚至在不同形式的艺术门类中出现，制作者们早已深谙此道。在北宋大观二年（1108年）所刊本的《御制秘藏诠山水图》中（图2.20），共有山水木刻四幅，皆以大面积山水为背景，绘高僧在庐中、荫下、水畔、山间为来谒僧俗讲经的情景。每幅画自成章法，但之间又用山石云树巧

---

① ［德］莱辛：《拉奥孔》，朱光潜译，北京：人民文学出版社，2008年，第100页。
② 《艺文类聚》卷九五，上海古籍出版社，1999年。

妙地连接，不知不觉地过渡到另一幅。这种间隔与过渡之间的中断（榜题提示）与
连接（云石）可以追溯到战国时期，湖北荆门十里铺包山二号楚墓出土的彩绘《车
马出行图》，就是以五棵垂柳分隔为五个相隔而又相连的画面。此外，敦煌莫高窟北
魏时期的多铺本生故事图里也可以见到连环画结构形式。

图 2.20　北宋刊本《御制秘藏诠山水图》（美国哈佛大学福格美术馆藏，采自王伯敏主
编《中国美术全集·绘画编·20·版画》，第 7 页）

　　同时，榜题的位置也并未死板地一直出现在画面的左上角，或固定于图像的中
间位置，而是忽左忽右，处于不断变化的过程中（其限度在于位于单组图像的上半
部分，见表 2.3，具体可参考图 2.7 中 55 组画传故事中每组的榜题位置）。

表 2.3　重阳殿四壁五面画传中榜题位置比较

	左	中	右	其他
东壁（1~15）共 15 组	1	3	11	
北壁东侧（16~24）共 9 组	0	9	0	画传 22 中，若为两组表现的话，则均为左边
北壁西侧（25~34）共 10 组	3	7	0	
西壁（35~49）共 15 组	6	6	3	
扇面墙（50~55）共 6 组	1	4	1	50、52、54 三组不确定

　　显然，榜题置于单幅图像单元之内，每个画传单元图像与榜题之间的关系，在图像自足（足以完成叙事内容表达）的情况下榜题可以趋向于纯化为装饰性与节奏感，而与云树山石一起，在画面形式以及整体构图上起到断开与连接作用，即引导观者出入于不同的故事画面。同时，这种中断与连接也使得整个画传更有节奏感，充满趣味性，吸引观者的目光。

　　然而，在更多的情况下，它表现为另一端，涉及图像表达的局限性（包括图绘语言的先天缺陷，线条、构图等构成要素受制于材质、空间以及传播媒介等），榜题往往能起到必要的解释与补充作用（这种情况出现较早，无论是出土于山西大同司马金龙墓的北魏彩绘人物故事图漆屏风，还是出土于宁夏固原的北魏彩绘孝子漆棺残片上，都可以看到）。同时，这两种情况也可能出现于同一个视觉形象的空间序列之中。联系到莱辛对诗歌与绘画的界限的分析以及对绘画表现语言的贫乏的论断，我们会想到艺术家在制作图像时会有意将部分有待于观者或后来人发现的线索巧妙地植入图像之中，这种行为米歇尔形象地称为"腹语"，它无疑是有待开发的"宝藏"。

　　同时，如果图像走向另一个极端，则其作用似乎更似于地图，正如王微（415～453年）在《叙画》里所反驳的"案城域，辨方州，标镇阜，划浸流"的反绘画特征。《洞玄灵宝五岳古本真形图》就有相似功能，五岳真形，乃仿照山水曲折参差之状图写而成，言人有此真形图，入山不迷，可避兵灾毒害。东方朔（前154～前93年）《洞玄灵宝五岳古本真形图（并序）》说："五岳真形者，山水之象也。盘曲回转陵阜，形势高下参差，长短卷舒，波流似于奋笔，锋锷畅乎岭崿。云林玄黄，有如书字之状。是以天真道君，下观规矩，拟纵趋向，因如字之韵，而随形而名山焉。""家有妇及儿乐道者，未中以大书传授，且令带以此文，盛以绛囊，着头上。辟众鬼百魅，凶邪不敢犯。子带此首题犹尔，况其真形大文邪。（葛）洪谓：亦宜斋而佩之。"① 而不同之处在于，似乎五岳真形图的象征意义或宗教意义超过了实用功能，而成为一种上山去凶辟邪的"灵符"。

---

① 《洞玄灵宝五岳古本真形图（并序）》，此图原题汉东方朔编。据考应出于汉末魏晋之际，葛洪《抱朴子遐览篇》已引此书。底本出处：《正统道藏》洞玄部灵图类。

显然，对于榜题与图画之间对应与否的探讨需要一个限度。严格上说，图文之间在表达方式上本来就不一样，所以两者若出现不相对应的情况就无可厚非。也正因此，《金莲正宗仙源像传序》在解释为什么在传记之外，还要绘像的问题时说道："大道之妙，有非文字可传者，有非文字不传者，此仙源像传所以作也。惟我全真，自玄元而下，五祖七真，道高德厚，化被九有。长春丘祖师万里雪山，玄风大阐，此固不待文字而后传。然其事迹之祥，未易推究，余每欲缉一全书纪之。一日以此意为西蟾先生言之，西蟾欣然称善，乃相与博搜传记，旁及碑碣，编录数年，始得详悉。乃图像于前，附传于后，名曰全真正宗仙源像传。同志之士览之者，因其所可传求其所不可传，则是书不为无补，若其犹有未备，幸有以教之。"①

综上可以看到，永乐宫重阳殿壁画由榜题与图像两部分构成，除去 55 组场景图像共同构成一个叙事之外，榜题与图像也各有一套叙事逻辑。壁画中的这种双重叙事一方面通过文字——榜题形成完整的叙事体系，同时又通过图像——壁画，将表现不同时间、地点及情节的单个画面通过有效方式组合在一起，而成为具备完整叙事性的画面。而这个特征也体现出了重阳殿壁画的复杂性，这个复杂性就在于图像与榜题之间，虽然大部分是对应的，但仍然有不一致的地方，并且看似完全统一的组合模式不时出现分离的情况。因此，在宗教艺术中，图像的制作显然是一种有意识的控制行为，而这种控制基于对图像局限性的认识。在此可以更进一步地推想，相较于榜题与图像之间的不一致（意识到其局限性也是一种控制）多被视为一种偶发性行为，其两者一致才具有普遍性；而且，也正是两者的合力促成了宗教教义的叙事性传达。

本节如上所进行的探讨，有助于认识到图文关系对整个壁画视觉传达系统的影响，首先是时间的错置，其次是叙事空间的影响，并且这种有目的地对不同时间的内容并置导致了观众阅读图像的视角的转变。这种影响将在第二节中得到体现。

---

① ［元］刘志玄等撰：《金莲正宗仙源像传序》，《正统道藏》洞真部谱录类。

第二节　重阳殿壁画的宗教性传达

一　"刺点"：重阳殿壁画中的地狱场景

重阳画传共分为55组，每组分别由榜题和图像两部分构成。在第一节对重阳殿壁画叙事结构的分析中提到，在整个重阳画传中度化场景占据了十分重要的位置。在编号第13~48共36组度化场景中，第16~24共9组度化场景的表现方式显得与其他有所不同（图2.21）。9组场景皆表现的是重阳度化马钰夫妇，却挪用了10个

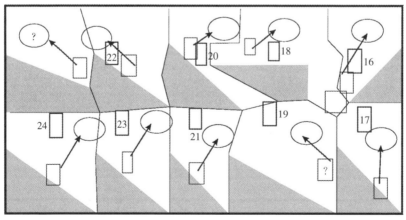

黑色椭圆：王重阳　黑色方形：马钰夫妇　三角形绿色区域：地狱场景

图2.21（彩版六）　第16~24九组地狱场景的图像表现（采自萧军编著《永乐宫壁画》，第272页）

地狱惩戒的图式。因其位置在整个北壁东侧，故自成一体；同时又因插入了虚拟空间——地狱，而使得 9 组场景在整铺壁画中与众不同。这种特殊性引发我们对其有何特征、从何而来以及为何存在等多方面问题进行思考。接下来，就将其图文结构、文本来源进行具体分析，并借用罗兰·巴尔特的"刺点"概念对其在场的意义展开讨论。

（一）地狱场景的图文结构

9 组地狱场景名称分别为：16《看彩霞》、17《擎芝草》、18《汴梁》、19《扶醉人》、20《夜谈秘旨》、21《拨云头》、22《洒净水》、23《起慈悲》及 24《念神咒》。单组场景由图像与框内榜题两部分组成（图 2.22），然而，仔细阅读可以发现在图文结构上呈现出很多不同的地方。

首先，通过图像识读发现，在 9 组画传故事画面中有如下几个特征值得注意：

1. 单组图像由重阳、马钰夫妇及地狱三部分组成。

2. 重阳与马钰夫妇表现在画面中上部分。重阳立于云端，全部位于画面上部，共 10 组，其中第 22《洒净水》中有两组表现；马钰夫妇俯首跪拜，主要位于画面中部，共 10 组。

3. 地狱惩戒场景位于单组画传图像的下层，共 10 组，其中第 22《洒净水》中有两组表现，且除第 16《看彩霞》之外，均位于单组画传之左下角。

4. 单组图像中重阳与马钰夫妇之间的对应关系（度化与被度化）十分明显，而三人与地狱惩罚场景之间的关联似乎并不密切。

5. 第 22《洒净水》呈现双度化场景（图 2.23）。画面上部左右两侧各有一位重阳形象，左侧不明显，但可辨认，中部有两对马钰夫妇，下部为两组地狱惩罚场景。其他 8 组均单一表现一组地狱场景。

其次，再看各组场景中的榜题内容（详可参见附录 2）。

1. 榜题共 9 组，每组榜题内容不同。共提及 7 个地狱的名称，即拔舌地狱（第16）、沉沦地狱（第 17）、犁舌地狱（第 20）、镬汤地狱（第 21）、炉炭地狱（第22）、铁轮地狱（第 23）、刺□□穿腹地狱（第 24）。此外，第 18、19 两组榜题中没有提及具体的地狱名称，加之壁画漫漶不清，亦无法通过图像识别。

图 2.22　第 16~24 九组地狱场景的图像表现线描图（吴端涛绘图）

2. 第 22《洒净水》中，结合图像，榜题所述炉炭地狱应为画面右侧所表现的场景，而左侧地狱场景名称未有提及。如此则此组画面有两种可能：第一，有两个榜题存在，但左侧榜题已漫漶不清，那样的话榜题一共 10 组；第二，仅一个榜题，但画面表现两组地狱场景。另，左侧所表现的地狱不确定，结合《太极真人说二十四门戒经》中所载 24 地狱名称，权且将其命名为"大石压身地狱"。

3.9 组榜文提及马钰夫妇进入地狱的方式不同，所用词语分别为：夜梦或梦入（第 18、20、21、22）、堕（第 16）与摄魂（第 17、23、24）。同时，入地狱原因各别，比如对酒色财气的贪念等（表 2.4）。

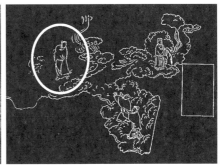

图 2.23 第 22《洒净水》之双度化场景及线描图（采自萧军编著《永乐宫壁画》，第 301 页；吴端涛绘图）

表 2.4 重阳画传中 9 组地狱度化场景的榜题分析

榜题及编号	原因	地狱
16 看彩霞	争竞人我，谈说是非。	堕于拔舌之狱
17 擎芝草	酒色财气，犹有未尽。	摄魂沉沦地狱
18 汴梁	恐志不坚。	夜梦□悟以狱井之灾
19 扶醉人	酒心未消。	设地□[狱]□□□□以警觉
20 夜谈秘旨	数发嗟叹，令各自悔。	梦……入堕犁舌狱
21 拨云头	恣口腹，□□腥腐，害及性命，心失仁慈。	梦入镬汤地狱
22 洒净水	利己损他，结怨构祸之行，未能屏去。	梦入炉炭之狱
23 起慈悲	富甲东牟，名称半州，犹怀不足，每起贪婪……因物□心。	摄魂入铁轮狱
24 念神咒	肆性之乖劣，纵心之颠狂，缘业所牵。	摄魂于刺□□穿腹之狱

　　众所周知，地狱惩戒思想的来源复杂，它整合了传统信仰中的灵魂不死、魂归泰山与佛教六道轮回之说，于五代宋形成了具有特色的冥报思想。而在不同思想的合流过程中，道教对于地狱信仰的不断吸收、整合并纳入自己的惩戒体系之中时也在不断发展，从而呈现出佛道之间以及道教内部的双向变化，且不同地区也呈现出惩戒表现的复杂性①。而这种复杂性对重阳画传中9组地狱度化场景的出现有何影响？

　　通过图文两部分的识读发现，9组地狱度化场景与传统的地狱惩戒图式有一定关联，这在图像志层面可以找到相似之处，同时也有变化。比如，重阳画传中所示的地狱十诫与五代宋时期卷装敦煌写本《佛说十王经》中的十殿冥王惩戒"亡人"之间在构图上有一定相似性。其中，《佛说十王经》的画面主要由十殿冥王端坐及戴枷"亡人"被牛头小鬼押解于案前两部分组成，即一为惩戒主题，二为冥王审惩"亡人"。也就是说，构图以突出十王为主，而"亡人"受罚的场面则相较简单。

　　与之类似，在重阳画传的9组地狱场景中，画面构成自上而下可以简单地表示为三部分。较之下部的地狱受惩，中上部重阳与马钰夫妇之间的度化关系则更为突出，无疑是表现的重点。显然，重阳画传与《佛说十王经》两者在画面构图上的重点强调存在一定的相似性，即都有意弱化了地狱受惩的血腥场面。但是，两者在表达意图上又有所不同。《佛说十王经》虽重点刻画十王，但仍以惩戒为主题，且惩戒对象为"亡人"，即死去的人；而在重阳画传中则以度化为主题，惩戒对象非"亡人"，而是作为马钰夫妇替身的"梦入者"。也就是说，重阳画传的画面构成较之《佛说十王经》更复杂，特别是在对惩戒对象即马钰夫妇的表现上，二人在以其真实身份接受重阳度化（画面上半部分）的同时，还以其替身——"梦入者"来接受地狱惩戒（画面下半部分）。同时，作为传统意义上的惩戒主宰者——冥府十王，在重阳画传的9组地狱场景中的主导作用被削弱，其"隐身"的背后则突显了立于云端

---

① 以往对地狱信仰的相关研究甚多，日本学者冢本善隆、松本荣一，欧美学者雷德侯、太始文以及国内学者胡适、殷光明、杜斗成、罗世平、张总、侯旭东、王惠民、胡文和、赵伟等人从敦煌石窟到大足石刻，从魏晋到五代宋，从目连救母到十王冥府以及地藏信仰、泰山信仰的关系等均展开了多角度辨析与考证，而佛道关系在此交集也甚多。因主要对画传中所涉地狱图像的图文结构及文本来源进行分析，故对地狱信仰本身来源及发展变化将不再论及，仅涉及敦煌写本《佛说十王经》及大足石刻《地狱变相》的简要讨论。

的王重阳。对此，刘科认为此类图像意在说明较之《佛说十王经》中的审判，重阳画传强调的是祖师对弟子的救护①。显然，全真教在对地狱惩戒场景的挪用过程中从构图到主题表现都有所改变，但目前没有明确证据证明重阳画传中的地狱图式是由《佛说十王经》的图式直接借鉴而来。

表2.5 9组地狱度化场景的图式表现

	24	23	22		21
度化	王重阳	王重阳	王重阳	王重阳	王重阳
	马钰夫妇	马钰夫妇	马钰夫妇	马钰夫妇	马钰夫妇
惩戒	刺□□穿腹之狱	铁轮地狱	大石压身地狱？	炉炭地狱	镬汤地狱
	20	19	18	17	16
度化	王重阳	王重阳	王重阳	王重阳	王重阳
	马钰夫妇	马钰夫妇	马钰夫妇	马钰夫妇	马钰夫妇
惩戒	犁舌地狱	？地狱	？地狱	沉沦地狱	拔舌地狱

值得注意的是，榜题描述中，马钰夫妇进入地狱的方式为堕、摄魂、夜梦、梦入。云气作为"梦入"这一动作的载体及符号，较之传统的地狱惩戒图式，其重要性得到了突显。之所以使用云气作为媒介，当主要与它们自身在道教之中的符号属性相关②。但与道家传统视觉意象中的宗教寓意不同，云气在重阳殿壁画的地狱场景中还体现出纯装饰性的特征。回到整个重阳画传中看，云气除了作为马钰夫妇"梦入"的依托或起到隐喻作用之外，在功能上，云气的表现与部分树木及建筑等同，起到分隔画面之用；同时，在画面中还具有视觉牵引作用，使得观者注意画面不同

① 刘科：《金元道教信仰与图像表现——以永乐宫壁画为中心》，第168～172页。
② 可以看到，云在图像中多与仙人以及灵异动物一起构成神仙体系，并往往成为修道成仙的工具，乘云而去寓意成仙已成为惯常的表达模式，因此云作为交通工具成为仙真体系结构中不可或缺的符号之一；同时，云又被赋予了更多的象征意义，成为道德的化身。云气的导向本身就会使得信众感觉自己步入仙境之中。比如在《卿云观记》中有"自古山林高蹈之士，多与云为伍，老子乘云气，西母歌云谣，司马白云之号，希夷云台之观，鼓云和瑟，炼云子丹，出而披云，处而卧云，列仙传中，何可枚数，皆不若卿云之瑞。盖隐于虚无缥缈之乡，为遁世之云，显于朝清道泰之际，为济世之云。昔李公无心出岫，云之遁世者也，今张君（居敬）触石而起，云之济世者也。隐居以求其志，行义以达其道，一隐显之间，而卿云之名远矣哉，故永歌之"。见陈垣编纂《道家金石略》，第736～737页。

内容之间的穿插与前后关系①。

通过如上对图像及文字（榜题）两个方面的解读，可以看到重阳殿壁画中地狱场景较之传统地狱惩戒经文变相的不同之处：

首先，从画面构图看，惩戒主题进一步弱化，无论是画面中的位置、面积还是主次关系，地狱惩罚作为重阳度化马钰夫妇场景中的一部分，只是起到了辅助作用。

其次，较之传统的地狱变相图，画传中马钰夫妇作为"梦入者"而非"亡人"身份来接受惩戒，并将度化对象（马钰夫妇）与惩戒对象（作为"梦入者"的马钰夫妇）并置，削弱了传统的惩戒主题，甚至"救"的因素大于"惩"；同时，云气作为装饰性符号在表达"梦入"这一动作的过程中起到了关键作用，成为重阳画传地狱惩戒图式中的重要符号。

此外，将惩戒与度化并置的方式，从宗教教义的接受角度上来看，则无疑从正反两个方面有助于加速信众对全真教义的理解与接受。

（二）地狱场景的文本来源

在分析了9组地狱场景的图文结构所体现出的特点之后，再看其文本来源。一个极具启发性的研究来自于杜斗城。他将大足石刻《地狱变相》中所涉及的内容与相关佛经进行了比较，发现并非从一种佛典而来，而是在不同佛经中"各取所需"，将数种佛经（包括伪经）中有关地狱的内容表现在一幅经变上②。那么，这种文本来源的复杂与图像呈现出的混合状态对讨论重阳画传中地狱场景的文本来源有何助益？

显然，在道教宫观壁画中出现地狱场景，除了需考虑地狱信仰源自佛教的最初影响，以及由此而体现出的佛道两教之间的关系外，在道教内部这种信仰力量的自身转化也不应忽视。为此笔者检索了自隋唐至元明不同时期的五种《道藏》文本中有关地狱信仰的经文记载，以期对道教地狱图像警示的"恐惧"史有一个深入的了解。

---

① 根据壁画图像可知，云气或在人的头顶上升腾，或成为人腾空的依托，这些违反客观物理形态的描述方式与表现手法出现在重阳度化图像中。云气主要有绿色与黄色两种，其颜色的不同丰富了画面的节奏感；同时，还分为层云与团云两类，层云主要分布于壁画的顶部，起到了画框的作用，团云则广泛分布于画面中部，主要以承载重阳及马钰夫妇而出现。

② 杜斗城：《〈地狱变相〉初探》，《敦煌学辑刊》1989年第2期。

表 2.6 隋唐至元明五种版本道经中的地狱记载

经 名	内 容	著者及时代
《二十四地狱品》	酆都之山山上、山中、山下各八地狱，共二十四地狱。	唐王悬河编《三洞珠囊》①
《太极真人说二十四门戒经》	经文依托太极真人所说，录二十四戒文，犯戒者受相应的二十四地狱之苦。	不详，约隋唐②
《地府十王拔度仪》	地府十王，将十种地狱与之对应。灯仪内容主要为元始天尊驻跸西那玉国郁绝之山长乐宫中黄金殿内，与太上道君演教世界众生死经十大地狱，普拔亡灵，悉令超度。	不详，约宋元③
《黄箓五苦轮灯仪》	提到了五道轮回，并将其与五种地狱联系起来。	灵宝派道士，约宋元④
《黄箓破狱灯仪》	九方点九幽神灯，供奉九天尊，以求超度九方地狱亡魂。	不详，约元明⑤

通过对比五种版本的经文中的地狱数量，可以看出，由早期的 24 地狱（《二十四地狱品》《太极真人说二十四门戒经》）到 10 地狱（《地府十王拔度仪》）、9 地狱（《黄箓破狱灯仪》）、5 地狱（《黄箓五苦轮灯仪》）等多种样式，总量呈现减少的趋势。同时，重阳画传中 9 组度化场景所涉及的十大地狱，无论从名称还是先后顺序上看，都无法找到与之完全对应的文本，而对应较多的不是同时代的道经，却是约出于隋唐时期的《太极真人说二十四门戒经》。但经文中不同地狱的组合呈现出多样性，且不同经文中的单一地狱名称也不一而足。可以说，地狱信仰在不断流传过程中历经多次选择，正体现出其概念的模糊性。显然，重阳画传中所涉的 9 组共十大地狱，与相同时期的道经文本一样，是地狱概念由相对固定而趋于模糊且多样的变化过程中的个案。

---

① ［唐］王悬河编《三洞珠囊》，《正统道藏》太平部 怀。
② 《太极真人说二十四门戒经》，《正统道藏》洞真部戒律类 雨。
③ 《地府十王拔度仪》，《正统道藏》，洞真部威仪类 为。
④ 《黄箓五苦轮灯仪》，《正统道藏》，洞真部威仪类 为。
⑤ 《黄箓破狱灯仪》，《正统道藏》，洞真部威仪类 为。

那么，来源的复杂性使得在永乐宫壁画的体系中探讨地狱场景出现的文本来源，就成为一个虽饶有趣味却无法确知的问题。为此我们不得不另起思路，将视线聚焦于全真教本身，以期在王重阳度化马钰夫妇事件描述的不同文本中寻找线索。

首先，我们需要探讨的是王重阳度化马钰夫妇事件的描述中是否涉及了地狱？为此，笔者搜集了全真教历史上流传广泛而影响深远的四部六种有关重阳度化马钰夫妇的文献记载。具体包括《甘水仙源录》之《终南山重阳祖师仙迹记》（1232 年），《金莲正宗记·清静散人》（1241 年），《历世真仙体道通鉴续编》之王喆、马钰及《后集》之孙仙姑（1294 年），《金莲正宗仙源像传》（1326 年）。

表 2.7　不同文本有关度化情节的内容比较

文献		有关"地狱"度化场景的内容
《甘水仙源录》	《终南山重阳祖师仙迹记》	问与魂交梦警，分梨赐栗之化不一。马于是始加敬信，与其家人孙氏俱执弟子礼。
《金莲正宗记》卷五	清静散人	仙姑未之纯信，乃锁先生于庵中百有余日，不与饮食，开关视之，颜采胜常，方始信奉。仍出神入梦，种种变现，惧之以地狱，诱之以天堂，十度分梨，六番赐芋，宜甫遂从师入道，仙姑尚且爱心未尽，犹豫不决，更待一年，始抛三子，竹冠布袍，诣本州金莲堂礼重阳而求度。
《历世真仙体道通鉴》续编及后集	王喆	又示神异罪福之报以警之。既启户，宜甫乃始屏去尘累，改衣冠而执弟子之礼，师名之曰钰，字玄宝，号丹阳子。
	马钰	又于梦中以十犯十戒狱警之。
	孙仙姑	是冬，祖师誓锁庵百日，约五日一食。宜甫亲为供送，屡示神变，权以化之十回。拯于地狱，警三业之为愆十度。十以交梨示九丹之妙用。又赐之以芋栗，告之以道戒。以见其留连赀产之汩没，始终不悟。
《金莲正宗仙源像传》		十月，于庵锁环百日，日以分梨十化警悟宜甫夫妇。分梨十化者，师初锁环之一日，以梨一枚与宜甫啖之，每六日赐芋、栗各六枚，至是月十一日，分梨为二块，令宜甫夫妇共食之，后六日之芋、栗，旬日之梨，为常期也，其芋栗如初之数，梨则每旬例增其一，至于十旬而积数为五十有五，应天地生成之数，每与必以诗颂警悟之。

然而令人失望的是，如上文本中，大多仅提及与地狱警示相关的语句，比如《金莲正宗记·清静散人》中有"仍出神入梦，种种变现，惧之以地狱，诱之以天堂"；《历世真仙体道通鉴续编·马钰》中为"又于梦中以十犯十戒狱警之"，《历世真仙体道通鉴后集·孙仙姑》中仅提及"拯于地狱，警三业之为愆十度"等。由此可见，这与重阳为警戒度化马钰夫妇而以十大地狱惩戒基本一致，却无具体内容的描述。也就是说，地狱度化场景中涉及十大地狱没有问题，但具体为哪十大地狱却并无明确规定。

我们据此可以认为，正是文本记载中这种对地狱概念的宽松导致了壁画中呈现地狱场景时可以随意地选择不同文本而"各取所需"。或许，还需考虑到制作过程中工匠的自主性问题。即便地狱场景的出现是在壁画的整体规划之内，但其中的具体内容也很有可能放权于工匠的自主创作，而工匠的创作却往往受惠于以往适用于不同场合的地狱场景粉本的流行。显然，地狱场景的粉本来源是无法确知的，而更大的判断障碍则来自于壁画本身。值得注意的是，在永乐宫壁画中，刻画出的地狱场景集中出现在重阳殿北壁东侧的整半面墙上，但该壁经过了多次重绘。宿白指出："重阳殿东、西、北壁和扇面墙南北壁壁画中部以下多明末清初游人题记，……此殿壁画后补处极多，补笔新拙……表中所列无一题记于新补画内，则补绘之年月，决不在雍正十年之前也。"[①] 据此可以怀疑，地狱场景是否被后人重绘，甚至是后来添加的呢？也就是说本来并无地狱场景的描绘，而是雍正十年（1732 年）之后才补绘的？

回到地狱名称上来，同时值得注意的是，地狱名称在不同版本的经文中也是不同的。《太极真人说二十四门戒经》中所描述的第二地狱"刀山、剑树"，在《地府十王拔度仪》中是第二冥府"刀山剑树，火翳寒冰地狱"中的一部分，而在大足《地狱变相》的图像及榜题中则将其分为第一"刀山"与第四"剑树"两大地狱，与之相同的是《黄箓五苦轮灯仪》，只是其中"剑树地狱"的名称成了"剑林地狱"。可见不同的地狱概念无论是内涵还是外延都很不固定。

---

① 宿白：《永乐宫调查日记——附永乐宫大事年表》，《文物》1963 年第 8 期。

表2.8　重阳画传与不同文本中所涉及地狱描述的对比

《太极真人说二十四门戒经》	大足《地狱变相》	《地府十王拔度仪》	重阳画传	《黄箓五苦轮灯仪》	《黄箓破狱灯仪》
隋唐	南宋	宋元	元	宋元	元明
1 镬汤 2 刀山、剑树 3 炉炭 4 铁犁耕舌 5 剉碓剉身 6 毒蛇食心 7 镕铜灌口 8 铜柱 9 铁轮 10 运石培山 11 铁床 12 剑林割切身心 13 寒冰 14 铁钉钉身、身生猛火 15 铁杖乱考 16 大石压身 17 铁锥刺身 18 吞铁丸 19 吞火食炭 20 硙磨碓擣 21 百毒恶汁、灌煮身心 22 拔舌 23 铁锁锁身、不得托生 24 锯解身心	1 刀山 2 镬汤 3 寒冰 4 剑树 5 拔舌 6 毒蛇 7 坐碓 8 锯解 9 锯解 10 黑绳 11 截膝 12 铁围山 13 饿鬼 14 饿鬼 15 铁轮 16 镬汤 17 舒载 18 粪秽	1 长蛇吐焰，铁狗喷烟 2 刀山剑树，火翳寒冰 3 吞火食毒，屠割身形 4 负沙运石，无有休息 5 地狱总司 6 金钉拔舌，铁斧剖胸 7 佐理北阴 8 手抱铜柱，身卧铁床 9 锯解镬汤，万死千生 10 死经大祥，方至此宫	16 拔舌 17 沉沦 18? 19? 20 犁舌 21 镬汤 22 右：炉炭 22 左：大石压身 23 铁轮 24 刺□□穿腹	1 刀山 2 剑林 3 铜柱 4 镬汤 5 涟汲溟波	1 风雷 2 铜柱 3 火翳 4 屠割 5 金刚 6 火车 7 溟泠 8 镬汤 9 普掠

　　但万变不离其宗，对此，《地藏菩萨本愿经·地狱名号品第五》中认为："如是等地狱，其中各各复有诸小地狱，或一或二，或三或四，乃至百千。其中名号，各各不同。"所以，地狱名号的复杂是可以理解的。但很重要的一点是"各各狱中，有百千种业道之器，无非是铜，是铁，是石，是火。此四种物，众业行感"[①]。也就是

---

① ［唐］实叉难陀译：《地藏菩萨本愿经·地狱名号品第五》，《大正新修大藏经》第13册。

说，虽然有千百种地狱，但用以惩戒的器具无非是铜、铁、石、火四种，而铜、铁、石、火四器构成地狱行使惩戒诸"业道之器"的秘诀就在于四者即为构成万事万物的五行之金、木、土、火。将金、木、土、火四物与中国传统中的五行八卦相附和，并加入与水对应的溟泠地狱，由此就成了铜—东—木，铁—西—金，石—中—土，火—南，水—北的五行、五方与地狱五器之联系，并进一步衍生出了五方（九方）、五苦等与地狱的关系。如《黄箓破狱灯仪》分别于九方点九幽神灯，供奉九天尊，以求超度地狱亡魂[①]，在此，地狱提到了九个，并将其与九方联系起来。此外，在五行相生相克的基础之上，《黄箓五苦轮灯仪》还将地狱与五苦相联系[②]。但是如上所提到的水木金火土五行作为基本元素却并未失去。

同时，地狱概念的不断模糊又可以说明地狱信仰在道教中的大众化与普及化过程。尽管数字上不断简化，标示着不同地狱名称在概念上的不同，但没有变的是借幻化出的地狱场景来警示世人的逻辑思维。即通过描述不同程度、不同规模以及不同性质的地狱悲惨景象来警醒或砥砺对宗教怀抱信仰而不断修行的世人。

为此，我们回到之前所选取的五种道经中与重阳画传十大地狱相关，且在时代及地狱数量上近似的《地府十王拔度仪》，将其与时期相近的南宋大足石刻《地狱变相》进行比较。在约出于宋元时期的《地府十王拔度仪》中，所述及的冥府十宫、所属十王及地狱描述，其先后顺序按自右往左排列分别为：

表 2.9　《地府十王拔度仪》中的相关描述

10	9	8	7	6	5	4	3	2	1
转轮	都市	平等	泰山	变成	阎罗	仵官	宋帝	初江	秦广
死经大祥，方至此宫	锯解镬汤，万死千生	手抱铜柱，身卧铁床	佐理北阴	金钉拔舌，铁斧刳胸	地狱总司	负沙运石，无有休息	吞火食毒，屠割身形	刀山剑树，火翳寒冰	长蛇吐焰，铁狗喷烟

[①] 其九狱名称分别为"东方风雷地狱，东南方铜柱地狱，南方火翳地狱，西南方屠割地狱，西方金刚地狱，西北方火车地狱，北方溟泠地狱，东北方镬汤地狱，中央普掠地狱"，《黄箓破狱灯仪》，二灯仪同卷，《正统道藏》洞真部威仪类 为。

[②] 《黄箓五苦轮灯仪》中提到因色累、爱累、贪累、物累（竞争荣华）、身累所造成的人心、神、形、精、魂五者俱损，而将分别受到刀山、剑林、铜柱、镬汤、涟汲溟波五大地狱轮回之苦。《黄箓五苦轮灯仪》，二灯仪同卷，《正统道藏》洞真部威仪类 为。

大足石刻《地狱变相》中十府冥王与其所辖的地狱关系则如下所示（图2.24）。

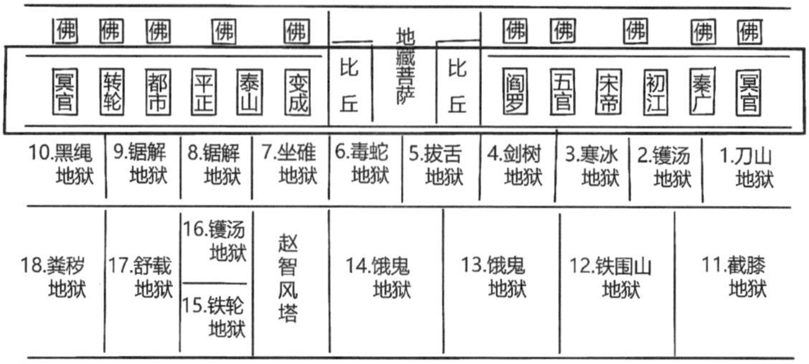

佛	佛	佛	佛	佛		地藏菩萨		佛	佛	佛	佛	佛
冥官	转轮	都市	平正	泰山	变成	比丘　比丘		阎罗	五官	宋帝	初江	秦广　冥官
10.黑绳地狱	9.锯解地狱	8.锯解地狱	7.坐碓地狱	6.毒蛇地狱	5.拔舌地狱			4.剑树地狱	3.寒冰地狱	2.镬汤地狱		1.刀山地狱
18.粪秽地狱	17.舒载地狱	16.镬汤地狱 / 15.铁轮地狱	赵智凤塔	14.饿鬼地狱	13.饿鬼地狱	12.铁围山地狱		11.截膝地狱				

图 2.24　大足石刻《地狱变相》（采自杜斗城《〈地狱变相〉初探》，《敦煌学辑刊》1989 年第 2 期）

在《地府十王拔度仪》所述及的冥府十宫、所属十王及地狱描述中，冥府十王的名称、先后顺序与南宋大足《地狱变相》比较，后者除去第四"仵官"为"五官"，第八"平等"为"平正"之外均无二致，但十王所辖的地狱名称却完全不同。也就是说，十王信仰在此时已基本定型，但所辖地狱却没有形成一定的范式。如此则可以解释，为何在重阳画传中重阳度化马钰夫妇所选取的是十组形象，是因为其与冥府十王在构图位置上建立起了联系——将十王与亡人的对应关系进行了置换，即换成了重阳与马钰夫妇。同时，又因为在全真教经文记载中地狱概念的宽松导致了选择地狱场景时可以宽松地选择不同文本而"各取所需"。

综上所述，九组地狱度化场景从文本来源即"经""相"关系来看，北壁东侧地狱度化场景中的地狱描述非某一特定道教经文之变相，而是杂糅了多部经文而来，且佛道混合；而就地狱信仰本身来说，随着时代变迁其概念变得模糊，但借地狱惩罚来警示世人的常规逻辑却没有改变；也正是以此为契机，全真教将其顺利纳入自己的度化体系中来。

（三）作为"刺点"的地狱场景

在重阳画传中插入地狱惩戒场景，对重阳画传的整体叙事又会产生何种影响呢？

无疑，在重阳画传中出现地狱场景，是由当时全真教的传教需要而引发的。但从画传叙事结构的整体来看，却因其对虚幻场景的描述而成了整铺壁画叙事中的异类。其全部集中在北壁东侧一隅，与东、西北、西三壁的整体场景再现式画面比较而言，显得有些突兀；同时，与描述道众在天堂得道升仙的"正面图像"相比，这类图像在度化中则可以称得上是"反面图像",但其对教众心理的影响却也不容忽视。李松认为:"重视细节描写的真实性和生动性,能使欣赏者减少隔离之感。好像事情就发生在自己身边,这正是宗教宣传所需要的。"① 然而,如果是为了减少隔离之感而对现实性进行客观细微再现②的话,这九组地狱度化场景则恰恰相反,所加入的地狱场景无疑是虚构的。这使整铺壁画在现实与虚幻之间形成了极大的张力。

如果说其他场景以较为温和、饶有意趣的真实场景再现来呈现度化故事的话,这九组虚拟空间的表现无论是画面的内容还是色彩都与其他形成了较大的反差;而且单组画传中,左下角地狱场景中血腥的惩罚画面,与上半部分马钰夫妇面部的惊恐表现以及居高临下的王重阳的悠然神态形成了极大的反差。这种画面中多个情绪的强烈对比令人印象深刻。其中,地狱鬼卒的描绘,受惩罚男女的悲惨号哭等图像细节对信众的刺痛或击中是不言而喻的。

在此,可以借用罗兰·巴尔特(Roland Barthes,1915～1980年)的一对概念:"意趣"与"刺点",来对其进行进一步的阐释③。巴尔特认为,意趣(Studium)产生于人们对图像的一般兴趣,它有时源于人们对图像内容所产生的感动,但这种感动是通过道德和政治修养的理性中介而产生的,是一种中性情感,几乎是由严格教育培育出来的。这类似于一种"文化契约",它取决于观看者的文化修养,而契约则指的是"创作者与欣赏者之间签订的一项契约。其功能包括:传递信息,再现场景,使人震惊,强调意义,令人向往"等方面④。而刺点(Punctum)作为图像中的一个另类要素,它如同一把箭,从图像中射出来,射中了观者。显然,它是偶然产生的,不固定地存在于每个人心中,但却实实在在地产生于图像。而这一对概念的最大不同则在于对观者心理影响的强弱程度。

巴尔特认为,刺点潜藏着一种扩展的力量,但这种力量常常是用借代的手法表达

① 李松:《纯阳殿、重阳殿壁画的艺术成就》,金维诺主编《永乐宫壁画全集》,第7页。
② 对于这种客观再现,萧军甚至认为"画家用写实手法描绘当时的居士器用、服饰衣冠、生活习俗,真切地反映了现实世界,也为研究宋元社会提供了可贵的形象资料",肯定了其具有以图证史的价值。萧军编著《永乐宫壁画》,第48页。
③ 关于意趣与刺点的论述,参看〔法〕罗兰·巴尔特:《明室:摄影札记》,赵克非译,北京:中国人民大学出版社,2011年,第33～35页。
④ 〔法〕罗兰·巴尔特:《明室:摄影札记》,第37页。

的①。借代，就是不直陈某人、某物或某事，而是借用与此有关的名称或符号去代替。其中，用来代替的事物叫借体，被代替的事物叫本体。基本情况下，图像表现中的借代被用于人物的置换，比如16《看彩霞》中，描绘王重阳前往拔舌地狱解救丹阳夫妇，在地狱之中表现的并非直接是丹阳夫妇受刑的场景，而是用一男一女来代替，并在旁边云气之上绘出丹阳夫妇。这种人物置换在所有提到的地狱受刑场景中都得以采用。

适用于图像表现的借代方式，常见的还有如下三种：

第一，特征代本体。指用借体的特征、标志代替本体事物的名称。在图像中同样适用，22《洒净水》中，右为马钰夫妇梦入炉炭之狱，对于炉炭地狱的刻画，用四边形炭炉作为典型特征（图2.25），而左部形象地表现为大石压身地狱（图2.26）；以

图2.25（彩版七）　第22《洒净水》之炉炭地狱（采自
萧军编著《永乐宫壁画》，第292页）

---

① ［法］罗兰·巴尔特：《明室：摄影札记》，第59页。

图 2.26　第 22《洒净水》之大石压身地狱及线描图
（采自萧军编著《永乐宫壁画》，第 292 页；
吴端涛绘图）

及 23《起慈悲》摄魂入铁轮狱中，用鬼卒身边的圆形铁轮等典型特征或符号而代替本体。

第二，具体代抽象。比如在 20《夜谈秘旨》中，描绘梦入犁舌狱，画面左下方男女二人赤裸上身，各伏于一立柱之上，而女子舌头伸出变大垂于地上，一鬼卒正扶犁挥鞭驱牛犁舌，该动作很形象地指出了犁舌地狱的基本特征（图 2.27）。

第三，局部代整体。在 18《汴梁》中，榜题述及丹阳离家弃子、随重阳寓居汴梁、重阳以狱井之灾警丹阳三个场景，在图像中都有体现。其中，寓居汴梁王氏旅馆以及梦地狱警示两个情节，画师以丹阳卧榻这一局部状态巧妙地串联了两个场景（图 2.28）。

同时，这种借代的力量也可以与暗示的手法相呼应。第 11《留颂邠山》中留颂东庑的场景即是以动作暗示结果的例子。画面左下一道者展卷，一童于持书，而在道坛之上的绿衣道童持书向东，童子往东庑运动的动作暗示"留颂东庑"（图 2.29）。显然，这种借代手法所带来的扩展力量是有预谋的，因为某个熟悉的细节而使得整个画面的意义发生了转移。画框是一个遮蔽物，画框里的一切，一旦越过画框，其意义就发生了转变，图像里人物的静止不动，不仅仅意味着所描写的人物不会活动，还意味着他们走不出来，然而，一旦有了刺点，盲画面就出现了，它在观者的大脑里被想象出来。这种盲画面的出现就是宗教画的终极目的。盲画面是观者添加到图像之上的东西，"在这种情况下，刺点是画面之外的某种微妙的东西，好像图像把欲望导向了它给人看的东西之外"①。这种欲望包含了现实生活中力求摆脱的一切，包括生活的苦难，战争给心灵带来的创伤，对生命有限性的恐惧以及由此引发的生命永存的企盼。同时，刺点又会不合常情地把整个画面占满②。这种占满当然是观看者自己心中产生的意象对整个画面的占据，因为某个细节的存在而使得画面被填充或改变。这种扩展的力量，填充了画面中不易表达的地方，完善了绘画自身在表达宗教天国图像时的元素，克服了绘画本身在表达想象性空间时所不能表达的局限，并最终为宗教氛围的烘托做出了贡献。

宗教气氛的烘托所做的贡献，莫过于信众心理的变化。因为刺点的存在所造成

---

① ［法］罗兰·巴尔特：《明室：摄影札记》，第 77 页。
② ［法］罗兰·巴尔特：《明室：摄影札记》，第 63 页。

图 2.27 第 20《夜谈秘旨》之犁舌地狱及线描图（采自萧军编
著《永乐宫壁画》，第 299 页；吴端涛绘图）

图 2.28　第 18《汴梁》之寓居汴梁局部（采自萧
军编著《永乐宫壁画》，第 294 页）

图 2.29　第 11《留颂邙山》（采自萧军编著《永乐宫壁画》，第 274 页）

的对信众内心的刺痛以及心灵的启发，对信众而言是一个不小的冲击（由视觉而至内心），并产生了顿悟（Satori）。真正的刺激会导致思维的中断或暂时性的混乱以及刹那间的空虚，这时也正是宗教乘虚而入的最佳时刻。

在此，意趣与刺点的出现仍然基于观者对图像叙事（或者故事内容）的耳熟能详，这构成了图像意义生成的必要条件。同时，对于这种度化作用，还需放到永乐宫的整体背景中去理解。康豹指出："主殿里面供奉着主要的神灵和全真教的祖师。这些大殿是举行道教典礼的地方，只有在举行一些特定的仪式时才对俗家香客开放。"① 同时，永乐宫的壁画"既有关于宗教仪式的，如无极门和三清殿的壁画；也有关于宗教教义的，如纯阳殿与重阳殿的壁画。所有人都能看到这些画，但只有那些受过传统教育、能读懂书上题记的人或研究过宫内宗教文本的行家才能真正清楚这些画的意义"②。也就是说，永乐宫壁画所面向的观者本身就具有一定的指向性，而这既将观者进行了分类，同时又对预设的部分观者群体有所期待。

在此，明确主殿的功能是解读壁画的一个重要途径，了解壁画的功能需要将其放入到整个建筑空间之中来看待，充分考虑到其整体空间的特点。刻石于大明万历四十五年（1617 年）的《永乐镇纯阳宫肇修善事碑文》，显示的是三清殿举行黄箓大会的事迹。其中提到"瞻礼神天，振拔沦坠，六幽三界，无所不暨"③，可以知道，地狱场景除了叙事功能之外，也有举行仪式时，作为场景的辅助功能。

可以说在宗教图像中，仅仅引发观者产生意趣是不够的，"意趣属于喜欢而不是爱的范畴，它调动起来的是个半吊子欲望"④。在引发观者产生适度的兴趣之外，宗教图像需要一种吸引或伤害的细节，即刺点穿过、打乱，在观者（恰当地说是信众）的心中留

---

① ［美］康豹：《多面相的神仙——永乐宫的吕洞宾信仰》，第 60 页。

② ［美］康豹：《多面相的神仙——永乐宫的吕洞宾信仰》，第 59 页。

③ 碑文有载："岁甲寅，州南永乐镇居士杨万顷、鲁一正、毛让、常登瀛、吉人李真蛟等，以水旱之弗时，灾祲之叠至，谋所以救乏遗、徽景觊者，始倡诵经之举。阖郡及邻境善信男女、尚农人等，各捐资助之，共得五百八十余金。乃关内高士葛真玉于纯阳宫无极殿（即三清殿）斋沐捧诵，阅历三载，迨丙辰而竣。遂卜十二月念四日建黄箓之大会凡五昼夜，告成事也。瞻礼神天，振拔沦坠，六幽三界，无所不暨。执事者内外愍欤，罔敢戏豫，精诚昭格之忱，可谓始于淳备矣。"见《永乐宫碑录》，陈垣编纂《道家金石略》，第 1301～1302 页。

④ ［法］罗兰·巴尔特：《明室：摄影札记》，第 36 页。

下瘢痕。在西方，宗教通过"视觉迷幻术"——往往作为一种心理手段试图将观者与宗教偶像的生平事迹联系起来——可以让受刑人减少痛苦和恐惧，并将自己遭遇与基督受难联系起来，而在道教画传故事中"地狱场景"的使用，是否可将其解读为地狱场景所引发的视觉迷幻，不仅是距离的拉近，更有将直接的生命体验附之身心的感受呢？

经历了战火的洗劫，蒙古军南下所造成的一系列上自社会组织，下至个人家庭环境的破坏可以见诸当时的历史与文人笔记，而传统的分析也多据此而谈，但实际上有一点遭到了很大程度地忽略——战争给当地人民的心灵所造成的创伤。这种创伤是无形的，也难以一种外在的物化形态直接表现出来——这从一定程度上可以解释对心灵创伤的研究为何遭到了忽略。而以全真教为代表的宗教组织得以从地方组织发展到国家宗教的规模恰恰是以抚慰心灵创伤为起点。这就如英国艺术史学家迈克尔·巴克森德尔（Michael Baxandall，1933～2008 年）所说的"时代的眼睛"（Period Eye），在宗教图像的实际反应上，可以由当时所留下来的笔记小说、戏剧唱词、地方志和史书记载中的宗教效应来反推。巴克森德尔研究的是制约图像形式被接受的习俗，其他的文化习俗对观众如何看待图像及其传递信息的方式影响更大。对图像的正面反应以及相反的反应，可反映出当时的道教观念与政治态度。

在重阳殿壁画中出现了大量梦境题材，可以说，道教正是通过这些梦境来向时人展示一个彼岸世界；而同时，又通过图像的方式指涉梦境，一如柏拉图（Plato，前 427～前 347 年）的洞穴之喻那般。其中，"会真之梦"也成为具有得道潜质的一个衡量标准。诸如平阳路泽州会真观的《会真观记》[①]（写于 1249 年）等对梦境中幸遇仙真事迹的大量记载散见于各种道行碑以及仙真传记之中。抛开其真假（伪造，比附）不谈，这种记载显然为当地的宗教领袖希冀死后升仙入道提供了某种可能性。

梦境与地狱场景的描绘有一个共同之处，即虚幻性。这种虚幻性基于人类思维

---

① 　观记中提到："正大戊子（1228 年），至元梦一皇冠共谈元教，曰：当与汝为方外游，我今先往，速来行次。忽睹仙官仪卫甚肃，遮邀不得前。有白衣老人云：放令去，系尹先生下牒要者。人遂得行，见一卧尸。旁有人云：勿回顾。回顾此尸便是汝。遂惊寤。黎明为游骑所获。久之，执者稍缓，逃入山。因省梦中事，遂弃家簪冠焉。杜氏代不乏人如此。其人固异矣，然其所遇到者亦异。会真之梦，不为无所遇，盖至道之所感欤？"其中提到的尹先生应为尹喜（文公，号文始先生、文始真人、关尹，周人）。见王宗昱编《金元全真教石刻新编》，第 121～122 页。

的一个特殊技能——想象。而在特定环境中，人的想象则往往产生异化的现象，比如国家基于祈祷心理所形成的祥瑞事迹的描述与转述的代表——嘉禾①。这些异化出来的事物，无疑是不存在的，但之所以还能传播则得益于人们大型灾难之后所形成的心灵创伤，这种创伤类似于失语症。随着道教在宋代以后的发展，由神仙点化而悟道成仙的故事系统成为自神其教，即自我神化其教派，以增加其神秘性，理性减少的同时增加其感性上的想象力和吸引力，成为宣传义理的方式之一。例如黄粱梦故事系统的演变中，可以明显地发现全真教的义理与信念的影响。"失语症会造成记忆的减缩，但减缩的程度轻重有别。然而，失语症患者忘记自己是社会一员的情况却是少见的。"② 患有失语症的人记忆力是没有完全失去的，但可以回忆的仅仅为过去所经历的事件中的一部分，或主要部分，显然有些部分是有意或无意地被隐藏了起来，比如丧家之痛等，因为不堪回首，所以被大脑自动封闭。这与健忘者的情形显然不同。而且，那部分可以回忆起的记忆，整体上还与时代的集体记忆保持着联系。

　　"没有记忆能够在生活于社会中的人们用来确定和恢复其记忆的框架之外存在。"③ 叙事性图像的现实主义手法就是用来建立观者与现实生活之间的联系，并使得他们通过眼睛来唤起对现实生活的苦难记忆。无疑，这种记忆是不堪回首的，而此时，宗教适时地插入了进来。关于入道的原因，记载太原路崞州朝元观的《朝元观记》就认为入道是淡泊之好与危难避苦的双重需求的合力④。可以想见，在元代等

---

① 在《元史·五行志·土》中共记载了七处有关山西地区的嘉禾情况，分别是：至元元年（1264 年）十一月丁酉，太原临州进嘉禾二茎；至元四年（1267 年）十月庚午，太原进嘉禾二本，异亩同颖；至元十七年（1280 年）十月，太原坚州进嘉禾六茎；皇庆二年（1313 年）八月，嘉禾生浑源州，一茎四穗；至正元年（1341 年），冀宁太原县有嘉禾，异亩同类；至正三年（1343 年）八月，晋宁临汾县嘉禾生，有五穗至八穗者；至正十六年（1356 年），大同路秦城乡嘉禾生，一茎二穗五穗，有九穗者，有异茎而同穗者。见 ［明］宋濂等：《元史》，第 1075～1085 页。

② ［法］莫里斯·哈布瓦赫：《论集体记忆》，毕然、郭金华译，上海人民出版社，2002 年，第 76 页。

③ ［法］莫里斯·哈布瓦赫：《论集体记忆》，第 76 页。

④ 碑文记载："予闻黄老家黜聪明，去健羡，前贤以为大概与易道何思何虑者合。自年少气锐者观之，往往以堕窳不振为嫌。及其事既多，阅得丧休戚者益熟，乃稍以淡泊之言为有味。回视世好，若刍豢之悦其口者，或厌而唾之矣。况乎执兵凶器，行战危道，奋迅于风尘之隙，而角逐于功名之会，伏尸流血，仅乃得之大方之家，方以拱璧驷马，不如坐此道。彼功定天下之半，声驰四海之表，且不能满渠一笑，其下者当置之何地哉？故虽文成君之豪杰，一旦自视缺然，愿弃人间事，绝粒轻举，以从赤松子游，非自苦也。"见陈垣编纂《道家金石略》，第 494 页。

级严格的民族政策之下，普通民众所承受的沉重的经济压迫、政治威胁与社会苦难，以及渴望在宗教中寻求安慰的时代心情。

正是在这个背景下看永乐宫重阳殿壁画中的地狱场景，可以认为其在全真教视觉艺术体系内的出现不是偶然。而在九组地狱场景中，无论是图文结构还是文本来源，都可以认为是对佛、道两方面诸多文本的杂糅与整合。此外，重阳画传对地狱场景的挪用，一方面可以解释为全真教在以尹志平为首的第三代掌教带领下，对复归道教传统观念的积极建构；另一方面，也印证了全真教教团势力在山西地区的增长过程中，对地方宗教及民间信仰的有效整合。而回到图像产生的语境之中，无论对地狱场景的挪用基于何种原因，可以肯定的是，艺术家对地狱描绘所指涉的意图绝非出于生搬硬套以及个人想象的添油加醋，正如埃米尔·马勒（Emile Male，1862~1954年）所认为的中世纪光怪陆离的形象来自于"人类意识的深处"，这些地狱场景图像也渗透出当时社会政治环境下人们的时代焦虑。

二 《叹骷髅》：王重阳在传道中使用图像的母题及其意义

（一）王重阳在传道中使用的四类图像

1. 四类图像内容

王重阳在传道过程中，度化方式是多样的，其中不乏借助文学诗歌等艺术形式。同时，在永乐宫重阳殿壁画中，根据榜题以及部分图像，更可以得知王重阳还以绘画作为其度化七真等弟子的工具。目前所知，至少有四幅（类）图像，即骷髅图、天堂图、写真图、松鹤图，在王重阳传道设教（或者说对全真七子及第二代亲传弟子的传道）的过程中起到了很大的作用。

第一类：骷髅图。

图像在重阳殿北壁西侧上右二，即画传编号第27《叹骷髅》（图2.30）。

榜题云："昔祖师在全真庵，自画一骷髅，以示丹阳夫妇，复赠之诗云：'堪叹人人忧里愁，我今须画一骷髅。生前只会贪冤业，不到如斯不肯休！'"

壁画以画中画的形式，表现王重阳图画骷髅以示马钰夫妇。

图 2. 30（彩版七）　　第 27《叹骷髅》局部（采自萧军编著《永乐宫壁画》，第 311 页）

第二类：天堂图。

图像位于重阳殿北壁西侧下右一，即画传编号第 26《画示天堂》（图 2. 31）。

榜题云："重阳祖师自画天堂之相，以示清净□〔散〕人孙仙姑。夫天堂者，乃诸天之福堂也。未言度命□□五方天中各有福堂□□道果以升入。盖先警以地狱之苦，复示以天堂之乐，□于行道而亡退也。"

壁画表现王重阳以天堂图像度化孙不二的场景，画面下部漫漶不清，疑似有孙不二跪拜。

第三类：写真图。

图像在重阳殿西壁中间靠右上，即画传编号第 40《散神光》（图 2. 32）。

榜题为："大定九年己丑四月终，宁海道友周伯通，邀祖师作金莲堂。忽一夜有光如昼，州人聚观，见师行于庭，而光明随之。祖师自写其神，仍题颂于其上云：来自何方？去由何路？一脚不移，回头即悟。"与榜题相对，画面表现三个情节：即金莲堂二人对坐；重阳散神光，州人惊呼；重阳自写其神。写真图即指第三部分，在画传 40《散神光》的左上，表现"祖师自写其神，仍题颂于其上"，画面中王重阳在案上绘画一人物形象，即为王重阳自身。案前有二人，正跟随王重阳的手指关注于画像之上。

图 2.31　第 26《画示天堂》局部及线描图（采自萧军编著《永
　　　　乐宫壁画》，第 310 页；吴端涛绘图）

第四类：松鹤图。

王重阳画松鹤图在重阳画传中共出现三次。第一次是在重阳殿东壁中上，画传
第 9《题壁付图》（图 2.33）。

榜题云："重阳祖师将游海上，题于终南县资圣宫之殿壁云：终南重阳子害风王
喆，违地肺，别京兆，指蓝田，经华岳，入南京，游海岛，得知友，赴蓬瀛，共礼本师
之约耳。师又自画松鹤仙人之图，与门人史公密收之，为他日参同符契云。"榜题所述

场景有二，即题壁和付图。壁画中均有表现，第
二场景即付图，在画面左上部分。

　　第二次出现于重阳殿西壁左侧上，画传第
46《付史风仙》（图2.34）。

　　榜题云："祖师未出关时，尝自画一三髻
道者，与松鹤共为一图，付史风仙曰，留此待
我他日擒得马来，以为勘同。后丹阳入关，风
仙以画像验之，毫发无异。""三髻道者"指马
钰。图像中画面左侧表现重阳画丹阳付风仙，
右侧表现重阳真人羽化后，丹阳马钰继任掌
教，入关见史风仙（公密），而风仙以图示之
的两个场景，时间关系上是左侧在先，右侧
在后。

图2.32　第40《散神光》局部
（采自萧军编著《永乐
宫壁画》，第322页）

图2.33　第9《题壁付图》局部（采自萧军编著《永
乐宫壁画》，第275页）

图2.34 第46《付史风仙》局部及线描图（采自萧军编著《永乐宫
壁画》，第334页；吴端涛绘图）

第三次出现于重阳殿西壁左侧下，画传第49《三师勘符》。

榜题云："祖师羽化，宾礼既终，嗣教丹阳先生，率丘、谭、刘三友入关，谒和玉蟾、李灵阳。史公密勘符松鹤图，参同道要。访祖师刘蒋故庵，公密亦昔受之图，以示四友。"榜文中提及松鹤图两次，第一次为重阳真人羽化后，马钰继任掌教，携丘处机、谭处端、刘处玄三人入关，史公密将重阳真人赐图示于四人，此内容当与画传第46《付史风仙》之第二部分风仙示图于马钰为同一内容；不同者为第二次，即马、丘、谭、刘四人访重阳真人刘蒋庵（可参见画传第10《刘蒋焚庵》），史公密再次将图示于四人。但因壁画年久失修，损坏严重，画面漫漶不清，不知具体刻画的细节为何。

2.《道藏》及画史所载四类传道图像

这些在重阳画传（榜题及壁画）中表现四类画像作为王重阳传道使用的度化工具一事，是否有全真教文献的依据呢？

我们通过检索《道藏》相关文本，抽取四组题材所涉及的六个画传中的相关部分，有如下发现。

骷髅图，在《历世真仙体道通鉴后集·孙仙姑》中有记载；

天堂图，在《金莲正宗记·清静散人》《历世真仙体道通鉴续编·王喆》《历世真仙体道通鉴后集·孙仙姑》中有记载；

写真图，在《金莲正宗记·重阳王真人》、《甘水仙源录》之《终南山神仙重阳真人全真教祖碑》、《历世真仙体道通鉴续编·王喆》、《历世真仙体道通鉴后集·孙仙姑》中有记载；

松鹤图，在《金莲正宗记·重阳王真人》、《七真年谱》、《甘水仙源录》之《终南山神仙重阳真人全真教祖碑》、《甘水仙源录》之《全真第二代丹阳抱一无为真人马宗师道行碑》、《历世真仙体道通鉴续编·王喆》、《金莲正宗仙源像传·重阳子》中均有记载。

如此看来，在重阳真人以及部分度化弟子的传记之中，对于重阳借助图像作为度化工具有确切记载，也就意味着这一传教手段在全真教的信众中产生着威力，发挥着作用。

同时，这些关于王重阳以图像作为度化工具的事件还被记入画史之中，而其中，重阳真人更是被认作艺术家。

在画史中对其事记载，目前所知最早的是元夏文彦《图绘宝鉴》卷四："重阳真人王寿，字知明，咸阳人，大定中得道登真，其初度马丹阳夫妇，日尝画骷髅天堂二图，并自写真及作松鹤图与史宗密真人。"①

① 至正二十五年（1365 年）夏文彦自序。

图 2.35　西壁壁画线描图（吴端涛绘图）

　　对于其中骷髅、天堂、写真和松鹤图的记载，在接下来的多部绘画史文献中得到了延续。其中，直接引用的有两部，一是明朱谋垔的《画史会要》卷三："金重阳真人王寿，字知明，咸阳人，大定中得道登真，初度马丹阳夫妇，日尝画髑髅天堂二图，并自写真及作松鹤图与史宗密真人。"① 二是清王原祁（1642～1715年）等纂辑《御定佩文斋书画谱·第五十二卷·画家传八》载："金重阳真人王寿，字知明，咸阳人，大定中得道登真，初度马丹阳夫妇，日尝画髑髅天堂二图，并自写真，及作松鹤图与史宗密真人。"② 二书均在末尾注明引自《图绘宝鉴》。

　　其他著述中虽有引用，但略有增删，比如清王毓贤（生卒年不详）《绘事备考》卷七："重阳真人王喆，字知明，咸阳人，大定中得道登真，其先度马丹阳夫妇，日尝画髑髅天堂二图，寓意深远，落笔苍古，自题隐诀于上以赠之，又写松鹤图赠史宗密真人，其画流传人间，信仙笔也。"③ 文中先是提到赠予马丹阳夫妇骷髅、天堂二图以度化二人，并对两幅图像的寓意、笔法有所评价，还提到图上除画面外有"隐诀"的文字。后与《图绘宝鉴》相同，提到松鹤图以及赠予的对象史宗密真人，但没有提到写真图。

　　成书时间类似的另一本重要绘画史著述清顾复《平生壮观》中载："王寿，字知明，号重阳真人，咸阳人。人物四小页，绢素甚精。人物有涂花面者，重阳自题字极小，见时因其落笔粗率，未曾究其是何故实也。然衣褶气运，的的宋人。重阳真人得纯阳、海蟾之正传，度丘、刘、谭、马、郝、王、孙于当世，大定中得道登真。图史载其尝画骷髅、天堂二图，又作松鹤图与史宗密真人，大抵借笔墨游戏，以阐扬教法，导引世人者也。神仙遗迹，岂宜以专门作家之道衡之。"④ 文中虽未直接提及写真图，但提到了有"人物四小页"，并对材质（绢素）、人物面部的绘制方法（涂花面）有所描述，并认为"衣褶气运，的的宋人"，是宋人笔法，而题字（自题字）应是上面提到的"隐诀"之类的文字，"自题字极小"的习俗也和宋画特别是

① 明崇祯四年（1631年）刻本。
② 康熙四十七年（1708年）成书。
③ 约成书于1691年。
④ ［清］顾复：《平生壮观》，林虞生点校，上海古籍出版社，2011年，第302页。

北宋绘画中的题字类似。同时进一步提到了绘制图像的目的："借笔墨游戏，以阐扬教法，导引世人者也。"并将此种绘制画像的行为与普通画家进行了区分："神仙遗迹，岂宜以专门作家之道衡之。"这也提醒研究者，在关注王重阳以图像度化弟子入道时，应留意图像仅仅是手段。正如翰林修撰刘祖谦（？~1232年）在《终南山重阳祖师仙迹记》文末写道："若其出神入梦，掷伞投冠，其他腾凌灭没之事，皆其权智非师之本教，学者期闻大道，无溺于方技可矣，是不得以固陋辞。"① 或许重阳真人度化弟子入道的手段有千百种，而帮助弟子"入道"本身才是关键。若因为绘画才能而在王重阳身上贴上诸如"艺术家"的标签，则未免孟浪。

（二）传统母题在全真教绘画中寓意之变

全真教开派祖师王重阳在度化弟子过程中所使用的四类图像，使我们看到了宗教借助艺术施加于信众以影响的企图与决心。接下来，将目光聚焦于这四类图像，对四类图像的母题进行解读，并重点选择其中的骷髅图，从骷髅这个母题在全真教中的寓意之变出发，看艺术是如何在宗教传播中具体发挥作用的。

1. 三类传道图像母题的挪用

（1）天堂

天堂母题不独为全真教艺术所有。天堂多与地狱作为一对母题出现，天堂的存在意味着作为其对立面的地狱的存在，以及其对死后安宁世界的威胁。在愚昧的年代，上天堂还是下地狱这种非此即彼的二元死亡观无时无刻不左右着人们在现世的种种决策。人们面对天堂之乐的诱惑，地狱之苦的摆脱；而最终复归于人的则是对生命之有限性的突破的渴望。这种现实性之下的冤业之叹，人生忧愁之伤，既是一种警示，又是时人所不得不直面的现实。正如元舒頔（1304~1377年）词云："福田罪性本来空，地狱天堂皆是幻，包天包地无过一点真心，通鬼通神只是一个诚字……昔岁漂沉丘井，今朝跳出樊笼，解放痴绊，泼杀闷火，便是人间快活汉，真成蓬岛地行仙……"② 人们面对生死，是既叹又恐。

---

① 刘祖谦：《终南山重阳祖师仙迹记》，《金石萃编未刻稿》卷上。
② ［元］舒頔：《贞素斋集》卷四载《沈谷华休官入道盖菴疏》。

因此全真教在宣传教义的时候，挪用天堂与地狱的概念，并以视觉形象展示出来，在当时起到了显著的效果。虽然今天当我们超越时代局限性回头来看这幅图像时，在在提醒我们这只是一个图像而不是现实，但显然我们也无法切身体会到当时人面对生死时的焦虑与无奈。

（2）写真

写真的一个重要体现是自画像。关于王重阳以写真图像传道，在资料中多有记载，并以写真绘像的方式使弟子见像如见真人，而达到度化弟子的目的。金李俊民（1176～1260 年）《庄靖集》卷八载："净然子者，济南人，姓郎名志，清幼而颖悟，举止作高尚……十四遇一道者，见而奇之曰，是儿有仙分……一日忽见重阳真人绘像，骇然曰，此乃前者所遇之师也，契相投岂偶然哉，于是绝嗜欲，屏纷华，刻意于道学……"

当然，写真并不意味着写己之真。可以是王重阳画自己，也可以是别人画王重阳。除前文述及的写真像之外，其实还有一次写真，在重阳殿扇面墙背面左下，编号 54《重现文登》（图 2.36），因为画面漫漶不清，故既不能确定写真图内容，亦不确定有无榜题记载写真之事。但"重现文登"在《金莲正宗记·重阳王真人》中可以找到相应文本记载，即重阳真人在羽化后，以端坐白龟之上、金莲之中的姿态重现文登，县宰尼厉窟命画师对写真容："继有文登县作醮，于五色云中见白龟甚大，背有莲花，祖师端坐于莲蕊之上，须臾，侧卧而归。县宰尼厉窟亲见其事，拈香恭礼，命画师对写真容，三州之人皆仰观焉。"而在现藏于山东莱州青萝馆受宣堂的《王重阳画像题刻》[①] 中，右侧刻王重阳、幅巾道袍、曳杖而行。

图 2.36 第 54《重现文登》局部（采自萧军编著《永乐宫壁画》，第 346 页）

---

① 陈垣编纂《道家金石略》，第 431 页。

此外，全真教写真图的表现对象也不独为王重阳，比如纯阳帝君吕洞宾。在永乐宫纯阳殿，有多处表现纯阳帝君在度化时使用其自身写真图像的细节。在北壁东段壁画中有一段表现帝君施展神技度化马庭鸾的场景：马庭鸾曾设如意斋接待吕洞宾，帝君将其院狗杀煮而食，后拿阔绢敷狗皮之上而置于院中池畔亭旁。翌日，马不忍而将绢敷狗皮一起送入池中，忽见池水大动，狗负绢出水，待众人展绢后见上绘吕真人像，神情如活。壁画将此事迹以多场景组合绘成，其中有马庭鸾与一男三女展绢而视，绢上画一半身人像者，正是纯阳帝君，而曾经被帝君煮食的大狗则蹲立于众人身旁，以暗示其已复活，经此事马亦立祠供纯阳帝君（图2.37）。

图2.37（彩版八）　纯阳殿壁画《纯阳度化马庭鸾》局部（采自萧军编著《永乐宫壁画》，第217页）

此外，在纯阳殿北壁东段壁画《纯阳救苟婆眼疾》中还出现了纯阳帝君的塑像，画面表现绘一小屋，屋内正中为纯阳帝君的塑像，塑像前放一香案，案上摆一香炉和食盒，正是帝君为苟婆医治好眼疾之后，苟婆于桌前为帝君像供奉祭品的场景（图2.38）。

而在宋扇页《吕洞宾过岳阳楼图》（图2.39）之中亦有两处吕洞宾的形象刻画，一

图 2.38（彩版八）　纯阳殿壁画《纯阳救苟婆眼疾》局部（采自萧军编著《永乐宫壁画》，第 218 页）

处写其酒酣之后飞入空中，引得众人争相观看；另一处以减笔墨线绘吕洞宾正骑毛驴于庭院的墙面之上。

其他还比如纯佑帝君刘海蟾。在元李道谦（1219～1296 年）撰《七真年谱》中记载："大定四年甲申，重阳祖师年五十三。师《全真集》自序云：余尝从甘河拥酒一葫欲归庵，道逢一先生叫云：害风肯与我酒吃否。余与之，先生一引而尽，却令余以葫取河水。余取得水授与先生，先生复授余，令余饮之，乃仙酝车。又曰：子识刘海蟾否。余曰：但尝见画

图 2.39　《吕洞宾过岳阳楼图》（大都会艺术博物馆藏，采自《宋画全集》第六卷第四册，第 162 页）

像耳。先生笑之而去。"① 记载了重阳真人在入道之前曾亲见纯佑帝君刘海蟾的画像，而文献记载的潜台词也在暗示着刘海蟾画像加速了王重阳的入道。

显然，无论是纯阳帝君吕洞宾，还是纯佑帝君刘海蟾，抑或辅极帝君王重阳，三位均位列全真教五祖之中，都有资格以画像传道。这种个人写真作为一种偶像的力量来传道度化的前提当然是画像本人在全真教中享有极高的地位。写真之事自古有之，但将自画像作为度化工具则无疑为一大创见。可以说，王重阳是宗教领袖中亲自描绘，并以写真集来度化教众的先驱了。

（3）松鹤

此类关于松鹤祥瑞的符号性表现在表达道教观念的图像之中亦不少见。传南宋《绣线瑶台跨鹤图》（图2.40）为宋《缂丝绣线合璧册》之一。绣界画楼阁山水人物，画面左上有一女仙跨鹤飞来。女仙高髻着冠，金边云肩，披帛逆风而举，可见速度之快；宽袖长袍披于仙鹤两翼。扇面右幅竖一高台，环以松柏，高耸入云，台上二女童持幢相迎。似乎仙人跨鹤、驻跸如云高台以成定式，也是当时人们对仙人以及围绕仙人的一系列衣食住行的系统想象。

图2.40　南宋《绣线瑶台跨鹤图》局部（辽宁省博物馆藏，采自黄能馥主编《中国美术全集·工艺美术编·6·印染织绣》上册，第190～191页）

---

① ［元］李道谦撰：《七真年谱》，《正统道藏》洞真部。

与之相似的表现仙山楼阁以及仙鹤的图式不少。传为宋代的《缂丝仙山楼阁图》（图2.41）乃《名画集真册》之最后一页，画面山石环绕，彩云缥缈，楼阁之上，仙鹤云集。多做祝寿之用，意为一老人每遇海水变桑田时，必放一筹，今已放满十屋。

图2.41　宋《缂丝仙山楼阁图》局部（台北故宫博物院藏，采自黄能馥主编《中国美术全集·工艺美术编·6·印染织绣》上册，第204页）

另外，明万历四十三年（1615年）刊本的《性命圭旨》插图中亦有表现。此刊本为安徽刻，书插图共五十余幅，传为丁云鹏（1547～1628年）所绘，绘刻工可由中缝"黄伯符刻并书"得知。此插图额题"飞升图"三字（图2.42），图中下部共绘有人物12位，从服饰着装来看，其身份或为道众，或为乡绅，或为商贾，或为命官，年龄老、中、青三代皆全，而众人皆抬头举指向天，画面中段祥云之上，一人乘鹤而起，此人头缚一巾，巾后两飘带迎风而起，蓄长须意为年长，身着右衽广袖长衫，引颈回望下面的人群，地上天空众目相接，暗示两方的熟识关系，加上楷体"飞升图"三字，可知此图描绘驾鹤老者羽化飞升之场景。而陆上之人，众目深情似有欢喜之感，而无哀伤之意，可知羽化飞升，列为仙真，实为一大喜事。

除了松鹤之外，金莲也是全真教极具代表性的图像母题。《金莲正宗记·重阳王

图2.42　明刻《性命圭旨》插图（原本现藏上海辞书出版社图书馆，采自
王伯敏主编《中国美术全集·绘画编·20·版画》，第39页）

真人》中记载王重阳曾画《十九枝图》以象征教众："又答登州道众书诗及十九枝
图。……十九叶相承于桂树，一万枝不绝于金莲。"

　　可以说，以松鹤为母题的动植物图像在全真教视觉形象中的出现无疑是挪用了
其作为祥瑞符号的性质，这些符号与图绘仙人等组合成为全真教中修道者得道飞升
的象征性表现。但作为母题，松鹤与之前分析的天堂一样，其本身的内涵并没有发
生太大变化。

2. 全真教语境下骷髅母题的寓意之变

骷髅，泛指人死去之尸骨，没有皮肉或毛发，其头骨常被称为髑髅。

有关骷髅题材，最早见于《庄子·至乐》。庄子适楚，遇见髑髅，空骨无肉，见而有为其"生子形，为子骨肉肌肤，反子父母妻子闾里知识"的欲念，但髑髅却说："死，无君于上，无臣于下。亦无四时之事。从然以天地为春秋，虽南面王乐，不能过也。"[①] 在庄子的寓言里，庄子借骷髅之口阐明生死之理，以死者之身向活着的人说：对于你们孜孜追求的美好现世，我们不再感兴趣。放下才有真正的解脱，真正的快乐。然而，并非所有人都能像髑髅那般看破生死。

宇文所安（Stephen Owen，1946~）认为，暴露在野而无人可识的骷髅代表着一种失落：那些活着的人非常看重的身份、地位、家族等价值认同，在骷髅眼中已不再重要。为此，活着的人会感到不自在，这种不自在会提醒我们勿忘终必有死，勿忘自身生存的有限性。死者虽缄默不语，但活人却控制不了想把他们套进人际关系这张大网里去的冲动[②]。因此，张衡（78~139 年）在《髑髅赋》中看见髑髅委于路旁，而欲为其祷告——告之五岳，祷之于神。髑髅说："死为休息，生为役劳。荣位在身，不亦轻于尘毛？"但张衡仍然命仆夫假之以缟巾，衾之以玄尘，为之伤涕，酹于路滨。亦正因此，谢惠连（407~433 年）在《祭古冢文》中为避免死者的叨扰，即便不知道汉墓中的死者身份，也心甘情愿、平和安静地为死者写着祭祀的悼文。他们的行为不过是为求取一丝安慰——确切地说，这样做不是为了死者，而是自己。

蒙元军队的暴烈残忍，伴随着血腥的屠城加剧了人们的恐慌。频繁的战事驱赶着大量人口不断流动，同时也必然导致平民的无辜死亡。一时，如宋汪元量（约 1241~1317 年）《湖山类稿卷一·水云集·长城外》中"君看长城中，尽是骷髅骨……叹息此骷髅，夜夜泣秋月"，以及元舒頔《贞素斋集·卷七·清明》中"空蒙细雨湿松楸，乱后人家哭未休，几处烧钱飞蛱蝶，三叉无主祭骷髅"等描写死后无家可归、无人为之安葬的骷髅诗表达着时人因战乱流离失所而死后无处可葬

---

① 郭庆藩撰：《庄子集释》，王孝鱼点校，北京：中华书局，2008 年，第 617~619 页。

② ［美］宇文所安：《追忆：中国古典文学中的往事再现》，郑学勤译，北京：生活·读书·新知三联书店，2004 年，第 49~50 页。

的恐惧，不断击打着未亡人的心坎。而唐柳祥《潇湘录·类说卷十三·赤丁子》载："洛阳牟颖郊外，葬一骷髅，梦一人来谢云，我本强寇，为同辈见害，感公掩藏，愿阴护公。"写骷髅为答谢被葬而阴护葬者的离奇之事，更能代表那些当时尚在人世的幸存者们的心声。似乎死后能得其所，避免被暴尸于野，反而比延续生命以致百岁在当时显得更为迫切。

现实是残酷的，生命的有限成为历代人所不能克服的心病，而只能寄托于子嗣的延续之上。人们内心却从未平息过延寿的祈愿，南宋曾敏行（1118~1175 年）的

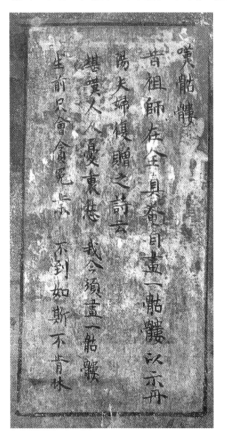

图 2.43 第 27《叹骷髅》之榜题（采自萧军编著《永乐宫壁画》，第 311 页）

《独醒杂志·人患无寿不患无子条》就有："邵武人黄南强字应南，与先君俱调官都下，倾盖定交。……应南与先君齐年。……先君后数年弃诸孤，又十余年而应南来守庐陵，求访先君，则宰木已拱矣。应南晚得子而康强寿考，及见其成人。因知人患无寿，不患无子。……"① 但较之借子嗣以延续生命，人生而必死的现实则无时无刻不提醒着人们对死后世界最终归宿的关切，而最大的恐惧无非如骷髅般暴尸于野、无法安眠了。

在这种死而难得其所的恐惧之下，王重阳在全真庵画骷髅图赠予马钰夫妇，其寓意不言自明。"堪叹人人忧里愁，我今须画一骷髅。生前只会贪冤业，不到如斯不肯休！"（图 2.43）由单纯的"骷髅"母题而上升到"叹骷髅"，这个"叹"，便表达了全真教对骷髅所代表的固有生死意义的追寻超越。所以，骷髅母题在以王重阳为代表的全真教那里发生了改变，他对生死的观念更接近于庄子适楚所见的骷髅之所想，超脱于张

---

① ［宋］蔡绦、曾敏行撰：《铁围山丛谈·独醒杂志》，第 162~163 页。

衡、谢惠连、柳祥、汪元量、舒頔等人在诗文中包含的生者对死去之景的深深忧虑。

因全真教教义的影响，当时带有超脱生死色彩的《叹骷髅》题材在蒙元进攻中原的大背景下变得十分流行，比如神仙道化剧中就有李寿卿写的《鼓盆歌庄子叹骷髅》。不但王重阳谈骷髅、叹骷髅，其得道的弟子们也以此来表情达性。传统的"骷髅"母题在全真教艺术（文学、诗歌、绘画）中被大量挪用，其内涵也呈现出多元的复杂性。七真之一丹阳子马钰《叹骷髅》一诗有："想在日，劝他家学道，不肯回头。耻向街前求乞，到如今，显现白骨无羞。若悟生居火院，死堕阴囚。决烈灰心慷慨，舍家缘、物外真修。"① 谭处端题《昆嵛山白骨图并诗》说："我今伤感叹骷髅，艳女娇儿恋不休，留意勤勤贪贿赂，无心损损做持修。生前造下无边罪，死后交谁替孽囚，精血尽随情欲去，空遗骸骨卧荒丘。"② 此外，马钰高徒王丹桂有《骷髅喻》："日日迷花酒，朝朝竞气财。偶然命尽掩泉台，郊外曝遗骸。任使□敲棒打，不似从来尖傻。劝人早悟此因由，物外做真修"③，以及《傀儡喻》："颜貌胡妆点，形骸旋合攒。趷跳扭捏恁多端，争信被人般。由自摇头弄影，日日当场驰骋。一朝线断罢抽牵，方悟假因缘"④ 等皆借骷髅来抒发打破生死，悟真因缘，得物外真修的体会。

在全真教这种看破生死、得大解脱的教义影响之下，一系列以骷髅为母题的绘画不断出现。活跃于南宋理宗（1224～1264 年在位）画院的写实主义画家李嵩（约活动于1190～1230 年），现存作品多以周密精致的笔法表现安定祥和的乡村生活，使人很容易联系到当时南宋与北方的蒙古军联合灭金而带来的南方短暂的安逸，但强敌环伺、奸臣当道的现实，却不得不令人担忧整个国家的未来。明末顾炳编纂《顾氏画谱》（1603 年成书）中载李嵩尝画骷髅团扇，并言："观其骷髅图，必有所悟，能发本来面目意耳"。这个观图而悟以"发本来面目"不管是否为艺术家本意，却实实在在地对观

---

① ［金］马钰：《丹阳神光灿》，《马钰集》，赵卫东辑校，济南：齐鲁书社，2005 年。

② 此碑位于洛阳，像二尊，骷髅一，十二行，行八字，两截刻，上图下诗。见陈垣编纂《道家金石略》，第 432 页。

③ ［金］王丹桂撰：《骷髅喻》，《草堂集》一卷，《正统道藏》太平部。

④ ［金］王丹桂撰：《傀儡喻》，《草堂集》一卷，《正统道藏》太平部。

画者因时局危难而激发的生死感悟施加着影响①（图2.44）。生于南宋覆亡后的吴镇可谓生不逢时，不屑于蒙元新政权的吴镇（1280～1354年）以梅花道人自号，潜心修道，不问世俗，创作了很多含有道教超脱生死色彩的作品，《梅花道人遗墨·卷下·词》记载其曾题画骷髅，并在《题画骷髅·调寄沁园春》中有："惺惺汉皮囊，扯破便是骷髅。"并附《骷髅偈》："身外求身，梦中索梦，不是骷髅，却是骨董，万里神归一点春动，依旧活来拽开鼻孔。"② 画题中所言的扯破皮囊、身外求身的思想与王重阳所倡导的全真思想可以说是十分切近的。

图2.44　南宋李嵩《骷髅幻戏图》（故宫博物院藏）

这种在全真教生死观的基础上对骷髅意象本身的理解以及由此发展出的一系列叹骷髅题材文学和艺术作品，成为全真教开山祖师王重阳及其后门人宣教的手段之

---

① ［清］厉鹗辑《南宋院画录》卷五中共记载有三条关于李嵩骷髅图团扇的资料：第一条为清吴其贞著《书画记》，其中对李嵩为何画骷髅团扇"不知是何义意"；第二条，明陈继儒撰《太平清话》中载李嵩骷髅图团扇内容为"大骷髅提小骷髅，戏一妇人，妇人抱一小儿乳之，下有货郎担，皆零星百物可爱"；第三条则为此文所引明末顾炳编纂的《顾氏画谱》中的信息。

② 但对吴镇是否画骷髅有人怀疑。清鲍士恭家藏本《梅花道人遗墨》中，鲍士恭言："镇画深自矜重，不肯轻为人作，后来假名求售，赝迹颇多，亦往往有庸俗画贾，伪为题识，如题画骷髅之沁园春词，无论历代画家，从无画及骷髅之事，即词中漏泄元阳，爹娘搬贩，至今未休诸句，鄙俚荒谬，亦决非镇之所为。"见《钦定四库全书》总目卷一百六十八·集部二十一·别集类二十。

一。而作为视觉化的宗教思想的体现，骷髅母题无疑在本身所体现的意义层面上笼罩了一层全真教教义。因此，无论是王重阳在传道过程中使用骷髅母题所做的图像，还是后来永乐宫重阳殿壁画中，以画中画的形式体现重阳借助叹骷髅图像来度化马钰夫妇的过程，都意味着对全真教艺术中骷髅母题的认识，较之母题本身呈现的外在形态，其内在体现的全真教义才是识别的关键。

接下来，基于全真教寓意中的骷髅母题之变，笔者以骷髅图度化马钰为例，分析作为画中画的《叹骷髅》图像与全真教生死观之间的关系。

（三）作为画中画的《叹骷髅》与生死对偶

1. 作为画中画的《叹骷髅》

在重阳殿北壁西侧上右二，画传编号第 27《叹骷髅》（图 2.45）表现全真开派祖师王重阳度化弟子马钰夫妇的情节。

榜题共 54 字："叹骷髅，昔祖师在全真庵，自画一骷髅，以示丹阳夫妇，复赠之诗云：堪叹人人忧里愁，我今须画一骷髅，生前只会贪冤业，不到如斯不肯休。"画面中重阳屈腿直背坐于一株虬松下的石座之上，左手拈提自绘骷髅图，右臂屈伸，右手握固，其中食、中二指并拢指向骷髅图，目视前方二人。身前站立二人，当为马钰、孙不二夫妇，孙在马前，二人着素衣，拱手问礼，面露虔诚之相。王重阳右侧身后侧立二人，前人右手提圆口鼓腹罐，身披蓑衣，束发似有三髻，另一人袖手躬身立于其后①。榜题题签"叹骷髅"与重阳赠诗之第一句"堪叹人人忧里愁，我今须画一骷髅"呼应。

这段重阳题诗赠骷髅图的情节文本可在《道藏》之《历世真仙体道通鉴后集·孙仙姑》中得到印证。根据文献记载可知，金世宗大定七年（1167 年），王重阳自终南山东来会真宁海，度化马钰、孙不二夫妇，过程中曾亲画一幅骷髅图来度化二人，并"题之以颂"，即将一首七言诗题于画上："堪笑人人忧里愁，我今须画一骷髅。生前只会贪冤业，不到如斯不肯休。"

---

① 根据身披蓑衣之特征，推断其当为入道之后的马钰。至于其后袖手而立者谁，不确定，可能是某位弟子，但笔者大胆推测，其更有可能为入道之后的孙不二。

图 2.45　第 27《叹骷髅》及线描图（采自萧
　　　　军编著《永乐宫壁画》，第 311 页；
　　　　吴端涛绘图）

　　从文字的角度看，值得注意的是，壁画榜题
《叹骷髅》与文献《历世真仙体道通鉴后集·孙仙
姑》不同之处有二：其一，文献中重阳赠画并
"题"诗，而画传榜题记载为画图并"赠"诗，也
就是说，"题"则须在画中，骷髅图中有诗；而
"赠"则可不在画中，可以为口头赠予，而观察画
传27《叹骷髅》的画面，王重阳手提的骷髅图中并
无诗句（图 2.46）。其二，文献所提及七言诗第一
句为"堪笑人人忧里愁"，而画传中榜题所写为
"堪叹人人忧里愁"，一为"笑"，一为"叹"，那
么到底是"笑骷髅"还是"叹骷髅"？

　　先回到图像上来，图像的特殊之处在于《叹
骷髅》中画骷髅，即这是一幅画中画。在这幅
《叹骷髅》中，画面对视觉的看重以及对观者视觉
的牵引是一个极为重要的特征。饶有兴味的是，
在王重阳及身后弟子的手势都指向骷髅图的同时，

图 2.46　第 27《叹骷髅》之骷髅图
（采自萧军编著《永乐宫
壁画》，第 311 页）

马钰夫妇却并没有将目光对准骷髅图，而是立身望向前方——这当然可以理解为
可能因为恐惧而不敢直视，或者因为在听而不在看图——似为根据王重阳的描述
形成大脑中的往生之图景。同时，画中之画骷髅图的主体骷髅（可能是任何人的，
包括马钰夫妇）以及《叹骷髅》图像的主体马钰夫妇同时又被置换成了《叹骷
髅》的观者——走进重阳殿的信众。通过画中画的形式，画面至少为三组人预留
出了想象中的场所：骷髅图的作画者，也即传道者——王重阳；骷髅图的观看对
象，也即王重阳的度化对象——马钰夫妇；重阳画传编号第 27《叹骷髅》图像的
观者，也即接受全真教度化的信众。画家在壁画完成之前，不但预设了观者
（信众），而且还预设了观者为观看图像而占据的场所与空间位置。那么，画中
人马钰夫妇的视线关注点在哪？有三个可能：画中画骷髅图，画中人即度化导
师王重阳，画外观者即走近重阳殿观看壁画的信众。似乎更像是第三种，即马
钰夫妇在直面《叹骷髅》的观者，似乎在对走进重阳殿观看壁画的信众言说：

"看吧，重阳祖师劝化的对象，不仅包括我们，也有你们。"

针对图像中王重阳手提画像中的骷髅身份，其实存在着一组身份的双重置换：骷髅可能是王重阳随意选择的一个已经死去的无名者，又可能是在场的任何一个人（包括王重阳及马钰夫妇）死后状态的隐喻。骷髅既是特指，又是泛指。在这具骷髅面前，时空被穿越，打破了时间对身体以及生命的局限——而这也恰是全真教徒们所追寻的最高境界。同时，还存在着一个悖论：他们在世修道时对自身肉体的看重（注重养生）以及在羽化仙蜕时对身体的依托减至最低（主动抛弃），这意味着对时间与身体的双重超越。在此，《叹骷髅》作为画中画，成为一个元图像。

根据米歇尔在《图像理论》中所分析的"反映图像本质的图像为元图像"，元图像"用来解释图像是什么——呈现图像的'自我认识'"①。画中画《叹骷髅》有意再现和僭越了界限分明的"嵌套"结构——对图像作为传统意义上再现自然的否定，不仅仅用写实主义手法表现对象，也表达了对生命意义的双重否定，从而成为一幅关于自身的图画，一幅自身创造的图画，两者叠加在一起，使我们相信它确乎摆脱了作为意义生成或概念再现的一级话语，而成为自在自为的图像本身。《叹骷髅》图像将生死主题的界限在其中消解。吊诡的是，在画面勾勒内外界限——王重阳手提骷髅图的同时，又借助骷髅图中的骷髅及其中对生者肉体已死的隐喻，而消解了《叹骷髅》图像作为元图像所赖以存在的基础——内外界限的存在，从而深化了壁画对度化场景再现的内涵。画中画《叹骷髅》表现的是王重阳度化弟子，而同时何尝不是对走进重阳殿内观看度化场景的信众的度化？

这种复杂图像的自我指涉也就是再现的自我认识，通过追问观者的身份来激化壁画图像的观者——信众的自我认识。显然，信众为了达成某个目的而来到这里，而画中画的《叹骷髅》图像就像一个镜像大厅，使得信众通过绘画中的马钰夫妇看到了自己。可以想象，信众正围在壁画面前，通过观看一幅幅度化故事，不断印证并深化着自己领悟到的全真教义。而这些壁画作为元图像正承担着米歇尔所谓的"教具"的功能②。当直面图画时，会让我们产生一种错觉：王重阳及弟子的手势仿

---

① ［美］W. J. T. 米歇尔：《图像理论》，陈永国、胡文征译，北京大学出版社，2006 年，第 46 页。

② ［美］W. J. T. 米歇尔：《图像理论》，第 66 页。

佛是对观者无言的邀请，画面中的一切仿佛是在观众面前上演的戏剧，有人物，有动作，有视觉，有声音，而马钰夫妇既是观众又是表演者，仿佛成为教化戏剧中的一幕定格的场景。无疑，通过画中画《叹骷髅》可以看出，观者（信众）才是宗教绘画的主要目标与对象。

回到讨论的开始，在分析壁画榜题《叹骷髅》与文献《历世真仙体道通鉴后集·孙仙姑》文字部分的不同之处时提到两点：其一，文献中重阳赠画并"题"诗，而画传榜题记载为画图并"赠"诗。考虑到画面的构图，以及当时画中题字的风格并不鲜见（元赵道一撰《历世真仙体道通鉴》续编及后集完成时间在至元甲午年即1294 年），或许可以将其看作是一种艺术处理，将文献中的"题"改成"赠"，而避免在画中题字，似乎说得通。而其二，即文献所提及七言诗第一句"堪笑人人忧里愁"与画传榜题所写"堪叹人人忧里愁"的不同，到底是"笑骷髅"还是"叹骷髅"？首先，无论笑还是叹，都有一种超脱生死、摒弃忧愁的达观在里面。因此图像文本与文献底本虽不同，但不影响教义向信众的传达；其次，较之"笑"的超脱，"叹"有一种虽入道看破生死却毕竟由普通人修道而来的对凡人陷入生死轮回的感伤，这种对生死持有同情的力量无疑是更强大的。

由此再看王重阳以骷髅图度化马钰夫妇的实效性。可以说，相较于单用辞章奉劝，图画"骷髅"如火上浇油般加速了马钰的入道。王重阳度化马钰，费尽口舌，马钰虽心已动摇，但尚未决定马上入道。在王重阳教化马氏夫妇时，对骷髅的感叹"堪叹人人忧里愁，我今须画一骷髅。生前只会贪冤业，不到如斯不肯休"没有脱离生的眷恋及死的恐惧的凡人思维，是在人生而有限，必有一死的凡人生死观的基础上，以死后入地狱的恐惧与进天堂得道升仙的引诱作对比。这个策略，显然起到了作用。从马钰的口中可以看到："见画骷髅省悟，断制从长。欲待来年学道，恐今年不测无常。欲来日，恐今宵身死，失却佳祥。管甚儿孙不了，脱家缘、街上恣意猖狂。遣兴云游水历，别是风光。经过无穷胜景，更那堪、得到金方。专一志，炼丹阳须继重阳。"① 马钰看到《骷髅图》后十分恐惧，"欲待来年学道，恐今年不测无常，欲来日，恐今宵身死"。也就是说，马钰本来没打算随王重阳入道，而是准备来

---

① ［金］马钰：《师父画骷髅相诱引稍悟》，《丹阳神光灿》，《马钰集》，第 235～236 页。

年再说。但直到看到骷髅图，白骨显现，方悟得舍弃尘缘，慨然赴道。

其实马钰如此急迫也另有隐忧。据《历世真仙体道通鉴·马钰》等记载，在与王重阳相识之前，马钰曾"使术者孙子元占之，因以稽其寿，子元曰：公寿不过四十九。师乃大感悟，曰：生死果不由人耶？子欲亲有道之士，学长生久视"。四十九岁毕竟正值春秋鼎盛，有关其"大限之期"将至的恐惧必然已经深埋于其心了。据《七真年谱》载："大定七年丁亥，闰七月十八日，抵宁海州，会丹阳真人洎高巨才，邀师于范明叔怡老亭。""大定八年戊子二月初八，丹阳真人出家，祖师训名钰，字玄宝，号丹阳子，时年四十六。"自1167年七月十八重阳与马钰相见，到1168年二月初八马钰入道不过半年。

然而，修道之后呢？马钰在《叹骷髅》一诗里自白："携节信步，郊外闲游，路傍忽见骷髅。眼里填塄，口内长出臭茒。潇洒不堪重说，更难为、再骋风流。想在日，劝他家学道，不肯回头。耻向街前求乞，到如今，显现白骨无差。若悟生居火院，死堕阴因。决烈灰心慷慨，舍家缘，物外真修。神光灿，得祥云衬步，直赴瀛洲。"[1]　此时，马钰内心多的是一份达观与对生死的贯通。据《七真年谱》"大定二十三年癸卯，丹阳真人年六十一。丹阳于十二月二十二日升仙于莱阳县游仙宫"，马钰羽化升仙时61岁，对于孙子元占卜其活不过49岁来说可以说是通过修道而逆天改命了。但入道之后的马钰，已经对生死之道看破，反而视生死之事不再重要，心中也早已是一片坦然，神光灿，得祥云衬步，直赴瀛洲。

从王重阳借骷髅图度化马钰入道这个例子看到，马钰在入道前后，显然对骷髅母题及其所代表的内涵的理解发生了转变，这也是宗教与世俗的分界线。王重阳在度化马钰夫妇时，采用的无疑还是伦理世俗社会那套生死观——此时马钰所代表的是凡人对骷髅母题的看法；但是在马钰入道之后修真之时，自己却逐渐对生死的观念发生了转变：由怕死到向死而生。在此区分两种生死观，体现出全真教在教化入道与潜心修道之间的矛盾性，而这种矛盾恰恰说明了宗教的力量——教化入道时以世俗的思维来劝化，入道后则能够以宗教自身的观点来看待死亡。这种转变便发生在视觉图像中，骷髅母题的图像内涵同样因这种由世俗向宗教的转变进而在度

---

[1]　［金］马钰：《马钰集》，第232～233页。

化对象马钰心中发生了改变。

2. 全真教之生死对偶

全真教借用佛教"缘起论"看待万物与人的生命缘起，并沿用佛教的"四生说"，把有生命之物分为胎生、卵生、湿生和化生四类："胎生卵湿化生人，迷惑安知四假因，正是泥团为土块，聚为身体散为尘。"①　认为肉体由地水火风四大和合而成，"火风地水合为肌，只是愚迷走骨尸"，"白为骸骨红为肌，红白妆成假合尸"②。由此论题，王重阳认识到了肉体的有限性："有始必有终，有生必有死，此自然之常理也。"③　并在此基础上强调了肉体的虚幻性，从而否定了肉体长生的追求。相反，不死的是"真性"："唯一灵是真，肉身四大是假相"④，"有个逍遥自在人，昏昏默默独知因，存神养浩全真性，骨体凡躯且浑尘"⑤。"真性"出于《庄子·外篇》："马，蹄可以践霜雪，毛可以御风寒，咬草饮水，翘足而陆，此马之真性也。"

这让我们想到一系列全真教中的生死叙述。比如太原龙山石窟第6窟东壁北侧有题记："披云自赞。这个形骸许大，已是一场灾祸，被谁节外生枝，强要幻成那个。更分假象真容，便是两重罪过。只因眼病生华，毕竟有个甚么。自戊戌春至己亥秋工毕。门人李志全稽首作颂。"⑥　形骸视为灾祸，强要幻化已属无奈；更分假象真容，便是两重罪过。对形骸的放浪与拒绝，对形象容貌真假区分的无视，让我们想到了将生死贯通的可能性。而现实世界的苦难以及人们的时代焦虑和对美好生活的绝望使得这种对时间限制的无奈与对肉体生命永存的希冀之间的张力被无限地拉大。然而，这种生死相生相克的样式打断了传统的生死二元对立，从而内在地契合于全真教的教义，完成由身死仙蜕而飞升成仙的循环上升之理。

在此，激发了我们对全真教的死去之景的兴趣。我们发现，在全真教碑文传记

---

① 《重阳全真集》卷二，《道藏》第25册。
② 《重阳教化集》卷二，《道藏》第25册。
③ 《重阳全真集序》，《道藏》第25册。
④ 《重阳真人金关玉锁诀》，《道藏》第25册。
⑤ 《重阳全真集》卷二，《道藏》第25册。
⑥ 张明远：《太原龙山道教石窟艺术研究》，第30页。

中对历代高道的仙逝都有姿态上的交代。比如，汝阳弋壳撰《清和妙道广化真人尹宗师碑铭并序》中载尹志平羽化时是"曲肱而逝"①；翰林修撰张邦直撰《真常子李真人碑铭》载李志源"枕肱而逝"②。

当然，这种曲肱卧姿并不少见，却不一定是作为去世的符号。传为南宋《沈子蕃缂丝山水轴》（图2.47）中，画面近景画几石茅亭，大树成荫，岸边泊一小舟，舟上一人卧睡，卧姿曲肱侧身，头枕手而小憩，闲暇、安逸之态跃然画中。盖此文人意象应出自《论语·述而》中"饭疏食饮水，曲肱而枕之，乐在其中矣"的安贫乐

图2.47　南宋《沈子蕃缂丝山水轴》局部（台北故宫博物院藏，采自黄能馥主编《中国美术全集·工艺美术编·6·印染织绣》上册，第196~197页）

---

① ［元］李道谦集：《甘水仙源录》卷三，《道藏》第19册。

② ［元］李道谦集：《甘水仙源录》卷四，《道藏》第19册。

道的人文情怀。肱指胳膊由肘到肩的部分，泛指胳膊。曲肱即指弯曲着胳膊。后来曲肱成为历代文人士大夫所描绘的对象。晋陶潜《五月旦作和戴主薄》："居常待其尽，曲肱岂伤冲。"宋梅尧臣《送李尉子京之邵武光泽》诗云："露蝉不饱腹，志士甘曲肱。"而白玉蟾真人还专门做了曲肱诗《先生曲肱诗歌》①。然而，除了潜藏于全真宗祖心中的儒士情怀之外，道家认为睡姿对一个人的养生很重要。比如卧睡时应侧身远离心脏即曲右肱而卧，与之相应，则应将手心托腮，手指尖触耳垂处，如此则可实现大的心血回环。

　　然而，全真教不提倡睡眠，谓之消阴魔，挑战睡魔是全真道的入门功夫。王重阳指出要灭睡，忘言，除欲。太原龙山石窟3号龛，名为"卧如龛"（图2.48），对于卧像到底是谁②，以及卧如的意义是去世还是睡眠等③诸多问题，海内外学人多有提及。目前比较认同的是此像为王重阳，而对于卧像所表现的是睡眠还是去世则仍有争议。

图2.48　龙山石窟第3龛卧如龛（吴端涛拍摄）

---

① 《修真十书·武夷集》之四十八，《道藏》第4册，第811页。

② 除常盘大定认为是老子，李养正认为是宋德方之外，张明远、胡文和、景安宁等人均认为是王重阳。参见张明远：《太原龙山道教石窟艺术研究》；胡文和：《中国道教石刻艺术史》（下）；景安宁：《道教全真派宫观、造像与祖师》。

③ 比如李养正和沈大同就认为卧像并非"卧化"之像。见李养正：《太原龙山全真道石窟初探》，陈鼓应主编《道家文化研究》（第5辑），第446页。

但联系到王重阳的"灭睡",而且结合重阳殿壁画 50《南京升霞》中的图像表现,似乎"卧化"为去世更为合理(图 2.49)。

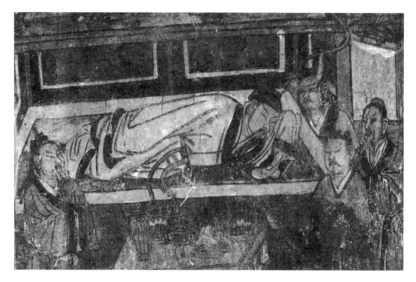

图 2.49　第 50《南京升霞》局部及线描图（采自萧军编著
《永乐宫壁画》,第 345 页;吴端涛绘图)

金元好问撰《离峰子于公墓铭》："吾全真家禁睡眠，谓之炼阴魔，向上诸人，有协不沾席数十年者。"① 而在《玄祯观至德真人记》中提到："白霄都山岩谷深峭，人迹之所不及。叠石为龛，块然独处，昼夜不卧。"② 从此处看，似乎意在指出卧与睡同，不卧即克服睡魔之意。王恽《大元故清和妙道广化真人玄门掌教大宗师尹公道行碑铭并序》中亦提出："禁睡眠谓之消阴魔。"③ 假寐与睡眠不同，而祖师度化他的手段也是不同："挥刀断其首，割其腹，涤易鄙俗，去其自满，由是胸臆洞然，靡有所惑。" 如似重生。

除了克服睡魔外，修道过程中，饮茶亦有令人清醒的功效。王平在《全真道与茶》④ 中认为文人从"醉"的人生向"醒"的人生转化，希求轻松和谐的平静生活状态，在茶中寻求清静，以茶示静，承袭尹真人函谷献茶以敬老君之道风。宋代《折中法》《通商法》等茶法推行，茶业获得巨大发展，文人与茶事，宗教与茶风融合。晚唐以后，饮茶的风气由唐的"酒仙醉士"转化到宋的"茶仙茗痴"。文人所写的茶诗，甚至超过了酒诗。重阳真人在甘河遇仙后，又遇海蟾祖师，海蟾将重阳酒壶一吸而尽，又令其取甘河水饮之。自此，重阳祖师不复饮酒，亦断酒色财气，诗词中多反映茶。在劝道弘道中，尽是"茶言汤语"，"芝草闲谈"，以茶行道，"茶言汤语是风哥"。马丹阳入道后，戒酒而嗜茶；成吉思汗在丘处机西行觐见途中，也是两次赐茶给丘祖一行人等。对于饮水啜茶的强调，最甚者莫过于汝阳弋壳撰《清和妙道广化真人尹宗师碑铭并序》载尹志平羽化之前，"众惊愕，师曰：吾意已决，夫复何言。有进纸笔者，默不应。惟戒葬事勿丰，遂不食，但饮水啜茶，危坐谈道，语音雄畅异常。是夜久正衣冠，曲肱而逝"。可见，此时茶已成为沟通生死之途的枢纽。

上面描述中，除了却食而饮茶之外，还伴随身体姿态上的一种呈现。"曲肱而卧"的瞬间似乎更像是生死之间的临界状态，是打通生死至治大道的玄关枢纽。所以曲肱

① ［元］李道谦集：《甘水仙源录》卷四，《道藏》第19册。
② 王宗昱编《金元全真教石刻新编》，第136～137页。
③ "既而潜访长生师于洛京，父母数追止之，至锁闭静室。无几遁去，寓昌邑之西庵。道家者流，以禁睡眠谓之消阴魔，尝坐树荫下，一夕假寐间，见长生师厉声曰：'向祖师来化汝，尚未悟邪？'遂挥刀断其首，割其腹，涤易鄙俗，去其自满，由是胸臆洞然，靡有所惑。二亲知志叵夺，始听入道。"载《秋涧集》卷五六，陈垣编纂《道家金石略》，第689～690页。
④ 王平：《全真道与茶》，熊铁基、麦子飞编《全真道与老庄学国际学术研讨会论文集》，第420～431页。

而卧更像是在修炼，通过日复一日而最终打通生死。其极端化的逝去之景就是坐卧。元陶宗仪（1329~1421年）《南村辍耕录》卷二十二夫妇入道条载女冠王守素"坐抱一膝而逝"①，而元赵道一修撰《历世真仙体道通鉴后集》卷六记孙仙姑仙逝时更是"趺跌而坐，奄然而化"，且"香风散漫，瑞气氤氲，竟日不散"②。从传统意义上逝去的"卧化"到成道意义的"坐化"，可见死亡已经成为修道成真之途中的一环。

而这种意识之下，全真教的修道者们对生死早已了然：知生死，且怀抱坦然的态度。宣授河南路转运使兼康访杨奂撰《终南山重阳万毒宫洞真于真人道行碑》载于善庆"庚戌冬十月二日沐浴，正襟危坐，犹平日。翌日留颂，以寓生不必乐死不必忧之旨，曲肱敛息坦然顺化，春秋八十五"③。知生死的另一面就是"外形骸"，且拒绝了自隋唐以来在文人士大夫阶层已经引起广泛厌恶之情的外丹烹炼吸食的方法，了然于飞升不死之说，而耽于修真、修心的践行观念之中，王恽《崇玄大师荣君寿堂记》记载女冠荣守玉逝世的悼文中就感叹道："然人生而死，犹昼之有夜，寓形宇内，同归于尽，此理之必然也。今师不为虚诞荒唐之说所惑，能以生死外形骸，追踪旷达，以理自胜，较夫烹炼呼吸期于飞升不死，昧理乱常，侥幸万一者，可谓贤也已。"④ 在这个意义上，死亡被认为是"得其本原"⑤。也正因如此而使得所葬之物并非一定是身体。《玄祯观至德真人记》中有"初，壬申之秋，环步北山近麓，择一隙地，葬栖云观履，以寓岁时之敬"⑥，而《崇圣宫碑》中说渊静顿化，"弟子执古澹然明德大师卢道恭既葬其师之冠剑"⑦。

对此，《玄都律文》之《制度律》中早就有相关规定："律曰：道士、女官、祭酒、箓生，身任法诚，若死，要在靖宇观治，不得在俗人舍宅。言死时丧礼，送葬不合在俗也。其魂神所居秽地，天地水三官不许尸被考掠，作河三年徒役。"⑧ 而如

---

① ［元］陶宗仪：《南村辍耕录》，沈阳：辽宁教育出版社，1998年，265页。
② ［元］赵道一修撰：《历世真仙体道通鉴后集》，《正统道藏》洞真部纪传类。
③ ［元］李道谦集：《甘水仙源录》卷三，《道藏》第19册。
④ 《秋涧集》卷四十，陈垣编纂《道家金石略》，第691页。
⑤ 《东华观记》："七十年来，颠蹶般般，打破休歇，如今认得本原，撒手便归仙阙。掷笔而升，寿年七十有五，浮葬于地。"见陈垣编纂《道家金石略》，第517~518页。
⑥ 王宗昱编《金元全真教石刻新编》，第136~137页。
⑦ 陈垣编纂《道家金石略》，第488页。
⑧ 约作于南北朝末期，《正统道藏》洞真部戒律类。

果安葬不得法的话，《太上召诸神龙安镇坟墓经》中提到："营葬之所，亦有四时惊犯天星地宿，致见如斯。今得卿之所奏，吾甚欣然。自今以后，世人若有坟墓不安，灾衰竟至者，可寻高上道士，如灵宝典式，广建道场，忏悔罪愆。呼召龙王，来安坟墓。则灾患冰消，福祥云集。"[①] 除寻高道读经度化的方法之外，迁葬、改葬之事亦大量发生，并且这种"葬之得法"亦纳入后人对祖先孝敬的一部分。对于迁葬之事，道藏全真史料中多有提及，诸如《神清观记》[②]《会真观记》[③]《潞城王氏迁葬碑》[④]《洞神宫碑》[⑤] 等，可见其重视程度。为此，画传以 55《会葬祖庭》（图 2.50）作为画传之终。

也正因此，我们才可以理解，重阳画传为何自 1《诞生咸阳》始，至 49《三师勘符》而羽化南京后却没有停止，直到最后 55《会葬祖庭》才终了。而这个过程可谓生得其所，死得其所，葬得其所，化得其所。这一切，又浓缩而内在于一幅《叹骷髅》之中。故此，我们在看到"骷髅"一画对生死之喻的道破之外，还需看到画中穿透生死的力量在传道过程中的作用。

小　结

第二章共分两个部分，探讨宗教绘画中，全真教艺术在叙事性结构与宗教性传达两个方面的具体体现。

第一节对重阳殿壁画的叙事性及图文结构进行分析，分别从时间、视角、结构和空间四个方面定义了重阳殿壁画的叙事性特征。在时间方面，讨论了该殿壁画自东而西一以贯之的叙事方式（不同于纯阳殿壁画），并认为其连贯性最大程度

---

① 约作于唐后期，五经同卷，《正统道藏》洞玄部本文类 乃。
② "庚子（1240 年）秋九月，云阳子从綦清真抵燕，请真人（尹）西行，改葬重阳祖师于刘蒋间，稽首堂下。"见陈垣编纂《道家金石略》，第 480 页。
③ "庚子（1240 年）赴终南，会葬重阳祖师，复遇尹清和、于洞真、宋德方三师，授天师秘箓、天心正法。改乐真庵为会真观，师所命也。"见王宗昱编《金元全真教石刻新编》，第 121～122 页。
④ 位于山西潞城，陈垣编纂《道家金石略》，第 650～651 页。
⑤ 陈垣编纂《道家金石略》，第 707 页。

图2.50　第55《会葬祖庭》局部及线描图（采自萧军编著《永乐宫壁画》，第
　　　　346页；吴端涛绘图）

图 2.51 扇面墙背面壁画线描图（吴端涛绘图）

上确保了画传叙事的完整；但同时，还出现了诸如画传第 18《汴梁》所存在的插叙情况，打破了正常的时间走向与事件发生顺序。在叙事视角上，全知视角大量运用，它一方面在图像文本中通过大范围、多角度的内部视角切换来体现其对观众视线的牵引；同时，通过在榜文中的外视角的运用，部分文字跳出情节叙述对故事整体进行评价与解释，从而影响观众对壁画的接受效果，并在语言风格上考虑到了元代白话文的兴起对于叙事的作用，丰富了全知叙事的整体套路。在叙事结构方面，确定了出家入道、赴山东度化七真、南京升霞三个时间节点，并提出道化剧的叙事结构可能对壁画的叙事结构，特别是度化七真中的部分情节产生影响。最后，对壁画的叙事空间中物质空间与虚拟空间（地狱场景）的表现进行了分析。之后，注意到了重阳殿壁画叙事性表现的特殊之处，即画传中整体叙事的完成是基于图像和榜题两方面的相互配合，但是在图像与榜题之间也存在不能一一对应的情况，具体表现为图大于文、文大于图、图文不对应等几种方式，对此，图文之间出于对叙事完整性的考虑而进行了相互修正，从而体现出"涵化"的特征。

　　第二节对壁画的宗教性传达进行了分析。对于第一节提到的虚拟空间（地狱场景）的图文结构及文本来源等问题进行了探讨，梳理了"地狱"概念及其具体数量在道教文本中的演变过程，并对图像表现所呈现出的度化大于惩罚的意涵进行了文化学意义的解读；并借用罗兰·巴尔特的"刺点"概念，从宗教艺术欣赏与接受的角度进行了阐释，认为虚拟场景的运用对观者产生消极情绪的心理暗示，而这种心理影响，结合当时的时代状况，搭建起宗教与时代集体记忆之间的联系。此外，笔者注意到重阳在度化弟子过程中使用了绘画这一艺术形式，继而梳理出重阳画传中四类绘画图像母题，并针对其中的《叹骷髅》图像，将画中画的图像表现特征以及所体现出的图像学意义进行了阐释，继而与全真教的生死观搭建起联系。

第三章 祖师形象的历史塑造

——以孙不二为例

第一节 重阳殿壁画中孙不二的出现与消失

一 重阳画传中的14组孙不二形象

重阳画传共55组,在数量众多的人物形象刻画中,有一位妇人的形象引人注意,她就是在全真教中被称为"全真七子"之一的孙不二(1119~1182年)。其形象从编号第15《分梨环堵》中开始出现,到第28《妆伴哥》结束共14组,而第28之后则尚未发现。具体而言,分别为:第15《分梨环堵》、第16《看彩霞》、第17《擎芝草》、第18《汴梁》、第19《扶醉人》(榜文有提及,图像漫漶不清)、第20《夜谈秘旨》、第21《拨云头》、第22《洒净水》、第23《起慈悲》(榜文有提及,图像无表现)、第24《念神咒》、第25《誓盟道戒》、第26《画示天堂》(榜文有提及,图像不确定)、第27《叹骷髅》、第28《妆伴哥》(图3.1)。其中第15《分梨环堵》位于东壁北侧下,第16~24九组位于北壁东侧整面,即第二章第二节所分析的地狱场景,而第25~28四组位于北壁西侧靠中门处。

那该如何来看待这14组场景中的孙不二形象呢?若视14组场景为整体的话,按照第二章的图文分析方法,可以从两个方面,即榜题与图像来分别探讨,比如:不同榜题之间的前后关系,不同图像之间的前后关系,以及单组场景中榜题与图像之间的关系,探讨构成该整体的图文关系(图文之间的一致与不一致),部分场景(比

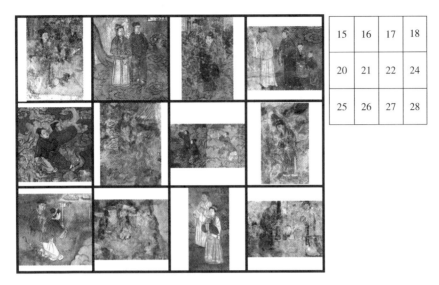

图3.1（彩版九）　　重阳殿壁画孙不二形象汇总（采自萧军编著《永乐宫壁画》）

如作为虚拟场景的地狱）或单组图像（作为画中画的骷髅与天堂图像）的图像构成
以及图像内容与宗教教义的关系。我们需要进一步追问，孙不二在15～28共14组场
景中出现意味着什么？这14组场景在55组场景中，以及与其他场景是什么关系？同
时，我们可以解释孙不二形象在场景15之前的1～14组场景中为何没有出现，但却不
容易理解自画传第29及之后共27个场景之中，为何没有再提及？此时，在探讨14组
场景的发生与其在整个55组场景中的前后文关系时，在探讨作为宗教领袖的孙不二所
呈现出来的身份问题，及其与全真教之间的关系，以及孙不二个人艺术形象的塑造问
题时，则已不能单纯用图文关系或单组图像来进行解释，也就是说，图文分析的方法对
此问题是失语的。

　　为此，我们不得不转向其他角度来解决这些问题。而在诸多方法中，我们发现，
从孙不二的女性角色入手来探讨其在社会、宗教等不同身份以及性别与宗教职能之
间的关系转换，或许是一个行之有效的方法。联系到孙不二的宗教身份——全真七
子之一，我们不免有一疑问：至画传第28《妆伴哥》，马钰正式休妻弃子入道，此时
孙仙姑仍未入道，此后画传中陆续介绍了丘处机（画传第29）、谭处端（第30）、郝
大通（第31、32、33）、王处一（第42）、刘处玄（第43）等，甚至连小张哥（第
41）、介官人（第44）等度化或入道的经过都有介绍，却不再提及孙仙姑。即便经典

中找不到孙与其余六子一道参与重阳在山东宁海、文登、福山诸地的传道活动，但作为孙入道的关键节点的象征性事件——金莲堂出家却也没有介绍。以此考虑到画传展现的有关孙不二的 14 组情节，实际上由"孙富春"①到"孙不二"之间有一个身份过渡——孙仙姑，或者说身份转换：即由作为具备相夫教子功能的妻子身份的"孙富春"向作为修道度人的宗教领袖的"孙不二"之间的转换。那么可以说，孙不二的形象经历了一个出现（孙富春——孙仙姑）到消失（孙仙姑——孙不二）的过程，即孙仙姑于金莲堂入道而成为孙不二等关键的情节在画传中是没有的，孙不二在画传中"消失"了。

那么，第一个问题也随之而来：孙不二在画传第 15~28 共 14 组场景中出现意味着什么？这 14 组场景在画传 55 组场景中，以及与其他场景是什么关系？这里涉及对孙不二的社会身份与宗教身份的分析，可以结合画传中马钰的形象表现异同来一起看待。

首先，在重阳画传中，孙不二多与全真七子之首的马钰一起，孙作为马钰的妻子，以"马钰夫妇"的整体形象一同出现（图 3.2）。

其次，在榜题和图像中，虽然都有关于孙不二的文字描述及画面表现，但同组之内似乎两者之间并不统一。也就是说，14 组图像中虽然大部分榜文提及孙不二，但部分图像并未表现，比如 23《起慈悲》中，榜文提及"马钰夫妇"，但画像中仅表现了马钰，而无孙不二出现（图 3.3）。另外，第 26《画示天堂》中，榜题有"重阳祖师自画天堂之相，以示清静□〔散〕人孙仙姑"，可以说，画天堂主要是为了度化孙不二，而不针对马钰，但在画面左中部分出现了马钰，因为画面下部漫漶不清，尚不确定是否有孙不二的形象表现。

如此，则出现三种情况：在"马钰夫妇"的身份下，与马钰共同出现；自己单独出现；与马钰及其儿子一家人共同出现。

对此，笔者做了专门统计，可以看到：马钰夫妇共同出现（两人同时出现，其子女亦出现）的场景，有画传第 15~22、24、25、27、28 共 12 组；其中，一家人全部出现的是画传第 15、18、28。画传第 18《汴梁》中，榜题虽未提及孙仙姑（"〔丹〕阳以家事付三子，出家学道"），但图像中有孙仙姑表现；第 28《妆伴哥》

---

① 对此所涉及的"孙富春""孙仙姑"及"孙不二"的姓名问题，将在本章第二节专门讨论。

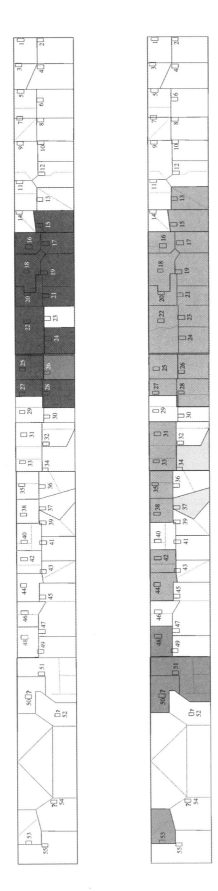

注: 1. 红色部分为孙不二形象的出现位置, 粉红色部分画面漫漶不清, 不确定是否有孙不二形象
2. 绿色部分为马钰形象的出现位置, 浅蓝色部分画面漫漶不清, 不确定是否有马钰形象

图 3.2 (彩版四) 重阳画传中表现孙不二与马钰形象的位置分布图 (采自萧军军编著《永乐官壁画》)

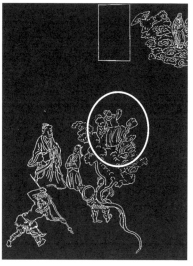

图3.3　第23《起慈悲》局部及线描图（采自萧军编著《永乐宫壁画》，第302页；孙正可绘图）

中，榜题共提及两个场景，即"丹阳休妻弃子"与"重阳妆伴哥，丹阳擎旗上街"，第一个场景中有"□离书于孙氏分财产于三子"，画面中马钰以离书付孙氏的场景在右下可见，而榜题"分财产于三子"的情节则与第18《汴梁》重复，但不同在于，第28的画面里画一子在马钰身前，而第18中则在孙氏身后有两子的表现；除此三者（第15、18、28）之外，其余9组榜文中，均以"马钰夫妇"的提法出现，未单独提及孙不二。而在第22《洒净水》的图像中，除在画面右侧表现警示炉炭地狱时出现马钰夫妇二人形象外，左半部分亦出现马钰夫妇形象，也就是说，在同一组榜题中出现了两组马钰夫妇的形象，孙不二两次出现，且左右的动作不一致，显然是两个场景的表现（图3.4）。

对此，朱希元等录《永乐宫壁画题记录文》中，因为左侧不见榜题，将两者划为一组，统一标号为22；而景安宁认为是两幅，但将其归为一个榜题，并解读为是"故意"的行为，其原因"显然是将北壁的画幅数目算作十九幅"[1]，以此暗合《重阳王真人悯化图》之55幅的总数；而刘科则以城楼为界，将其单独划出作为一组[2]。

① 景安宁：《道教全真派宫观、造像与祖师》，第300页。
② 刘科：《金元道教信仰与图像表现——以永乐宫壁画为中心》，第140页。

图 3.4　第 22《洒净水》（采自萧军编著《永乐宫壁画》，第 301 页）

对比重阳画传中的孙不二形象与马钰形象，可以发现：

第一，画传中对马钰形象的表现在数量上远远多于孙不二，包括画传第 13、15～28、31、33、35、38、42、44、48、50、51、53 共 25 组，另外第 34、37、41、43、45～47、49 共 8 组不确定；

第二，榜文中对二人均有提及，且画面中两者共同出现的场景为画传第 15～28 共 14 组，其中，第 26 画面中是否有孙不二出现不确定，而第 23 中只有马钰，无孙不二；

第三，孙不二只是出现在两人共同出现的场景里，而马钰则还与其他全真五子或五子之一共同出现。其中，第 13 中马钰单独出现，第 31、33、35、38、42、44、48、50、51、53 共 10 组中马钰多与刘处玄、谭处端、王处一、丘处机以及郝大通中一人或几人出现，兹不赘述。

值得注意的是，在画传第 15～28 共 14 组场景中，虽然有孙不二的形象出现，但马钰也一同出现了，部分甚至还有二人儿女的表现。也就是说，孙不二在画传图像中没有一处是以个人身份出现的，而是多以妻子或母亲的身份出现。

二　重阳画传中孙不二形象的消失

考虑到画传中第 1～14 组榜题及图像内容主要表现王重阳诞生、入道的情节，且故事发生的地点也主要在陕西，而第 13～14 两组情节表现虽在宁海，但其时王重阳尚未与孙不二有所接触，故孙不二形象没有出现理所当然；画传第 15～28 主要为度化马钰、孙不二夫妇，故出现孙不二形象也是必然；然而，之后的第 29～55 共 27 个场景之中，我们却不容易理解，为何没有再出现孙不二的形象呢？

众所周知，自唐朝及以后各代，越来越多的妇女入道受箓。据统计，仅在唐朝的 1687 所道观中，就有 550 所是女道观①。到了元代，越来越多的妇女在全真教各级宫、观、庙、庵中担任住持或其他重要角色②，其中最具代表性的就是孙不二。

孙不二，山东宁海（今烟台市牟平区）人，嫁丹阳子马钰为妻。金大定己丑（1169 年）重午日（五月初五），于金莲堂正式出家入道，全真掌教王重阳赐其法名"不二"，获道号"清净散人"，自此成为全真派长老，有教授信众和主持受箓仪式的权力。据北京白云观抄藏的《诸真宗派总薄》记载，清净散人孙不二成为全真教分支清净派的开派祖师。元世祖至元六年（1269 年）官方诏封"五祖七真"，孙不二被敕封为"清静渊真顺德真人"，作为其中唯一的女性，她正式从地方及教派内部一跃成为官方认可的全真教领袖，位居"七真"之列。然而，在官方诏封之后，围绕孙不二的宗教定位问题争议颇多，这也直接影响到了不同时期的历史文本中对其形象的描述与表现。正基于此，促发了我们对清净散人孙不二在全真教历史上的特殊地位的注意，其形象表现问题也因而显得特殊且重要。

目前而言，全真教文本中，比较重要的几部有关七真的经典和传记，除去第二章所使用的五种文献即《金莲正宗记》《七真年谱》《甘水仙源录》《历世真仙体道通鉴（续编、后集）》《金莲正宗仙源像传》（详见附录 2）之外，为了历史地研究孙不二形象的生成问题，笔者又将明清时期的《广列仙传》③《列仙全传》④《新刊七真因果传》⑤，以及与《新刊七真因果传》内容基本相似而更晚的《全真七子得道传》

① ［美］伊沛霞、姚平：《当代西方汉学研究集萃·宗教史卷》，上海古籍出版社，2012 年，第 136 页。
② 在附录 6 中，因为材料有限，笔者目前仅统计了 28 组由女冠担任住持的金元道教宫观，大部分属于全真派，部分存疑。而本章所述及的女冠例子均在附录 6 提及的材料中可见。
③ ［明］张文介辑《广列仙传》，万历十一年癸未（1583 年）。
④ ［明］王世贞辑《列仙全传》，［明］汪云鹏明万历二十八年（1600 年）补。
⑤ 《新刊七真因果传》，作者佚名，一说清黄永亮撰，刊刻年代不详，目前所见较早的为 1914 年刊本。

四部道教仙传文本纳入讨论之中。

通过检索其中有关全真七子在仙传壁画以及文献经典中的叙事先后，可以发现众人出现的先后顺序如下：

表3.1　重阳殿壁画及七种文献中七真的出现顺序对比

重阳画传	马（第13）—孙（第15）—丘（第29）—谭（第30）—郝（第31）—王（第42）—刘（第43）
《金莲正宗记》	马—谭—刘—丘—王—郝—孙①
《甘水仙源录》	马—谭—刘—丘—王—郝（无孙）
《历世真仙体道通鉴》续编及后集	马—谭—刘—丘—王—郝（以上为续编）—孙（后集）
《金莲正宗仙源像传》	马—谭—刘—丘—王—郝—孙
《广列仙传》	马—孙—谭—刘—丘—郝—王
《列仙全传》	马—孙—谭—刘—丘—郝—王
《新刊七真因果传》	马—孙—谭—郝—刘—王—丘

从如上众多仙传题材文本叙述中七真出现的时间先后来看，显然，在全真教早期经典中，孙不二的顺序是有意被置于最后的，甚至在《甘水仙源录》这部非常重要的全真历代祖师、掌教及修行高道的碑文铭刻集中，孙不二的事迹竟然没有被辑入；相较而言，重阳画传中孙不二的出场顺序与编纂时代更晚的文本相同。但是，在《甘水仙源录》卷二中有一篇关于七真之一玉阳王处一的道行记，由元代翰林直学士姚燧（1238～1313年）所撰，其中在记述至元六年（1269年）诏封五祖七真之后，有一段话值得注意：

> 重惟重阳真君七弟子，平生求道之确，成道之难，尚恐行实流之人间者，不托金石，无以闻之，将来久远，用是以祷。词臣并真君既传六人，独是玉阳尚无属笔，敢以累君。②

---

① 此为《金莲正宗记》目录中的顺序，然而在《金莲正宗记·重阳王真人》中，提及度化弟子时说："祖师遂束归海边，徜徉数载，接诱训化。既得丘、刘、谭、马、郝、孙、王以足满七朵金莲之数，普化三州，同归五会……"

② 姚燧：《玉阳体玄广度真人王宗师道行碑铭并序》，见《甘水仙源录》卷二。

　　此段文献出于元代李道谦（1172～1232年）所编撰《甘水仙源录》，底本出于《正统道藏》洞神部记传类，为涵芬楼所刊三家本，在"重惟重阳真君七弟子"句后有标注："有妇人者一，余六真"，柳风堂石墨拓本①无此句，也就是说，对于孙不二妇人身份的强调可能只是来来之事。而柳风堂石墨拓本中，"并真君既传六人"变为了"真君并六真既各有传"，即孙不二也是有传记的，只是今天不得见而已。而此事背后的潜在逻辑在于：早期七真名单中并无孙不二，而后来将孙不二纳入之后，为了能与之前的"七真"名单接续起来，并合理解释为何之前文献中没有孙不二，故加了一个"因为她是女性"的注释。相较而言，似乎三家本对于孙不二女性身份的强调过多了，而柳风堂拓本则无。从内容看，柳拓到涵芬楼刊本的这种变化，值得玩味。

　　在传统概念里，我们可以把历史叙述方式分为纪传体和编年体两种，两种写作方法各有千秋，其基本状况也无须赘述，这里可以对如上所列的几部经典进行区分：除了《七真年谱》《新刊七真因果传》属于编年体之外，其他都属于纪传体。通常来说，在编年体中，人物的出场顺序只受制于事件发生的时间先后，而不能将之作为人物之间谁更重要的依据；而在纪传体中，目录中的人物先后排序却往往体现了写作者或编纂者对不同人物之间重要性的主观区别对待。这当然不能忽略时间因素的干扰，但在著述七真的经典中，却体现了编者对"七真"概念的理解以及对孙不二重要性的评估，可以说，这就是"七真"的排序。

　　同时，按照全真教的世界观，如果将七真的逝世时间视为其羽化登仙标志的话，从逝世顺序上看，孙不二（1182年）是最早的，其后相继去世的则是马钰（1183年）、谭处端（1185年）、刘处玄（1203年）、郝大通（1212年）、王处一（1217年）、丘处机（1227年）。按此顺序，则应该是孙—马—谭—刘—郝—王—丘。而若以度化的先后顺序为标准排列七真的话，按《七真年谱》可知，王重阳大定七年

① 北大图书馆的金石收藏以清代、民国金石学家的传世大宗为基础，其中又以缪荃孙（1844～1919年）的艺风堂与顾湘舟（1799～1851年）的柳风堂为主体。本论文所引用的全真教材料，除去《正统道藏》中之外，艺风堂与柳风堂拓本也极多。缪荃孙，字炎之，又字筱珊，晚号艺风老人，江苏江阴人，清光绪年间进士，近代藏书家、校勘家、金石、方志、目录、史学俱通，被誉为中国近代图书馆的鼻祖。顾沅，字沣兰，号湘舟，长洲（今江苏苏州）人，清藏书家、学者。

（1167年）九月度丘处机，冬度谭处端；大定八年（1168年）二月度马丹阳，后度王处一，三月度郝广宁；大定九年（1169年）重午日度孙不二，是月后度刘长生。故以度化顺序来排序，应是丘—谭—马—王—郝—孙—刘。

编年体最典型的就是《七真年谱》。而《新刊七真因果传》的特殊之处在于，其实际的介绍顺序虽是马—孙—谭—郝—刘—王—丘，但在七真的排位上，则指明为：丘—刘—谭—马—郝—王—孙。在第二十九回《受丹诏七真成正果，赴瑶池群仙庆蟠桃》中，还标注了将孙不二放于最后的原因：

> 考苦行于内功、外功丘处机为第一。通妙玄于无极太极，刘长生为二名。谭长真道心坚固名列三等。马丹阳清静无为第四堪称。郝太古一尘不染举为第五。王玉阳万虑俱寂应在六名。孙不二智慧圆满，首倡修行，其功最大，应该超群，然则逊让一步者，前以她为始，今以她为终，注名第七。

将以上经典与重阳殿画传壁画中的七真顺序进行比较，孙不二在其中的位置变化更是显而易见。在此，孙不二在七真序列中的出现与七真之间先后顺序问题则直接关切到了全真教历史上出现的所谓"前七真"与"后七真"的概念变化①。马颂仁指出，"七真"在社会、年龄和思想上的差异导致了"七真"形成的复杂性，而且还提出"七真"观念是由七真之一的王玉阳发明的②。张广保重点考察了"七真"一词形成于大蒙古国时期，在此之前，丘、刘、谭、马"四士"是全真道第二代的核心成员③。赵卫东则在前述两位先生讨论的基础之上，对未能提及以及虽提及却未展开论述的几个问题进行了探讨，其中，他在马颂仁所提出的社会地位、年龄和思想上的差异之外，还总结了性别、得道时间、在王重阳身边侍奉时间的长短，以及

---

① 全真始祖王重阳，东游海上，度七位高徒，即马钰、谭处端、刘处玄、丘处机、王处一、郝大通、孙不二，世称"七真"，然直到至元六年（1269年），元世祖褒封制词，封五祖七真之前，孙不二一直以清净散人或孙仙姑之称号存世。前七真中不包括孙不二而有王重阳，后七真则为王的七位高徒。

② 马颂仁：《七真各自的思想特色、活动的再评价——兼论四哲、七真说的出现过程》，卢国龙编《全真弘道集——全真道：传承与开创国际学术研讨会论文集》，香港：青松出版社，2004年，第250~257页。

③ 张广保：《蒙元时期全真宗祖谱系形成考》，卢国龙编《全真弘道集——全真道：传承与开创国际学术研讨会论文集》，第91~125页；张广保：《蒙元时期全真宗族谱系形成考》，张广保：《金元全真教史新研究》，香港：青松出版社，2008年。

对全真道的贡献不同四个方面的原因,在性别原因上,赵卫东认为孙不二的女性身份增加了其进入"七真"的难度,他进而指出,如上原因所导致的"七真"之间的地位差异才是阻碍"七真"概念形成的最直接因素①。

在七真地位产生差别的原因方面,张广保认为"我们可以说,是否追随南游汴梁是判定王嚞七大弟子登堂、入室之分水岭。这一分水岭的形成又由于紧接着发生的另一重要大事件——王嚞的仙逝而得到进一步的加固"②。在此论点之上,赵卫东进一步指出,促成七真之间地位差异的关键是王重阳只带丘、刘、谭、马四子西行。对本文有启发的是,赵卫东认为王重阳之所以不带孙不二西行的客观原因在于,"孙不二虽然于大定九年五月五日于宁海金莲堂出家,拜王重阳为师,但她对马钰仍然情深义重。后来,听说王重阳仙逝,她便西行入关寻找马钰,欲重修夫妇之好,但遭到了马钰的拒绝",而且,"孙不二为女眷,带她一起出行,生活上多有不便"③。赵卫东在马颂仁提出的王玉阳是"七真"观念发明者④的论点基础之上,进一步比较了王玉阳与孙不二、郝大通之间对待"七真"或"七子"态度的区别:王处一频繁提到"七朵金莲",这显示出他想与丘、刘、谭、马相提并论的强烈愿望;孙不二、郝大通处于同一阶级,但在他们的诗词中并未见到类似"七子"或"七真"的提法,这说明他们并没有与丘、刘、谭、马相提并论的欲望。究其原因,赵卫东也指出,正在于孙与郝自觉尚不足以与四子抗衡。其中,孙不二虽曾为马钰之妻,但因为是女眷,而且仙逝较早,故其生前在教派之中亦并没有产生太大的影响。

三 全真道士的文化立场对孙不二进入"七真"体系之影响

赵卫东在《全真道"五祖"、"七真"的形成过程》⑤ 一文中系统整理了有关"全真七子"的四种说法,并对孙不二为何没有被列入"七真"行列作了解释。他认为

---

① 赵卫东:《金元全真道教史论》,济南:齐鲁书社,2010 年,第 183 ~ 270 页。
② 卢国龙编:《全真弘道集——全真道:传承与开创国际学术研讨会论文集》,第 96 页。
③ 赵卫东:《金元全真道教史论》,第 251 ~ 252 页。
④ 卢国龙编:《全真弘道集——全真道:传承与开创国际学术研讨会论文集》,第 254 页。
⑤ 赵卫东:《金元全真道教史论》,第 183 ~ 270 页。

"虽然道教并没有重男轻女的思想，尤其是全真道更是提倡男女平等，但儒家重男轻女的观念仍然还是影响了'七真'的形成"①，儒家传统上"男尊女卑"的观念源于阴阳二分的周易哲学，并衍生出"三纲五常"的理念体系，其中，对夫妻关系的界定更是与全真教的"七真"体系产生交集，引发我们对全真教群体的文化立场的注意。

循赵卫东的研究思路，可以进一步延伸出，对全真道士的文化立场与文人士大夫阶层之间的关系问题的追问，而认识两者关系的关键，就是对全真修道群体的来源进一步明晰，并看其与传统士人阶层的关系。在对于文人士大夫阶层的研究方面，郝若贝（Robert Hartwell）将新兴的文人士大夫阶层的不同层次进行了划分，他于《750～1550年中国人口、政区与社会的转化》② 一文中，将文人士大夫阶层分解为国家精英（Founding Elite）、职业精英（Professional Elite）和地方精英或士绅（Local Elite or Gentry），并特别提到了地方精英这一新阶层在宋代的意义。在宋代，文人士大夫阶层的分解影响深远，对此萧启庆提到，"在南宋时代，士人的发展策略与北宋时代已有不同，不再汲汲谋求峥嵘于全国政坛，而力求巩固其在本乡的基础——精英田产，善结婚缘，积极扮演地方领袖的角色。换言之，士人已具有'地方精英'的色彩，其权力与身份已非完全来自国家，而是建立于其在地域社会中的稳固基础上"③。

到了元代，科举制度暂停，蒙元政权推行族群等级制④，教育由中央向地方的扩散促进了民间办学的发达⑤，也引发了地方精英的成长。而士人阶层本身对此时代剧变也做出了主动求变，当通过仕途晋升成为国家精英之路关闭时，他们转而退守地方，成为地方精英以及士绅，这就是牟复礼所谓的"精英角色的扩散"（Diffusion of Elite

---

① 赵卫东：《金元全真道教史论》，第238～240页。

② Robert Hartwell, Demographic, Political and Social Transformation of China 750－1550. *Harvard Journal of Asiatic Studies*, 42（1982），pp. 355－442.

③ 萧启庆：《蒙元史研究》（上册），第47页。

④ 族群等级制的主要表现为将人分为蒙古、色目、汉人与南人四类，分类的意义直接体现在教育权利的分配上。

⑤ 金末元初的两国交战使得科举制度一时停滞。由此所带来的士人晋升道路的中断直到1237年国家设贡举于平阳才有所缓和。然而，由于族群等级制的存在，元人对北方士子的态度较之以前不可同日而语。他们注重"脚跟"，而不把儒学作为衡量人才的标准，元朝统治期间，虽然有如仁宗在位时"以儒学治国"等，但儒学生员的出路却并不坦荡，且南北儒学生员的出路差距进一步拉大。对此可参考申万里：《元代教育研究》，武汉大学出版社，2007年，第290～293页。

Role）。其中，出家入道与从事医、卜、杂剧创作等成为扩散过程中的具体表现方式。

因士人通过晋升仕途而实现自我价值的传统模式的断裂，以及因异族统治所引起的民族危机之下的文化认同，在在促发了士大夫阶层在文化立场上的多元性，并呈现出更加开放的新格局。以科举入仕成为国家精英之途短暂关闭的情形，直到忽必烈（1215～1294 年）当政之后，才开始转变。此时，也正是全真教发展的鼎盛期，以尹志平、李志常为首的第三代领导集团，无论是宗教规模还是社会影响力都达到了一个新高度，而大量道士与国家及地方士人阶层的联系愈发密切，这从大量官至翰林学士等为宫观撰写的碑记，以及由碑文记载可知修建宫观的功德主多为一方统帅或达鲁花赤（即断事官）等官员身份可以看出。特别值得注意的是，在忽必烈掌权之时，与汉人知识分子以及地主阶级之间的互动与交流十分频繁。回顾元史，成吉思汗（1162～1227 年）三子窝阔台（1186～1241 年）即位元太宗，但按祖制应由幼子拖雷（1193～1232 年）继承父业，故其政权合法性受到蒙古族人的广泛质疑。而自窝阔台汗死后，其子贵由（1206～1248 年）即位三年不到便逝世，由贵由妻海迷失（？～1252 年）暂理国事。此时，拖雷诸子利用"忽里台"推选拖雷长子蒙哥（1209～1259 年）为帝，自此，皇权又返回拖雷一支。蒙哥上位之后，一方面委派亲信去燕京行省充当断事官，一方面又委派兄弟忽必烈（拖雷四子）管理"漠南汉地军国庶事"① 以相互制衡。此时，忽必烈扎营金莲川，立都邑开平，在"汉地"施行"汉法"，"招集天下英俊，访问治道"，大大拉近了蒙汉民族之间的关系，也使得姚枢（1201～1278 年）、刘秉忠（1216～1274 年）、张德辉（1195～1275 年）、元好问（1190～1257 年）等很多汉地文人士大夫阶层人士，以及一些汉地军阀，积极参与政府部门的管理，因此政权得到了汉族地主阶级的拥护。待蒙哥逝世，忽必烈经过与阿里不哥（约1219～1266 年）的争权而即位之后，朝廷与汉族地主阶级之间的关系进一步加强。

此时，部分享有特权的国家精英与全真教宗主之间的友好关系甚至超越传统上帝王及皇亲国戚与宗教领袖之间的关系。国家精英与全真宗主及各大执事、提领、宫观住持之间的友好往来在《道藏》收录的碑刻及传记中均有大量记载。甚至，与全真教保持着密切联系的士人集团，不论是国家精英，还是地方精英与职业精英均

---

① ［明］宋濂等：《元史》卷四《世祖纪一》，第 57～77 页。

在不同程度上有所反应。也正是这种精英层次的混杂与政教联系的开放性，深刻地影响到了全真教艺术形象的构建。由此，需要看到，不论是李鼎（蒙古宪宗四年即1254年曾撰《重修终南山上清太平宫记》）、杨庭杰（至元八年即1271年曾撰《金华宫碑》），还是姚遂（至元二十四年即1287年曾撰《玉阳体玄广度真人王宗师道行碑》），他们作为文人士大夫，饱读四书五经，其文章思想必然受儒家传统观念的影响。故需要警惕，这些传统知识分子身为"文以传不朽"的撰写者，在当时因为对文字权力的占据，不但对文化史的知识构建起到了决定作用，甚至影响到了宗教史的知识体系形成。其中，儒士的伦理价值观也不可避免地渗透在全真教的教史里。

回到全真教自身来看，王重阳的入道之路同样值得关注。李大华提到，王重阳仕途失意使其对走文人路线感到绝望，但绝望的对象却仅仅是金朝的统治，而不是儒家那套"修齐治平"的政治理想。所以"他没有把自己仕途的失意归咎为儒家所开出的那条人生道路，他只是意识到在那个环境下'此路不通'。儒家的价值观依旧潜藏在他的内心世界"[1]。可以说，曾在四书五经中汲取营养的全真道士们，对儒家孝道观念具有了先天的亲和力和思维观念上的免疫性。

可以看到，正是由于全真高道们对传统儒学的纯熟，导致大部分在教派内部掌权的全真教成员们具备十分浓厚的文人色彩。澳大利亚汉学家雷金庆（Kam Louie）的《男性特质论：中国的社会与性别》[2] 中对文人与士大夫阶层在元代断裂的论述有助于让我们搭建起文人仕途与宗教信仰之间的联系。他提出"自我控制"是文人达到君子境界的最高标准，这种自我控制一旦与王重阳在全真教初创期所秉持的心性修炼观念两相契合，就加速了文人由仕途不遇而转入全真教修行的脚步。正如他所提到的文人是被"文——化"（wen – ised）了的男人，全真教的诸多宗主与领袖实际上在入道之前也有一个被"文——化"的过程，当仕途遇阻，无法实现"学而优则仕"的君子理想，其心中的苦闷乃至绝望可想而知。较之当时因为战争流离失所而不得不面对的生存问题，似乎晋升之途的关闭对文人的打击才是毁灭性的。此时，

---

[1] 李大华：《儒学如何进入全真教的思想世界》，《全真道研究》（第一辑），第21～36页。

[2] ［澳］雷金庆：《男性特质论：中国的社会与性别》，刘婷译，南京：江苏人民出版社，2012年，第85～86页。

文人的特质使得全真教领袖与地方士绅以及不得志的文人之间取得了心灵共鸣。

与之相对，道教教义在文化阶层里面不断渗透，伴随着"三教合一"而不断深入，也促发了文人阶层与全真教的亲和。甚至，不少士大夫在闲居之时，穿起了道服，成为道教养生理念的践行者，与儒家的修身养性相结合。张振谦《北宋文人士大夫穿道服现象论析》中注意到，自五代开始，在文人士大夫阶层就已兴起穿道服，而至北宋尤甚，并认为这是道教世俗化在服饰方面对文人影响的重要体现，进而指出，北宋正式形成了道服在世俗服饰的文化定位及其蕴含的宗教意义和文化观念①。世俗人士穿道服虽不像道士穿法服那般具有浓厚的宗教含义，但也反面印证了北宋以来道教在文人士大夫阶层那里已获得的价值认同。

另外，孙克宽在探讨元初正一教与江南士大夫关系时，还注意到《元史》一五七卷《刘秉忠传》里提到"秉忠对阴阳之数尤精"的情况，进而提出"当时的中国士大夫多以术数为晋身之阶，所以难怪他们后来多与宗教结合"②。显然，就整体人数中的占比来看，士大夫阶层以术数进阶的人员仅为少数，但此类现象的发生的确对拉近士大夫与修道人士之间的关系起到了积极的意义。

同时，值得注意的一点是传统儒士对鬼神"敬而远之"的理念也往往使得其对宗教的仙真体系抱以宽容态度。据南宋曾敏行《独醒杂志·何仙姑条》记载，何仙姑原为永州民女子，后在放牧途中得人之枣食之而具有神奇的本领——能知前人事，而她也借此本领深得当地士大夫的敬奉③。可以说，自孔子以来的儒家士子们，受对鬼神敬而远之的态度影响是十分巨大的，虽不排斥但亦未达到将其直接置于庙堂之上进行供奉的程度，除非特殊情况发生，如上引文提到，供奉的前提是"言有证"，尽管此证或为捏造，但此类超越常人的行为之传说久而久之则"人为"促成了一时的崇奉之风，而且也正是以此而能在宗教崇拜中博得崇信。康豹亦指出："可能有少数人是跟

① 张振谦：《北宋文人士大夫穿道服现象论析》，《世界宗教研究》2010 年第 4 期。

② 孙克宽：《元代汉文化之活动》，第 200～201 页。

③ "何仙姑，永州民女子也。因放牧野中，遇人啖以枣，因遂绝粒，而能前知人事。独居一阁，往来士大夫率致敬焉。狄武襄征南侬，出永州，以兵事问之，对曰：'公必不见贼，贼败且走。'初亦未之信。武襄至邕境之归仁铺，先锋与贼战，贼大败，智高遁走入大理国。其言有证，类如此。阁中有遗像，尝往观之。"［宋］蔡绦、曾敏行撰：《铁围山丛谈·独醒杂志》，第 120 页。

道教徒一样关注吕洞宾据称在全真教历史上起到的重要作用，但多数蒙古统治者和官员及其家人支援永乐宫可能是由于他们将永乐宫视作有神奇力量的一个圣地。"① 显然，结合当时大的政治和社会背景，似乎可以理解士大夫阶层部分人员将精神寄托于宗教的做法，对其神奇力量的祈求虽超乎理性却又笼罩了一层合乎理性的色彩。

回到本小节的开头，赵卫东认为儒家传统对孙不二进入"七真"体系具有巨大影响的观点，启发我们在探讨个人形象表现问题时应对整体语境予以注意。文人阶层对全真教义的认可，其对全真修道群体的亲近，以及当时王朝政权对全真教的依赖与支持等合力促成了文人阶层对全真修道群体价值观的影响。虽然这种影响也并非稳定如一。

事实上，就在全真教内部，以尹志平、李志常为代表的第三代教派领袖对二代祖师为主体的"七真"谱系的推动起到了关键作用，将孙不二正式纳入"七真"之列也正式浮出水面。其中，特别需要注意的是尹志平的助推。据《清和演道玄德真人仙迹之碑》载，尹志平"方十四，拜丹阳真人于下风"，"一夕坐桃树下，忽见神人金光莹体，正心不动，知是长生真人"，"久之□□栖霞长春国师堂下，执弟子礼"，"复讲易于太古，究妙道于玉阳"②。可见，尹志平除拜师丘长春之外，对马丹阳、刘长生、郝太谷、王玉阳亦有师徒之缘。在这种多元师承背景之下，尹志平助推"七真"形成是合理的："辛丑正月……师（尹志平）曰：昔我祖重阳初于甘河遇纯阳点化，复度丘刘谭马，洎郝孙王，号七朵金莲结子，又云桂树香传，十九枝举，历历皆应。"③ 其后，由继任掌教张志敬上书并经忽必烈许可，于1269年由官方正式颁发诏书，诏封五祖七真，其中孙不二位列七真，这就标志着起码在官方层面，已经正式认可了孙不二全真教统中的重要位置。

但这仅仅只是开始。对孙不二而言，其从为人妻、母到出家入道的社会身份转换，以及登真而成为教派领袖的宗教身份提升更是促成了其形象的进一步转变。接下来，就循孙由人而仙的登真之路，来进一步分析其形象变化的具体过程。

---

① ［美］康豹：《多面相的神仙——永乐宫的吕洞宾信仰》，第147页。
② 《清和演道玄德真人仙迹之碑》，见陈垣编纂《道家金石略》，第538～541页。
③ 《清和演道玄德真人仙迹之碑》，见陈垣编纂《道家金石略》，第538～541页。

第二节　孙不二的登真之路与其形象演变

由全真高道通真子秦志安（1188~1244年）所编《金莲正宗记》（序文落款于太岁辛丑岁即1241年）是目前所知最早也是最重要的记录孙不二的历史文献。其中清静散人条赞孙不二曰：

> 不二名高，守一功大。降自富春之族，生从忠翊之家，配丹阳超世之才，殖宁海半州之产。割爱顿抛于三子，投玄往拜于重阳。毁光容而西度终南，冒风霜而东离海上。七年环堵，炼成九转丹砂，一句真诠，撞透三关正路。六回赐芋，十化分梨，栽培劫外之因缘，反复壶中之造化。养胎仙而心游汗漫，委蜕壳而身到蓬莱。大矣哉，懋矣哉，独分一朵之金莲，得预七真之仙列者也。①

此段文字具体交代了孙不二入道登真的全过程。其中，离家弃子、毁容西度、七年环堵可谓三个重要阶段（或节点）。值得注意的是，在此三阶段中，孙不二的身份不断发生着变化；顺应其身份改变，不同文本（包括文字与图像）中对其个人形象的描述即呈现出图文不同且不断变化的多面性与复杂性。接下来，笔者试图从孙不二的女性身份入手，由重阳画传中的14组孙不二形象切入，并结合不同时期的历史文本，探讨在孙不二形象的历史表现中，文字与图像两个层面的复杂关系。

一　离家弃子：因性别所引发的度化困难

在重阳画传第16《看彩霞》中，榜题有两个场景的描述，其中第二场景是有关王重阳巧度孙仙姑的内容：

> 一日，祖师大醉，径入孙氏寝室。孙氏怒而锁之门，使家人呼宜甫而告之。

---

① ［元］秦志安：《金莲正宗记·清静散人》，《道藏》第3册。

宜甫曰，师与余谈话楼中，不离须史。至家开锁，室已空矣。孙氏由是大生
信心。

宜甫即马钰。此段描述的情节冲突主要体现在两个方面：即重阳醉闯闺房与师
徒谈话楼中。显然，从发生地点上分别指向两个不同场所，而矛盾在于两个场所发
生的同时性。也正是这种同时性构成了情节冲突，并通过在同一时间的不同场所内
同时出现了王重阳而体现出来。

值得注意的是，对此情节，壁画中榜文与图像的表现是不一致的。在图像中，
并未将重阳醉闯孙氏室内的情景直接表现出来，而是以重阳与马钰于楼中谈话的
情节来暗示（图 3.5）。显然，图像的表现不及榜题的描述更全面，但两者在巧度
孙仙姑的情节处理上，却都暗示了一个重要特征：即通过两个情节冲突而强调孙仙
姑不同于一般全真弟子的女性身份，而闺房的私密性则意味着此地只属于唯一的男
性——其丈夫马钰。

图 3.5　第 16《看彩霞》（采自萧军编著《永乐宫壁画》，第 294 页）

这种对孙不二度化困难的暗示并非偶然，在不同文本中可以发现其逐渐演变的过程。首先，值得注意的是，此巧度孙仙姑的情节，在时间比较早的《金莲正宗记》（1241年）、《七真年谱》（1271年）、《甘水仙源录》（1288年）中并未提及，而在《历世真仙体道通鉴后集》（1294年）中第一次出现。在《历世真仙体道通鉴后集·孙仙姑》中认为度化马钰夫妇为最难，且主要针对孙不二。其中，还首次提到了与画传第16《看彩霞》情节相同的描述：

> 以见其留连赀产之汩没，始终不悟，一日见祖师大醉，径造其宅，外于仙
> 姑寝室。姑责其非礼，怒锁之门，使家仆呼宜甫于市而告之。宜甫曰：师与予
> 谈道不离几席，宁有此事。至家开锁，其室已空。窥所锁之庵，祖师睡正浓矣。
> 姑始生敬信。①

此后的文本描述不断发生变化，明万历年间广泛流行的《广列仙传》（1583年）和《列仙全传》（1600年）中，这个巧度孙仙姑的故事被过度强化了，并成为重阳度化弟子入道中最主要的部分，其他情节却基本不存。而到了清代的《新刊七真因果传》（目前所见最早刊本为1914年）中，则得到了进一步的变异，该文本在今天还广为流行，并演化为《全真七子得道传》，在其第九回"王重阳分身化度，孙不二忿怒首师"中，描写了两次重阳入孙室，最后通过丹阳之口而使孙仙姑彻悟规化（参见附录5）。

那么，此巧度孙仙姑的情节为何重要？早期的权威文本《金莲正宗记》中是没有的，而到后来则被创造性地记录并不断演绎，文本背后对孙不二女性身份所引发的度化困难强调的演变逻辑，又对孙不二形象的发展变化起到了何种影响？

> 适大定丁亥冬，重阳先生来自终南，马宜甫待之甚厚，仙姑未之纯信，乃
> 锁先生于庵中百有余日，不与饮食，开关视之，颜采胜常，方始信奉。仍出神
> 入梦，种种变现，惧之以地狱，诱之以天堂，十度分梨，六番赐芋，宜甫遂从

---

① ［元］赵道一修撰《历世真仙体道通鉴后集·孙仙姑》，《正统道藏》洞真部。

师入道，仙姑尚且爱心未尽，犹豫不决，更待一年，始抛三子，竹冠布袍，诣本州金莲堂礼重阳而求度。①

可以看到，经过分梨十化、地狱警示以及天堂之诱等劝化手段后，马钰已被王重阳说服，旋即入道；但孙仙姑却"尚且爱心未尽，犹豫不决"，等过了一年，即1169年重午日才于金莲堂出家。而此时，根据《七真年谱》记载，王重阳已经将七子之中的丘（1167年九月度化）、谭（1167年冬度化）、马（1168年二月度化）、王（1168年二月度化）、郝（1168年三月度化）一一劝化入道（刘长生在王重阳度化孙不二后入道）。也就是说，从度化时间（师徒相见到入道）的长短来看，孙不二的入道时间较之其他人来说可谓最长。

这种度化的不易，在壁画第26《画示天堂》中进一步得到了暗示。因为壁画漫漶不清，尚不确定是否有孙不二的形象刻画，但我们推测图像中不但应有孙不二，且应为图像中之主角。在该榜文中，已明确提到"重阳祖师自画天堂之像，以示清静散人孙仙姑"（参见附录2之第26），也就是说，虽然画面中出现马钰，且实际情况看马钰亦受重阳天堂之像的诱化，但在这幅《画示天堂》中，无论从画像所指涉的对象，还是画面布局来看，在在都暗示了其实重阳度化马钰夫妇二人，其难度主要还是在孙不二身上。而这，或许也正是图像的制作者们所意在强调的（图3.6）。

显然，传统的男女授受不亲的社会伦理规范增加了男性宗师将女性信徒度化为教派弟子的难度，而这种情况也已成为全真教在度化女性教众时面临的一个普遍问题。在永乐宫纯阳殿西壁表现纯阳帝君度化弟子的壁画中，有一组壁画名为《神化鼎州货墨》，其中就有表现帝君醉酒入妇人室中的情节（图3.7）。据榜题可知，鼎州常德府有一道士（即纯阳帝君吕洞宾）曾在市场货墨，一日醉倒于一户人家，家中妇人劝说，而道士不顾；等家中男主归来，无奈将道士拖到知府衙门，道士此时仍醉不能答，知府大怒而将其枷锁于廊下；待晚上，空留枷锁在地，而道士早已远去，空留一诗："货墨来来到鼎州，偶因州主问情由。家居北斗魁星下，剑挂南方月角头。问我醉时真个醉，询余愁时怎生愁。今朝来度君非悟，遥指白云归去休。回

① ［元］秦志安：《金莲正宗记·清静散人》，《道藏》第3册。

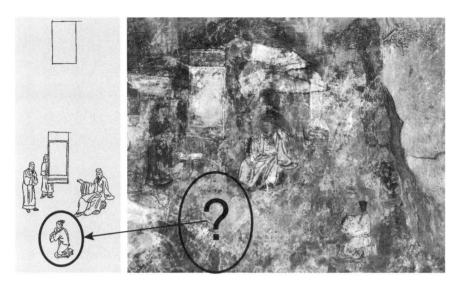

图 3.6　第 26《画示天堂》中作为主要度化对象的孙不二及线描图（采自萧军编
著《永乐宫壁画》，第 310 页；孙正可绘图）

道士作。"回道士即吕洞宾。在壁画中，画面表现的正是帝君大醉斜靠室内，屋外一
妇人对着拿铁锹的男主人诉说原委，而门前路上的二位吏卒作为衙署的代表，正在
赶来捉拿帝君。

　　这种性别问题，如果说在度化中尚且存在师徒之间因男女授受不亲而引发的度
化困难，其更大挑战则体现在出生于传统家庭中的女性因为入道而面临的家庭压力。

　　全真开派祖师王重阳曾在创立全真派之初就以十五条规定来约束与指引教众，
其中开宗明义第一条就是住庵，即无论男女，必须离家投庵①。然而，对于女性而
言，无论是已婚还是未婚，出家住观都面临着因脱离家族而摆在面前的种种困境。
从家庭的角度来看，首要问题便是子女的蓄养。在重阳画传壁画中，第 15《分梨环
堵》、第 18《汴梁》、第 28《妆伴哥》三组主要表现马钰夫妇及其子嗣。仔细观察三
组画传，榜题与图像之间并不一致。在画传第 15《分梨环堵》中，榜题并未提及马
钰夫妇的子女，而图像表现则为马钰夫妇携带一个小儿（图 3.8）；在 18《汴梁》
中，榜题明确标示"丹阳以家事付三子，出家学道"，图像中则表现丹阳夫妇携带两小

_____

① 《重阳立教十五论》，《正统道藏》正一部。

图 3.7　纯阳殿西壁《神化鼎州货墨》之醉酒入妇人室中（采自萧军编著《永乐宫壁画》，第 242 页）

儿（图 3.9）；在第 28《妆伴哥》中，榜题有"至初十日，启□丹阳，方许出家，□离书于孙氏分财产于三子"，而在图像中则表现为丹阳夫妇携一小儿（图 3.10）。

在画传第 18《汴梁》及第 28《妆伴哥》中，榜文所载马钰夫妇共育三子，而在三组图像中，却并不一致，那么事实是怎样呢？对此，在诸多金元全真教经典文献中有明确记载。比如《金莲正宗记·丹阳马真人》就有"孙忠显美无梦之言，以女妻之，生子三人，曰廷珍、廷瑞、廷珪"，《金莲正宗记·清静散人》亦记载孙不二"生三子"①，《历世真仙体道通鉴后集·孙仙姑》②、《甘水仙源录》卷一《全真第二

---

① ［元］秦志安：《金莲正宗记·清静散人》："既升，适马氏生三子，皆教之以义方。"

② 《历世真仙体道通鉴后集·孙仙姑》："父忠斌闻炼师无梦赞马宜甫有真仙之材，遂妻之。而生三子，咸教以义方。"

图 3.8　第 15《分梨环堵》局部（采自萧军编著《永乐宫壁画》，第 291 页）

代丹阳抱一无为真人马宗师道行碑》① 以及《金莲正宗仙源像传·清净散人》② 等都有三子的记载。可以说，孙富春为马家诞下三子是没有疑问的，在画像中将之艺术化地处理为一位或两位也说得通。

　　除了在子嗣数量上略有不同之外，还存在子嗣的年龄问题。据《七真年谱》记载："大定七年丁亥，闰七月十八日，抵宁海州，会丹阳真人泊高巨才，邀师于范明叔怡老亭。""大定八年戊子二月初八，丹阳真人出家，祖师训名钰，字玄宝，号丹

① 《甘水仙源录》卷一《全真第二代丹阳抱一无为真人马宗师道行碑》："师讳从义、字宜甫……忠显孙君惜师才德，以其子妻之，凡三息，曰庭珍、庭瑞、庭珪。"

② 《金莲正宗仙源像传·清净散人》："性聪慧，严礼法，长适州之马宜甫，即丹阳先生也，生三子，曰庭珍、庭瑞、庭珪。"

图 3.9　第 18《汴梁》局部（采自萧军编著《永乐宫壁画》，第 294 页）

阳子，时年四十六。""大定九年己丑，重午日，孙仙姑诣金莲堂出家，祖师训名不
二，号清净散人，时年五十一。"显然，马钰出家入道时的年龄已近不惑之年（46
岁），而孙不二更是达到 51 岁，虽然文献中无二人出家时三子的确切年龄记载，
但按照当时婚娶生子的一般情况，可以推测三子的平均年龄当已成年，长子庭珍
甚至春秋鼎盛，并已娶妻生子都有可能，然而，画传中则多表现其为舞勺少年形
象。当然，不排除夫妇老来得子的可能性，但更大的可能性在于其使用了艺术夸
张的表现手法，因为就女性的度化而言，一位母亲因入道而不得不离家弃子，似
乎尚有幼子甚或幼子尚处襁褓之中，均比子嗣已成家立业更能增加宗教与伦理之
间的冲突。

　　同时，孙富春早早就为马宜甫诞下三子，从孝道上说，孙对马氏家族的香火延
续已经尽力。那么此时，二人对于追求生命延续的意义远在子嗣与家族的意义之上。
这个逻辑在清代《新刊七真因果传》第四回"谈真空孙氏诲夫主，求大道马钰访明
师"中得到进一步演绎。文中马钰夫妇所育三子之事更是夸张到被直接否定："只是
膝下并无一男半女，眼看已到中年。"而此处的用意也在于强调二人入道："孙渊贞

图 3.10　第 28《妆伴哥》局部（采自萧军编著《永乐宫壁画》，第 312 页）

曰：'妾尝看道书，有炼精化气，炼气化神，炼神还虚，使真性常存，灵光不灭，即是长生之道。若学得此道，比那有儿女的人，更强百倍！'"[1] 也就是说，以子嗣延续生命的传统价值观在孙不二这里已看得十分透彻，子嗣的延续说到底还是为了延续自己的生命，而如果自己能长生不老，也就无须养儿育女了。

可以说，自古家庭对于子嗣的期盼及其所体现出的生命延续的暗示，与道家的长生理念是一致的，而具体到马钰夫妇身上更是如此。但马钰在谒拜王重阳为师之前，曾"诣卫士孙子元占之，以决其惑，因稽寿几何。曰：君寿不瑜四十九"[2]。而当其 46 岁入道之时，距离术士孙子元为其占卜的大限之期仅有三年。可以说，当时的马钰，没有了伦理上为家族延续香火的压力，生命行将终结所生的恐惧与忧虑理所当然地成为其面临的主要问题，这也成为其后来经重阳点化而迅速入道的直接动力。入道后，其羽化时的年龄是 61 岁，此距孙子元所占的 49 岁已

---

[1]　［清］黄永亮：《新刊七真因果传》。
[2]　《甘水仙源录》卷一《全真第二代丹阳抱一无为真人马宗师道行碑》。

经延长了 12 年；且从羽化登仙的意义上说，生命已经得到了永存，因为其在大定二十二年十二月二十二日去世后，于翌年五月十二日晚，现身遇仙桥西北，即画传 53《秦渡论志》右侧之场景；其葬后，于乙巳年正月二十四日，县宰刘公开棺视之尸体，容貌若生，肢体柔软，也就是说羽化后不单灵魂不死，其身体也没有干枯①。

因选择入道而不得不离家弃子的行为，在王重阳度化马钰夫妇时也有表现："一别终南水竹村，家无儿女亦无孙，三千里外寻知友，引入长生不死门。"② 对此，李大华注意到："重阳与马钰、谭处端、刘长生等人谈到出家、断绝尘缘的时候，多是针对妻子、儿女及荣华富贵，几乎没有涉及与父母的关系。"③ 与此相关，抛弃家庭作为离家入道的一个集中体现，则很容易与传统中对家庭的责任——孝亲相冲突。那么，全真教又是如何规避这个矛盾的呢？

其实，相较于离家抛妻弃子而言，对父母的守孝反而是道教一直提倡并要求的——虽然有部分人会怀疑其是否只是积极应对传统孝道观念的妥协策略。比如，早在《洞玄灵宝道学科仪》卷下之《父母品》（约出于南朝刘宋时期）中就说："凡是道学，当知两仪赋命，父母遗生，生道之中，须知敬爱。出家之人，若道士、女官，身心依道，俗化全隔，然于鞠养，有殊常俗。若在远，随四时省问；若在近，随月朔省问；在寒在热，在凉在暄，定省之时。……今之父母，是我寄附因缘，故以礼报之而称为父母，故当己父母生长之恩，勿忘之。"④ 科仪中就要求所有修道者应感念父母生育之恩，不忘回家探望，同时对于逝去的父母，也要守丧，只是对具体的服丧方式有所规定。

显然，较之妻子对于丈夫的照顾及子女的蓄养这种家庭责任而言，对父母的孝道成为修道者入道的更大阻碍。重阳画传第 32《太古传衣》在榜题中记载七子之一郝大通（1149～1212 年）⑤入道之事："大定丁亥秋，太古真人郝君，货卜于宁海

---

① 《金莲正宗记·丹阳马真人》。

② 《重阳教化集》卷一《遗丹阳》。

③ 李大华：《儒学如何进入全真教的思想世界》，《全真道研究》（第一辑），第 29～31 页。

④ 《洞玄灵宝道学科仪》二卷，原题太极太虚真人撰，《正统道藏》太平部。

⑤ 郝大通，初名升，后名璘，自称太古道人，号广宁子。著有《太古集》《太易图》等。

市。祖师设□，背坐于卦肆。太古唤回头来，祖师曰：自不回头，更呼谁耶？太古言下开悟，以亲老无代奉者，未即从□。明年亲丧卒，哭谒烟霞洞往拜焉。祖师赐名曰璘，号恬然子。"可见，在宁海卦肆，王重阳与郝大通相遇之后，郝未马上入道，而是翌年待亲老去世之后，才下定决心谒烟霞洞入重阳门下。

在为父母行孝与志于向道之间还有另一形式，即为便于行孝道，而携母入道。在重阳画传第43《化长生子》榜题中载有七子之一的刘处玄携母入道的情节："大定九年己丑春，或于长生师所居屋壁人莫及处，书二颂。比见，墨迹未干。至九月甲戌，祖师挈丘、谭、马三师至莱。师年二十三，从其母俱往参谒。"（图3.11）

此外，《弘玄真人赵公道行碑》中有载马钰度化赵弘玄及其母的事迹："丹阳观其有受道之器，与之语，遂相契。翌日，遇丹阳行丐长安市，真人出货泉百缗绩之，归谓母曰：人生几何，汩没一世间，徒劳人耳。不若鄙远俗务，栖心玄门，可以悟理，可以明性，可以达道。母曰：果若有志，吾与偕往。乃举家入道，访丹阳于终南之刘蒋，师事之。"[①] 而与之相对，子女为表孝道，更有子割股为母治愈之事。在《终南山全阳真人周尊师道行碑》中有载全阳真人周全道"母忽感奇疾，百疗不愈，师割股与药同进，厥疾乃廖，乡党以孝闻"。其入道也是等母亲去世之后："及母氏之终天也，一辰毁过礼，几于减性，叹曰：吾尝闻道家有言，一子进道，九祖登仙。欲服冈极之恩，无瑜于此。"[②]

为此，作为教派对于孝子行为的认可之体现，宗师会出面帮助孝子解决一些实际问题。比如，在纯阳殿北壁西段有"救孝子母"之事，事迹见《纯阳帝君神化妙通记》卷四第五十七化，讲述纯阳帝君吕洞宾感动于通路沈志真的孝子行为，而为其老母救治背部恶疮肿漏。经此事后，沈志真绘帝君画像而朝夕敬重。在壁画中所表现的蓝袍男子正是沈志真，此时他正因感谢纯阳帝君救助而跪拜帝君（图3.12）。

那么这种现象与全真派融儒家之真的理念是否相左呢？记载晋宁路解州芮城玄

---

① ［元］李道谦集《甘水仙源录》卷四，《道藏》第19册。
② ［元］李道谦集《甘水仙源录》卷四，《道藏》第19册。

图3.11 第43《化长生子》局部及线描图（采自萧军编著《永乐宫壁
画》，第320页；吴端涛绘图）

图 3.12　纯阳殿北壁西段《救孝子母》局部（采自
萧军编著《永乐宫壁画》，第 257 页）

逸观的《创建玄逸观碑》（写于 1326 年）中说："学道之士，瓢操水饮，毂食鹑居。
至亲者父母，至爱者妻孥，犹弃而不顾，岂以区区缔构营业为哉？应之曰：不然。
如谓士志道而耻恶衣食，荜门圭窦，不以高堂广厦为安，则诚若吾子之讥矣。然而
玉棺未降之前，饥寒寝处皆有所不免，安敢力不情之为以矫一时之俗哉！且为人徒，
与为人子无以异。其父勤劳堂播于前，其子废坠构获于后，使其先鬼馁而无依，可
谓能子乎？吾子幸无多诘。"① 文中将为人徒与为人子联系起来，实际上对孝的观念

① 陈垣编纂《道家金石略》，第 777～778 页。

更为关注，而对妻、子的义务则没有说明。在此，需要注意的是"七出"与"三不去"的道德准则问题①。同时，当时社会舆论对全真教修道需出家住观的行为也颇有争议，虞集（1272～1348年）在《非非子幽室志》中就有学道不必"出妻子、破家产"，而应"行常人之道，不累于心而实为"②的感叹。

图 3.13（彩版九）　第 6《屏弃妻孥》局部（采自萧军编著《永乐宫壁画》，第 283 页）

对此，还可联系到重阳画传第 6《屏弃妻孥》（图 3.13）。榜文载王重阳入道之前，"毕除家产，捐弃妻孥"。在图像中，即表现了王重阳将未成年的小女儿送至亲家抚养的场景。李大华认为，"妻子儿女在儒家观念里，只是'蓄养'的关系，并不

① "七出三不去"作为道德礼教，最终形成于汉代，唐代正式写入法律，《唐律疏义》《元典章》《清律》等都将其纳入法律条款之中。比如《唐律》："诸妻无七出及义绝之状而出之则徒一年半；虽犯七出，有三不出而出之者杖一百；若犯恶疾及奸者不用此律"；《白虎通·嫁娶》："夫有恶行，妻不得去者，地无去天之义也。"丈夫无恶不作，妻子也不能离舍，若离舍，则受罚；《明律》："若要背夫在逃者杖一百，从夫嫁卖，因而改嫁者绞。"明代大臣刘伯温曾反对把"恶疾"与"无子"列入"七出"，建议将"七出"改为"五出"，未果；而《元典章》《清律》中也多有涉及。所以说，"七出三不去"在历代已经成为横亘在女性头上的一个重要制约武器。《礼记·大戴礼》："妇有七法：不顺父母，去；无子，去；淫，去；妒，去；有恶疾，去；多言，去；盗窃，去。""妇有三不去，有所娶无所归，不去；与更三年丧，不去；前贫后富，不去。"

② "……郡中现有教人学道者，出妻子，破家产乃可，岫云曰：非道也。复尔家室，治尔田畴，行人道之常，而不累于心可也。"载［元］虞集《道园学古录》卷五十，陈垣编纂《道家金石略》，第 796～797 页。

是孝道所必须考虑的，这可能是王重阳做出抉择的一个原因。""重阳所宣导的孝道观，是以出家修行为前提的，其中隐含了对于父母的孝道，却不包含对妻子、儿女的责任。"同时，针对被遗留在家的子女们应如何尽孝问题，按照"资于事父以事母而爱同"（《孝经》）的原则，把"对父亲的孝转接为对母亲的孝，这便解决了作为父亲的道人出家后遗留下的孝道的空白"。而对于出家入道的道士来说，其忠孝就落实于"师徒相传的伦理关系之中"①。对此，徐苹芳在《关于宋德方和潘德冲墓的几个问题》中，就针对宋、潘二人石椁上雕刻孝子故事的现象提出，在金元时期地主阶级墓葬壁画和雕刻中流行孝子故事题材与当时全真教大力提倡孝道有着密切的关系②。值得注意的是，除了全真道士对《孝经》精神的实践之外，萧启庆还指出，《孝经》作为儒家经典，道教还会借其成为对抗佛教的利器③。

可以想见，如上种种因出家入道所带来的伦理道德压力，女性显然比男性更大。除了重男轻女的传统观念之外，潜意识里对于女性修行者基本准则的要求和实际的道德约束是相一致的。再加上女冠来源中成分的不纯洁（第三节将针对其中的部分特殊来源，比如寡妇以及妓女等进行具体分析），遭到了社会上的非议，所以，在对女冠品行的评价以及期待上也就增加了更多的伦理色彩。联系到元朝是第一个为表彰节妇而修建牌坊的王朝，也是第一个向节妇和烈女的家族颁发钦赐表文书的王朝④，在这种社会风气的影响下，道教的女性信徒如果与男性宗师频繁接触，显然会为家庭和社会舆论所不容。孙不二虽后来贵为宗师，却也免不了因为与王重阳作为师徒时频繁接触而遭到舆论质疑。而这种质疑则进一步强化了画传第16《看彩霞》中因性别问题而遭遇的度化困难；同时，因为全真女冠的兴起正好满足了元代社会部分妇女对宗教生活的需要，故而将孙不二树立为一宗之主并承担起度化女性信众的重要责任，也是当时全真教教团势力发展下的大势所趋。在此语境下，孙不二的个人形象与其所扮演的宗教祖师身份在悄然发生着改变。

① 李大华：《儒学如何进入全真教的思想世界》，《全真道研究》（第一辑），第29～31页。
② 徐苹芳：《关于宋德方和潘德冲墓的几个问题》，《考古》1960年第10期。
③ 萧启庆：《蒙元史研究》，第106页。
④ 《节妇马氏传》载："大德七年十月，乳生疡，或曰当迎医，不尔且危。马氏曰：吾杨氏寡妇也，宁死，此疾不可男子见，竟死。"《旧小说》戊集，上海：商务印书馆，1915年，第13页。

二　毁容西度：从"未之纯信"到"决然入道"的态度转变

通过分析《金莲正宗记·清静散人》（1241年）、《历世真仙体道通鉴后集·孙仙姑》（1294年）、《金莲正宗仙源像传·清净散人》（1326年）、《广列仙传·孙仙姑》（1583年）和《列仙全传·孙仙姑》（1600年）五种不同文献中关于孙不二入道之前的记载（见表3.2，详细请参考附录5），可以发现，孙不二的家庭出身与委身入道之间的联系被不断强化，并体现出如下三个特征：

第一，出身于宁海豪族——优渥的经济基础；

第二，享有良好的闺中教育，生而聪慧，可谓知书达理——难得的人文素质；

第三，有一副济世度人之热心肠——值得肯定的性格因素。

可以说，孙富春在出家入道之前，一方面因自幼良好的家教而展示出"知书达理"且气质与容貌俱佳的"优质"大小姐形象，性格聪慧的强调同样重要，因为修道同样讲究慧根；另一方面，也正因其家教的严格，儒家传统文化的烙印就特别明显——这一点的劣势在第16《看彩霞》之巧度孙氏里已有所体现，而同时也养成了乐善好施的性格。可以说，综合以上性格因素就可以预知孙富春在面临摆脱世俗的羁绊而澄心入道的选择时势必比一般女子来得艰难。

表3.2　五种不同文献中关于孙不二出生嫁人的内容记载

文献	出生嫁人
《金莲正宗记·清静散人》	仙姑者，孙忠翊之幼女也，家世宁海，……性甚聪慧，在闺房中礼法严谨，素善翰墨，尤工吟咏。既笄，适马氏生三子，皆教之以义方。
《历世真仙体道通鉴后集·孙仙姑》	仙姑孙氏，名不二，号清静散人；宁海豪族孙忠翊之幼女也。……生而聪慧，柔淑，真懿之态，挺乎自然。择配之时，父忠翊闻炼师无梦赞马宜甫有真仙之材，遂妻之。而生三子，咸教以义方。宜甫以家巨富，常济人贫乏，仙姑必承顺此事。
《金莲正宗仙源像传·清净散人》	仙姑姓孙名不二，号清净散人，宁海人也，……性聪慧，严礼法，长适州之马宜甫，即丹阳先生也，生三子，曰庭珍、庭瑞、庭珪。

文献	出生嫁人
《广列仙传·孙仙姑》	孙仙姑，名不二，号清净散人，宁海人，即马宜甫之妻也。母梦鹤入怀，觉而有妊，生而聪慧好济人。
《列仙全传·孙仙姑》	孙仙姑，名不二，号清净散人，马宜甫妻也。俱宁海人。母梦鹤入怀，觉而有孕。姑生而聪慧好济人。

　　孙富春生于世家豪族，而夫家马家更是宁海巨富，嫁为马钰妻后，其优渥的物质条件得到体现，可谓锦衣玉食，这种前宗教时期的生活状态亦表现在重阳画传之中。比如画传第15《分梨环堵》、第28《妆伴哥》之丹阳离书付富春场景，第17《擎芝草》中尽显大家闺秀的富态形象（图3.14），头戴钗盘髻，衣小袖对襟旋袄，内着长裙，高雅富丽，尽管据《七真年谱》可知，重阳初至宁海，马钰夫妇分梨环堵之时，孙富春已47岁，但整个精神面貌可谓青春艳丽，楚楚动人。

图3.14（彩版一〇）　第15《分梨环堵》、第28《妆伴哥》、第17《擎芝草》中的孙富春形象（采自萧军编著《永乐宫壁画》，第291、312、296页）

　　与之对比，接受重阳度化的几幅场景比如第16《看彩霞》、第18《汴梁》之表现丹阳家事付三子场景中的孙不二，第20《夜谈秘旨》、第22《洒净水》丹阳夫妇中的孙不二，第24《念神咒》、第25《誓盟道戒》、第27《叹骷髅》等对孙不二的描绘则反差巨大。此时孙富春的实际年龄比画传第15《分梨环堵》时，其实也不过大了两岁①。然而，无论在衣着佩戴还是容貌刻绘上，都相差巨大，美丽的容貌也无从得见。部分原因我们可解读为重阳以地狱场景警示时，孙富春面露恐惧之色所致。在 20《夜谈秘旨》中，孙脸色苍白，神色慌张，与马钰一起俯首跪拜，以暗示重阳"以地狱警示之"的心理作用（图 3.15）。画面中对于孙容貌的夸张处理我们不由怀疑是有意为之，并通过对物质条件的抛弃彰显其入道的决心。

图 3.15　第 20《夜谈秘旨》局部（萧军编著
《永乐宫壁画》，第 299 页）

　　无疑，这种带有社会身份映射的孙富春形象，反映在当时所流行的女子衣冠服饰特征中。另外，还可从一个显示女性特征的重要身体部位——脚来进一步探讨。在孙不二形象的表现中，对其脚部的描写，要么微露脚尖，要么被裙裾所遮掩，多是采取密不可见的方式，可以说，脚部这一重要的身份界定——被视为女性的特征或符号——因当时的伦理规范而采取了遮蔽的方式，但在遮蔽的同时也反过来体现了性别背后的社会及伦理意义。显然，对女性宗师脚部的刻画是十分小心的，而这种谨慎态度亦不难让我们联想到元代已经流行的女性裹脚习俗。元陶宗仪《南村辍耕录》卷二十三金莲杯中，引王深辅《道双凫》诗云："时时行地罗裙掩，双手更擎

---

① 按《七真年谱》，大定九年己丑（1169 年），重午日，孙仙姑诣金莲堂出家，祖师训名不二，号清冷散人，时年五十一岁。

春潋滟。傍人都道不须辞，尽做十分能几点。春柔浅蘸蒲萄暖，和笑劝人教引满。
洛尘忽涴不胜娇，划踏金莲行款款。"这种"时时行地罗裙掩"的遮挡小脚的行为已
经上升至伦理道德层面。荷兰汉学家高罗佩（Robert Hans van Gulik，1901～1967）
认为，自宋代起，尖尖小脚成为美女必备的条件之一，并围绕小脚逐渐形成一套研
究脚、鞋的特殊学问，而女人的小脚开始被视为最能代表女性，最有性魅力，身体
中最隐秘的部分①。显然，女性脚部的"私密化"甚至成为一种禁忌，并与妇女的贞
节、节操联系在一起。

对于传统女性而言，抛家弃子意味着其对自身社会责任的抛弃，而入道则还需
对自身身体抛弃，其中一个直接体现就是外在的形貌。若身体与伦理的交锋发生在
脚上——其结果就是裹脚或者在形象刻画中有意遮挡脚部，那么身体与宗教的交锋
则可体现在面部——容貌。显然，对女性而言，较之其嫁入夫家之后需相夫教子的
社会职能，女为悦己者容的价值观也使得寻常女子拥有一副娇美的面容变得同样重
要。与之对应，在重阳画传中对孙仙姑的图像表现，在度化之前与度化过程中，较
之衣着的反差——去华服、着素衣，容貌的反差表现无疑更引人注意。这种反差表
现显然体现出全真教义作用于孙仙姑的积极影响，而这种影响的极端呈现，就是由
对自身衣着的妥协（去华服、着素衣）到对容貌的拒绝——"毁败容色"。

《金莲正宗记》中记载了一个非常值得注意的事件：重阳仙逝之后，四子将之归
葬终南，孙仙姑自宁海长途跋涉至终南祖庭拜谒，为此"穿云度月，卧雪眠霜，毁
败容色而不以为苦"，文末赞文中也说："毁光容而西度终南，冒风霜而东离海
上。"②《历世真仙体道通鉴后集》中虽无孙不二毁容的记载，但强调了其到达洛阳
后"乞食度日，垢面毛头，以秽污身而远世魔"③，为了修真而不惜沿街乞讨，蓬头
垢面，污秽身体。而到了《新刊七真因果传》中，此情节得到了进一步强化，在第
四回"谈真空孙氏诲夫主，求大道马钰访明师"④中，说马钰"娶妻孙氏，小名渊

① ［荷兰］高罗佩：《中国古代房内考：中国古代的性与社会》，李零等译，北京：商务印书馆，2007
　年，第208页。
② ［元］秦志安：《金莲正宗记·清静散人》。
③ ［元］赵道一修撰：《历世真仙体道通鉴后集·孙仙姑》。
④ ［清］黄永亮：《新刊七真因果传》。

贞",此时"渊贞"这一入道后的封号已成为其小名,并强调其"容貌端庄,心性幽静",以突显与后来因毁容造成的巨大反差。

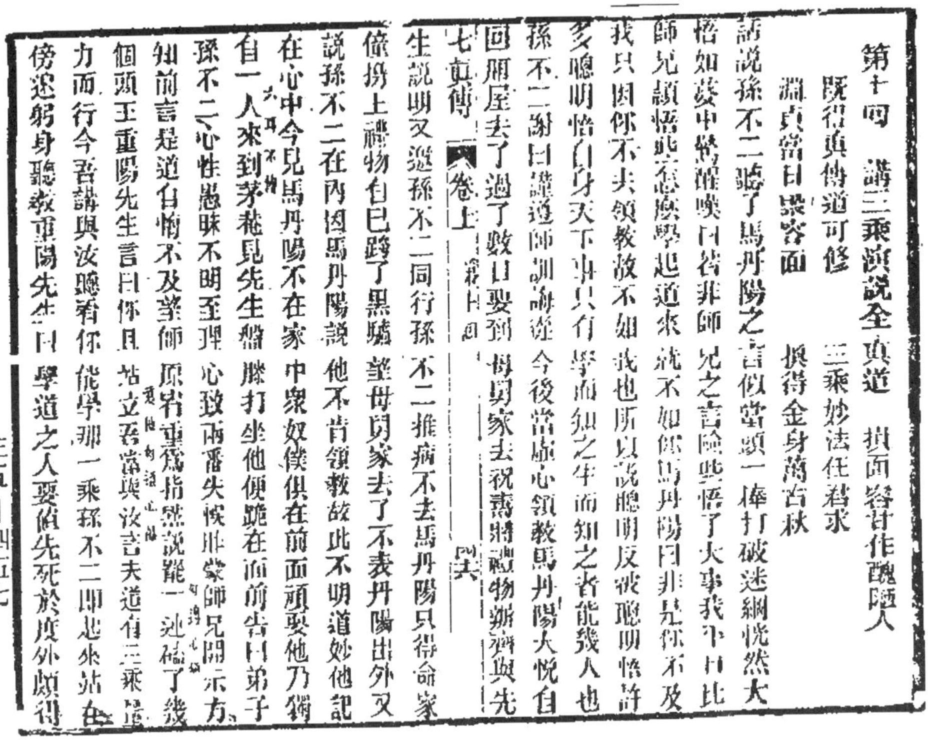

图3.16　《新刊七真因果传》之孙不二"损面容甘作丑陋人"（采自《藏外道书》第35册）

在《新刊七真因果传》第十回"讲三乘演说全真道,损面容甘作丑陋人"（图3.16）中,重阳度化孙不二,劝其离开宁海,远赴洛阳,并说"洛阳离此有千里之遥,一路之上,风流浪子不少,轻薄儿郎甚多,若见你这容貌如花似玉岂不动心?小则狂言戏谑,大则必致凌辱,你乃贞烈之性,岂肯受彼秽污,必拼一死以全名节,本欲求长生,而反丧生也,我故云去不得",以此来考验孙不二,而孙果真损毁面容:"孙不二闻言沉吟半晌也不辞先生,出了茅庵来到厨下,将煮饭的人尽皆支开,亲自将火烧燃,把一罐清油倾入锅内,待油煎滚,然后取一碗冷水在手,把脸儿朝着锅里,双目紧闭,便硬起心肠,把冷水倾入锅里,那滚油见了冷水爆来,溅得一脸都是油点,油点着处皆烫成泡。"此段描述不惜笔墨将毁容细节和盘托出,彻底坐

实了毁容一事，并将孙富春由开始的将信将疑到笃信入道甚至不惜毁容的态度转变
以极为强烈的对比方式表现了出来。

对以上几段记载的孙不二"毁败容貌"之事，我们可将其部分归之于文学描述
中的夸张手法；但同时，却也可以换一个角度来看待：以不惜毁容来表现虔诚之心
的表述，较之男性，其效果在女性身上更显著。

那么，事实是否如此呢？遗憾的是，对于孙富春是否毁容，仅凭以上几段描述，
不足以断定事件发生的真实性。至少从重阳殿壁画有关孙仙姑的 14 组榜文及画像中
没有相关信息的透露。其他时期较早的文本，比如上面所述的《金莲正宗仙源像传》
《广列仙传》《列仙全传》等有关孙不二的形象表现中，相貌仍然是完整的。考虑到
毁容一事即便发生，也是孙富春在金莲堂出家入道之后，到赴洛阳修真期间，重阳
画传表现的是孙金莲堂出家之前，而其他画传表现的却是孙仙姑登真之后，故目前
没有任何证据可以证明孙仙姑是否曾自行毁容。同时，即便毁容行为属实，其造成
的后果在登真之后也同样会被"技术性弥补"。据《孙不二元君传述丹道秘书》载：
"成我至真，衰残易盛，耄耋还婴，朽容再鲜，白发重青"，并能达到"不老不死、
湛寂常存"[1] 的境界。也就是说，即便身体器官遭到了残缺或破坏，在登真之后也可
以得到最大程度的修复甚至再生。而我们看到的孙不二大多是登真之后成为宗师的
形象，更是无从找到毁容的证据。

显然，"毁容"一事虽不能自证却又能被合理解释的逻辑正是借助于宗教修行的
秘密法门。因此，一味寻找孙仙姑是否在修道中"毁容"又已显得不再重要，重要
的是孙仙姑的"毁容"行为能代表一种态度：为了入道而对女性身份的抛弃，毕竟
容貌对女性而言更具特殊意义。对自己容貌的破坏不但意味着对自身的"抛弃"，更
被视为一种对于父母的"不孝"。由此出发，女冠为献身宗教而不惜毁败容貌就有了
相当程度的牺牲色彩。同时，这种毁容行为也被后来的宗教史记载并有意地树立为
一种正面、积极、有助于增加其修为的做法。在部分女冠的传记文本中，毁容的记
载不是孤例，比如女冠奥敦妙善的例子："师姓奥敦氏，肃慎人，始讳妙善……师生

---

[1]　［金］孙不二：《孙不二元君传述丹道秘书》之《玉清无上内景真经》，《孙不二集》，白如祥辑校，济
　　南：齐鲁书社，2005 年，第 455 页。

七岁，有父母风，言笑慎重，姿质严正，不茹荤酒。稍有知，便请学仙，志不可夺，……既出，断发毁容，忘情绝世间事，衣纸衲，饵果实，以度春秋。"[①] 同样，毁容之事也可以作为一个分界线，以此来断定女性信徒是否决定委身入道；而此也正应了重阳画传中的容貌是毁容之前，在后来的仙传画像中，孙不二的形象未见毁容则意味着其已登真。既是出家与入道的分界，那么对孙富春"毁败容貌"的强调也就意味着其从女性（孙富春）向女仙（孙仙姑）的进一步跨越。

反过来看，一旦入道修真而拥有长生不死法力的诱惑也顺理成章地成为教派招揽女性入道的诱导策略。这种法力不但能使自己青春永驻，还可以帮助别人。在纯阳殿北壁西段有《秽梳高价》的画面表现，事迹见《纯阳帝君神化妙通纪》卷五第六十九化，展示了五祖之一纯阳帝君令年届八十老妪由秃发如霜到黑发委地的神迹，壁画中帝君立于庭院，正为一穿蓝袍端坐的女子梳理长发，此时发色已漆黑，而身边众人正对此神迹指点议论（图 3.17）。显然，这种神迹的发生对广大垂垂老矣的女性来说拥有着致命的诱惑力，同时也为出家入道做了一个另类的宣传。

图 3.17　纯阳殿北壁西段《秽梳高价》局部（采自萧军编著《永乐宫壁画》，第254 页）

① 《女炼师奥敦君道行碑》，载《鹿邑县志》卷十，见陈垣编纂《道家金石略》，第 686～687 页。

回顾孙仙姑的入道修真之路，在其离家入道的整个过程中，先是将"相夫教子"的社会职能卸去，接下来又将对女性而言非常重要的外在容貌主动抛弃。然而，此时的孙仙姑仍未彻底斩断男女之情。直到彻底斩断之后，也就标志着她正式从"女性"迈步进入"女真"之阶："逮壬辰之春首，亦抵京兆赵蓬莱宅中，与丹阳相见，参同妙旨，转涉理窟。丹阳乃赠之以《炼丹砂》曰：'奉报富春姑，休要随予，而今非妇亦非夫。各自修完真面目，脱免三涂。炼气莫教粗，上下宽舒。绵绵似有却如无。个里灵童调引动，得赴仙都。'仙姑谢而受之，相别东西，各处一方，炼心环堵。"[①] 并且在七年之后，"三田返复，百窍周流"，意味着孙仙姑第一步"修己"完成，接下来她进一步"度人"："遂起而东行，游历洛阳，劝化接引，度人甚多。"后于壬寅年（1182 年）逝世登真。而这种对男女之情的彻底斩断，对登真之后的孙不二形象变化又有何影响？

三　七年环堵：孙不二的女丹功与男装像

总起来看，重阳画传中对孙不二形象的表现止于金莲堂入道之前。从孙不二入道，到重阳仙逝之后赴洛修真七载，即孙不二于宁海修道期间，以及羽化登真后的场景在重阳画传中均未表现。但是，孙不二作为全真教"后七真"之一，在全真七子题材的造像、碑刻与仙真传记中却多有反映，可以一睹得道后的孙不二宗师形象[②]。太原龙山石窟 7 号龛（七真龛）南壁左侧的孙不二雕像，目前虽头部已失，但在常盘大定和关野贞于 20 世纪二三十年代考察拍摄的图片资料中尚可看到[③]（图 3.18）。此外，明代《群仙集》中的全真教七真连环画，有一幅《七真祖师图》，第

---

① ［元］秦志安：《金莲正宗记·清静散人》。

② 所谓仙真，它区别于那些虚构的神灵偶像，而多指经过修炼得道而长生不死的人。是由人修道、得道而仙的典范与代表。在历代道经的记载中，出现了诸多仙真的传记。其中，专门记载女仙的有唐末杜光庭的《墉城集仙录》六卷，集录女仙三十六人；以及元赵道一的《历世真仙体道通鉴后集》六卷，集录女仙一百二十人等。其中，对孙不二的文本记述也较多，但大多沿袭了相同的版本。

③ 胡文和对七真龛中是否为"孙不二"形象进行了考证，并从服饰（左衽）、脸型以及鞋等角度认定此为孙不二，见胡文和：《中国道教石刻艺术史》（下册），第 387 页。

二排右起第一个人即为孙不二①（图3.19）；明代《新镌仙媛纪事》卷七孙仙姑中亦有一幅孙不二形象的插图，但应该表现的是其入道前的形象②（图3.20）。显然，在以上提到的孙不二仙真形象的表现中，无论是入道修真之前还是之后，其女性特征是很明显的，这并不令人意外。但值得注意的是，后来还出现了孙不二的男装像。

图3.18　龙山石窟7号龛孙不二形象（采自常盘大定、关野贞：《中国文化史迹》，第119页）

男装像的显例是明代《彩绘全真宗祖图》中的"清静渊贞顺德真人"孙不二，此为《宝善卷》全真宗祖图的第19幅彩绘画像，亦系该图所列全真七子的第5幅彩页（图3.21）。图绘孙不二坐像，头梳髻，短眉小眼，高鼻丹唇，重点在于其面部绘有三

① 《群仙集》，署大明成化癸卯（1483年）六月吉日御制，胡道静等主编《藏外道书》第18册，成都：巴蜀书社，1994年，第246页。

② 《新镌仙媛纪事》为明代中后期杭州书坊主杨尔曾所编撰的一部通俗作品。目前所见最早的版本是明代万历三十年（1602年）苏州杨氏草玄居的自刻本。全书分九卷，补遗一卷，共188个故事。其中，卷七孙仙姑条出自《历世真仙体道通鉴后集·孙仙姑》。

缕胡须，男性特征比较明显。对此，王育成认为："孙不二这种男装之像出现较早，至迟元代即已有之，元人绘写的《金莲正宗仙源像传》的孙不二像即为男装。"① （图3.22）另外，刘科提到《玄门七真之像》中的孙不二形象亦为男装像②。而在《中国美术全集·绘画编·19·石刻线画》中，收有清代佚名所刻的七真上仙图（图3.23），从头冠及无须等特征上，可清晰辨认出后排左一即为孙不二，此图应为《玄门七真之像》的拓片。但遗憾的是王育成与刘科均没有对于男装像的产生缘由做出详细解释。

图3.19　《群仙集》七真之孙不二（采自王育成：
《明代彩绘全真宗祖图研究》，第290页）

① 王育成：《明代彩绘全真宗祖图研究》，北京：中国社会科学出版社，2003年，第186页。
② 《重阳祖师之图》碑阴所刻的《玄门七真之像》，可见《重阳宫道教碑石》目录记《玄门七真之像》（约元初，图30页），后文所附《重阳宫大事记》述："至元三十年癸巳，孙德彧由通议官升副提点。约至元后期立《重阳祖师之图》及《玄门七真之像》碑。"刘兆鹤、王西平：《重阳宫道教碑石》，西安：三秦出版社，1998年，第29~30页。对此，刘科：《金元道教信仰与图像表现——以永乐宫壁画为中心》第五章第三节七真的确立与图像表现中提到，并认为："并无明显女像，孙不二可能被刻画为男像"，第223页。

其实，经过仔细读图，可见《金莲正宗仙源像传》与《宝善卷》中的孙不二尚有不同。前者的男性特征还不甚明显，而后者较之前者最大的不同在于其对于男性第二性征之胡须的刻画。也就是说，在《金莲正宗仙源像传》中，孙不二被表现为去女性化的形象，而到了《宝善卷》中则被彻底刻画成了一个男性。联系到孙不二图像表现由女性到去女性化，最后直接为男性的形象显性逻辑，这其中体现了什么问题呢？

对此，部分学者认为，文人士大夫阶层的重男轻女观念所导致的对女性入道的曲解，使得道教内部在树立宗教领袖形象时不得不有所顾虑，会为了维护自身的宗教信仰以及出于实际的教团发展目的而对其女性色彩予以淡化，且这也在一定程度上导致了孙不二在全真教众仙真中地

图 3.20　《新镌仙媛纪事》之孙仙姑（采自杨尔曾编《明代万历三十年钱塘杨氏草玄居》自刻本）

位的下降，以及在"七真"中一定时期内的缺席①。然而，这仍不足以直接说明在将其树立为宗教领袖的系列经典文献中，为何将身为女性的孙不二去女性化甚至直接表现为男性。这种做法用意何在？之所以会发生这种性别转变，我们认为可能还有一个更重要的原因，即暗合了孙不二的女丹功修炼。

孙不二在洛阳的七年环堵奠定了其修真之路，而女丹功的修炼则直接促成了其后来的羽化登真。张珣在《几种道经中对女人身体的描述之初探》中透过早期的道经，检讨道教中人对女性身体的描述，以此说明在修炼丹道时男女修道者所具有的平等观，这是异于其他宗教、思想之处，特别是女性修炼达到的成就中有胜过男性的地方②。这是从身体的角度探讨道教女性观的尝试。而常大群在《全真七

---

① 赵卫东在《全真道"五祖"、"七真"的形成过程》一文中认为"虽然道教并没有重男轻女的思想，尤其是全真道更是提倡男女平等，但儒家重男轻女的观念仍然还是影响了'七真'的形成。"见赵卫东：《金元全真道教史论》，第 238～240 页。

② 李丰楙、朱荣贵主编《性别、神格与台湾宗教论述》，台北：中研院文哲所，1997 年。

子的思想特色》之《内丹》部分，介绍孙不二的内丹功时提到女子炼丹可达到身如童男童女①，如王重阳所言"女子运宝，前安乳香，频进香火，如此行动一年，令妇人如童男"②。这种功成如童男的形象是否可以解释得道成仙后孙不二性别的转变呢？

《孙不二元君法语》中有《女功内丹次第》诗14 首，分别为收心、养气、行功、斩龙、养丹、胎息、符火、接药、炼神、服食、辟谷、面壁、出神、冲举，如此以 14 首诗歌的形式来说明修炼内丹的次序。这个修炼次序与普遍的内丹修炼可以说并无二致。《清静元君坤元经》中有"今善女人各具坤元，咸能入道"③，《坤诀》也说"夫女子秉坤柔之德，而真阴中具有真阳，修炼较易"④，表明了对女性修习者而言亦可通过此修炼内丹而成道。然而，通过与全真其他六子的丹功程序对比，其最大的不同是斩龙⑤。斩龙诗曰："静极能生动，阴阳相与模。风中擒玉虎，月里捉金乌。着眼絪缊候，留心顺逆途。鹊桥重过处，丹气复

图 3.21　《宝善卷》全真宗祖图之孙不二形象（采自王育成：《明代彩绘全真宗祖图研究》，第 301 页）

---

① 牟钟鉴等编：《全真七子与齐鲁文化》，济南：齐鲁书社，2005 年，第 215～254 页。

② 《金关玉锁诀》，《道藏》第 25 册，第 801 页。

③ ［金］孙不二：《清静元君坤元经》，《孙不二集》，白如祥辑校，第 461 页。

④ ［金］孙不二：《坤诀》，《孙不二集》，白如祥辑校，第 459 页。

⑤ 斩龙又叫斩赤龙。斩赤龙，女丹学术语。赤龙为女性经血的比喻，如果经血不断则内丹无法炼成，所以修炼女丹者需首要断经血，此谓斩赤龙。道教认为，女性与男性的根本区别之一就在于女性有经血，而如果经血一断，则与男无异。需要说明的是，较之笔者以女丹之说来解释男装像的产生，学者们也多注意到了此修炼法门背后的话语权力。张方认为王重阳《金关玉锁诀》中这种女丹练就成男童的说法就是一种在宗教中歧视妇女，男女不平等的表现。见张方：《全真女冠与元代社会》，《宗教学研究》2011 年第 1 期。

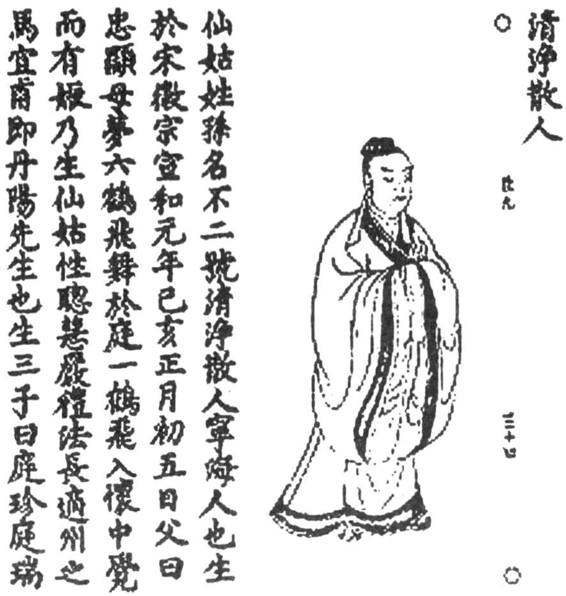

仙姑姓孙名不二號清凈散人寧海人也生
於宋徽宗宣和元年已亥正月初五日父曰
忠顯母夢六鶴飛舞於庭一鶴飛入懷中覺
而有娠乃生仙姑性恩慧履禮法長適州之
馬宜甫即丹陽先生也生三子曰彥珍庭瑞

清凈散人

图 3.22　《金莲正宗仙源像传》清净散人（采自
　　　　《道藏》第 3 册，第 379 页）

图 3.23　清刻《七真上仙图》之七真局部（采自王树村主编《中国美术全集·
　　　　绘画编·19·石刻线画》，第 155 页）

归炉。"① 其中，对静与动，阴与阳，风与月，金乌与玉虎等对偶物的强调，在在暗示了女冠在丹功修炼上的性别特殊性。无疑，这是专门针对女性修炼内丹者而言的。通过斩龙，即以强行改变女性生理期的方法作为修炼法门，来说明女性修道者在修炼成功之后，其身体由阴转阳的事实，也就是《孙不二元君传述丹道秘书》中所谓的"消阴铸阳"②。《守一诗》也说"久则骨肉亦化为纯阳精气，阴气内消，始觉天光内照，焕然照蜕身之中"，而阳和之气于身体之内充盈，则"阴气尽消，真形更真"③。

与之对应，男子炼精化气则会出现马阴藏相，即生殖器收缩，是为结小丹④。由此也可以反过来解释为何诸多男性真人塑像面貌白皙柔和，没有胡须，类似妇人，比如在北京白云观丘祖殿所奉祀的长春真人丘处机（图 3.24）。

图 3.24　北京白云观丘祖殿丘处机坐像（左图采自小柳司气太《白云观志》写真第六《丘祖殿》插图；右图为现今白云观丘祖殿丘处机坐像）

---

① ［金］孙不二：《孙不二元君法语》，《孙不二集》，白如祥辑校，第 449 页。

② ［金］孙不二：《孙不二元君传述丹道秘书》之《玉清无上内景真经》，《孙不二集》，白如祥辑校，第 456 页。

③ ［金］孙不二：《孙不二元君传述丹道秘书》之《守一诗》，《孙不二集》，白如祥辑校，第 457 页。

④ 牟钟鉴等编：《全真七子与齐鲁文化》，第 250 页。

对其原因，极具启发性的解释来自小柳司气太（1870～1940 年），在其所编《白云观志·凡例·写真》中，征引王世贞（1526～1590 年）所言"燕九"说以证之，并将丘祖面貌类似妇人的现象归因于"真人自宫之说"①。或许顺此思路，安乐哲（Roger Ames，夏威夷大学哲学系教授）采取雌雄同体（Androgynous）的解释方法来看待道家的性别观是有一定道理的，他认为道家学说追求的是一种积极的人性完善的理想，并不提倡以"阴"的价值观念来取代居主导地位的阳的价值观念，而是寻求将对立双方的紧张消解在平衡与和谐之中②。这也正如《清静元君坤元经》中，元君与众女仙的所说一偈："男女本一气，清浊动静异。女人欲修真，切使真元聚。阴中有元阳，存清勿以弃。明此色与欲，本来无所累。摒除贪嗔痴，割断忧思虑。去浊修清性，不堕诸恶趣。静寂守无为，我即男子具。"③ 其中，以"男女本一气"来说明修道之时男女并无本质的不同，只是一体之两面，而最后"我即男子具"不应从字面上解读为其潜藏心中对于做男子的渴望，而是表达一种得道之后无分男女性别的认知。

所以，孙不二在《辞世颂》中所表达的，似乎更是一种因辞世登真，得以抛弃世俗的男女之见，而任其自由纵横于天地的颂歌："三千功满超三界，跳出阴阳包裹外。隐显纵横得自由，醉魂不复归宁海。"④ 宁海既是其出生、长大、嫁人、生子之地，又是其出家、入道之开始，如此决绝地说出"不复归宁海"，我们从中不难猜想，这或许表明了孙不二在辞世登真之后，对其"孙富春"身份的不满，以及对其受世俗伦理所束缚的躯壳的厌弃，也可以认为这是对自己在金莲堂修道之前未曾果断入道时一系列犹豫的"醉魂"的告辞。

同时，我们还需对孙不二本人的名字加以注意。可以发现，在所有著述中，无论是"仙姑"也好，"不二"也罢，都非其本名，只知其姓氏（以显示其父家孙氏

---

① "燕九"说，出自王世贞《弇州山人续稿》卷六十六，大意为燕九，或作阉九，谓丘长春朝觐元太祖后，元太祖以宫嫱赐予丘，逼使丘污之，然丘不允，于是挥刀自宫，以誓不污。此说小柳司气太亦持怀疑态度。见小柳司气太：《白云观志》，开明堂东京支店，1934 年，第 60 页。

② Roger T. Ames, Taoism and the Androgynous Ideal. In Rochard W. Guisso and Stanley Johannesen（eds.），*Wewen in China.* Yongstown，New York：Philo Press，1981，p. 43.

③ ［金］孙不二：《清静元君坤元经》，《孙不二集》，白如祥辑校，第 463 页。

④ ［金］孙不二：《辞世颂》，载于《牟平县志》，引《孙不二集》之补遗，白如祥辑校，第 464 页。

的姓氏），入道之前的乳名或正式名字均无记载。且"孙富春"之名显然亦非其本名，而是在《金莲正宗记》"降自富春之族，生从忠翊之家"的基础上逐渐演变并附会出来的。同时，在重阳画传中，其名"孙不二"或"孙仙姑"也并未作为主要的人称代词提及。据统计，在14组有关孙不二的榜文中，仅第16《看彩霞》（单独提及"孙氏"三次）、第26《画示天堂》（单独提及"清静散人孙仙姑"一次）及第28《妆伴哥》（单独提及"孙氏"一次）三处单独提及孙不二，更多的是以"马钰夫妇"（第15、16、17、19、20、21、22、23、24、25、27共11组榜文中提及）这一名词将其与丈夫合体提及，而在该14组画传的图像表现中，也多与其丈夫马钰共同出现（图3.25）。

图3.25　第24《念神咒》之马钰夫妇及线描图（采自萧军编著《永乐宫壁画》，第303页；孙正可绘图）

对其名字的遮蔽现象，相信在古代社会的女子称谓中并不少见，但我们将之归因于传统之流弊的同时，也需看到这种现象背后的宗教层面的意义，毕竟孙不二较之一般女冠在宗教地位上有其特殊性。由此，我们又绕到了第二节的开头，曾引用《金莲正宗记》赞孙不二曰："不二名高，守一功大。"其不二的法门就是"守一"。何谓"守一"？《大道守一宝章》云："事归一、一常存。言守一之事，功成归一气，即身与虚无,自然无形,一气常存矣。"① 也就是说,守一之功成而化为一气,此时人身躯壳化为虚无,自然无形,更无男女等第二性征的区分,如此则看待登真之后的孙不二形象,或许对其是男装抑或女装形象的争辩又显得弃本逐末,而不再重要。

可以说,孙不二从家庭主妇到宗教领袖的角色转变:孙富春(修道前)—孙仙姑(修道中)—孙不二(登真后),一大特征就是对传统伦理观念中以相夫教子为主要功能的女性职能的抛弃与转化。而其中,对扮演相夫教子角色的社会性别特征的重视与全真教教义之间的矛盾与冲突则合力促成了孙不二入道后的"去女性化"。但这种理论的建立是基于宗教领袖形象的社会性建构,其"去女性化"主要针对的是作为社会网中的女性角色而言,而非生理意义上的女性第二性征。同时,较之同样具有描述形象职能的图像而言,在过去以文字作为主导,并对历史知识的描述与建构享有霸权的传统模式之下,孙不二视觉形象的历史变化无疑是被文字直接影响的。在此语境下,可以想见,对于当时那些积极的历史建构者而言,"不二"理念对视觉图像的制作又会产生多么大的暗示与影响。

第三节　从女冠群体看孙不二形象的历史产生

据前节对孙不二登真之路及其形象演变的分析,可以看到,孙不二作为女性信徒,在重阳祖师度化其入道的过程中,因为性别原因而比其他男性道友(其余六真)都来得困难。显然,这种男性导师度化女性信徒的困难在第一代弟子如孙不二身上会比较明显,但后来随着孙不二等第一代女性弟子成为宗师,由她再来度化第二代女性弟子时,这个困难自然逐渐消解。此时,在女性信徒入道的过程中,其实更大的挑战来自整个社会舆论大环境。这一方面体现于第一节所分析的文人阶层、儒家传统以及全真道士的儒学背景对孙不二进入"七真"体系所产生的决定性影响,另一方面则来自当时加入道教的女冠群体本身,其群体中身份来源是十分复杂的,这

---

① 〔金〕孙不二:《孙不二元君传述丹道秘书》之《大道守一宝章》,《孙不二集》,白如祥辑校,第456页。

无疑会对整个女冠群体的风评造成影响。因此，笔者就此专辟一节进行讨论，根据全真教文本中有限的材料，采集其中涉及女冠的部分，归纳其出家修道原因的细节进行比较分析和总结，期望能发现导致孙不二形象历史变化的某些客观原因，旨在使得对孙不二形象产生的历史分析更加立体。

一　女冠入道的基本模式及入道原因

首先看当时女性入道修行的几种模式。

据资料发现，从人数规模上有个人入道、双人入道及三人或多人入道等。

（1）个人入道，例子是炼师荣守玉。《荣炼师信斋记》① 记载荣炼师少小离家，髫龀离母。对于荣炼师其人，具体资料我们无法确知，笔者认为此人可能就是《崇玄大师荣君寿堂记》② 中的荣守玉。在寿堂记中说其"髫龀"出家，而至"既笄"入道，"髫龀"一般指女孩 7 或 8 岁，"既笄"指女子 15 岁成年。也就是说，自出家至入道小有所成至少需要七八年的时间。相同的例子是李守坚③。

（2）双人入道，多为母子或母女一起入道（母亲为主导），主要分四种：

母子入道。在马钰所撰的《满庭芳》④ 中，载灵源姑唐括氏，夫家为贵胄之家，因向慕道，得遇马钰行化，而携子出家；另外一个比较重要的例子是重阳画传 43《化长生子》中，刘长生与其母俱拜重阳为师。

---

① "女冠荣炼师，自髫龀而离母，母礼师得道者，服笄岁而为黄冠师，今六十岁矣。"见［元］胡祗遹：《紫山集》卷十一，陈垣编纂《道家金石略》，第 671 页。

② "国朝甲午岁（1234 年），中虚魏大师以全真学主盟彰德之修真观，时师方髫龀，出家往事焉。既笄，经明行修，披戴为道士，复研精正一科式法箓，号称习熟。"［元］王恽：《秋涧集》卷四十，陈垣编纂《道家金石略》，第 691 页。

③ ［元］李晋撰《玉真清妙真人李守坚墓铭》，陈垣编纂《道家金石略》，第 542 页。

④ "灵源姑唐括氏，申国太夫人之女，大丞相文正公之妹，可谓贵胄矣。而自妙年，向慕真风，耽味玄理。大定壬寅春三月，丹阳真人马公行化过潍，姑径往参礼。斯道之妙，已得其略矣。是年冬十一月，又携次子崇德在宁海之昆嵛山，再于丹阳师前恳祈要诀。……即其郡北申国夫人之旧第，创庵以居。弃金珠之饰而顶幅巾，释绮罗之服而披麻衣，谢青粱之味而甘粝食。尽屏尘务，专志颐真。其次子亦因丹阳词诀，云游放倒，逮今七载而妄归。呜呼！"陈垣编纂《道家金石略》，第 435 页。

　　母女入道。例子有两处，一处是女冠杨守和，《集真观碑》① 中载，杨守和因为夫死而携女儿一同入道；另一处是《汴梁路栖云观记》② 中所载的李妙元，因其父李宽早逝，而与母王氏一同入道。

　　夫妇入道。例子比较多，前文中讨论的马钰夫妇就是显例，兹不赘述。

　　姐弟入道。例子有一处，在《重建修真观圣堂记》③ 中记载，女冠张守微与弟德忠因战事逃难，后遇玉真庵洞妙散人杨守玄，礼而为徒。

　　（3）三人或多人入道，主要指举家入道，即夫妇与儿女一起。比如女炼师奥敦妙善④。

　　女冠入道的原因比较复杂，在文本中可以看到，强调比较多的原因是出自个人意愿。比如，碑文中所载灵源母子"诚心向道"⑤，荣守玉"自幼贞静，闻道家言喜之"⑥，幹勒（李）守坚"幼慕玄风"⑦，女冠奥敦妙善"学仙之志不可夺"⑧。然而，联系到女性在当时社会中的实际处境，一个比较普遍的原因浮出水面，即妇女因为夫死而面临被迫守寡的境地，旋选择入道。对此，也分三种情况：

　　（1）不愿守寡（强调舍俗）。如上文提到的张守微及李妙元母女；

　　（2）不愿再嫁（强调守贞）。如杨守和；

---

① "丙戌（1286 年），至元二十三年，彰德衙城外口西康乐坊，道宫一区曰集真，实女冠杨守和之创始也。守和年四十有一，夫李义死，誓不再醮，携一女，受道服。"［元］胡祇遹：《紫山集》卷十七，陈垣编纂《道家金石略》，第 671～672 页。

② ［元］刘将孙：《养吾斋集》卷十七，陈垣编纂《道家金石略》，第 646 页。

③ 《重建修真观圣堂记》："女冠张守微与弟德忠因逃难四方，……守微晋城县高都管乐南中社人，幼妇赵氏，夫亡，正大甲申五月舍俗出家，礼太原榆次县专井村玉真庵洞妙散人杨守玄为师，师乃长春真人门下宁神子所引度者也。弟德忠及妻王礼善，益加归向，皆生无上道心，男留住、女梅儿、庆仙、宜哥、满惜，告成之后，伏愿免离五苦，延纳百祥，中外存亡，同证妙果。"［金］李俊民：《庄靖集》卷八，陈垣编纂《道家金石略》，第 482 页。

④ 《女炼师奥敦君道行碑》："师姓奥敦氏，肃慎人，始讳妙善，后更弘道。祖亡其名讳，金初镇国上将军，知密州，因家焉。父亡始讳，怀远大将军、宁海都巡使。泰和四年甲子，举家着道士服。"《鹿邑县志》卷十，陈垣编纂《道家金石略》，第 686～687 页。

⑤ ［金］马钰：《满庭芳》，陈垣编纂《道家金石略》，第 435 页。

⑥ 《崇玄大师荣君寿堂记》，［元］王恽：《秋涧集》卷四十，陈垣编纂《道家金石略》，第 691 页。

⑦ ［元］李晋撰《玉真清妙真人李守坚墓铭》，陈垣编纂《道家金石略》，第 542 页。

⑧ 《女炼师奥敦君道行碑》："师（奥敦妙善）生七岁，有父母风，言笑慎重，姿质严正，不茹荤酒。稍有知，便请学仙，志不可夺，从其母居大都清真观。"《鹿邑县志》卷十，陈垣编纂《道家金石略》，第 686～687 页。

（3）强调因功成身退而入道。在氏（胡祇遹岳母）夫死守寡，抚养儿女以立，后潜心入道①。

第三个原因是政治原因，此对象特殊，主要针对部分与皇权政治有密切关系的官宦家族子女。其中，女冠钱善道被命为道士，即出于政治安定的因素，从"奉睿圣皇后懿旨"可知入道非自己意愿，而是"命为道士"，"以报答恩遇为务"，"口黄冠，惟表忠观"②。

此外，需要单独说明的有两例。一个是发冠仙姑田氏③，碑文载其新婚后，夫家"数有妖弗宁"，疑为田氏的嫁入所致，故将之驱逐，后于野外历经种种磨难，幸得遇仙入道；第二个例子则将女冠的身份指向了比较特殊的一个群体：妓女。《青楼集》载："李童真，张奔儿女也，十余嵊即名动江浙，色艺无比。达，天山检校浙省，一见遂属意焉。周旋三载，达秩满赴都，且约明年相会。李遂为女道士，杜门谢客，日以梵诵为事，达备礼娶之。后达没，复为道士，节行愈厉。"④ 在李童真的案例里，共涉及两个方面的情况：即待嫁入道与守寡入道，因为所涉问题复杂，故在后文具体谈一下。

---

① 《守真玄静散人女冠左炼师墓碑》："甫三十九而寡，即以不再醮为誓，居丧三年，未尝见齿，服除，脂粉色服屏弃不再御，萧然寄心于清净寂灭。男女成立，田园增其旧。一日，会亲戚闾里曰：'人生为男子，功成名遂身退，天之道也，况予一妇人乎？自兹以往，儿女辈勿复以家事相关白。'乃于后庭隙地筑环堵室，礼天庆宫李真人受业，野服黄冠，赐名守宽，以道自居。"（虽曰入道，实则并未离家进入庙庵，而是在自家修建环堵。）见〔元〕胡祇遹：《紫山集》卷十七，陈垣编纂《道家金石略》，第1123页。

② 《守素大师女冠钱善道墓志铭》："善道姓钱氏，杭之钱塘人，吴越王镠之后也，……奉睿圣皇后懿旨，于其年之九月望日俾居昭应宫，礼其宫提举通妙大师某为师，度为女冠，赐紫衣。愈恭谨守道，斋心奉香火，朝夕课经祝圣寿，以报答恩遇为务。……铭曰：吴越王归于宋氏，孙曰自然，命为道士。有淑其裔，归我圣元，随被中旨口黄冠，惟表忠观，与昭应宫，三百口异世同风。……"见〔元〕蒲道源：《闲居丛稿》卷二四，陈垣编纂《道家金石略》，第1143页。

③ 《敕赐极真万寿宫碑》："盖真人本济宁肥城农家女，俗姓田，后归同村孙氏。自合卺（卺，古人行婚礼时用的酒器。其制破瓠为瓢，名卺。夫妇各执一瓢饮，称合卺。此处乃指田氏与孙氏结婚），其家数有妖弗宁，以新妇为不利，逐之无所于适，距村十数里，有槐偓如横生涧胁，涧深叵测，真人泰然处其上者数月，风雨皆不及，虎狼蝮蛇望而不敢偪。其寓于古祠也，年少见而媟（轻侮，污秽）之，俄尔媟者若空悬去地尺，呻吟如被楚挞。……自归道二十余年，首未尝栉沐，发皆上生丛合高尺余，其端旋结如云。乡里异之，因目为发冠仙师云。"见〔元〕张养浩：《归田类稿》卷六，陈垣编纂《道家金石略》，第1169~1170页。

④ 〔元〕夏庭芝：《青楼集》，《中国古典戏曲论著集成》（二），北京：中国戏剧出版社，1959年，第35页。

二　入道与守节的折中：小议寡妇入道的相关问题

上面提到的女冠入道的诸多原因中，自愿入道成为目前所见的女冠资料中较多提及的原因之一。当然，诚心向道这个因素的存在不能否认。然而，这种陈述性的书写方式不得不令我们感觉更像是一种外交辞令型的客套说辞，并对其真实性持怀疑态度。更值得我们注意的是其余的几个原因。一个很普遍的原因来自于家庭出现变故，在发冠仙姑田氏的例子里，田氏新婚后因为夫家发生了叨扰家庭安宁的妖异之事，夫家认为是新妇田氏带来的，故而将其驱逐，导致田氏无处容身。这无疑是一莫须有的悲剧，但也存在虚构成分。更值得探究的是夫死守寡这个原因，元代妇女面临夫死的局面，有两个选择：要么守寡，要么再嫁。然而，再嫁却因为种种原因而不易实现，为此，更多妇女选择了守寡。对于数量不菲的守寡妇女而言，守寡很多情况下是家族权衡利弊的选择，而她们虽然会因此获得优渥的物质生活保障，但这也引发了我们对其精神生活层面的关注。

寡妇的出家入道，从程度强弱上可以分为偏激、中性和保守三种类型。其中张守微亡夫后，自愿选择舍俗出家属于中性一派；相对而言，杨守和则主要是因为不愿再嫁而入道，无疑显得有些偏激；而左氏（胡祇遹岳母）夫死守寡后，先抚养儿女以立，后潜心入道则属于完成女性的社会职责之后而选择入道，较之前两者则具有更保守的特点。

笔者对部分文本中所涉女冠品行的评价进行了搜集。其中，比较多的词是：善、顺、孝、敬，以及静、净等。比如：张守微"信道笃，守志确，肃而庄，强而敏，新故而洁污，萧爽峻逸"①，女冠李守坚"善始善终"②，李妙元"孝节一理"③，师

① 《重建修真观圣堂记》，[金] 李俊民：《庄靖集》卷八，陈垣编纂《道家金石略》，第482页。
② [元] 李晋撰《玉真清妙真人李守坚墓铭》："真人姓斡勒，讳守坚，上京盖州人，后革变于世，易氏曰李。……凡人之生，善始善终者鲜矣，真人存诚克敬，始终尽善，则其美绩之可书焉。"见陈垣编纂《道家金石略》，第542页。
③ 《汴梁路栖云观记》："妙元南宫人，父宽蚤没，与母王氏俱入道……母子至情也，孝节一理也，即其不忍于弃捐天下念之矣。"[元] 刘将孙：《养吾斋集》卷十七，陈垣编纂《道家金石略》，第646页。

氏"性情顺谨"①，女冠董妙真"苦志励行"②，炼师荣守玉"清净谨严"③，"贞静，志行修洁，祭醮精严（复研精正一科式法箓，号称习熟），修净，渊默内修"④，杨守和"内能成身，外能成物，能为刚健壮夫之所不能为"⑤，奥敦妙善"淳德懿行"⑥，女冠卜道坚"清洁严肃、成修成洁"⑦，其余还有"坤至柔而刚，至静而方……女子之学为老氏者，其皆刚方者乎！"⑧ 显然，这种对品行的高唱不是无端缘由的。对于修行者而言，洁身自好，修德顺行乃是其分内之事，然当时实际情况却并非如此，作奸犯科之事，在修习僧道群体中屡有发生。

《大元通制条格》记载："大德七年七月，中书省御史台呈：江北淮东道廉访司申，僧道既处净门，理宜洁身奉教，却有犯奸作盗，甚伤风化，拟合一体遣还俗。刑部议得：僧尼、道士、女冠有犯奸盗，俱合一体断罪还俗。都省准拟。"⑨ 据此时弊，政府认为僧道应当洁身奉教，而做出奸盗事件，则有伤风化。对此，刑部采取予以遣返还俗的处罚，而通奸一罪的惩罚在众多惩罚中程度也是十分重的。

---

① 《潞城王氏迁葬碑》："……先姊师氏，本县师济口之长女，性情顺谨，仪息闺闱，受清和真人发明师祖善，享寿启示卒于家。"《山右石刻丛编》卷二七，陈垣编纂《道家金石略》，第650~651页。
② 《新修玉真观记》："壬辰后，女冠冲靖大师董妙真，同冲和大师赵智亨、希真散人成守全等，结为伴侣，诣修武县马坊清真储福宫礼冲和至德通惠真人为师，莫不苦志励行以进其善道。"见陈垣编纂《道家金石略》，第670~671页。
③ 《荣炼师信斋记》，〔元〕胡祗遹：《紫山集》卷十一，陈垣编纂《道家金石略》，第671页。
④ 《崇玄大师荣君寿堂记》，〔元〕王恽：《秋涧集》卷四十，陈垣编纂《道家金石略》，第691页。
⑤ 《集真观碑》，〔元〕胡祗遹：《紫山集》卷十七，陈垣编纂《道家金石略》，第671~672页。
⑥ 《女炼师奥敦君道行碑》，《鹿邑县志》卷十，陈垣编纂《道家金石略》，第686~687页。
⑦ 《房山东岳庙女冠卜道坚升云之口》，陈垣编纂《道家金石略》，第1057页。
⑧ 《神霄万寿宫记》："……予惟道家者流，学为老氏者。老氏之言曰：大丈夫处其厚不处其薄，居其实不据其华。大约以礼制为薄，以智谋为华也，故黜聪明、绝巧利，寡欲少私，抱一守朴，其究归于无为而止耳。而后之学者，遂乃去有生之乐，割天伦之爱，遗形以求其道，竭力以张其门，甚者乃巉栖野处，衣草食木，与麋鹿虎豹为朋俦，百困而不反，吁，尤难能矣！若是者，岂其与向之所谓丈夫者又加愈乎！虽然，既曰丈夫矣，能之可也，孰谓女子而亦复能指乎？易称坤至柔而刚，至静而方，语女道也，夫苟能充其刚方之实，则丈夫志所能者，或亦可以至矣。呜呼！凡女子之学为老氏者，其皆刚方者乎！慧秀之为也，果能出于此乎！"〔元〕刘敏中：《中庵集》卷十二，陈垣编纂《道家金石略》，第709页。
⑨ 郭成伟点校《大元通制条格》，北京：法律出版社，2000年，第337页。

　　卢苇菁在《矢志不渝：明清时期的贞女现象》① 中，追溯关于贞女现象的早期话语，即宋元时期话语的转化和贞女现象发展的关键历史时刻，并认为，在国家和儒家文人的努力下，神话与宗教虔敬从贞女叙述中悄然隐退，而道德修辞进入其中心，政府对贞女的表扬在国家层面上体现为授予其朝廷旌表，在地方层面上也得到呼应，推行者是地方官和地方志的撰写者；而在政府机构之外，文人也大力弘扬贞女的德行，并通过为其撰写传记和诗歌等方式得到体现。在书中，令人注意的一点是，其提到了贞女理想对精英家庭的女儿的吸引力，而已知的贞女例子都来自精英阶层。并将元朝节妇现象的兴起与收继婚（男子继承年长的男性亲属的寡妇）风俗在中原及南方地区的影响联系了起来，认为将收继婚强加给汉人，改变法律，限制寡妇的财产权的结果是寡妇失去了其在汉人统治时所享有的财产权传统（按照元朝法律，如果寡妇再婚，她们不能带走嫁妆），从而促使她们拒绝再婚，而选择作节妇。这一方面体现了她们对"野蛮的"收继婚的拒绝，同时也维护了自己对嫁妆的控制。在此，财产问题就成为当时妇女决定是否入道的重要考量。

　　当时女子多以自己嫁妆以及"奁中物"而出资资助教派，以作修道之用。比如《太古观记》就有载："幕府参佐赵侯国宝之夫人冀氏，出奁中物，直百金，起中殿堂庑斋厨，下及用器，无所不备，堂众岁费，亦时给之。癸卯冬……世人知君之道盖寡，冀特女士，乃能知之，至捐所甚爱为起庭宇，治场圃，若营其居室然者，岂以名取之乎。"② 嫁妆作为财产固然成为寡妇再婚时需要考虑的重要因素，但收继婚对中原文化的影响和冲击却更具毁灭性，并被认为是一种"文化污染"，尤其对夫妻关系的损害十分严重："元有天下几百年，以夷狄之风，易中国之俗，而夫妇之伦尤为大坏。"③

　　据陶宗仪《南村辍耕录》卷二十二夫妇入道载："王氏守素，钱唐民家女，其夫丁④，弃家为全真道士于吴山之紫阳庵。一日，召守素入山，书付四句云：'懒散六十

---

①　［美］卢苇菁：《矢志不渝：明清时期的贞女现象》，秦立彦译，南京：江苏人民出版社，2010 年，第28～32 页。

②　［金］元好问撰《遗山集》卷三五，陈垣编纂《道家金石略》，第482～483 页。

③　高明编《明文汇》，香港：中华丛书委员会，1958 年，第388 页。

④　《尔雅·释诂》："丁，当也。"指遭逢父母丧失。夫丁，按即夫家丧父母之意。

三，妙用无人识。逆顺两俱忘，虚空镇常寂。'坐抱一膝而逝。方外者流谓之骑鹤化。守素遂亦束发簪冠，着道士服，奉夫遗尸，二十年迹不下山，年余七十，几于得道者。丁卯进士萨都剌天锡赠之诗曰：'不见辽东丁令威，旧游城郭昔人非。镜中春去青鸾老，华表山中白鹤归。石竹泪干班雨在，玉箫声断彩云飞。洞门花落无人迹，独坐苍苔补道衣。'"① 大意为钱塘民女王守素，夫家遭逢父母双亡，丈夫遂弃家而入吴山紫阳庵为全真道士，待丈夫仙逝之后，束发簪冠，照顾丈夫遗体。其中并未提到是否有子女的问题，而着重强调了父母双亡意味着不再受尽孝道的羁绊。较之丈夫的弃家入道，显然王氏的入道则更特殊，而其行为无疑获得了当时文人士大夫阶层的高度认可。进士萨都剌天锡为之赠诗，因为它体现了一种入道与守节的折中。

　　入道与守节的折中，意味着女子修行不用离开所在的家庭，只是形式上做出一种改变——多在内院辟出一宅以做清修之地。约出于南北朝时期的《正一法文太上外箓仪》中提及五种女人入道受箓的情况，它们分别是处女、出家女、嫁妇、寡妇、归居女。其中对于寡妇入道进行了特殊的规定，认为："凡嫁丧夫，或犯七出，或年命相克，致使离居，不自存立，还依本家，忧患相缠，归命师门，投辞称父乡居如处女，若夫妻和美，大义不绝，特以婿亡，单寡而归，后命过者，还婿合葬，如此依前寡妇仪，但辞中异同，随宜消息。凡出嫁、寡妇、归居三者，后皆准妇仪，其中辞状，陈前说后，吉凶备述，不得全用。"② 可以看到，因为亡夫而寡的妇人由于坚持拒绝改嫁而"守寡"，其概念就从一般意义上的"守寡"转化为了道德意义上的"守节"。这一方面迎合或屈从于当时"贞节"观念对女性的束缚，同时，也变相保护了丧夫妇女的嫁妆以及在夫家的个人财产。在守节与入道之间已经搭建起联系的前提下，妇人对于财产支配权的享有在入道修行的过程中会起到十分重要的作用，比如从立观度人的角度通过自己的财产而得以累积功德。更重要的是，入道修行也可变相与保持贞节联系起来，这对于整个家族而言，也是十分乐意见到的。

---

① ［元］陶宗仪：《南村辍耕录》，1998 年，第 265 页。
② 《正一法文太上外箓仪》，撰人不详，约出自南北期，系早期天师道经典《正一法文》残本之一，一卷，《正统道藏》正一部。

三 妓女入道：对女冠身份的再认识

第一部分提到李童真以妓女身份入道的特殊现象，其复杂之处在于入道过程中又涉及待嫁入道与守寡入道两个原因的综合。接下来，就以李童真代表的妓女身份入道的现象进行分析①。

李童真两次入道的过程如下：初次入道，成为其拒绝别人而专为等待意中人的幌子，待其意中人至后，李童真出嫁；二次入道，则因丈夫去世，为其守寡而入道。两次入道的原因显然是不同的，而两次入道之间嫁为人妇的过程则值得深思。可以想象，当时入道成为女冠似乎成为娼妓待嫁的可靠托词（其在入道过程中是否诚心向道修行已不重要）。而值得玩味的是在两次入道之间穿插着其嫁为人妇的事件，也就是说，在当时入道籍的限制并不严格，而解除道籍也并不是难事。

事实是否如此简单呢？

有元一代，杂剧艺术极为兴盛，杂剧演员主要为女性——包括扮演女性角色和女扮男装②。赵孟頫（1254～1322 年）言："良家子弟所扮杂剧，谓之行家生活，娼优所扮谓之戾家把戏。盖以杂剧出于鸿儒硕士骚人墨客所作，皆良家也。彼娼优岂有辨此？故关汉卿以子弟所扮，是我一家风月，虽复戏言，甚合于理。"③ 从"良家为行家，娼优为戾家"的评论就可以看到，在选择相同的职业时，因为良家与倡优社会身份的不同，可以产生诸如行家与戾家的价值判断。

戏剧演员多属于教坊司管辖，称为乐人，他们的社会地位极低。元政府规定：

---

① 仍需要说明的是，对女冠的来源进行分析，是解决孙不二形象变迁的一个重要指标。但这种背后的推测与图像内部的形式演变一样，只是为现象的解释提供更多开放的可能而已。

② 对此，叶玉华在《说北曲杂剧系由女性演唱》一文中，分别从元明曲艺的记载、歌伎与杂剧编写的兴起、曲艺演变、剧中人物作风的局限性四个方面简要论述了元代北曲杂剧的主角由女性扮演的问题。文章原载《文学遗产》1954 年第 21 期，后编入作家出版社编辑部编《元明清戏曲研究论文集》，北京：作家出版社，1957 年，第 310～313 页。

③ ［明］朱权：《太和正音谱》，上海古籍出版社，1978 年。

"承应乐人呵，一般骨头休成亲，乐人匹配者"①，也就是说，乐人只能相互结合，夫妻双方都是戏剧演员。这种对乐人婚配的指定与当时的整个元代户计制度有关。户计制度对人口社会身份的限定虽有利于国家对人口的控制，却妨碍了社会各阶层的自然流动与发展②。其中，婚姻的指定，无疑在不同职业之间形成了一道巨大的鸿沟，导致了社会职业的世袭性。这种职业世袭虽有利于手艺的世代传承，却大大限定了个人的婚姻自由。

值得注意的是，有的良家女因为战乱而被迫买入娼家，沦为歌姬，但在入娼之前，却并非糟糠之家，甚至是明贤之后。所以待政权稳定，在元入仕的中原官吏对她们多有援手（不排除这些官吏与其父辈相交或神游），助其从良。但因为户计制度的存在，从良就需要有一道工序，即"落籍"。也就是说，元代妓女从良，须经"教坊"办理落籍。正如陶宗仪《南村辍耕录》卷二十二玉堂嫁妓所载，一原为官家幼女落魄为妓，翰林学士姚燧叹其可怜，助其落籍并认为义女③。

然而，落籍一事十分复杂，更不消说以妓女身份入道籍。高罗佩注意到，有元一代，有些歌女因为时局动荡，渴望成为道姑，得以委身一处道观，安度余光，但有些则只能借一个道姑的假身份，在各大城市间流浪漂泊④。《南村辍耕录》卷十五妓出家载元代名妓李当当"忽幡然有悟，遂着道士服"⑤。根据前面对妇女入道的一般程序可以看到，有心向道并着道服，似乎是在向外人传递一个讯号：即自己已对尘世无恋，而志于离尘入道。但其实，即便着道士服，在当时要想成为一名真正的女道士，仍然需要官方的认可——入道籍，获官方度牒及赐号。比如李翠娥的例子："李翠娥，淮扬名妓也。长道诗书，自以身隶乐籍，怨恨殊不聊生。束发簪冠，披道

---

① 陈高华等点校《大元圣政国朝典章》第十八卷，北京：中华书局，2011 年。
② 萧启庆认为，户计制度是蒙元为动员人力、物力而指定的世袭户役制度。户计类别有军、民、匠、站、盐、医、僧、道、儒等数十种。各色户计皆需世守其业，不得更改。萧启庆：《蒙元史研究》（上册），第 47～48 页。
③ "姚文公遂为翰林学士承旨日，玉堂设宴，歌妓罗列。中有一人，秀丽闲雅，微操闽音。公使来前，问其履历。……父官朔方时，禄薄不足以给，侵贷公帑无偿，遂卖入娼家。……遣使诣丞相三宝奴，请为落籍。丞相素重公，意欲以侍巾栉，即令教坊检籍除之。"见［元］陶宗仪：《南村辍耕录》，第 263 页。
④ ［荷兰］高罗佩：《中国古代房内考：中国古代的性与社会》，第 243 页。
⑤ ［元］陶宗仪：《南村辍耕录》，1998 年，第 183 页。

士服，持疏谒扬州总管陆安之，恳赐一言为援军。陆作檄文一道授之。李遂终其身于洞岳观。"① 大多数情况下，在入道籍之前还需礼拜当地有名望的道士或女冠领袖为师。比如"连枝秀，姓孙氏，京师名妓也。逸人风高老点化之，遂为女道士"②。

因为女冠来源的复杂，入道籍的原因也是五花八门，甚至各怀鬼胎，因此，女冠群体的整体风评就往往容易因某一个人的行为而恶化。据《南村辍耕录》卷十三姑六婆记载："三姑者，尼姑、道姑、卦姑也。六婆者，牙婆、媒婆、师婆、虔婆、药婆、稳婆也。盖与三刑六害同也。人家有一于此，而不致奸盗者，几希矣。若能谨而远之，如避蛇蝎，庶乎净宅之法。"③ 高罗佩还提醒，当时人们认为道姑会引诱家里女人学坏，并给私通的男女传递口信④。同时，需要看到，当时真正渴望过虔诚生活而皈依的女人毕竟很少，很多时候女孩子是被父母不容商量就送出家的：有时父母会为了攘除灾祸，而发愿尚未出生的女儿将来当尼姑或女冠。而尼姑庵或道观的用处也大大超出了修行之所的范围，有时为战乱之后的人们提供避难之所，有时也是个性执拗的待婚女子不愿与素未谋面的丈夫见面而提供的逃婚之所，有时还是为了逃避冷酷的丈夫或暴虐的公婆的容身之所，甚至是有同性恋嗜好或生性淫荡者与人私通之所，而不必如妓女般入籍为娼⑤。在此，高罗佩甚至怀疑诸如尼姑庵等修行场所其自身的道德约束力。也正是因为这种来源关系，加上提倡在家守寡的贞节风气与道士修道须出家入观的观念相左，使得妇女离家成为道姑的行为增加了更多"离经叛道"的意味。这些社会舆论无疑在潜移默化地影响着孙不二作为全真女冠宗师在其形象表述中的历史变化。

小　结

本章对孙不二形象的历史考察，试图将其在由凡入圣的过程中所遇到的艰辛与

---

① ［清］邵景詹：《觅灯因话》卷一翠娥语录。

② ［元］夏庭芝：《青楼集》，《中国古典戏曲论著集成》（二），第 28 页。

③ ［元］陶宗仪：《南村辍耕录》，1998 年，第 125 页。

④ ［荷兰］高罗佩：《中国古代房内考：中国古代的性与社会》，第 245 页。

⑤ ［荷兰］高罗佩：《中国古代房内考：中国古代的性与社会》，第 257 页。

抉择展现出来，其起点不但是个凡人，而且是个在传统礼教束缚中挣扎的女人；而在孙不二由圣入史的过程中，其宗师形象的不断被演变与塑造又成为在历史代际交替中对女性观念的视觉折射。

　　具体而言，本章分三个部分。第一节从图像志层面辨识了重阳殿壁画中的孙不二形象，并注意到孙不二在壁画中出现与消失的现象，即第 15 至第 28 共 14 组图像中出现了孙不二形象，而之后却没有再出现。这种消失也对应了第一章第三节殿堂设置所供奉的七真名单之中为何没有孙不二的问题。继而探讨了造成其在"七真"中位置变化的原因，并认为深受儒家传统价值观念影响的全真道士，在男尊女卑的性别观念上取得了与作为宗教历史知识撰写者的士大夫阶层之间的价值认同，两者合力促成了孙不二在"七真"中地位变化的历史事实。

　　第二节进一步从性别角度入手，结合画传中的 14 组孙不二形象，分析孙不二的女性身份对其形象演变产生了何种影响。首先在画传第 16《看彩霞》中展现了孙不二因为性别原因较之其余六真，与重阳祖师之间产生的度化困难，而这也在自金至清五种不同文本的演变中得到了不断强调。其次，在其金莲堂出家之后的修道过程中，壁画虽无直接表现，却在 14 组度化场景里有很多暗示，比如，对比第 15《分梨环堵》（以及 17、28）与 20《夜谈秘旨》（以及 16、18、22 等）对其容貌举止、衣着服饰的前后反差表现，14 组画传中自始至终对其夫妇身份的强调，画传第 15、18、28 三组对其子嗣的刻画等都与文字描述中所体现的孙不二的宗教态度相对应：从"未之纯信"到"决然入道"的巨大转变；最后，在登真之后孙不二形象的文本描述中，《金莲正宗仙源像传·清净散人》插图有弱化其性别特征的形象出现，而甚者明代的《全真宗祖图·清净渊贞顺德真人》中还出现了孙不二的男装像，对于这种图像表现上的性别变化，我们将其与女丹功的宗教修为以及社会对女丹修炼的宗教期待建立起联系。列举部分署名为孙不二的女丹著述，比如《孙不二元君传述丹道秘书》有类似修炼甚久则"骨肉化为纯阳精气"的描述，《孙不二元君法语》中更是通过"斩龙"等行为强行改变女性生理期作为修炼法门等，来说明在修炼成功之后其身体由阴转阳的事实，强调女丹功的修炼对图像表现的影响。而对于社会对女丹修炼的宗教期待则在第三节中有进一步的阐释。

　　第三节在研究方法上进一步跳出上一节依据壁画表现及个人修真入道的思路，

转而从女冠修道的社会群体来看待影响孙不二形象变化的整体语境。其中，对女冠群体的人员构成进行了分析，并重点关注其中的两种来源：寡妇与妓女。对寡妇入道所引发的入道与守节的折中现象和财产权问题，以及妓女入道所引发的社会舆论及价值认同对孙不二形象的影响进行了评估，并认为正是如上所述女冠人员构成的复杂性导致了社会舆论对女冠整体印象的负面评价。而在教派将孙不二树立为一宗之主后，其个人形象的描述与图像表现也无疑会因为社会舆论对女冠群体的评价而受到波及，并由此暗示了其男装像产生的潜台词。

结　语

陕西人王重阳于金末建立起隐修性质的全真教团，却因政权交迭及地形阻隔等多种因素而未能在山西地区立即发展起来。直到弟子丘处机西行觐见成吉思汗之后，才正式开启了全真教在山西地区的势力扩张之路。其后，尹志平及李志常相继继任掌教，全真教在山西地区无论是教团规模还是祀神体系，此时得以发展成熟。他们凭借强大的教团势力获得了蒙元政权上自皇亲贵戚下及各级士大夫阶层、地方士绅的支持与认可，并对区域社会与文化施加了巨大的影响力。无论是宫观建设的形制与规模，还是其中壁画内容的叙事结构及语言技巧，以及对祖师形象立体而多面的宣传与塑造，在在都体现出宗教介入视觉艺术的勃勃雄心，并在为人所见的物质遗存及不同时期保存至今的图文资料中得到了反映。

然而，这些作为已逝去历史的时代见证，却因载体的不同而体现出多种面相——活态性的宫观建筑因为宗教环境的转变而成为供人观赏的"博物馆"，其中有幸残存的壁画及造像也因功能的消失而成为呈现在偶然造访者面前的"艺术品"，以至于那些造像及壁画中所塑造的人物形象更是单纯地沦为艺术表现的客观对象。

为此，我们试图将这些碎片化的场景镶拼、组织成一幅完整的宗教文化图景。总体来看，通过第一章对山西地区全真宫观的地域及时段分布、殿堂设置和修建理念的探讨，大致勾勒出了一个全真教宫观的基本形象。我们通过对全真教基础文献的分类整理，结合近人的研究成果，共统计出198所山西地区的全真宫观，并由此建立资料库进行系统分析（见附录1）。但需要注意的是资料库的来源仍很大程度上依赖于碑文、传记等文字材料。

之后，我们不厌其烦地再次反思建构全真教宫观知识的文本基础及阐释思路。可以看到，历史的时空跨度为知识体系的形成创造了条件，并建立了一套可以人为操控的知识序列，进而在各种语义家族的存在中形成谱系。而这套知识序列（包括文字与视觉形象）在历史中的自觉性生发已成为目前解读全真教艺术形象的前提，并成为建构其知识系统的基础。这种材料的自觉性整合我们可以称其为"为文之道"。就其具体表现而言，比如在记载平阳路绛州玄都万寿宫的《玄都万寿宫碑》中有"其作宫始末如此，不有纪述，将□湮灭"① 的担心。同时，我们以历史的视角来构建并梳理其知识系统的时候，对这批全真教图文资料（以及部分散见于《道藏》中的文本）的过度依赖是无可奈何的，而且还需要考虑到碑刻来源以及保存地点的问题。很多时候，同一座殿宇先后为道教或佛教所占据，期间也经历了反复几次的权力交接，这实属正常。此时，区别可能仅仅在于一块牌匾——名，而这种名实关系的确立与推翻值得玩味。正基于此，对其碑文撰述的语境与目的，以及所反映出的基本立场有一个清醒的认识就十分必要。基于文字可以传不朽的功能认识，史实记载的客观性有多大？比如，记载平阳路河中府荣河县栖云观的《创修栖云观记》中强调"谒文志其事"②，同时，他们在碑文中还表达了"文辞贵实，不尚矜诞以夸"的主观愿望③。而除了"传不朽"的功能之外，也不难揣测还有何其他居心，比如在记载太原路崞州神清观的《神清观记》中直言为防被忘记，而将功德主多年来累积功德之事彰显出来④。一个稍显意外的原因见于《创建重阳观记》中所说"恐其先人与清和师仙缘感会之由沉郁而无闻，思所以纪述而发挥之"⑤，表达了与时任掌教尹志平（清和）相见一事的仙缘际会之难得。另外还有一个更为实际的目的，记载太原路石州宁乡县元都清虚观的《创建元都清虚观记》（写于 1247 年）中提到冠铭碣于翠琰之上的实际目的："如兹宫观而无铭碣，百年之后，时更代变，湮没无

---

① 陈垣编纂《道家金石略》，第 656 页。

② 《创修栖云观记》，王宗昱编《金元全真教石刻新编》，第 134 ~ 135 页。

③ 《玄元观记》，王宗昱编《金元全真教石刻新编》，第 122 ~ 123 页。

④ 陈垣编纂《道家金石略》，第 480 页。

⑤ 王宗昱编《金元全真教石刻新编》，第 124 ~ 126 页。

闻，将为豪强者夺而居之。"① 即标明所属，防止被占领。由上可见，文字记载除记录客观事实，及借助文字的力量以达成时间的延续之外，彰表修行功德、标示宫观田产的归属也很常见。这提醒我们在对这些文字材料进行分析时，对文本撰写背后动机的了解与否，将直接影响到材料的合理解读。

除了对赖以使用的文本材料保持谨慎态度之外，对"宗教艺术"这个名词本身亦需保持警惕。吕大吉认为："具有超人间、超自然的神或神性物的观念，是在宗教体系之中构成的核心本质的要素。"② 但这种虚幻的宗教观念要想成为信众共同崇拜的对象，就需将其表现为信众可感知和体认的感性物。因此，将供奉的神圣对象客观化为某种具有感性形态的象征系统成为不同宗教所采取的普遍策略，全真教亦包含其中。尤其是直接作用于视觉的形象塑造，诸如造像、壁画等大量被生产，作为宗教象征物的安息之所、供奉之地——宫、观、庙、庵等代表不同等级的处所也应需而生。

然而，在宗教文化的视觉传达体系中，这个逻辑结构却并非如上所述的那般简单，尤其是当宗教象征物与"艺术"或"艺术品"概念相遇的时候。较之宗教形象，宗教艺术以及宗教艺术品只是一个晚近的观念，它昭示着观者对宗教的超然态度，并将信众与宗教象征物之间的崇拜关系置换成了宗教艺术的欣赏者与宗教艺术品之间的平等关系。同时，它模糊了宗教与审美之间的界限，从而往往使人们忽略宗教以"艺术"之名而行"功利"之实的隐蔽行为。因为从根本上说，由审美的无利害所产生的观赏性愉悦与因宗教迷幻所产生的刺激性快感是两码事。

但这并不意味着艺术自身就完全屈从于宗教，其在宗教躯壳下的自觉性也在不断发展，只是需要一个合适的契机。值得注意的是，在"前宗教艺术品"时期，宗教象征物也只是一个象征物，在其具象为视觉形象时，经历了一个漫长的符号化定性与符码构成的过程，最终成为一个含有标准化的逻辑、并使得信众通过宗教知识的驯化而得以将视觉符号解码的体系。在这个过程中，物化的宗教知识文本（图像与文字材料）、口语性的宗教言传（亦物化为图像与文字材料）等以宗教知识体系的

① 王宗昱编《金元全真教石刻新编》，第 118～119 页。
② 吕大吉：《宗教学通论新编》，北京：中国社会科学出版社，1998 年，第 74 页。

方式起到了决定作用。但这个知识体系本身并不牢固，较之宗教知识的驯化对象——信众群体，其信仰的不稳定而言，宗教知识本身也会因为客观环境的变化而发生断裂，甚至会走向歪曲或异化。那么相应的，原有的借助艺术之手而形成的符号所指与解码系统也可能在断裂中一并失效，从而不得不与新的能指体系建立起联系。也正是在这种新旧接续中，迎来了艺术自觉的契机。

在此过程中，图像与文字两种力量共同为整个象征体系提供了保证。同时，这也决定了从接受论的角度看待宗教形象产生与发展的必要性。可以说，宗教形象的制作是一种有意识的控制行为，其试图通过视觉来影响并控制观者——信众，并使他们相信、接受而完成宗教教义的传达。当然，在这里用"信众"这个词，在将之置于战乱时期政权不断交替，国家机器已无法为人民提供最基本的生存权利保障的特殊语境中，人们朝不保夕的心理脆弱会被无限放大——轻信和缺乏批判精神是极为普遍的。

在整个过程中，图像的制作完成只是初始，宗教形象的意义生成才刚刚开始，其后续的环节——信众的接受才构成整个活动的根本。也就是说，在图像制作之时，宗教群体就已经将如何使受众接受纳入到制作过程中来。于是，图像制作者也会设法控制公众对作品做出解释，其主要方法为向信众提供不同类型的线索。也正是在这样一套由制作者到接受者的完整链条之中，图像在制作完成的那一刻，这些线索就像一套新的密码，等待着有兴趣的人将之一一破解。

总体来看，这种控制在全真教艺术中表现为三种方式：

第一种方式是对图画中有待突出的个别形象进行框架式的设计，比如小到通过画面中造型的别致、色块的大小和颜色的异样等来强调其比其他更重要，王重阳的衣装巾冠、与云的结构搭配，以及马丹阳的三髻等极具辨识性的特征都是显例。同时，也会从整体上将特殊图像进行布局，加以有意识地安排，比如在写实场景中插入虚拟场景——地狱，进而对观者产生重要的心理作用。而这种引人注目的方式，一方面可以提请观众的注意，同时作为心理暗示将贯穿在整个画传故事之中，从而使得整个画面在画传故事的内在逻辑性之外也得以保持连贯。在此，重阳画传的55组图像相互之间在发生作用。

第二种方式是画中画，即通过在画面之中"插入"图画而使图像并置在一起，进而引导观者注意。这种方式较之前者可能更突出，对观者的吸引力也更强，它也更容易使观者的观看焦点被画像制作者所控制。这种画中画的形式，试图从图像本身的视觉构成以及潜在的宗教义理，双向勾画其出现的目的及意义。这就如从 55 组图像的整体中间打开了一道缺口，而让阅读者直接进入并面对单组图像。此时，单组图像内部的不同结构之间发生作用。

第三种方式则整合了图像与文字两种文本之间的关系。比如，以使用文字的方式来影响或操纵图像，或者后者对前者的内容进行约束与再定义，从而使图文之间发生关系。而在重阳殿壁画中，则将此关系进一步局限为壁画中的单组图像及图像中的榜题。在此，榜题一方面成为辅助每一个独立图像的解释者（作为解释的前提，图文是一致的），同时也可以不借助于图像来控制或引导观者（作为控制者，图文之间有可能是不对等的，或文与图的所指并不一致，但都充当了能指的功能）。然而，正因为两者的不同，也可能消解图像本身的能指身份，而且榜题与图像间的互动关系也可能直接导致整个画传叙事性的转变。

参考文献

中文部分

一　古代文献

［隋、唐］《太上洞玄灵宝出家因缘经》，《正统道藏》洞玄部。

［隋、唐］《太极真人说二十四门戒经》，《正统道藏》洞真部。

［唐］张万福编录《三洞法服科戒文》，《正统道藏》洞神部。

［唐］实叉难陀译《地藏菩萨本愿经》，《大正新修大藏经》第13册。

［唐］王悬河编《二十四地狱品》，《正统道藏》之《三洞珠囊》太平部。

［五代］杜光庭删定《道门科范大全集》，《正统道藏》正一部。

［五代］杜光庭：《墉城集仙录》，《正统道藏》洞神部。

［五代或宋］王松年：《仙苑编珠》，《正统道藏》洞玄部。

［宋］吕元素集成，胡湘龙编校《道门定制》，《正统道藏》正一部。

［宋］张伯端：《悟真篇浅解·外三种》，北京：中华书局，1990年。

［宋］陈葆光：《三洞群仙录》，《正统道藏》正一部。

［宋］李昉：《太平广记》点校本，北京：中华书局，1961年。

［宋］陈元靓编《事林广记》，耿纪朋译，南京：江苏人民出版社，2011年。

［宋］金尤中编《上清灵宝大法》，《正统道藏》正一部。

［金］王喆：《重阳全真集》，《道藏》第25册，文物出版社等，1988年。

［金］王喆：《重阳立教十五论》，《正统道藏》正一部。

［金］马钰：《马钰集》，赵卫东辑校，济南：齐鲁书社，2005 年。

［金］丘处机：《丘祖全书》，胡道静等主编《藏外道书》第 11 册，成都：巴蜀书社，1994 年。

［金］孙不二：《孙不二集》，白如祥辑校，济南：齐鲁书社，2005 年。

［金］李志常：《长春真人西游记》，石家庄：河北人民出版社，2001 年。

［金］明七真：《洞玄灵宝三洞奉道科戒营始》，《正统道藏》太平部。

［金］刘祁：《归潜志》，崔文印点校，北京：中华书局，1983 年。

［金］元好问：《中州集》，北京：中华书局，1962 年。

［金］元好问：《元好问全集》，太原：山西古籍出版社，2003 年。

［宋、元］《黄箓五苦轮灯仪》，《正统道藏》洞真部。

［宋、元］《地府十王拔度仪》，《正统道藏》洞真部。

［元］王恽：《玉堂嘉话》，杨晓春点校，北京：中华书局，2006 年。

［元］杨瑀：《山居新语》，于大均点校，北京：中华书局，2006 年。

［元］苏天爵：《滋溪文稿》，北京：中华书局，1997 年。

［元］虞集：《虞集全集》，王颋点校，天津古籍出版社，2007 年。

［元］姚燧：《牧庵集》，文渊阁四库全书本。

［元］陶宗仪：《南村辍耕录》，沈阳：辽宁教育出版社，1998 年。

［元］赵孟頫：《赵孟頫文集》，任道斌编校，上海书画出版社，2010 年。

［元］《居家必用事类全集》，北京图书馆古籍珍本丛刊本。

［元］脱脱等：《宋史》，北京：中华书局，1977 年。

［元］脱脱等：《金史》，北京：中华书局，1975 年。

［元］李道谦集《甘水仙源录》，《道藏》第 19 册，文物出版社等，1988 年。

［元］李道谦编《七真年谱》，《道藏》第 3 册，文物出版社等，1988 年。

［元］李道谦编《终南山祖庭仙真内传》，《道藏》第 19 册，文物出版社等，1988 年。

［元］秦志安：《金莲正宗记》，《道藏》第 3 册，文物出版社等，1988 年。

［元］刘天素、谢西蟾编《金莲正宗仙源像传》，《道藏》第 3 册，文物出版社等，1988 年。

［元］耶律楚才：《玄风庆会录》，《正统道藏》洞真部。

［元］陆道和编集《全真清规》，《正统道藏》正一部。

［元］赵道一修撰《历世真仙体道通鉴后集》，《正统道藏》洞真部。

［元］德辉：《敕修百丈清规》，《大正新修大藏经》第 48 册。

［元］智彻：《禅宗决疑论》，《大正新修大藏经》第 48 册。

［元］刘谧：《三教平心论》，《大正新修大藏经》第 52 册。

［元］祥迈：《辩伪录》，《大正新修大藏经》第 52 册，编号 No.2116。

［元］马致远《马致远集》，萧善因等编，太原：山西古籍出版社，1995 年。

［元］钟嗣成、贾仲明：《录鬼簿正续编》，成都：巴蜀书社，1995 年。

［元、明］《黄箓破狱灯仪》，《正统道藏》洞真部。

［元、明］《灵宝玉鉴》，《正统道藏》洞玄部。

［明］宋濂等：《元史》，北京：中华书局，1976 年。

［明］张文介辑《广列仙传》，万历十一年（1583 年）刊本，胡道静等主编《藏外道书》第 18 册，成都：巴蜀书社，1994 年。

［明］王世贞辑《列仙全传》，王云鹏明万历二十八年（1600 年）补，《藏外道书》第 31 册，成都：巴蜀书社，1994 年。

［明］杨尔曾编《新镌仙媛纪事》，明万历三十年钱塘杨氏草玄居自刻本。

［清］黄永亮：《新刊七真因果传》，刊刻年代不详，目前较早为民国三年（1914 年）刊本，胡道静等主编《藏外道书》第 35 册，成都：巴蜀书社，1994 年。

［清］周景柱编修《蒲州府志》，1754 年刊本。

［清］李荣和主修《永济县志》，1886 年刊本。

［清］曾国荃等编修《山西通志》，1892 年刊本。

［清］胡聘之：《山右石刻丛编》四十卷，清光绪二十七年（1901 年）刻本。

［清］顾复：《平生壮观》，林虞生点校，上海古籍出版社，2011 年。

［清］陈铭珪：《长春道教源流考》，胡道静等主编《藏外道书》第 31 册，成都：巴蜀书社，1994 年。

《女丹十则》，胡道静等主编《藏外道书》第 26 册，成都：巴蜀书社，1994 年。

《三教源流搜神大全》，胡道静等主编《藏外道书》第 31 册，成都：巴蜀书社，1994 年。

陈垣编纂《道家金石略》，陈智超、曾庆瑛校补，北京：文物出版社，1988 年。

北京图书馆金石组编《北京图书馆藏中国历代石刻拓本汇编》，郑州：中州古籍出版社，1989 年。

任继愈主编《道藏提要》，北京：中国社会科学出版社，1991 年。

刘兆鹤、王西平编著《重阳宫道教碑石》，西安：三秦出版社，1998 年。

广陵书社编《中国道观志丛刊》（全 36 册），南京：江苏古籍出版社，2000 年。

郭成伟点校《大元通制条格》，北京：法律出版社，2000 年。

潘雨廷：《道藏书目提要》，上海古籍出版社，2003 年。

张智、张健主编《中国道观志丛刊续编》（全 28 册），扬州：广陵书社，2004 年。

王宗昱编《金元全真教石刻新编》，北京大学出版社，2005 年。

二　研究著述

［法］爱米尔·涂尔干：《宗教生活的基本形式》，渠东、汲喆译，北京：商务印书馆，2011 年。

［美］巴瑞特：《唐代道教：中国历史上黄金时期的宗教与帝国》，曾维加译，济南：齐鲁书社，2012 年。

［英］彼得·伯克：《图像证史》，杨豫译，北京大学出版社，2008 年。

蔡美彪：《元代白话碑辑录》，北京：科学出版社，1955 年。

柴泽俊：《山西寺观壁画》，北京：文物出版社，1997 年。

柴泽俊：《柴泽俊古建筑文集》，北京：文物出版社，1999 年。

陈得芝：《蒙元史研究导论》，南京大学出版社，2012 年。

陈高华：《元代画家史料》，上海人民美术出版社，1980 年。

陈高华：《元大都》，北京出版社，1982 年。

陈高华：《宋辽金画家史料》，北京：文物出版社，1984 年。

陈高华等：《元代文化史》，广州：广东教育出版社，2009 年。

陈高华、史卫民：《中国政治制度通史》（第 8 卷），北京：人民出版社，1993 年。

陈国符：《道藏源流考》，北京：中华书局，1963 年。

陈平原：《中国小说叙事模式的转变》，北京大学出版社，2010 年。

陈垣：《南宋初河北新道教考》，北京：中华书局，1962 年。

程越：《金元时期全真道宫观研究》，济南：齐鲁书社，2012 年。

［美］戴思博：《修真图：道教与人体》，李国强译，济南：齐鲁书社，2012 年。

［苏］德·莫·乌格里诺维奇：《艺术与宗教》，王先睿、李鹏增译，北京：生活·读书·新知三联书店，1987 年。

邓小南编《中国妇女史读本》，北京大学出版社，2011 年。

樊光春：《长安道教与道观》，西安出版社，2010 年。

［日］蜂屋邦夫：《金代道教研究：王重阳与马丹阳》，钦伟刚译，北京：中国社会科学出版社，2007 年。

冯佐哲、李富华：《中国民间宗教史》，台北：文津出版社，1994 年。

傅凤英：《二十世纪中国道教学术的新开展》，成都：巴蜀书社，2007 年。

［德］傅海波，［英］崔瑞德主编《剑桥中国辽西夏金元史》，北京：中国社会科学出版社，1998 年。

傅勤家：《道教史概论》，北京：商务印书馆，1933 年。

［荷］高罗佩：《中国古代房内考：中国古代的性与社会》，李零译，北京：商务印书馆，2007 年。

戈国龙：《道教内丹学溯源》，北京：宗教文化出版社，2004 年。

葛兆光：《道教与中国文化》，上海人民出版社，1987年。

葛兆光：《中国思想史》（一、二卷），上海：复旦大学出版社，2001年。

［英］海伦·加德纳：《宗教与文学》，沈弘、江先春译，成都：四川人民出版社，1989年。

［美］韩明士：《道与庶道：宋代以来的道教，民间信仰和神灵模式》，皮庆生译，南京：江苏人民出版社，2007年。

胡道静：《胡道静文集·古籍整理研究》，上海人民出版社，2012年。

胡文和：《中国道教石刻艺术史》（上、下册），北京：高等教育出版社，2004年。

胡知凡：《形神具妙：道教造像艺术探索》，上海辞书出版社，2008年。

黄能馥、陈娟娟：《中国服饰史》，上海人民出版社，2004年。

［日］吉冈义丰：《道士的生活》，余仲珏译，韦尔奇、索安：《道教面面观》，耶鲁大学，1979年。

蒋述卓：《宗教艺术论》，北京：文化艺术出版社，2005年。

［美］杰拉德·普林斯：《叙事学：叙事的形式与功能》，徐强译，北京：中国人民大学出版社，2013年。

金维诺、罗世平：《中国宗教美术史》，南昌：江西美术出版社，1995年。

景安宁：《道教全真派宫观、造像与祖师》，北京：中华书局，2012年。

［美］康豹：《多面相的神仙——永乐宫的吕洞宾信仰》，吴光正、刘玮译，济南：齐鲁书社，2010年。

柯劭忞：《新元史》，上海：开明书店，1935年。

［法］克里斯蒂安·麦茨等：《凝视的快感：电影文本的精神分析》，北京：中国人民大学出版社，2005年。

［澳］雷金庆：《男性特质论：中国的社会与性别》，刘婷译，南京：江苏人民出版社，2012年。

李凇：《山西寺观壁画新证》，北京大学出版社，2011年。

李素平：《女神女丹女道》，北京：宗教文化出版社，2004年。

李养正：《道教概说》，北京：中华书局，1980年。

［英］李约瑟：《中国科学技术史》，上海古籍出版社，1990年。

李治安：《元代政治制度研究》，北京：人民出版社，2003年。

李治安等：《中国行政区划通史·元代卷》，上海：复旦大学出版社，2009年。

［苏］列·谢·维戈茨基：《艺术心理学》，周新译，上海文艺出版社，1985年。

林拓：《文化的地理过程分析》，上海书店出版社，2004年。

刘科：《金元道教信仰与图像表现——以永乐宫壁画为中心》，成都：巴蜀书社，2013年。

刘屹：《神格与地域：汉唐间道教信仰世界研究》，上海人民出版社，2011年。

刘永海：《元代道教史籍研究》，北京：人民出版社，2010 年。

刘仲宇：《道教法术》，上海文化出版社，2002 年。

［美］卢苇菁：《矢志不渝：明清时期的贞女现象》，秦立彦译，南京：江苏人民出版社，2010 年。

卢秀文：《中国石窟图文志》（上、中、下册），兰州：敦煌文艺出版社，2000 年。

陆峻岭：《元人文集篇目分类索引》，北京：中华书局，1979 年。

［法］罗兰·巴尔特：《明室：摄影札记》，赵克非译，北京：中国人民大学出版社，2011 年。

罗立刚：《宋元之际的哲学与文学》，上海：复旦大学出版社，1999 年。

罗世平：《四川唐宋佛教造像的图像学研究》，佛光山文教基金会出版，2003 年。

吕大吉主编《宗教学通论新编》，北京：中国社会科学出版社，1998 年。

［德］马克思·韦伯：《儒教与道教》，洪天富译，南京：江苏人民出版社，1995 年。

马书田：《中国道教诸神》，北京：团结出版社，1996 年。

马书田：《中国冥界诸神》，北京：团结出版社，1997 年。

马书田：《中国民间诸神》，北京：团结出版社，1997 年。

马西沙、韩秉方：《中国民间宗教史》（上、下册），北京：中国社会科学出版社，2004 年。

蒙思明：《元代社会阶级制度》，上海人民出版社，2006 年。

孟嗣徽：《元代晋南寺观壁画群研究》，北京：紫禁城出版社，2011 年。

闵智亭编著《道教仪范》，台北：新文丰出版社，2005 年。

［法］莫里斯·哈布瓦赫：《论集体记忆》，毕然、郭金华译，上海人民出版社，2002 年。

彭理福：《道教科范：全真派斋醮科仪纵览》（上、下册），北京：宗教文化出版社，2011 年。

钱穆：《金元统治下的新道教》，《中国学术思想史论丛》（六），合肥：安徽教育出版社，2004 年。

乔润令：《山西民俗与山西人》，北京：中国城市出版社，1995 年。

秦岭云：《民间画工史料》，北京：中国古典艺术出版社，1958 年。

卿希泰：《中国道教》，上海：东方出版中心，1996 年。

任继愈主编《中国道教史》，上海人民出版社，1990 年。

山西旅游景区志丛书编委会编《永乐宫志》，太原：山西出版社，2006 年。

［日］杉山正明：《忽必烈的挑战：蒙古帝国与世界历史的大转向》，周俊宇译，北京：社会科学文献出版社，2017 年。

佘大平：《马致远杂剧研究》，武汉出版社，1994 年。

申丹、王丽亚：《西方叙事学：经典与后经典》，北京大学出版社，2010 年。

沈从文：《中国古代服饰研究》，上海书店出版社，2005 年。

［日］水野清一、日比野丈夫：《山西古迹志》，孙安邦等译，太原：山西古籍出版社，1993 年。

孙克宽：《元代汉文化之活动》，台北：中华书局，1968 年。

[法] 索安：《西方道教研究编年史》，吕鹏志、陈平等译，北京：中华书局，2002 年。

[美] T. R. 马特兰：《宗教艺术论》，李军、张总译，北京：今日中国出版社，1992 年。

汤一介主编《道教志》（中华文化通志·宗教与民俗典），上海人民出版社，1998 年。

唐圭璋编《全金元词》，北京：中华书局，1979 年。

唐晓峰摘编《马克思恩格斯列宁论宗教》，北京：人民出版社，2010 年。

陶晋生：《宋辽关系史研究》，台北：联经出版社，1984 年。

[俄] 陶奇夫：《道教：历史宗教的试叙》，邱凤霞译，济南：齐鲁书社，2011 年。

童翙汉：《中国道教与戏曲》，北京：宗教文化出版社，2009 年。

[美] W. J. T. 米歇尔：《图像理论》，陈永国、胡文征译，北京大学出版社，2006 年。

[美] W. J. T. 米歇尔：《图像学：形象，文本，意识形态》，陈永国译，北京大学出版社，2012 年。

[日] 窪德忠：《道教史》，上海译文出版社，1987 年。

汪小洋、李彧、张婷婷：《中国道教造像研究》，上海大学出版社，2010 年。

王国维：《宋元戏曲史》，上海古籍出版社，1998 年。

王见川、皮庆生：《中国近世民间信仰：宋元明清》，上海人民出版社，2010 年。

王卡：《敦煌道教文献研究：综述·目录·索引》，北京：中国社会科学出版社，2004 年。

王宜娥：《道教美术史话》，北京燕山出版社，1994 年。

王宜娥：《道教与艺术》，台北：文津出版社，1997 年。

王育成：《明代彩绘全真宗祖图研究》，北京：中国社会科学出版社，2003 年。

王子云：《中国雕塑艺术史》，北京：人民美术出版社，1988 年。

王志忠：《明清全真教论稿》，成都：巴蜀书社，2000 年。

巫鸿：《礼仪中的美术——巫鸿中国古代美术史文编》，郑岩、王睿编，郑岩等译，北京：生活·读书·新知三联书店，2005 年。

吴光正：《八仙故事系统考论——内丹道宗教神话的建构与流变》，北京：中华书局，2006 年。

吴真：《为神性加注——唐宋叶法善崇拜的造成史》，北京：中国社会科学出版社，2012 年。

[美] 西摩·查特曼：《故事与话语：小说和电影的叙事结构》，徐强译，北京：中国人民大学出版社，2013 年。

夏当英：《中国传统社会宗教的世俗化研究：以金元时期全真教社会思想与传播为个案》，成都：巴蜀书社，2010 年。

萧启庆：《内北国而外中国：蒙元史研究》（上、下册），北京：中华书局，2007 年。

[日] 小林正美：《中国的道教》，济南：齐鲁书社，2010 年。

［法］谢和奈：《中国社会史》，耿升译，南京：江苏人民出版社，2005 年。

许宜兰：《道经图像研究》，成都：巴蜀书社，2009 年。

姚大力：《蒙元制度与政治文化》，北京大学出版社，2011 年。

［美］伊沛霞、姚平：《当代西方汉学研究集萃·妇女史卷》，上海古籍出版社，2012 年。

［美］伊沛霞、姚平：《当代西方汉学研究集萃·宗教史卷》，上海古籍出版社，2012 年。

游鉴明等编《重读中国女性生命故事》，南京：江苏人民出版社，2012 年。

［美］宇文所安：《追忆：中国古典文学中的往事再现》，郑学勤译，北京：生活·读书·新知三联书店，2004 年。

岳齐琼：《汉唐道教修炼方式与道教女性观之变化研究》，成都：巴蜀书社，2009 年。

翟宗祝：《宗教美术概论》，合肥：安徽美术出版社，1987 年。

詹石窗：《南宋金元的道教》，上海古籍出版社，1989 年。

詹石窗：《南宋金元道教文学研究》，上海文化出版社，2001 年。

詹石窗：《道教与女性》，北京：宗教文化出版社，2010 年。

张庚、郭汉城：《中国戏曲通史》（上、中、下），北京：中国戏剧出版社，2006 年。

张广保：《金元全真道内丹心性学》，北京：生活·读书·新知三联书店，1995 年。

张纪中：《山西历史政区地理》，太原：山西人民出版社，1992 年。

张明远：《太原龙山道教石窟艺术研究》，太原：山西科学技术出版社，2002 年。

张勋燎、白彬：《中国道教考古》，北京：线装书局，2006 年。

赵伟：《道教壁画五岳神祇图像谱系研究》，北京：文化艺术出版社，2013 年。

赵卫东：《金元全真道教史论》，济南：齐鲁书社，2010 年。

郑素春：《全真教与大蒙古国帝室》，台北：台湾学生书局，1987 年。

郑振铎：《中国古代木刻画史略》，上海书店出版社，2011 年。

中国科学院地震工作委员会：《中国地震资料年表》，北京：科学出版社，1956 年。

中央工艺美术学院染织美术系编《永乐宫壁画服饰图案》，北京：人民美术出版社，1984 年。

周良霄、顾菊英：《元代史》，上海人民出版社，1993 年。

周锡保：《中国古代服饰史》，北京：中国戏剧出版社，1984 年。

周燕编《中国版画史图录》，上海人民美术出版社，1988 年。

三　研究论文

陈鼓应主编《道家文化研究》第二十三辑"多元视野下的全真教"专号，北京：生活·读书·新知三联书店，2008 年。

陈杉：《〈纯阳帝君神游显化图〉图像结构》，《宗教学研究》2012 年第 1 期。

程越：《元朝政府管理全真道宫观的机构和职权》，《世界宗教研究》1997 年第 3 期。

程越：《金元时期全真道的宫观经济》，《民族史研究》2001 年第 1 期。

丁鼎：《昆嵛山与全真道：全真道与齐鲁文化国际学术研究会论文集》，北京：宗教文化出版社，2006 年。

杜斗成：《〈地狱变相〉初探》，《敦煌学辑刊》1989 年第 2 期。

［日］蜂屋邦夫：《全真教草创期的信仰对象》，张泽洪译，《宗教学研究》2000 年第 4 期。

胡其德：《蒙古帝国初期的政教关系》，台湾师范大学博士论文，1990 年。

胡素馨：《模式的形成——粉本在寺院壁画构图中的应用》，《敦煌研究》2001 年第 4 期。

黄世珊：《从永乐宫壁画谈元代晋南职业画坊的壁画制作》，台湾大学硕士论文，1995 年。

李凤山：《山西芮城宋德方、潘德冲和"吕祖"墓发掘简报》，《考古》1960 年第 8 期。

李洪权：《全真教与金元北方社会》，吉林大学博士论文，2008 年。

廖奔：《宋元戏台遗迹》，《文物》1989 年第 7 期。

刘凤鸣：《丘处机与全真道——丘处机与全真道国际学术研讨会论文集》，北京：中国文史出版社，2008 年。

刘科：《永乐宫重阳殿壁画新探》，《中国文化画报》2013 年第 1 期。

刘念慈：《从建国后发现的一些文物看金元杂剧在平阳地区的发展》，《文物》1973 年第 3 期。

卢国龙编《全真弘道集——全真道：传承与开创国际学术研讨会论文集》，香港：青松出版社，2004 年。

《蒙元的历史与文化——蒙元史学术研讨会论文集》（上、下），台湾学生书局，2001 年。

牟钟鉴等编《全真七子与齐鲁文化》，济南：齐鲁书社，2005 年。

宿白：《永乐宫创建史料编年——永乐宫札记之一》，《文物》1962 年第 Z1 期。

宿白：《永乐宫调查日记——附永乐宫大事年表》，《文物》1963 年第 8 期。

王畅安：《纯阳殿、重阳殿的壁画》，《文物》1963 年第 8 期。

王宏建：《浅谈艺术的本质》，《美术》1981 年第 5 期。

王宏建：《略谈艺术的功能》，《美术研究》1983 年第 1 期。

王尚义、徐宏平：《宋元明清时期山西文人的地理分布及文化发展特点》，《山西大学学报》1988 年第 3 期。

王世仁：《"永乐宫"的元代建筑和壁画》，《文物参考资料》1956 年第 9 期。

王逊：《永乐宫三清殿壁画题材试探》，《文物》1963 年第 8 期。

王志忠：《道教龙门派源流考略》，《世界宗教研究》1997 年第 2 期。

熊铁基、麦子飞：《全真道与老庄国际学术研究会论文集》，武汉：华中师范大学出版社，2009 年。

徐苹芳：《关于宋德方与潘德冲墓的几个问题》，《考古》1960 年第 8 期。

扬之水：《永乐宫调查散记》，《美苑》2013 年第 4 期。

杨晓国：《金元时期全真教在山西活动探索》，《晋阳学刊》2004 年第 4 期。

姚丛吾：《元丘处机年谱》，《东北史论丛》（下册），台北：中正书局，1970 年。

姚从吾：《金元全真教的民族思想与救世思想》，《东北史论丛》（下册），台北：正中书局，1970 年。

叶怡菁：《全真女冠孙不二及〈孙不二元君法语〉之研究》，成功大学硕士论文，2003 年。

殷光明：《敦煌石窟中的地狱图像与冥报思想》，《2002 年麦积山石窟艺术与丝绸之路佛教文化国际学术研讨会论文集》，2002 年。

曾嘉宝：《永乐宫纯阳殿壁画题记释义兼及朱好古资料的补充》，《美术史研究》1989 年第 3 期。

瞿大风：《元朝统治下的山西地区》，南开大学博士论文，2003 年。

张方：《永乐宫重阳殿的地狱经变图与元代神仙道化剧》，《山西档案》2013 年第 3 期。

张鲁军：《〈道藏〉人物图像研究》，山东大学博士论文，2009 年。

张鹏：《美术史研究中的寺观庙堂绘塑与建筑》，《美术观察》2008 年第 3 期。

张明远：《龙山石窟考察报告》，《文物》1996 年第 11 期。

郑素春：《全真道士尹志平（1169～1251）的宗教实践》，《辅仁宗教研究》第 23 期，2013 年。

钟连海：《丘处机与全真道教团管理制度的创建与成熟》，《学海》2011 年第 3 期。

朱希元等录，王畅安校《永乐宫壁画题记录文》，《文物》1963 年第 8 期。

四　辞典及图集

国家文物局主编《中国文物地图集·山西分册》（上、中、下册），北京：中国地图出版社，2006 年。

胡孚琛主编《中华道教大辞典》，北京：中国社会科学出版社，1995 年。

黄能馥主编《中国美术全集·工艺美术编·6·印染织绣》（上、下册），北京：文物出版社，2006 年。

金维诺主编《中国美术全集·绘画编·14·寺观壁画》，北京：文物出版社，1988 年。

金维诺主编《永乐宫壁画全集》，天津人民美术出版社，1997 年。

芮城县道教文化促进会编《吕祖洞宾故事图集》，扬州：广陵书社，2009 年。

山西省地图集编纂委员会：《山西省历史地图集》，北京：中国地图出版社，2000 年。

谭其骧主编《中国历史地图集》，北京：中国地图出版社，1996 年。

万国鼎编《中国历史纪年表》，北京：中华书局，1978 年。

王伯敏主编《中国美术全集·绘画编·20·版画》，上海人民美术出版社，1988 年。

王树村主编《中国美术全集·绘画编·19·石刻线画》，上海人民美术出版社，2006 年。

萧军编著《永乐宫壁画》，北京：文物出版社，2008 年。

张志哲：《道教文化辞典》，南京：江苏古籍出版社，1994 年。

浙江古籍出版社编纂《道教大辞典》，杭州：浙江古籍出版社，1987 年。

中国大百科全书编委会：《中国大百科全书·宗教卷》，北京：中国大百科全书出版社，1988 年。

中国殿堂壁画全集编辑委员会编《中国美术分类全集·中国殿堂壁画全集·3·元代道观》，太原：山西人民出版社，1997 年。

中国美术全集编辑委员会编《中国美术全集·雕塑编·28·元明清雕塑》，北京：人民美术出版社，1988 年。

《中国美术全集·建筑艺术编·宗教建筑》，北京：中国建筑工业出版社，2006 年。

周汛、高春明编著《中国衣冠服饰大辞典》，上海辞书出版社，1996 年。

外文部分

Anning Jing（景安宁），*Yongle Palace：The Transformation of the Taoist Pantheon during the Yuan Dynasty* (1279 – 1368). Ph. D. thesis, Princeton University, 1993.

Catherine Despeux（戴思博），*Inmmortelles de la Chine ancienne：Taoïsme et alchimie féminine.* Puiseaux：Pardes, 1990.

常盘大定：《支那佛教史迹踏查记》，东京：龙吟社，1942 年。

常盘大定、关野贞：《中国文化史迹》，京都：法藏馆，1975 年。

David Hawkes, *Quanzhen Plays and Quanzhen Masters.* Bulletin de l'École Française d'Extrême – Orient, 1981 (69), pp. 153 ~ 170.

Edouard Chavannes（沙畹），*Inscriptions et pièces de chancellerie chionoises de l'époque mongole.* T'oung Pao, 1904（5）, pp. 357 ~ 447.

宫川尚志：《中国宗教史研究》，京都：同朋舍，1984 年。

Kubo Noritada（窪德忠），《中国の宗教改革——全真教の成立》，京都：法藏馆，1968.

Pao – chen Chen（陈葆真）. Time and Space in Chinese Narrative Painting of Han and Six Dynasties, in Chun – chieh Huang and Erik Züricher, ed., Time and Space in Chinese Culture, pp. 239 – 285. Leiden：E. J. Brill, 1995.

Paul R. Katz（康豹），*The Religious Function of Temple Murals in Imperial China ：the Case of Yung – lo Kung.* Journal of Chinese Religious, 1993（21）, pp. 45 ~ 68.

Paul R. Katz（康豹），*The Interaction between Ch'üan – chen Taoism and Local Cults：A Case of the Yung – lo kung.* Proceedings of the International Conference on Popular Beliefs and Chinese Culture. Taipei：Center for Chinese

Studies，1994，pp. 210 ~ 250.

Paul R. Katz （康豹），*Text and Textuality*：*Temple Inscriptions and the Study of Chinese Local Cults*. Presented at the Conference The Cult of Saints and the Cult of Sites：Sources of Chinese Local History and Hagiography，Paris，May30 ~ June2，1995.

Paul R. Katz （康豹），*Temple Inscriptions and the Study of Daoist Cults* ：*a Case Study of Inscriptions at the Palace of Eternal Joy*. Taoist Resources，1997（7），no. 1，pp. 1 ~ 22.

Robert M. Hartwell （郝若贝），*Demographic*，*Political and Social Transformations of China*，750 ~ 1150. Harvard Journal of Asiatic Studies，1992（42），no. 2，pp. 365 ~ 442.

Schipper，Kristofer M. （施舟人）. The Taoist Body. Trans. Karen C. Duval. Berkeley：University of California Press，1993.

Susan Mann （曼素恩），*Local Merchants and the Chinese Bureaucracy*. Stanford：Stanford University Press，1987.

Susan Naquin （韩书瑞），Chün – fang Yü （于君方），*Introduction*：*Pilgrimage in China*. In idem，（eds.），Pilgrims and Sacred Sites in China，Berkeley：University of California Press，1992，pp. 1 ~ 38.

Valerie Hansen （韩森），*Changing Gods in Medieval China*，1127 ~ 1276. Princeton：Princeton University Press，1990.

Vincent Goossaert （高万桑），*Entre quatre murs*：*un ermite taoïste du XIIe siècle et la question de la modernité*. T'oung Pao，1999（85），pp. 391 ~ 418.

小柳司气太：《白云观志》，东京：开明堂，1934 年。

附 录

附录1 蒙元山西地区全真教宫观资料整理（共收录198所）

大同路（8）

编号	名称	地理位置	建成时间（年）	建筑形制	师承/宗主	出处
1	金泉观	浑源州屏风山	1202①		住持：刘道宁（1171～1246年） 师承：浑源隐士刘柴头，后师丘处机	《甘水仙源录》卷六，垣，493（078）；程，1625
2	龙泉观	浑源州	1220			《甘水仙源录》卷六，垣，493（078）；程，1626

① [元] 王鹗（1190～1273年）撰：《浑源县真常子刘君道行记》。按：撰文时间末记，推测当在1246～1273年之间。据碑文"泰和二年壬戌（1202年），赴浑源州屏风山金泉观"可知，1202年金泉观已存在。而据"庚辰春，浑源长高定饱闻君誉，敬请之来，曰龙泉、曰金泉、曰玄元、皆名观也"，则可知庚辰1220年，三观俱建成。

续表 1

编号	名称	地理位置	建成时间（年）	建筑形制	师承/宗主	出处
3	玄元观	浑源州	1220			《甘水仙源录》卷六，垣，493（078）；程，1624
4	清虚宫	浑源州恒山	1230①		宗主：马钰	垣，437～438（015），475（060）；程，1628
5	渊静观	浑源州恒山	1232②	"俨大殿于端，被西以堂，又披东以庵，危墉屹乎四周，不华不质，不卑不侈，曲中移规，凡若于楹。"	住持：重显子（陈道益）师承：马钰—灵真子—重显子	《甘水仙源录》卷十，垣，437～438（015）；程，1627
6	颐真庵	武州，今五寨	1234			垣，1076（656），1077（657）；程，1630
7	重阳庆寿宫	应州，今应县	1235			垣，746（302）；程，1629

① 据《清虚宫重显子返真碑铭》可知，清虚宫乃重显子陈道益谒见丘长春之后所建，"凡经六旬"而成。第一章论述陈道益与丘处机相见的时机相见的时应是 1223 年八月返京之前，故可推测 1230 年当已建成。《清虚宫重显子返真碑铭》，陈垣编纂《道家金石略》，第 475～476 页。

② 河东高鸣（1209～1274 年）撰：《渊静观记》，癸丑二月二十有二日记。"岁已丑（1229 年），拜割世业膏腴田三十亩始基之……火西流而载旬三浃（1232 年）而成"。

续表 1

编号	名称	地理位置	建成时间（年）	建筑形制	师承/宗主	出处
M1	龙翔观 龙翔万寿宫	大同	1245①		宗主：冯道真（1189～1265年）师承：岳道易—王玄庆—冯道真—杨志祥、乔志通、李志常（非掌教李志常）等	《山西省大同市元代冯道真、王青墓清理简报》，《文物》1962年第10期

太原路（1305年地震后改名冀宁路）（56）

编号	名称	地理位置	建成时间（年）	建筑形制	师承/宗主	出处
8	神霄宫	太原	1214			《甘水仙源录》卷六，垣，493（078）
9	清虚观	兴州	1220②		住持：清虚大师杜志明	光绪《长子县志》；《全元文》；卪，132～133；程，1676

① 据《山西省大同市元代冯道真、王青墓清理简报》，其中附有墓志铭与买地文两通碑文，据墓志铭可知至元二年（1265年）冯道真住持龙翔万寿宫，而其前身则为龙翔观，据买地文可知至少乙巳年（1245年）已建成，见《文物》1962年第10期。

② 由碑文可推算通玄观住持吴志坚生卒年为1203～1273年，而《通玄观记》提到"君年十七，丁中州兵乱，流离燕蓟间，因礼兴州清虚观清虚大师杜志明为师。长春真人嘉其服勤不怠，锡以今名"，当是"长春真人嘉赐……锡以今名"。年十七即庚辰1220年。此年丘处机奉诏北上，甄见成吉思汗，当是1223年回燕京之后的事。

编号	名称	地理位置	建成时间（年）	建筑形制	师承/宗主	出处
10	神岗观	代州，今代县	1223			垣，484~485（072）、508（092）；程，1675
11	保真观	太原	1224		住持：李志明；师承：事长春真人，命名与字	《甘水仙源录》卷六；程，1632
12	玉真庵	榆次县专井村	1224		住持：洞妙散人杨守玄	李俊民《庄静集》卷八；垣，482（066）；程，1644
13	长春观/西岩庵	汾州，今山西汾阳市田村鹤鸣古洞	1226	"丙戌之春（1226年），……于半崖间向后启划，住治宽平，以治宽平，乃构小殿，榜之曰扰龙，以为香火之归。前建虚堂，署之曰真风，以待宾客之至。中庭植其榕桧、花木葱蒨，下树云梯，上口天井，往来行焉，似非人间境。……中统庚申（1260年）创建元始天尊殿，经营于是岁之春，落成于明年之秋，……左息真，右息真，凡霞侣之所居，师友之所处，至于云堂仙洞、斋厨客舍、各有攸序，岂不伟哉！"	创始：丹华子张真一；师承：丹华子丘长春赐号观额：王子（1252年）三月浩然真人改观额曰长春	《汾阳县金石类编》；垣，128~131

续表1

编号	名称	地理位置	建成时间（年）	建筑形制	师承/宗主	出处
14	玉泉观	忻州、九原	1229①		住持：白悟真	《山右》卷三十；垣，736～737（293）；程，1819
15	朝元观	嶂州，今山西嶂县	1231	"像设有殿，楼檐有坛，讲授有堂，宾御有次，下造门庑庠庑，焕然一新。又参佐部曲部人清为侯（阎德刚）立祠，以致甘棠之恩。"	所涉宫观：平阳路安邑朝元观 住持：梁炼师思同 功德主：阎德刚，阎镇父子	《山右》卷二四，《遗山集》卷三五（079）；垣，494；程，1673
16	昊天观	龙山石窟，今太原市西南约23公里的龙山主峰之顶	1239		宗主：宋德方 相关人物：李志全，秦志安	嘉靖《太原县志》录；《终南山祖庭仙真内传》；垣，469～471；昱，118～119；程，1631
17	通仙观	忻州	1235			《定襄金石考》；昱，124～126；程，1668

① 根据碑文内容可知，全真子李纯甫的生卒年为1219～1288年，《卿云观记》提到李纯甫"幼师九原玉泉观白悟真之规绳，长袭本宗白明真之衣钵"。全真人道年龄都比较早，按古人称"幼"的年龄，估计当在10岁左右，故保守估计在1229年前后已经存在。

续表 1

编号	名称	地理位置	建成时间（年）	建筑形制	师承/宗主	出处
18	玉清观	平遥县	1235		尹志平	《定襄金石考》；昱，124~126；程，1653
19	重阳观	忻州定襄县	1235后		冯志亨（1180~1254年）	《全元文》第1册，卷六，引《定襄金石考》卷二，据昱，219；程，1669
20	灵源观	汾州，今汾阳	1235			《葆光集》；程，1647
21	清虚观/太平兴国观 太平崇圣宫	平遥县	1235	建于元末明初的五祖殿、七真堂以及玉皇阁等均失存已久；蒙古宪宗三年（1253年）宣谕，改太平兴国观为太平崇圣宫。	《清和妙道广化真人尹宗师碑铭并序》：时平遥之兴国观，嶂之神清、前高之王虚白云洞、定襄之重阳、沁之神霄、平阳之玄都宫，皆主于师。	《山右》卷二四；《甘水仙源录》卷三；垣，472；程，1652
22	重阳观	忻州定襄县，碑在今定襄县大南邢村三圣寺	1236	其殿有四，曰三清、曰四圣、曰真宫、曰玉皇、曰七真，各以次居。及云房之室，徘徊夹翼，以至各舍厨屋库厩之属，完然一新，真一方之伟观也。	所涉宫观：忻州之通仙观 师承：丘处机—王志清 和—尹清 坚等	昱，124，126，程，1667

续表1

编号	名称	地理位置	建成时间（年）	建筑形制	师承/宗主	出处
23	玄元观/养素庵	忻州定襄县，碑在今定襄县南王村复兴寺	1215~1238	"创建老君之殿，于观居师。其徒口纴绅以供给之。虽焦心劳思，手足胼胝，而不以为劳。徒众化其诚，亦喜为之。用斧斤（以斧修削）埏埴（以水和泥而成泥坯）塑像严口。凡五年而观成。金碧丹腹，炫夺人目。来游者知其能壮观开口口口口口志古，亦为之赞力。殿之西偏，建灵堂，廊庑斋厨以次而具。"	所涉宫观：沁源妙真观 住持：女冠妙真散人郭守微 师承：丘处机 志女一郭守微 功德主：宣差千户周献臣兄弟	邑，122~123；程，1670
24	神清观	嶂州	1240后	"其宫宇则三清之殿、七真之堂、斋厨爨厩之属，环之以园圃，辉映远近，崒人崇奉之日久矣。"	住持：通玄大师云阳子柳志春 赞助人：徐阳王镇 州长阎镇 赐额：清和真人赐"神清"	《甘水仙源录》卷十；垣，480（064），567~570（144）；程，1674
25	天庆观	苟灵州	1242			垣，1077（657）；程，1677
26	天宝观	太原	1243			垣，538~541（122）

续表 1

编号	名称	地理位置	建成时间（年）	建筑形制	师承/宗主	出处
27	明阳观	台州	1244	"乃筑环堵而居之。三四年，徒从之者益多。思所以立坛宇，俨像设，兴游居寝饭之所，斧斤埏填，率其人而亲之。前后十五年，为殿者二，曰三清，曰通明；为堂者四，曰三官，曰三圣，曰灵官。门庑斋厨，以次而具。"	住持：姬志玄 师承：丘长春	成化《山西通志》，乾隆《五台山志》，亘，120
28	元都清虚观	石州宁乡县	1244①	"起三清之邃宇，建五祖之华堂。香厨密磬于瑶琅，云室馨合于艺术。药灶隐静庐之助，丹炉连方丈之阴。竹院径风，松蹈径月。焕丹青于青列圣之像，灿金碧于群仙之容。工既毕矣。"	创始：洞真子高志辅	《古今图书集成》职方典汾州府下；康熙《宁乡县志》，亘，118~119；程，1655
29	奉仙庵	交城县，今吕梁市交城县却波街	1248		所涉宫观：奉仙庵 创始：通真子程志保 师承：盘山栖云王志保	康熙《交城县志》，136~137
30	玄祯观/大玄真万寿宫	交城县	1248	"于是，相与倾囷发橐，创玄元殿，翼以东西洞房，圣座云敷，分位星列。后辟道院，各依传箓之次。栖云，构真东华，祖以至斋堂丈室，宾馆众寮，库厩庖湢，一一完具，不侈不陋，咸有规制。"	志保一程志保 观额：戊申（1248年），掌教真常大宗师给以玄祯观额；庚戌（1250年），定宗升额为大玄真万寿宫	康熙《交城县志》，136~137

① 由元好问《通真子墓碣铭》（见《元好问全集》，第712~714页）可知秦志安生于1188年，卒于1244年，但此碑铭记为1247年，推测此记已为，故托名为秦所作。

续表1

编号	名称	地理位置	建成时间（年）	建筑形制	师承/宗主	出处
31	玉莲洞	石州宁乡县，今临汾市乡宁县	1258	"其时真教大开，郡人向化，仍展旧址基，更造规制，恢张殿宇，庀完净堂，……绘塑金烛，形色碧焕，以丹青炳焕，……前后经营仅十余年，……伟绩垂成。"	创始：吕志忠 师承：丘处机—孙志坚—吕志忠	《山右》卷二四；《乡宁县志》；垣，530~531（113）；程，1818
32	清微观	寿阳县郭义村	1264重修	"道人等商确既定，即本村（者）[耆]老张怀让，程稳等询谋，一一备具。自言正清正殿暨五祖七真货，两廊三门，关王祠，金碧辉赫，重为改观，人皆其能。复推其余，赎回田若干。"	创始：王志定 重修：王道祥等 师承：丘处机—王志定—付道朴—王志觉—□口志通—王道祥—张道瑞—李道真—赵道善—李道恩	成化《山西通志》；垣，143~144
33	卧虎观	石州，今离石	1265			《山西通志》；程，1654
34	卿云观	阳曲县大平乡辛庄	1274	"至元甲戌（1274年），法殿兴，圣像具，辉煌金碧，绘饰丹青，东庑之厨库斋室，南堂之四椽，栋脊云翔，檐牙云幕。……元贞乙未（1295年），妆饰南堂，创造西庑，置碾硙以济乡邻，买青腴田以赡徒众，缺者补，空者完，晨夕积心，唯恐失坠。"	所涉宫观：九原，今忻州玉泉观 创始：李纯甫（1219~1288年） 师承：白明真—白悟真—李纯甫	《山右》卷三十；垣，736~737（293）；程，1637

编号	名称	地理位置	建成时间(年)	建筑形制	师承/宗主	出处
35	神清观	阳曲，今太原	1293			《太原县志》；程，1641
36	遇仙观	阳曲，今太原	1298			《太原县志》；程，1639
37	龙泉观	阳曲，今太原	1301			《太原县志》；程，1640
38	天庆宫	太原	1312			《山右》卷三十；垣，736~737（293）；程，1636
39	长春观	阳曲，今太原	1314			《太原县志》；程，1638
40	玄元观	忻州定襄县；碑在今青石社资圣寺	1318	"然是殿也，连甍接栋，丹腰映口口，峻其宇，雕其墙，山其节，藻其棁，亦罐而不逾。华而有制。若不如制，无以严三清之尊，其庶戾之敬而已。故并建东西堂口神门拱向焉。殆其深邃，雅称襄襄居。然后庖有厨，宾有馆，玩玩襄襄，焕焉鼎新。虽长春之规模宏丽，神霄之爽垲幽新，以口用心葛口子彼。经始于大德王黄（1302年），落成于延祐戊午（1318年）。"	创始：史道粹	《定襄金石考》；昱，140~141；程，1671
41	玄都万寿宫	太原	1320		宗主：宋德方	北图中，81；程，1633
42	通惠庵	太原	1320		宗主：宋德方	北图中，81；程，1634
43	清妙庵	太原	1320		宗主：宋德方	北图中，81；程，1635

续表1

编号	名称	地理位置	建成时间（年）	建筑形制	师承/宗主	出处
44	玉真庵	汾州西河，今汾阳	1320		宗主：宋德方	北图中，81；程，1648
45	洞真观	汾州孝义	1320		宗主：宋德方	北图中，81；程，1649
46	洞虚庵	汾州孝义	1320		宗主：宋德方	北图中，81；程，1650
47	口泉庵	汾州平遥	1320		宗主：宋德方	北图中，81；程，1651
48	长真庵	忻州，今忻县	1320		宗主：宋德方	北图中，81；程，1656
49	清微庵	忻州，今忻县	1320		宗主：宋德方	北图中，81；程，1657
50	靖居庵	忻州，今忻县	1320		宗主：宋德方	北图中，81；程，1658
51	披云庵	忻州，今忻县	1320		宗主：宋德方	北图中，81；程，1659
52	九阳庵	忻州，今忻县	1320		宗主：宋德方	北图中，81；程，1660
53	清真庵	忻州，今忻县	1320		宗主：宋德方	北图中，81；程，1661
54	明道庵	忻州，今忻县	1320		宗主：宋德方	北图中，81；程，1662
55	栖真庵	忻州，今忻县	1320		宗主：宋德方	北图中，81；程，1663
56	玉清观①	忻州，今忻县	1320		宗主：宋德方	北图中，81；程，1664
57	洞明观	忻州，今忻县	1320		宗主：宋德方	北图中，81；程，1665
58	披云观	忻州，今忻县	1320		宗主：宋德方	北图中，81；程，1666

① 景安宁标示为玉清，程越标示为三清，从前者。

续表 1

编号	名称	地理位置	建成时间（年）	建筑形制	师承/宗主	出处
59	玉真观	平定州阳泉县	1343 重修	"自程道远作正殿，信今重修像老子于中三门，云堂厨库，以次完就，绘塑庄严，金碧绚烂。山院门之力，乃本村豪口四方善信口口尔。"	所涉宫观：阳泉玄都观；创始：王志真；重修：范玄信	成化《山西通志》，呈，145
60	玄都观	平定州阳泉	1343			成化《山西通志》，呈，145
61	长真观	榆次	1347			《山西通志》；程，1645
62	龙阳观	平定州乐平，今昔阳	1353		宗主：李志柔	北图中，81；程，1672
63	万寿宫	榆次	不确			《长春道教源流》；程，1646

平阳路（1305 年地震后改为晋宁路）（134）

编号	名称	地理位置	建成时间（年）	建筑形制	师承/宗主	出处
64	冲虚观	临汾	1191			[元] 李道谦《终南山祖庭仙真内传》中篇，652；《临汾县志》；程，1680

续表1

编号	名称	地理位置	建成时间（年）	建筑形制	师承/宗主	出处
65	妙真观	沁源	1215		住持：张志安 师承：丘处机——张志安——郭守微（太原路路玄元观）	《定襄金石录》；昆，122~123；程，1811
66	朝元观	解州安邑	1219			《山右》卷二四、《遗山集》卷三五；垣，494（079）
67	玄都万寿宫	绛州	1219后	"愿力云集，伐夏台之木，刻管岑之林以为桷，凿姑射之石以为础，殿广五楹，其高九仞，沈沈翼翼，甲于一方。崔志明，董其役。洛成之始，能求良工为三清塑像。……于是辟田园，广列肆，捐囊金五百星，增置水碾，率资凡所收入，斋厨日用之余，营膳之费。"	创始：王志成 住持：后清披云宋德方住持，来遣提点段真卿，道士宁志一主之 观额：请额于京师长春宫，赐名全真观，后清和真人改全真曰兴隆	成化《山西通志》卷十五；垣，656（224）；程，1719
68	祈真观	隰州，今隰县	1226			《云山集》卷七；垣，515（099）；程，1808
69	清都观/清都万寿宫	浮山市	1227			垣，484~485（072）；《浮山县志》；程，1696

续表 1

编号	名称	地理位置	建成时间（年）	建筑形制	师承/宗主	出处
70	栖游庵	河中府万泉，今万荣	1227			《万泉县志》；程，1716
71	灵虚观	绛州稷山县	1227			《稷山县志》；程，1727
72	保真观	汾西县	1232①			垣，618（189）；程，1698
73	景云宫/观	解州闻喜县	1232		住持：观妙大师韩志谨	垣，1099（688），1190（826）；程，1767
74	通玄观	岳阳，今古县	1234			《岳阳县志》；程，1699
75	全真观	吉州	1234		住持：超然子	《安泽县志》（1932年）；垣，117~118；程，1816
76	玄都万寿宫/玄都观	临汾	1234			垣，486~488（074）；北图中，81；程，1681
77	长春观	尧都（临汾）	1235②		三洞讲经法师秦志安	《山右》卷二四；垣，491~493（077），533~534（117），538~541（122）；程，1682

① "值壬辰兵革扰攘之际，全身远害。孰能及也。幸复北来，还归景云观住止……"，见《重修紫薇观记》，陈垣编纂《道家金石略》，第1099页。

② 秦志安生卒年为1188~1244年，故保守估计最迟于1240年左右已建成，而据《清和演道玄德真人仙迹之碑》可知，乙未（1235年）冬，平阳府李侯率众来迎，尹志平演教于长春观（垣，538~541），故推知1235年。

续表1

编号	名称	地理位置	建成时间（年）	建筑形制	师承/宗主	出处
78	神霄宫	沁州	1236			《葆光集》；垣，538～541（122）；程，1809
79	会真观/乐真庵	泽州，今泽州县水东乡水北村	1237	"一日，同里旧亲识请于所居故宅为庵，同王志则建混元殿及云堂为朝真之所。"	住持：杜志元 师承：丘处机—杜德阳 尹清和赐名志元，号通微子 功德主：泽州次官赵公晴	乾隆《凤台县志》；垣，121～122
80	通玄观	解州安邑，今安泽县和川镇	1217，1224～1239重修	"法像严整，庙宇廊庑，为之一新。又为方丈一所。"	所涉宫观：吉州全真观 住持：超然子高第刘志渊	《安泽县志》（1932年）；垣，117～118
81	修真观/洪禧万寿宫	浮山市	1241①	"里人马英马荣语曰：惟冢之故址，岗峦势岊，匪俗家可居。……乡耆郭复施以之，然后顾度形势，与之更始，凡经营数年，与诸蔡社，殿宇廊庑，胥极壮丽云。"	观额：掌教尹清和赐额曰（1300年），大德四年），掌教张志僊赐额洪禧万寿宫	民国《浮山县志》；垣，144～145；程，1697

① 碑记时间，王宗昱引《浮山县志》云此碑建于至元元年（1335年），笔者认为不确。按此记作者为王德渊，但时任翰林学士知制诰同修国史，参考李学《元人王德渊事迹考略》可知，王德渊于大德六年间官至翰林直学士，传读学士，单知王德渊从直学士升为传读学士为大德六年（1302年），而升为翰林学士则必在1302年之后，而至武宗时改官集贤学士，被遣致祭孔子，则王德渊官集贤学士的时间在1308年，即1308年，故可推测王德渊任职翰林学士的时间在1302～1308年，而碑记的写作时间也应在此时间之内。见《山西大学学报》（哲学与人文科学版）2006年第2期。

续表1

编号	名称	地理位置	建成时间（年）	建筑形制	师承/宗主	出处
82	修真观	泽州东门内街	1108,1242 重修	"道士李君净历历而告之曰：此殿堂也，此道院也，此客舍也，此堵而环也，此圃而疏也，此井而饮也。既得其详，于是首建圣堂三间，为修敬之地，复夷荒壤制恶草，出墙根而筑之，仍为后图。是堂也，经始于辛丑十月甲子，次年三月丙戌工毕。"	所涉宫观：太原榆次县专井村玉真庵 创始：女冠守微 师承：丘处机（一禾德方）一宁神子张志谨一杨守玄一张守微 功德主：郡侯段公及夫人卫氏	李俊民《庄静集》卷八；《长春道教源流》；垣，482（066）；程，1741
83	长春观	解州安邑县，在今山西夏县	1242		住持：明真大师介志微	《山右》卷二四；垣，512（096）；北图中，81；程，1759
84	兴真观	解州闻喜县，在今闻喜县（闻喜县，在今闻喜县治之东北距城五十里，有镇曰兰德，其宫曰兴真）	1243①	"门下弟子闻风趋任殆数十载，具备插，运土石，规静庐，营福地，方壶不数载之间，圣位药药然，云堂邃然，沉沉然，香疱贮月，松轩封雾，竹径呼风，丹炉锁烟，虽武陵桃园，天台小隐，固可以接武而差肩也。"	所涉宫观：尧都（临汾）长春观 住持：玉阳门门史公上人 赐额：清和仙翁爱其幽致，亲笔观额，号曰兴真	《山右》卷二四；垣，533~534（117）；程，1764

① 《兴真观碑铭并序》，寓尧都（临汾）长春观三洞讲经法师秦志安述，己未（1259年）八月立石，宫观建成时间不确，按碑文并联系到尹志平的题额推算，1243年尹离开山西之前必已建成。

续表1

编号	名称	地理位置	建成时间（年）	建筑形制	师承/宗主	出处
84	兴真观	解州闻喜县，在今闻喜县治之东北距城五十里，有镇曰兰德，其宫曰兴真	1333 重修	"逮元统癸酉（1333年），岁颇登，住持道士韩元亨、赵元冲、杨元忠，同心协力，备费鸠工，殿宇颓漏者增修之，应门记败者更新之，绘柱础倾者正之，基址缺者完之，装塑像，中外俨然，咸为一新。来者观之，罔不称赞。"	重修：杨元忠	《山右》卷三八，808~809（363）
85	永昌观	潞州潞城县	1244	岁合甲辰（1244年）……不数载间，圣真有殿，云侣有高……	住持：任公	垣，653（221）；程，1740
86	灵显观	潞州潞城县	1244		创建：明真子牛志信 师承：任公	垣，653（221）；程，1739
87	玉泉观	解州芮城县	1245①	"是观也，割地而喜舍，既有其土；刊木而就施，又有其家；运瓦而助成，继有其人。趋事而赴功，复有其众。故得三间四楹而架之，转角者，三清有殿，三楹五架而架之，捕务者，庭后有堂。东廊西庑，靖室三门，妆塑绘像，色色就绪。水陆有地，水磑有番，所以赡众者伏腊之计足（伏腊，指四季更换之时），指四季更换叶日和腊日等庵，皆其枝叶也。"	观额：披云真人以玉泉题其额	芮拓；垣，683（243）；程，1787

① 柏合何志渊撰《玉泉观记》。何志渊、千里御支之后也，世号柏台何氏。柏台，御支合的别称。据碑文可知1245年已建成，至少不晚于1247年（是年未德方卒）。

续表1

编号	名称	地理位置	建成时间（年）	建筑形制	师承/宗主	出处
88	东华观	解州闻喜县美良川河底村，今运城市闻喜县河底镇附近	1247①	"有刘会首、王通事、吴会首、小杨田四等，将本村就有三清殿一所，地二十亩，施于李公先生，为庵住持。其李公阐化门徒五十余众，……添盖左右云法三堂，凉楼厨舍杂居之宇，一切所须，无有阙用。置牛耕种，赡济大众。又于北阳村创建仙坟一所。"	创始：玄通子李志云（1173～1248）师承：李公礼丹阳马真人为师观额：披云真人赐额东华	《闻喜县志》；垣，517～518（101）、533（117）；程，1763
89	洞神宫	绛州稷山县	1250	"乡人悯其勤，即所居为起三清，七真之殿，门庑毕备，峻宇雕墙，绘塑庄严，金碧交映。"	创始：张志朴（1204～1277年）师承：马丹阳一碧虚子杨明真一超然子赵志一淳德大师张志朴观额：尹清和创名为纯阳观，庚戌十月（1250年），掌教志常改赐今额曰洞神宫	《山右》卷二十九，707（265）；程，1726
90	玄都万寿宫	沁州，今沁县	1250			垣，480～481（065）；程，1810

① 按碑文可知1239年后建，后末德方升庵为观，因末卒于1247年，故之前已建成。

续表1

编号	名称	地理位置	建成时间（年）	建筑形制	师承/宗主	出处
91	栖神庵	吉州	1252①		住持：徐老仙 师承：长春子—张清逸—徐老仙	芮拓；垣，777~778（332）；程，1817
92	乐全观	解州芮城县，在芮城西北二十五里水峪	1252	"建圣堂于中，以为朝夕瞻仰之所，下逮庖厨库藏什物钟磬口属，靡不备置，皆借笔耕之力，仍将福成所先施者合附而重施焉。其男李也亦具状而重施焉。"	所涉宫观：披云门下之七大名区 住持：清真子何志渊	《山右》卷二七；垣，652（220）；程，1779/1796
93	泽静观	解州芮城县下庄	1252		披云门下之七大名区	《山右》卷二七；垣，652（220）
94	玉京观	解州芮城县	1252	"首建圣堂两序，云房灵官等堂相续而成。又有所谓广田苗，拓道路，植芫椒，栽桃李，左右前后园圃一新，变荒田为福田，化尘境为道境焉……"	住持：薛志熙 师承：朱德方—薛志熙 披云门下之七大名区	《山右》卷二六；垣，633（205），728（220）；程，1772
95	口清观	解州中口	1252		披云门下之七大名区	《山右》卷二七；垣，652（220）；程，1778

① 按碑文，可知王志素生卒年为1232~1309年，"年方弱冠"属淳祐之准（1241~1252年），随兵北渡，表平水临汾汾之贾村柳老人家，鞠为义子。柳欲为娶，坚谓不可。后许自便，遂住吉州栖神庵，礼长春君派下乐全子清逸大师张君高弟徐老仙为师，得急志素，道号颐真。按淳祐为1241~1252年，则在1252年人吉州栖神庵，但当时栖神庵当已存在。之男于20岁称弱冠（古之男子20岁称弱冠）

续表 1

编号	名称	地理位置	建成时间（年）	建筑形制	师承/宗主	出处
96	东华观	解州芮城县上郭村	1252		披云门下之七大名区	《山右》卷二七；垣，652（220）；程，1777
97	东口观	河中府永济虞乡镇	1252		披云门下之七大名区	《山右》卷二七；垣，652（220）；程，1776
98	灵峰观	解州芮城县	1252		披云门下之七大名区	《山右》卷二七；垣，652（220）；程，1775
99	真常宫	解州芮城县，在今芮城县柴村	1254	"三清有殿，祖真有堂，灵官有祠，若斋厨库厩，蔬圃果园，陆田水硙之属，按绪常毕。"	创始：杨志安、樊抱一观额：至元戊辰（1268年），掌教张志敬升观为宫，署真常宫	芮拓，并见《山右》卷三十；垣，735~736（292）；程，1774
100	娲皇庙/补天宫	霍州赵城县，今洪洞县赵城镇	1255/1264	"逮乙卯（1255年）岁，庙貌小成。庙旧以娲皇名，至是奉制改名补天宫（1264年），迄今又十三季。废去者益兴，新者益饰。为路寝一、小寝一，主廊过殿属焉。俠纲门一，立极门次焉。余三方有门，左口有廊，以居徒侣。大殿一、小殿一、堂庑厨库合六十楹，层檐揭角，丹腹一新，绕以周垣，云木森映。"	住持：张志一	《山右》卷二六《重修女娲庙碑》；垣，131~132

续表 1

编号	名称	地理位置	建成时间（年）	建筑形制	师承/宗主	出处
101	清梦观	泽州高平，今市区东北12.5公里陈区镇铁炉村	1261①	现存中殿三清殿为元代建筑，后殿重建于明代。其余为清代建筑。坐北朝南，二进四合院。中轴线：山门，中殿，拜亭，正殿，左右钟鼓楼，配殿，厢房，耳殿。	创始：姬志玄	清《高平县志》之《创建清梦观记》
102	大纯阳万寿宫/永乐宫	河中府永济	主体建筑三大殿建成于1262年			垣，491~492（077），708（266），727~728（286）等；程，1713
103	纯阳上宫/九峰上宫	河中府永济	1252年始建			垣，554~556（134），791（346）；程，1714
104	纯阳宫	中条，今永济	1252年始建		宗主：李志常	《终南山祖庭仙真内传》下，656；程，1715
105	三灵侯庙	解州闻喜县东镇，今闻喜县东镇镇上镇附近	1263	"遂于驿途之侧，支荆杞而垣之，砾而夷之，穿井泉而秀之，栋宇木而置之阖之，檐楹、真仪楼吏、道舍庖厨，经之营之，迄今五载，创然一新，稍有次序。"	住持：杨志真 师承：西京玉阳观何大师 为引度：玄门正派掌教 时任掌教：玄门正派掌教 大宗师至德诚明真人张（志敬）	《山右》卷二五（137）；程，1765

① 创建于蒙古中统二年（1261年）。明万历四十年（1612年），清嘉庆二十二年（1817年），道光四年（1824年）重修。

续表 1

编号	名称	地理位置	建成时间（年）	建筑形制	师承/宗主	出处
106	洪庆观	绛州垣曲县	1263			垣，566（138）、581（155）；程，1732
107	长春观	绛州稷山县	1263			《稷山县志》；程，1728
108	崇宁宫	解州解县，今运城	1267			《解县志》；程，1758
109	通玄观	潞州长子县	1269~1272	"初，君与弟子王志谨（非盘山王志谨）等劳勤心力，铢积寸累，贾县东北隅民居二十五亩，为祈福地。意村目度，定宫庭位。南辟大门，以通二街。北建玉皇殿，以奉香火。立东西廊庑二十楹，以庇风雨。垦负郭田二顷，以耕耘自足。继而陶瓷甓，琢础碱，辇栾板，拟命梓匠，营三清大殿，以焚修赞祝。"	所涉宫观：兴州清虚观 住持：吴志坚 师承：礼清虚大师杜志明为师；长春真人赐以今名；真常真人（1238~1256年掌教）畀以紫衣及诚和大师灵虚子号	光绪《长子县志》，《全元文》；昱，132~133；程，1738
110	奉仙宫	河中府临晋，今临猗	1272			《临晋县志》；程，1718

续表 1

编号	名称	地理位置	建成时间（年）	建筑形制	师承/宗主	出处
111	真常观	临汾县郭北	1278①		创始：渊静大师杨道源	成化《山西通志》卷十五；垣，488（075）；程，1678
112	栖云观	河中府荣河县	1280	"南构殿三架，宇前后各二，立元始道君老子像，使口起敬信。后为堂，与殿相称，列七真人于座（盖其中仍无孙之位），求全吾真者，得知所自出。堂之左右，延宇垂阿，武安，灵官位焉。东西两庑，共十二楹四椽，以待四远游方之士。前为大门，三楹四椽。庑南偏室，南北各三间。北为盘山蹊口为方丈堂之东北，……中为玉皇殿，殿表四楹，膳房静居，分列其次。"	所涉宫观：荣河清风观 任持：张志觉 师承：盘山王志谨一来志莹一张志觉	成化《山西通志》；《全元文》；荣喝县志，134～135；程，1717

① 由"戊寅年之所别创"，"越二十六载，秋地震"，"晋宁"是元成宗大德九年（1305年）地震之后由平阳路改为晋宁路而来，上推二十六年即1278年，正好是戊寅年（元世祖至元十五年）。由此可知：晋宁有崇圣宫，初建于1278年，在郭北真常观的左边，真常观由渊静大师杨道源所创，也就是说，1278年真常观已经存在。

续表 1

编号	名称	地理位置	建成时间（年）	建筑形制	师承/崇主	出处
113	清风观	河中府荣河县	1281		住持：王志瑞	成化《山西通志》，《全元文》；昱，134～135
114	洞霞观	解州闻喜县张家峪	1281①	"遂大筑周垣，广寻崇倍，楼其四隅，中堂壮丽，……又割田四旁，以岁人廪其有众，……末儿……前后为二殿，屹然对峙，仪像饰以金碧，灿然一新，两庑翼若，至静室庖库，井井有存，外三其门，以飨众望，积十稔而后完，时至元十八年也（1281年）……造延祐乙卯（1315年）秋，……乃经理区画，……卜龙山惟吉，咸得其所。悉辇故区之材，而观于其巅，凡殿庭仪像，一切兴建，与昔不少异。"	创始人：行省兵马元帅塔察儿忽神　赐额：李志常赐额洞霞	《闻喜县志》；垣，1190（826），程，1766

① 《迁修洞霞观记》，据碑文可知1232年始建，几经修缮至至元十八年（1281年）完工，但延祐乙卯（1315年）遇大水而迁龙山。至元三年丁丑（1337年）立石。按建筑形制形制的整体，故将其修建完工定于1281年。

续表1

编号	名称	地理位置	建成时间（年）	建筑形制	师承/宗主	出处
115	玄逸观	解州芮城	1280	"初则陶覆陶穴，次则芝房云庑，已而堂殿睟容，又则农庄水轮，凡所养生之具，靡一不办。"	所涉宫观：吉州栖神庵 创始：王志素（1232～1309） 师承：丘长春—张乐全—徐老仙—王志素 观额：至元二十八年（1291年），掌教张志僊署玄逸为额	芮拓；垣，777～778（332）；程，1773
116	长生观	解州夏县前乡。（碑在今夏县庙前乡付村村东）	1301	"自今观之，殿宇峥嵘，圣容炜烨，云房豁敞，庖室虚明。门徒顺旨以服劳，信士闻风而趋至。田有口，圃有蔬，园有桃李枣杏，济世之物，无一不备。"	创始：熙和子李志道 师承：崇真大师刘君—李志道—李志真—郭志圆—郭道亮—柳德春—宁冲和	昱，146～148；程，1768；似为北图中，81
117	栖云观	绛州稷山县	1301		宗主：止足道人	垣，705（264）；程，1723
118	聚仙观	绛州稷山县	1301		宗主：止足道人	垣，705（264）；程，1724
119	太初观	绛州稷山县	1301		宗主：止足道人	垣，705（264）；程，1725
120	四圣观	解州夏县	1301		宗主：止足道人	垣，705（264）；程，1770
121	大清观	解州夏县	1301		宗主：止足道人	垣，705（264）；程，1771

续表 1

编号	名称	地理位置	建成时间（年）	建筑形制	师承/崇主	出处
122	崇圣宫	临汾县	1305～1322①	"戊寅年（1278年）之所别创也。初号于元，观中突起殿陛，祠玉清、上清、太清三天尊，开朱门为三，缭以修廊，七星堂以祠璇玑，南昌宫以祠司命，通明阁以祠昊天上帝。旁列库篆庖福……越二十六（1305年）载，秋地震，屋尽圮，惟司命祠（南昌宫）独存。明年（1306年）十月望，渊静道化，弟子执古澹然明德大师卢道恭……乃口口位，营而构之，成咸如初。"	所涉宫观：真常观 创始：渊静大师杨道源 师承：渊静，去丹阳真人为第五代	成化《山西通志》卷十五；垣，488（075）；程，1679

① 文中并未涉及具体时间，此估计依据有二：第一，根据元明善的生卒年（1269~1322年）可推断写作时间当在1300年前后。第二，提到了晋宁地震，屋尽毁，根据《中国地震资料年表》之《山西地震资料年表》可知1303年9月~1305年山西大部地区发生地震，且临汾也是重灾区。联系到文中所称崇圣宫为"戊寅年所别创"，则戊寅年可能为1218或1278年，"越二十六载，秋地震，屋尽圮"，而1243年并无大的地震记载，且后面介绍杨道源时说其"年十二受业道门"，去丹阳，由此可推知：杨道源的卒年为1304年10月，得年五十有八，故其生年为1246年，由平阳路改为晋宁路，所以此文当记于1305年改晋宁路之后，加之明善的生卒年，故保守估计撰文写于1305年之后，1322年元明善逝世之前。但似乎可以将推测更进一步，即明善卒于翰林学士任上，即1312~1322年的十年间。而且联系到"晋宁之崇圣宫"中"晋宁"是元成宗大德九年（1305年）地震之后，由平阳路改为晋宁路，故保守估计撰文写于1305年之后，1322年元明善逝世之前。"由教主真人赐号"一句，元明善改翰林待制（皇庆元年1312年）后，此时全真掌教是谁尚不确，当处于张志僊与苗道一掌教任期之间，有待讨论。

续表1

编号	名称	地理位置	建成时间（年）	建筑形制	师承/崇主	出处
123	霍岳庙	霍州	1307		住持：掌教苗道一	《山右》卷三十（275）；程，715（275）；垣，1805
124	苑川观	霍州	1307			《山右》卷三十（275）；程，715（275）；垣，1806
125	保玄观	解州芮城	1317		女冠通玄大师提点靳慧远	垣，727~728（286）；程，1797
126	炼阳观	解州芮城	1317		女冠张慧诠、彭慧长、韩守玉	垣，727~728（286）；程，1798
127	修真庵	解州芮城	1317		女冠曾慧超、陈守忠、曾灵童	垣，727~728（286）；程，1799
128	太素庵	解州芮城	1317		女冠吴守语、阎守静	垣，727~728（286）；程，1800
129	口真庵	解州芮城	1317		陈守真、张守妙	垣，727~728（286）；程，1801
130	玄都观	解州芮城	1317		女冠王守淳、吴守忠	垣，727~728（286）；程，1802
131	洞真庵	解州芮城	1317		女冠张守顺	垣，727~728（286）；程，1803
132	修真庵	解州芮城	1317		女冠李守净	垣，727~728（286）；程，1804

续表 1

编号	名称	地理位置	建成时间（年）	建筑形制	师承/宗主	出处
133	长生观	河中府永济	1317			垣，727~728（286）；程，1711
134	崇真观	河中府永济	1317			垣，727~728（286）；程，1712
135	道和庵	临汾	1320		宗主：宋德方	北图中，81；程，1683
136	碧虚庵	临汾	1320		宗主：宋德方	北图中，81；程，1684
137	清真观	临汾	1320		宗主：宋德方	北图中，81；程，1685
138	靖真观①	临汾	1320		宗主：宋德方	北图中，81；程，1683
139	龙翔观	襄陵，今临汾	1320		宗主：宋德方②	《襄陵县志》；北图中，81；程，1687
140	清阳万寿宫	襄陵，今临汾	1320		宗主：宋德方	北图中，81；程，1688
141	葆真观	襄陵，今临汾	1320		宗主：宋德方	北图中，81；程，1689
142	洞霄庵	襄陵，今临汾	1320		宗主：宋德方	北图中，81；程，1690
143	灵源观	襄陵，今临汾	1320		宗主：宋德方	北图中，81；程，1691
144	葆真庵	襄陵，今临汾	1320		宗主：宋德方	北图中，81；程，1692
145	洞真庵	襄陵，今临汾	1320		宗主：宋德方	北图中，81；程，1693
146	炼真庵	襄陵，今临汾	1320		宗主：宋德方	北图中，81；程，1694

① 程越读为靖真庵，景安宁读为靖真庵，取后者所说。
② 程越，不确；景安宁将之归于宋名下，取后者所说。

续表 1

编号	名称	地理位置	建成时间（年）	建筑形制	师承/宗主	出处
147	栖神庵	襄陵，今临汾	1320		宗主：宋德方	北图中，81；程，1695
148	炼阳观	河中府河东，今永济	1320		宗主：宋德方	北图中，81；程，1700
149	修真观	河中府河东，今永济	1320		宗主：宋德方	北图中，81；程，1701
150	宝玄观	河中府河东，今永济	1320		宗主：宋德方	北图中，81；程，1702
151	洞真庵	河中府河东，今永济	1320		宗主：宋德方	北图中，81；程，1703
152	崇真庵	河中府河东，今永济	1320		宗主：宋德方	北图中，81；程，1704
153	岱岳庵	河中府河东，今永济	1320		宗主：宋德方	北图中，81；程，1705
154	龙泉观	河中府河东，今永济	1320		宗主：宋德方	北图中，81；程，1706
155	云峰观	河中府河东，今永济	1320		宗主：宋德方	北图中，81；程，1707
156	又玄观	河中府河东，今永济	1320		宗主：宋德方	北图中，81；程，1708
157	□□[洞]观	河中府河东，今永济	1320		宗主：宋德方	北图中，81；程，1709

续表 1

编号	名称	地理位置	建成时间（年）	建筑形制	师承/宗主	出处
158	凝真观	绛州，今新绛	1320		宗主：宋德方	北图中，81；程，1720
159	洞微观	绛州，今新绛	1320		宗主：宋德方	北图中，81；程，1721
160	谷中观	绛州，今垣曲	1320		宗主：宋德方	北图中，81；程，1733
161	长春观	潞州，今长治	1320		宗主：宋德方	北图中，81；程，1734
162	玉皇观	潞州，今长治	1320		宗主：宋德方	北图中，81；程，1735
163	全阳庵	潞州，今长治	1320		宗主：宋德方	北图中，81；程，1736
164	保和观	潞州，今长治	1320		宗主：宋德方	北图中，81；程，1737
165	显真观	晋城，今泽州	1320		宗主：宋德方	北图中，81；程，1742
166	洞真观	晋城，今泽州	1320		宗主：宋德方	北图中，81；程，1743
167	葆真观	晋城，今泽州	1320		宗主：宋德方	北图中，81；程，1744
168	聚仙观	晋城，今泽州	1320		宗主：宋德方	北图中，81；程，1745
169	紫虚观	晋城，今泽州	1320		宗主：宋德方	北图中，81；程，1746
170	修真观	晋城，今泽州	1320		宗主：宋德方	北图中，81；程，1747
171	元君庵	晋城，今泽州	1320		宗主：宋德方	北图中，81；程，1748
172	玉清观	晋城，今泽州	1320		宗主：宋德方	北图中，81；程，1749
173	栖真庵	晋城，今泽州	1320		宗主：宋德方	北图中，81；程，1750
174	长春观	晋城，今泽州	1320		宗主：宋德方	北图中，81；程，1751
175	栖真观	解州，今运城	1320		宗主：宋德方	北图中，81；程，1752

续表1

编号	名称	地理位置	建成时间（年）	建筑形制	师承/宗主	出处
176	迎祥观	解州，今运城	1320		宗主：宋德方	北图中，81；程，1753
177	瑞云观	解州，今运城	1320		宗主：宋德方	北图中，81；程，1754
178	清虚观	解州安邑，今运城	1320		宗主：宋德方	北图中，81；程，1760
179	众仙观	解州安邑，今运城	1320		宗主：宋德方	北图中，81；程，1761
180	清和观	解州安邑，今运城	1320		宗主：宋德方	北图中，81；程，1762
181	遇真庵	解州夏县	1320		宗主：宋德方	北图中，81；程，1769
182	碧虚庵	解州芮城	1320		宗主：宋德方	北图中，81；程，1788
183	东华庵	解州芮城	1320		宗主：宋德方	北图中，81；程，1789
184	大宁庵	解州芮城	1320		宗主：宋德方	北图中，81；程，1790
185	洞真庵	解州芮城	1320		宗主：宋德方	北图中，81；程，1791
186	栖真庵	解州芮城	1320		宗主：宋德方	北图中，81；程，1792
187	太清庵	解州芮城	1320		宗主：宋德方	北图中，81；程，1793
188	洞阳庵	解州芮城	1320		宗主：宋德方	北图中，81；程，1794
189	长生庵	解州芮城	1320		宗主：宋德方	北图中，81；程，1795
190	河渎灵源宫	河中府永济	1336			垣，791（346）；程，1710

续表1

编号	名称	地理位置	建成时间（年）	建筑形制	师承/宗主	出处
191	端云观	霍州灵石县	1348			《山西通志》；程，1807
192	天圣万寿宫	绛州正平，今新绛	不确			程，1722
193	长生观	解州芮城县	不确			垣，792（347）；程，1780
194	清和观	解州芮城县	不确			垣，792（347）；程，1783
195	纯阳庵	解州芮城县	不确			垣，792（347）；程，1784
196	种德庵	解州芮城县	不确			垣，792（347）；程，1785
197	灵仙观	解州芮城县	不确			垣，792（347）；程，1786

按：陈垣编纂《道家金石略》，简称为"垣"，后标页码，括号为金元目录编号；

王宗昱编《金元全真教石刻新编》，简称为"金元"，后标页码；

程越：《金元时期全真道宫观研究》之宫观资料库宫观标号，后标资料库宫观标号；

《北京图书馆藏中国历代石刻拓本汇编》（第49册，元）简称为"程"，其后标页码；

景安宁：《道教全真派宫观、造像与祖师》之对《披云真人门下法派名氏之图》的识别与记载，简称为"景"；

《山右石刻丛编》简称为《山右》；

其他方志及《道藏》资料仅标名称，页码部分标出。

附录 2　重阳殿壁画图文分析①

资料出处	《金莲正宗记》			《七真年谱》	《甘水仙源录》			《历世真仙体道通鉴续编》		《历世真仙道通鉴后集》	《金莲正宗仙源像传·重阳子》
	重阳王真人	丹阳马真人	清静散人		《终南山神仙重阳真人全真教祖碑》	《终南山重阳祖师仙迹记》	《全真第二代丹阳抱一无为真人马宗师道行碑》	王喆	马钰	孙仙姑	
编号	1.1	1.2	1.3	2	3.1	3.2	3.3	4.1	4.2	4.3	5
1	诞生咸阳										

编号	榜题	场景	画传（与榜题同则√，无则×，特殊情况另标注）	文献
1	昔东华教主，承道祖休命，开教中华，海蟾以金莲之瑞，口有正阳示纯阳，继而重阳禀天地间气，托胎母氏，孕二十有四月乃生，即政和二年壬辰十二月二十二日也。生而聪敏，及长，仪观魁伟，广颡巨目而美须髯。志操闲悦，不拘小节，好属文，然颇喜弓马。初名中孚，字允卿，天眷初，易名世雄，字德威，世为京兆之咸阳大魏村人焉。	诞生咸阳	√	1.1 2 3.1 4.1 5

① 图文识读参考了萧军编著《永乐宫壁画》，第49～54页，以及刘科：《金元道教信仰与图像表现——以永乐宫壁画为中心》中第三章重阳殿壁画研究的内容，第120～172页。

续表2

编号	榜题	场景	画传（与榜题同则√，并标出具体位置，无则×，特殊情况另标注）	文献
2	示现金莲①		残缺，画面漫漶不清	1.1（疑似）
3	传受秘语 重阳祖师遇拔毡道者传道之明年庚辰，复遇于醴泉市中。重阳趋拜之，道者邀饮于务中酒监。同以乡同年姓。答曰："濮州人，年二十二。"而不告其姓。遂留秘语五篇，令师读毕焚之。	邀饮于醴泉酒监 传授秘语	右下，但见酒监，未表现遇仙及邀饮场景 √，右上	1.1 2 3.1 4.1 5
4	遇真甘河 重阳祖师在正隆己卯季夏，因醉啖肉于终南甘河镇，遇拔毡二道者，形貌绝然相殊。师异之，因恳礼请教，道者遂授口诀，因狂纵人以害风。[疯]曰之。师受之不辞，更名曰王喆，字知明。	遇真甘河 传授仙诀	画面残缺，不确 画面残缺，左上为亭中跪拜	1.1 2 3.1；3.2 4.1 5
5	南时坐居 大定元年辛巳，师在山中独行，忽遇二口于竹径中。重阳默念曰，彼仙人也。日受口学，传口秘旨。遂于终南之南时村，自穿一穴，起封高数尺，号"活死人墓"。又于行攒上挂一方碑，书王公灵位。独居者三载，仍有诗以畅玄旨。	竹径遇仙 南时坐居	右上，溪畔二道持签 下部，茅庐二道卧睡，一入门前酒扫 √，左上	1.1 2 3.1；3.2 4.1 5

① 朱希元等录《永乐宫壁画题记录文》为"下现金莲"，其他还有"不现金莲"等说法，见萧军编著《永乐宫壁画》，第49页。

续表 2

编号	榜题		场景	画传（与榜题同位置则√，并标出具体位置，无则×，特殊情况另标注）	文献
6	屏弃妻孥	重阳祖师受秘语之后，毕除家产，捐弃妻孥。将次女送于亲家时："渠家人口，我与养大，可收之。"其亲家辞以选吉备仪，师不听，竟留而去。	次女送亲	√，上部　画面下部漫漶不清	1.1 3.1 4.1
7	甘河易酌	重阳祖师自叙云："余尝从甘河携酒一瓢，饮归庵，道逢一先生叫云：'害风，肯与我酒吃否？'余与之，先生一引[饮]而尽，却令余以瓢取河水，余饮之，故令余复饮。'先生复授令饮。乃仙耐也，祖由是圣智流通，转益开悟，遭元内翰遗山曰：'与嵎饮饮长桑君上池水，而能事颖脱过之。'"	甘河逢道	√，上部	1.1 2
			易水为酌	√，下部，只表现重阳手擎酒葫芦的场景	3.1 4.1
8	躬植海棠	重阳祖师卒业南时，一岁春于庵之南时，各植海棠一株。人问之则曰："吾将来欲使四海教风为一家矣。"	躬植海棠于南时之庵	√，以四株海棠分植于庵之四角喻重阳躬植之事	2 3.2 4.1 5
9	题壁付图	重阳祖师将游海上，题于终南县资圣宫之殿壁云：终南重阳子害风元，别京兆，指蓝田，经华岳，入南京，游海岛，得知友，赴蓬瀛，走瀛壖，共礼沐师之约耳，与门人史公密收之，师又自画松鹤仙人之图，为他日参同符契云。	题壁	√，右大部	1.1 2（疑似） 3.1
			付图	√，左上	4.1

续表 2

编号	榜题	场景	画传（与榜题同则√，并标出具体位置，无则×，特殊情况另标注）	文献
10	刘蒋焚庵 重阳祖师自南时迁居刘蒋，一日将东游，遂焚其庵。里人惊救之，见师婆娑起舞于火边。人问何营如是？乃作歌以答之曰："休休休，已后有人修。"后果丹阳等四师建祖庭，玉阳买额为灵虚观，遂清和、真常二宗师嗣教，即灵竺故基，奉朝命改修重阳万寿宫，而营建始矣。复修之言，信有征矣。	刘蒋焚庵	√，右下	1.1
		婆娑起舞	√，右上	2
		修建重阳万寿宫	画面左下部绘重阳焚庵场景。庵前茅庵题壁及榜题未提及	3.1；3.2 4.1 5
11	留颂邱山 重阳祖师以大定七年夏出关，过邠阳，抵邱山，谒上清宫，阅纯阳吕真君诗碑。已而提点王公，同师何来？曰："自西秦。"何住？曰："住东海。"何干焉？遂题颂于东庑间以答其问。	上清宫阅碑	√，中部大部分	1.1
		留颂东庑	画面左下一道展卷，一童持书，道坛之上绿衣道童持书向东，疑暗示"留颂东庑"	2
12	别河辞岳 重阳祖师以大定丁亥四月二十六日别甘河镇，道友以见留留者。同东游之故，曰："潭"云路费，有窃其金公凭以"谭中捉马去。"因赋南乡子以留别。道过太华，有道者八人，邀游岳顶，师口拒之。游者回请师于华阴索酢，遂书长短句以诚之。大意：明道在诸己，非外可求。	别（甘）河	√，右上	2
		辞（华）岳	√，上部为华山高耸，中景云气城门，下部除部分建筑外，画面漫漶不清	3.1（疑似） 4.1（疑似）

续表2

编号	榜题	场景	画传（与榜题同则√，无则×，特殊情况另标注）	文献
13 会真宁海	重阳祖师大定七年秋，至登郡题一绝于观壁，云："三千里外寻知友，引入长生不死门"。 拂旦，东之宁海。初丹阳与辽阳高巨才乡人战师，游范阳叔之南园恰老亭，题诗有"醉中却有那人扶"之句。 中元后一日，三子复会于南园，祖师适造其亭。战师问曰："布袍竹笠，冒暑东来，何勤如是？"曰："宿缘仙契，有知己之寻。"丹阳问师何方来？曰："不远数千里，特来扶醉人耳。"又问何名为道？曰："五行不到处，父母未生时，祖师从蒂而食，众遗之瓜，不食之，曰："甘向苦中来。" 丹阳宿于私私[第]，一日指南园地，建全真庵，其地即丹阳梦鹤起之处也。	登郡题壁	×	1.2
		丹阳恰老亭题诗	×	2
		恰老亭会真	√、右下	3.1；3.3
		丹阳建庵	√、左上	4.1；4.2 5
14 沃雪朝元	重阳祖师初至宁海，憩于州之朝元观，索浆，童子口之以水。师曰："卤而温。"乃以水沃于掌，纷纷成雪，积若玉峰，啖而口。市有兰子者，疑其非仙，怀七鱼而往试焉。曰："若兰子探既仙也，能知吾怀中物乎?"师曰："七蟹。"怀取鱼，乃蟹也，一市莫不惊异。	沃雪朝元	√、对角线、左上	无
		以鱼变蟹	√、对角线、右下	

续表 2

编号	榜　题	场景	画传（与榜题同则√，并标出具体位置，无则×，特殊情况另标注）	文献
15	分梨环堵	重阳祖师日与丹阳讲道于全真庵，见丹阳有出家之意。祖师曰："出家非细事，吾欲锁庵百日，约五日一餐，汝自为供送。"其环中惟破屋一间，风雪四入，而口口〔砚水〕不冰。师口口气冲畅，豁如也。每十日分梨与丹阳夫妇共食，六日又赐栗之日，各有奇偶之数。凡赐必有诗词，歙颇奥旨，明天地太玄之道。	分梨环堵	√	1.2; 1.3; 2; 4.1; 4.2; 4.3; 5
16	看彩霞	丹阳夫妇奉真日浅，未能洞达幽赜，齐物泯己，每于境中争竞人我，谈说是非，堕于拔舌之狱。祖师垂慈，现神狱上，仰观彩霞，俾令开悟。一日，祖师大醉，径入孙氏寝室。师与余谈话楼中，不使家人呼宣甫而告之。宣甫曰，师离师门锁。至家开锁，孙氏由是大生信心。	拔舌地狱 巧度孙氏	√，下部 √，画面右上，绘重阳与丹阳谈话于楼中	1.3; 4.3 4.3
17	肇芝草	重阳祖师欲令丹阳夫妇俱证上仙，百行并修，万善皆积也，初黄之以清静之道，次拯之以沉沦地狱之苦。庶使心不退转，渐登仙果。且夫妇虽崇至道，其于酒色财气，犹有未尽，则摄魂地狱，祖师乃见神云中，手肇芝草而救护之。	沉沦地狱	√，左下，画面漫漶不清	1.3; 4.1; 4.2; 4.3

编号	榜　题		场景	画传（与榜题同则位置，并标出具体位置√，无则×，特殊情况另标注）	文献
18	汴梁	□[丹]阳以家事付三子，出家学道，从祖师游于[汴]梁，寓王氏旅□[邸]。祖师以五篇秘诀授丹阳，恐志不坚，遂夜梦□悟以狱井之灾。	离家弃子	√，右下	1.1 2
			寓居汴梁	√，右中	3.1；3.2 4.1；4.2 5
			狱井之灾警丹阳	√，左部	1.3 4.3
19	扶醉人	丹阳夫妇，酒心未消，□常州人于□□酒酤诗□醉中人扶□□祖师□□□前曰：吾特来扶醉人。乃设地□□□□□□以警觉之。		画面漫漶不清	1.3 4.1；4.2 4.3
20	夜谈秘旨	丹阳夫妇□□……于梦鹤飞处，筑室以居祖师。忽夜梦……人堕犁舌狱，祖师见身扶救。又数发嗟叹，令各自悔。	丹阳建庵（与12重复）	×	1.3 4.1；4.2
			堕犁舌狱	√	4.3
21	拨云头	丹阳夫妇每悠□腹，□□腥膻，祖师见神□地狱，害及性命，心失仁慈。则梦人镬汤地狱，祖师见知其果自因生，欲令改除云头而跑之。以九节杖拨拨上，不无还报，无[务]令改过自新，以成上善之行。	镬汤地狱	√	1.3 4.1；4.2 4.3

续表 2

编号	榜题		场景	画传（与榜题同则√，无则×，特殊情况另标注）	文献
22	洒净水	夫至人之心，其于安人利物，济死度生也，惟恐行之不至，又乌肯利己而损他哉？丹阳夫妇，每有所犯，未能屏去。祖师为之哀慜，见神云际，洒净水以救之。	炉炭地狱	√，右侧 画面左侧疑似隋唐的《太极真人说二十四门戒经》所说的第十六戒大石压身地狱	1.3 4.1；4.2；4.3
23	起慈悲	按丹阳夫妇之家业，富甲东牟，名称半州，犹怀不足，每起贪婪。祖师终欲挈归仙道，恐因物口心，乃摄魂入铁轮狱，祖师见神云间，俯观痛切口口慈悲，令知非补过。	铁轮狱	√，仅有马征	1.3 4.1；4.2；4.3
24	念神咒	丹阳夫妇时为尸魄所挛，猿马所牵，肆性之乖劣，纵心之颠狂，缘业所牵，摄魂于刺口口穿腹之狱，归向至道。祖师现神云中口口口口破其狱，为因苦回心，归向至道。	刺口口穿腹之狱	√，右下	1.3 4.1；4.2；4.3
25	誓盟道戒	重阳祖师，以丹阳夫妇虽闻妙道于彼，爱于旧习，时有所犯。随使犯警之以地狱，复受之以道戒，誓盟其心。庶使以戒护戒，定而生慧，洞见道源，超出生灭，而大慈循循善诱之心，故可见矣。	丹阳夫妇受戒	√，左下	1.3 4.1；4.2；4.3

续表2

编号	榜题	场景	画传（与榜题同则√，无则×，特殊情况另标注）	文献
26	画示天堂 重阳祖师自画天堂之相，以示清静□〔散〕人孙仙姑。夫天堂者，乃诸天之福堂也。未言度命□□五方天中各有福堂□□道果以升人。盖先警以地狱之苦，复示以天堂之乐，□子行道而亡退也。	画天堂示孙仙姑	√，画面下部漫漶不清，疑似有孙不二跪拜	1.3 4.1；4.3
27	叹骷髅 昔祖师在全真庵，自画一骷髅，以示丹阳夫妇，复赠之诗云："堪叹人人忱里愁，我今须画一骷髅。生前只会贪冤业，不到如斯不肯休！"	画骷髅示马钰夫妇	√	4.3
28	妆伴哥 重阳祖师自丁亥□□□□至戊子□十分梨毕间，示神变非。至初十日，启□丹阳，方许出家，□离书子孙氏分财产于三子。二月八日，祖师妆伴哥儿，引丹阳上街□□□旗，写诗以明□□过，生死扑面交形，面人□□觉。	丹阳休妻弃子	√，右下	1.2
		重阳妆伴哥，丹阳擎旗上街	√，左下	5
29	长春入谒 长春真人丘君，以大定六年丙戌辞亲人道，自栖霞遁居昆箭山石门□。 明年丁亥秋，重阳祖师自终南化丹阳于宁海。季秋，长春人谒祖师，一见道合，钓以金鳞之什，赐名处机，字通密，号长春子。尝有诗云："通迹岩阿方十九"，又云："弱冠寻真傍海涛"是也。	长春人道栖霞	×	1.1 2
		重阳化丹阳于宁海	×	3.1 4.1
		长春人谒	√	5

续表 2

编号	榜题	场景	画传（与榜题同则√，无则×，特殊情况另标注）	文献
30	长真弃俗 重阳祖师居宁海锁庵日□□□□人……风瘫之疾，叩门求治，顾侍儿为门弟子。列□□□拒之，其情愈坚，遂留宿庵中。 是日飞雪四郊，□□□□[寒可堪]指，令藉海藻而卧。祖师伸一足，使抱之，若置身□□[炊甑]中，汗流浃肌。拂旦，命以盥水洗面，痼疾顿愈。遂□□□□道，赐名处端，字通正，号长真子。师时年四十。	长真叩门求治，被却宿庵	×	1.1 2 3.1
		重阳医痼疾，长真人全真	√	4.1 5
31	度太古 郡太古隐于卜筮。丁亥秋，祖师至宁海，游行于市，见太古言动不凡，思有以感发之。 一日，至卜肆，背卜肆而坐。 太古曰：先生回头。祖师曰：君何不回头耶？太古悚然惊异，至马氏全真庵中，谒祖师受教。	太古宁海卜卦	×	1.1 2 3.1
		重阳背肆而坐	×	4.1
		度太古，谒见全真庵	受拜烟霞	5
32	太古传衣 大定丁亥秋，太古真人郝君，货卜于宁海市。祖师设□，背坐于卦肆。太古唤回头来，祖师曰：自不回头，以亲老无代奉者，未即从□。谁那？太古言下升悟，哭谒烟霞洞住拜焉。祖师赐名曰璘，号恬然子。受之微言，复以无袖衲衣界之，字太古，后名大通、字通、自言此名王辰秋游秦风时路中偶得耳。时年二十有儿。	太古宁海卜卦 重阳背肆而坐	√	2 4.1
		哭谒烟霞	谒见于全真庵	5

续表 2

编号	榜题	场景	画传（与榜题同则√，无则×，将标出具体位置，特殊情况另标注）	文献
33	太古传衣		左侧：太古谒重阳于全真庵 右侧：太古哭谒烟霞洞	
34	开烟霞洞 重阳祖师以大定八年戊子二月晦日，自宁海挈丹阳、长真、长春、玉阳等南人崑箭石门口，玉阳山居民于氏自后发之，果得一洞，壁有三字，曰烟霞洞。得识□一枚，余器腐朽者尚在。师谓丹阳曰：□□□汝修行于此□师居□□□洞□□□师过时长真对以水□□□洞底古□□□□八早口。	开烟霞洞	√	2 4.1
		重阳与丹阳对话	×	5
35	吒[叱]崑箭石 祖师居石门，率诸师于北岭取石砌基。忽巨石辊落，声震岩谷，将碎所居之庵。祖师厉声吒[叱]之，其石屹然而止。	吒[叱]崑箭石	√、左侧	3.1
	山间樵采，见者欢沸作礼，叹服其异。	山樵叹服	√、右侧	4.1

续表2

编号	榜题	场景	画传（与榜题同则√，并标出具体位置，无则×，特殊情况另标注）	文献
36	立会三州	重阳祖师大定戊子秋，徙居文登。顺舆情之请，立七宝会于文城。明年立金莲会于宁海，又立三光、玉华、平等于福山登莱等处。《磻溪集》云：五会轩立五名是也。今图唯画三光，居五会之中，积金山之上，其约束规矩则一也。	立会三州	福山立三光	1.1 2 3.1 4.1 5
37	咒卤井	重阳祖师在牟平日，金莲堂西有旧井，水味极苦，不可食。祖师怜其会众艰于远汲，临井咒之，一变而甘，可给斋粥之用。王黄夏，丹阳西来，有故山之游，会众以井水再苦之诉。公祝［祝］之，其甘如故。会人构亭于上，榜曰灵液。	重阳化苦井为甘泉	√，右下	4.1
			丹阳化苦为甘	×	
38	发蒙四子	祖师以神功妙训，启发四子之蒙蔽。四子谓默然子刘君，长清子严君，史风子公密，回阳子于君，马之亚也。及乎茅塞法［去］而真心虚，医之谭，膜除而道眼明，差啻万圣，岂非发蒙之力欤？	重阳发蒙刘、严、史、于四子	√	无

续表2

编号	榜题	场景	画传（与榜题同则位置，无则标注×，特殊情况另标注）	文献
39	投冠蓬海	重阳祖师挈丹阳等三子，再过登州，游蓬莱阁，俯看洪涛，忽大风偃发，见师随风堕海，众皆惊骇。有顷，跃身而出，唯失簪冠，寻亦泛泛。达岸，州东门外有望仙桥，祖师云：此桥他年逢仙必坏。人或诮之曰：桥跨河上，理之常也。遂命后一纪，太守何邦彦，以桥势势雄峻，不利车马，改作，其逆知类如此。	重阳投冠蓬海	√，左上	
			重阳至桥忘仙，预言桥坏	√，左下	3.1 4.1
			太守改桥	×	5
40	散神光	大定九年己丑四月终，宁海道友周伯通莲堂。忽一夜有光如昼，州人聚观，见师行于庭，随之。祖师自写其神，仍题颂于其上云：来自何方？去由何路？一脚不移，回头即悟。	金莲堂二人对坐	√，右上	3.1
			重阳散神光，州人惊呼	√，下部	4.1；4.3
			重阳自写其神	√，左上	
41	钓小张哥	重阳祖师居居崑崙山日，文登信士张道全送小子张哥入道。居月余，俾还家省亲。不至，师与其父母书，并画一事理，诀其可否，终或退败，然犹欲混世俗耳。	张哥入道	√	
			省亲不至	×	4.1

续表 2

编号	榜　题		场景	画传（与榜题同则√，无则×，特殊情况另标注）	文献
42	掷盖龙泉	大定九年己丑夏四月，重阳祖师领丹阳、长真、长春等，自文登如宁海，取道龙泉。祖师偶执伞在后，其伞腾空而起。	重阳掷盖龙泉	√，右侧	1.1 2 3.1
		时王阳公隐居查山。龙泉公公庵前。伞坠之庵前。柄内得号曰口口子。龙泉到查山一佰八十里，伞起自辰 [晨]，及晡而至。	王阳公隐居查山	√，左侧	
43	化长生子	大定九年己丑春，或于长生师所居屋壁人莫及处，书二颂。比见、墨迹未干。至九月甲戌，祖师挈丘、谭，马三师至来。师年二十三，从其母俱住参谒。祖师曰：汝壁同语解得否？师与三子相视而笑。母以师尝有学仙之志，遂许之。训名处玄、字通妙，号长生子，复赠以见鳌之什。是后丘、刘、谭，马之名满天下。	重阳题壁于长生居室	疑似在画中右上角，但画茅屋之一角，似为暗示	1.1 2
			长生与母人谒	√，左下	3.1 4.1 5
44	却介官人	重阳祖师于大定己丑秋过登州，有介官人者，恳求入道，祖师辄拒之。盖善功未著，未可遽学仙也。	却介官人	√	4.1

续表 2

编号	榜题	场景	画传（与榜题同则同√，并标出具体位置，无则×，特殊情况另标注）	文献
45	重阳祖师自宁海至南京，自口口口斤四鲤羊肉二斤，令煮熟，收月余及鱼饨肉败，皆不食。唯丹阳日食一钵，鱼尽，蜜令食羊。祖师使丹阳每晨买天蒸枣蜜弹子，自为饮食，以示玄旨。又令召匠造独坐风车，功毕来呈。祖师曰：可然灯遍照。丹阳遂大悟。	试四子		4.1
		遣丹阳市货以示玄旨	画面漫漶不清	
		重阳命造独坐风车		
46	祖师未出关时，尝自画一三髻道者，付史风仙曰，留此待我他日摘得马来，以为勘同。后丹阳人关，风仙以画像验之，毫发无异。	重阳画丹阳付风仙	√，左侧	1.1
		丹阳入关见风仙	√，右侧	4.1
				5
47	然［燃］薪观节 祖师将阳化，于四子极加锻炼，室甚隘，令丹阳、长真立于外，不胜其热。长真立于床下。一日令买薪炭，大然于所寝之室，令丹阳、长真立于外，不堪其热，长生不堪其苦。及祖师开化，四子立于床下，乃遁去。	重阳燃薪观四子之节	画面漫漶不清	4.1
		祖师羽化，四子立床下	×	

续表2

编号	榜　题	场景	画传（与榜题同则√，无则并标出具体位置，特殊情况另标注×）	文献
48	重阳祖师别登郡日，太守纥石烈公邀，出郊为饯。及别，同后会纥石烈公邀。师曰：在夷门，己丑冬，公正南京副留守。明年，祖师升化，躬为祭主，礼服心丧。又祖师在宁海时，咨郡信士邀请，尝以桂树传香诗以付之。	会纥石烈	√	1.2
		重阳登郡赠桂树传香诗	×	4.1 5
49	祖师羽化，宾礼既终，嗣教丹阳先生、李灵阳三友入夷，谒和玉蟾，参同道要，以示四友。史公密勘符松鹤图，访祖师刘蒋故庵，公密亦昔受之图。	四子入关谒和、李	画面漫漶不清	1.1 2
		公密以图示四子		3.3 4.1
50	南京升霞①	重阳升霞，四子哀悼	画面左部残缺	1.1 2 3.1；3.2 4.1；4.2； 4.3 5

① 景安宁认为重阳殿壁画底本为李志常《重阳王真人悯化图》，并认为壁画原则应符合55幅的形制，而扇面墙后壁所绘画传故事，按现有榜题3个，即朱希元等录文的编号为1、2、3，而景安宁据此而认为应有6幅，根据对称原则以三清为轴，左右两两相对，上各一、下各二，并将西面上命名为"南京升霞"，西部下面"四子捧柩"右边命名为"权塑孟园"，而东部秦渡论兰下面亦有两个，右已有榜题，为"会葬祖庭"，其左景安宁命名为"重现文登"。如此则以扇面后壁共6幅传记，但景安宁并未对其编号，现根据重阳殿壁画墙壁间的顺序（自东而西，转向向西，自左而下，上下两栏，由上而下，自左而右），日考虑到文献中的时间，扇面墙后壁的顺序大致是自西而东，由上而下，而将此6幅按照图表所示标出。但按史料记载中叙事时间的实际先后，四子捧柩在后，权塑孟园在前，号编号相左。

续表 2

编号	榜题	场景	画传（与榜题同则√，无则×，并标出具体位置，特殊情况另标注）	文献
51	四子捧柩①	丹阳师以大定十二年壬辰，乞自然钱数十千千长安，与三师东抵夷门，取祖师灵柩。祖师现神，或为启途，或为备饭。秦魏之民，悉为敬信。	丹阳乞钱	√，右下	1.1；1.2
			四子捧柩	√，中部	2
			祖师启途	√，上部	3.2；3.3
			祖师备饭	√，左下	4.1；4.2
52	权瘗孟园			图像位置不确	1.1　2（疑似）
53	秦渡论志	秦度乃澧河之要津，居澧水之西，有镇曰秦渡镇。有真武庙，时四师憩于中，月夜各言其志。马曰志贫，谭曰志足，刘曰志闲，丘曰志乐。其志既异，长真处于重水，长生居东洛澧水之滨，丹阳处于环林，长春居于岩谷。故知为道者殊途而同归，百虑而一致也。	四子秦渡论志	√，左侧	2　3.3　4.2
				画面右端有三譬丹阳羽化后现身遇仙桥的场景	1.2
54	重现文登			重阳端坐白龟背部莲花上	1.1

① 朱希元等录《永乐宫壁画题记录文》，将扇面墙画后壁画进行重新标号，共三幅，此为"1"，秦渡论志标号为"2"，会葬祖庭标号为"3"。

续表 2

编号	榜　题	场景	画传（与榜题同则√，无则以标出具体位置，特殊情况另标注）	文献
55	会葬祖庭			
	天朝龙兴，尽日月所照，霜露所坠，莫不臣姿而奔走之。大祖圣武皇帝，思得至人，以辅皇化，首诏长春大宗师。师应诏龙庭，启沃以道，大惬宸衷。由是玄风普被。道教之大，总乎襄要，逮清和宗师嗣法之十年，以宗师位传真常李君。真常主教之四年，辛丑春，清和会四方道流，大葬祖师之仙柩于终南祖庭之白云殿。以尽师资之礼。时洞真李公、白云綦公、无欲李公，实主营事。若行台移剌实［宝］俭，总管田德屾万户夹谷斜烈参王辅臣辈，皆外护主盟者也。	会葬祖庭	√	

附录3　六种文本中度化情节的叙事顺序比较

重阳殿壁画	《金莲正宗记》			《七真年谱》	《甘水仙源录》			《历世真仙体道通鉴》			《金莲正宗仙源像传》
								《续编》	《后集》		
	重阳王真人	丹阳马真人	清静散人		《终南山神仙重阳真人全真教祖碑》	《终南山重阳祖师仙迹记》	《全真第二代丹阳抱一无为真人马宗师道行碑》	王嚞	马钰	孙仙姑	
A	1.1	1.2	1.3	2	3.1	3.2	3.3	4.1	4.2	4.3	5
1	1			1	1			1			1
2	6										
3	4			4	4			4			4
4	2?			3	3	4		3			3
5	3			5	6	5		6			
6	9*				9			5			5
7	5			8	5			8			8
8	7			7	7	8		7			
9	10			9?				10			
10	9*			10	10	10		9			10
11	11			12							
12				11	12?			12?			
13		13		13	13		13	13	13		13
14										27	29
15		15	15					15	15	15	30
16										16	15
17											
18										26	
19											
20											
21											
22											
23											
24											
25											

(去山东前：1–12；度化全真七子：13–25)

续表 3

重阳殿壁画	《金莲正宗记》			《七真年谱》	《甘水仙源录》			《历世真仙体道通鉴》			《金莲正宗仙源像传》
	重阳王真人	丹阳马真人	清静散人		《终南山神仙重阳真人全真教祖碑》	《终南山重阳祖师仙迹记》	《全真第二代丹阳抱一无为真人马宗师道行碑》	《续编》 王喆	马钰	《后集》 孙仙姑	
A	1.1	1.2	1.3	2	3.1	3.2	3.3	4.1	4.2	4.3	5
26											
27											
28		28									28
29	29			29	30			30			
30	43			31	29			42			34
31	30			15				31			31
32				30				32			32
33	28			42				34			36*
34	31			34				35			36*
35	42			32	35			29			
36	36			36*	36*			40			
37				36*	40			36*			39
38				36*	36*			37			36*
39					36*			40*			
40					39			26		40	
41					43			36*			43
42					42			39			36*
43					31			44			
44				43				41			
45	18			18	18	18		48	18		18
46								43			
47								18			
48		48						45 47			

度化全真七子

续表3

	重阳殿壁画	《金莲正宗记》			《七真年谱》	《甘水仙源录》		《全真第二代丹阳抱一无为真人马宗师道行碑》	《历世真仙体道通鉴》			《金莲正宗仙源像传》
									《续编》		《后集》	
		重阳王真人	丹阳马真人	清静散人		《终南山神仙重阳真人全真教祖碑》	《终南山重阳祖师仙迹记》		王喆	马钰	孙仙姑	
	A	1.1	1.2	1.3	2	3.1	3.2	3.3	4.1	4.2	4.3	5
去世之后	49							49				
	50	50			50	50	50		50	50	50	50
	51	52	51		52		51	51	49*	51		48
	52	46			49*				46			46
	53	49			49*			53	49*	53		
	54	51			51				51			
	55	52			53							
		54										

图表制作的相关说明：

1. 重阳殿壁画外，其余五种经典中的文献资料，主要由王重阳、马钰、孙不二三人相关文献辑录而成，具体内容暂不附出。

2. 将五种经典中与重阳画传中涉及的相关情节进行标注，若画传中（榜题或图像）涉及多个情节，而在经典中未一起提及，则仍会编号，所以出现相同编号，此时用＊标出。

3. 对五种经典的有关情节进行编号后，不打乱其叙事顺序而直接进行排列，并将其与画传中的顺序进行并置。

4. 对于编号16～28中有关地狱场景的描述，在五种经典中虽有提及，但并未涉及具体地狱名称，故不编入。

5. 因为重阳度化故事的叙事情节按照叙事时间以及叙事空间可以明确划分为去山东之前、度化全真七子以及去世之后三段，故为方便比较，按此三段分隔。

附录 4　重阳画传中图、文叙事空间

编号	1	2	3	4	5	6	7	8	9
场景/空间　榜题	咸阳·大魏村	不确	醴泉·酒监	终南·甘河	终南·南时村	终南	终南·甘河	终南·南时庵	终南·资圣宫
场景/空间　图像	同上	不确	同上	同上	同上	同上	同上	同上	同上

编号	10	11	12	13	14	15	16	17	18	19
场景/空间　榜题	终南·刘蒋庵①	邱山·上清宫	1 甘河 2 华阴·华山·茶肆	1 登州 2 终南·恰老亭·全真庵	宁海·朝元观	宁海·全真庵	宁海·孙室 宁海·全真庵	宁海·全真庵	1 宁海 2 汴梁·王氏旅邸	宁海·全真庵
场景/空间　（星标）							* 拔舌地狱	* 沉沦地狱	* ? 地狱	* ? 地狱
场景/空间　图像	同上	同上	同上	1 无 2 同上	同上	同上	* 同上	同上　* 同上	同上　* 同上	同上　* 同上

编号	20	21	22	23	24	25	26	27	28	29
场景/空间　榜题	宁海·全真庵	宁海·全真庵	宁海·全真庵	宁海·全真庵	宁海·全真庵	宁海·全真庵	宁海·全真庵	宁海·全真庵	宁海·全真庵·街市	1 登州·昆嵛山 2 宁海·全真庵
场景/空间　（星标）	* 犁舌地狱	* 镬汤地狱	* 炉炭地狱	* 铁轮地狱	* 剌口口穿腹地狱					
场景/空间　图像	无　* 同上	同上　* 同上	* 1 同上 * 2 大石压身地狱	同上　* 同上	同上　* 同上	1 无 2 同上	同上	同上	同上	同上

① 刘蒋庵被焚后，丹阳在其地址建祖庭，玉阳买额为灵虚观，尹清和、李真常嗣教，任灵虚故址修重阳万寿宫，即今之西祖庭。

编号	榜题	图像	场景/空间
30	宁海·全真庵	同上	
31	1 宁海·卦肆　2 宁海·全真庵	1 同上　2 文登·昆嵛山烟霞洞	
32	1 宁海·卦肆　2 文登·昆嵛山烟霞洞	1 同上　2 宁海·全真庵	
33	无	1 宁海·全真庵　2 文登·昆嵛山烟霞洞	
34	文登·昆嵛山烟霞洞	同上	
35	文登·昆嵛山烟霞洞	同上	
36	1 文登·七宝会　2 宁海·金莲会　3 福山·三光会·玉华会·平等会	3 福山·三光会	
37	牟平·金莲堂	同上	
38	不确	不确	
39	登州·蓬莱阁·遇仙桥	同上	

编号	榜题	图像	场景/空间
40	牟平·金莲堂	同上	
41	文登·昆嵛山烟霞洞	同上	
42	龙泉·查山	同上	
43	莱州	同上	
44	登州	同上	
45	南京（汴梁）	同上	
46	终南	同上	
47	南京	同上	
48	登州	同上	
49	终南·刘蒋庵	同上	

编号		50	51	52	53	54	55			
	榜题	南京	长安	南京·孟园	秦渡·真武庙	文登	终南·刘蒋庵			
场景/空间	图像	同上	同上	同上	1 同上 2 登州·遇仙桥	同上	同上			

按：1. 画面漫漶不清者，以"不确"标注。
　　2. 在画传编号 16～28 中，榜题与图像涉及虚拟空间的地狱场景表现，前加＊标出。

附录 5　五种不同文献中的孙仙姑

文献	出生嫁人	度化入道	致醮相庭	洛阳修真	羽化登仙	显现宁海
《金莲正宗记·清静散人》	仙姑者，孙忠翊之幼女也，家世宁海，母梦七鹤镪镪舞于庭中，良久六鹤飞去，独一鹤入于怀中，觉而有娠，乃生是女。性甚聪慧，在闺房中礼法严谨，尤喜善翰墨。既笄，工吟咏。适马氏生三子，皆教之以义方。	适大定丁亥冬，重阳先生来自终南，马宜甫待之甚厚，仙姑未之纯信，乃锁先生于庵中百有余日，不与饮食，开关视之，颜采胜常，仍出神人梦，种种变现，惧之以地狱，诱之以天堂，十度分梨，六番赐芋，仙姑尚且爱心未尽，抛掷三子，始知人道，诺本州金莲堂礼重阳而求度。先生只待金莲之时曰：分梨十化是前年，天与佳期本自然，为甚当时不出离，元来只待结金莲。法名曰不二，道号曰清静散人，授以天符云篆秘诀而已。	重阳乃南归汴梁而委蜕焉，丘、刘、谭、马负其仙骨，归葬终南，仙姑闻之，迤逦西迈，云度月，卧雪眠霜，毁败容色而不以为苦。逮王辰之春首，亦抵京兆赵蓬莱宅中，与丹阳相见，参同妙旨，转授理窟。丹阳乃赠之以《炼丹砂》曰：奉报富春姑，而今学婦亦非夫。完养三田目，脱免三涂，炼气莫教粗，上下宽舒，绵绵似有如无，个里灵童调引动，得赴仙都。仙姑谢而受之，相别东西，各处一方，炼心环堵。	七年之后，三田返复，百药周流，遂起而东行，游历洛阳，劝化接引，度人甚多。	一旦，书《卜算子》云：握火水火，固披衣蔽，万道霞光交姤，光海底生，一瞳颜采颇颇。仙乐频奏，常饮酿酒，妙药都无须刻间，九转丹砂就。书毕，告门人曰：师真有约，各赴瑶池，冰浴仙期至矣。问左右更衣，时天气早晚，皆对曰：午卓午矣。遂结跏趺，奄然端坐而顺焉，颜色如生，香风满室，瑞气缭绕，低覆原野，时王黄年十二月二十九日也。	当此之际，丹阳方居宁海环堵之中，仰而视之，见仙姑乘五色祥云，飘飘然在空慈之中，笑而言曰：吾先归蓬阆矣。丹阳闻之，拂衣而起舞，因作《醉仙令》，以自庆云：不二名高，守一功大。降自富春之族，生从忠翊之家，配丹阳超世之才，殖宁海半州之产。割爱顿抛子三子，投玄任杆于重阳。毁光容而西度终南，冒风霜而东成九转丹砂，七年环堵，一句光分六回赐号，十化分梨，反复显中之造化，委蜕壳而身到蓬莱。大矣哉，懿乎，游汗漫，养胎仙而心游汗漫，独分一朵之金莲。得顶七真之仙列者也。

续表5

文献	出生嫁人	度化入道	致醮祖庭	洛阳修真	羽化登仙	显现宁海
《历世真仙体道通鉴后集·孙仙姑》	仙姓孙氏,名不二,号清静散人;宁海豪族孙忠翊之幼女也。金太祖天辅二年戊戌春,母梦七鹤舞于庭,一鹤瞥入于怀,觉而有娠,至三年己亥正月五日巳时生。生而聪慧,柔淑,挺乎自懿之态,择配之时,然。父馔马官有真材,遂妻之。而生三子,咸教以义方。宜甫家巨富,济人贫乏,仙姑必承顺此事。	世宗大定七年丁亥,重阳祖师自终南来,化宜甫以居仙姑自幼敬之若神,事期之。夫妇敬之若神,真。尝画一骷髅,题之以颂云:夫妇之从化,乃祖师结庵之地,我今须画一骷髅,堪笑人人忧里愁,我今须画骷髅相,不到如斯不肯休。仙姑然未有纯信。是冬,祖师誓锁庵百日,约五日一食。宜甫亲为供送,要示神变,权以化之十回。拯于地狱之时,譬三业之为愆十度。十以交梨示九丹之妙用。又赐之以芋栗,告之以道戒。之泪没,始终不悟,一日见祖师大醉,径造其室。外子仙姑始擎至,怒而锁之门,使家仆呼礼,宜甫于市而告曰:师与予该道不离几席,宁有此事。至家开锁,祖师已空。觅所锁之庵。	是年秋,祖师挈丘刘谭马归汴梁,翌年祖师升仙之十二年壬辰,丹阳归仙柩于终南刘蒋,乃祖师结庵之地。襄事既终,丹阳持服守坟,尸居环堵十六年。丙申,仙姑亦过潼关,将以参同理而次第。疑情,丹阳作浪淘沙以寄姑,姑致礼遥谢。	二处环庵,行其所传,东迁洛阳。风仙姑者,俗呼小二娘。按进土王字作始铭序云:风仙姑始自皇统关西,来寓东周,不显姓氏寿,亦不言何处人,以语音较之,似秦人也。乞食度日,垢面鬖头,以秽污身而远世魔。昼则佯狂于生市,夜则栖泊于荒祠。不起爱憎,不言非是。无为淡泊,任性自然。盖内修仙道,外隐仙踪,而能信口放言以畅玄旨。有云:绿叶黄花满地开。天长,黄花觅不得,万里千里觅将来。又曰:油尽盏干灯不得,随风却见剔灯人。若此语。	尝作《卜算子》示众云:握固披衣候,水火频交媾。万道霞光海底生,一撞三关透。仙乐频频奏,自饮长生酒。妙药都无须药酒,九转丹砂就。二十二年壬寅季冬晦日,忽谓门弟子曰:师真有命,当起瑶池,遂沐浴更衣,期即至矣。问日左右以天道时刻。对曰:午刻矣。命矣纸笔,写颂以遗世云:三千功行超三界,跳出阴阳包裹外。隐显显纵横自由,醉魂不复归宁海,书毕,跏趺而坐。	时丹阳居宁海环堵中,闻仙乐缥空,仰而视之,见仙姑乘彩云而过。万道霞光天女臻节仪仗导王前后,俯而告丹阳曰:吾先归蓬岛矣。

续表5

文献	出生缘人	度化入道	致醮祖庭	洛阳修真	羽化登仙	显现宁海
《历世真仙体道通鉴后集·孙仙姑》		睡正浓矣。姑始生敬信。又一日，祖师复画天堂一轴，示之曰：果能出家。决有此报。后一载己丑夏四月，郡人周伯通舍宅为金莲堂，邀祖师、丹阳等住持。重五日，仙姑抛弃三子，屏绝万缘。是旦祖师逐丹阳朔开出堂，姑至，令悉誓状于道前，赐号不二，号清静散人，仍赠以诗云：分梨十化是前缘，天与佳期本自然。因甚当时不出离，元来只待结金莲。祖师导之上街乞化，令别作庵以居，继传道要。时仙姑语道，九年重五日，五十一矣。		言，不可婵录。仙姑至洛阳，依而居焉。风仙姑之居有二洞，已居上洞，常居下洞，丹阳命仙姑居下洞，丹阳子前，凡男子过下洞者，必以砖石古之，而外魔砖石古之，不能作障。加之训奖，则六年道成。行化度人，而归向者甚众。	奄然而化。香风散漫，瑞气氤氲，竟日不散。	
《金莲正宗仙源像传·清静散人》	仙姑姓孙名不二，号清静散人，宁海人也。生于末徽宗宣和元年己亥正月初五日。父曰忠显，母梦六鹤飞	大定七年闰七月，重阳自宁海筑全真庵于南园。十月朔，重阳于庵锁环。明年正月十一日出环，仙姑夫妇重阳仙蜕分梨十化之教。二月初八日忠，宜甫弃家从道。仙姑语	其冬，重阳携马、谭、刘、丘四师游汴梁。明年春，闻重阳仙化，四师举仙蜕葬之刘蒋，仙姑就之金莲堂居环。大	未儿，即出关，游洛阳，居风仙洞，接引弟子甚众。	二十二年壬寅十二月二十九日，忽沐浴更衣冠，同弟子天气早晚，对曰：卓午。遂援笔书《卜算子》云：	时丹阳在文登七宝庵《醉歌》，忽拂衣起舞仙令》，谓门人曰：今日有非常之喜。众仙其故，丹阳曰：孙仙去。明年姑今日已仙去，云仙姑春，报春书，云仙姑

续表 5

文献	出生嫁人	度化入道	致醮祖庭	洛阳修真	羽化登仙	显现宁海
《金莲正宗仙源像传·清净散人》	舞于庭，一鹤飞入怀中，觉而有娠，乃生仙姑。性礼严慧法，长适州之马宜甫，即丹阳先生也，生三子，曰庭珍、庭瑞、庭珪。	金莲堂，师重阳出家。重阳乃赠以诗，为立今名号，遂授以道要。	定十五年夏，仙姑西入关，致醮祖庭。		握固披衣媾，水火频交媾。万道霞光海底生，一撞三关透。仙乐常饮疑，醐酒频频奏。妙药都来顷刻丹，九转丹砂就。书毕，弟子云：各善护持矣，乃趺坐而化。	于是日返真于洛阳矣。
《广列仙传·孙仙姑》	孙仙姑，名不二，号清净散人，即宁海人，马宜甫之妻也。母梦鹤入怀，觉而有娠，生而聪慧好济人。	重阳祖师自终南来化宜甫之若神。夫妇敬从之。宜甫仙姑未能辄弃家从之。每点化未悟，一日，祖师大醉，卧于仙姑寝室，径造其宅，姑责其非礼，怒锁之门内，使仆人呼宜甫与子谈道而告之，宜甫曰：宁有此事？及开锁，其室已空，乃窥所锁之庵，祖师睡正浓矣，姑愈敬信，乃始作庵修炼，时年五十矣。		后复从风仙姑游，至洛阳，六年道成。	一日忽谓弟子曰：师真有命，当赴瑶池，沐浴云：书颂云：三千功满超三界，跳出阴阳包裹外。隐显纵横得自由，醉魂不复归宁海。书毕，香风散漫，瑞气氤氲，竟日不散。	时宜甫居宁海环堵中，闻仙乐骇空，仰而视之，见仙姑乘彩云而过，仙童玉女旌节仪仗，拥导前后，告宜甫曰：吾先归蓬岛矣。

续表5

文献	出生嫁人	度化入道	致醮祖庭	洛阳修真	羽化登仙	显现宁海
《列仙全传·孙仙姑》	孙仙姑，名不二，号清净散人，马宜甫妻也。俱宁海人。母梦六鹤人怀，觉而有孕。姑生而聪慧好济人。	重阳祖师自终南来化宜甫泊仙姑。夫妇虽敬奉若神，未能辄弃家从之。一日，仙姑见重阳大醉，姑怒锁径卧于仙姑寝室，姑怒锁门使仆予仙姑呼而告之，宜甫曰师归而告之，宁有此事？及开锁，其室已空，复觅所锁之庵，祖师睡正浓也。姑愈敬信，乃始作庵修炼，时年五十矣。		后复从凤仙姑游，至洛阳，六年道成。	一日忽谓弟子曰：师真有命，当赴瑶池，遂沐浴更衣。书颂云：三千功满超三界，跳出阴阳包裹外。隐显纵横得自由，醉魂不复归宁海。书毕，结跏而化。香风散漫，端日，竟氲氲日不散。	

按：1. 在各文献中，以上所列六个情节之外的不再编人。《金莲正宗记·清静散人》《金莲正宗仙源像传·清静散人》《历世真仙体道通鉴后集·孙仙姑》后有移葬终南，《金莲正宗仙源像传·孙仙姑》后有张真神童诗，《广列仙传·孙仙姑》后有移葬终南，后有神童诗等。

2. 文献所列六个情节及其中文字均按行文顺序编人。

3. 文本所据：《金莲正宗记·清静散人》《历世真仙体道通鉴后集·孙仙姑》三种引自《正统道藏》，《广列仙传·孙仙姑》二种引自《藏外道书》。《金莲正宗仙源像传·清静散人》《列仙全传·孙仙姑》二种引自《藏外道书》。

五种文献中不同阶段的文字介绍及所占全文比重

编号	文献	编撰或刊印时间（年）	字数/总数						
			出生嫁人	度化入道	致醮祖庭	洛阳修真	羽化登仙	显现宁海	其他
1.3	《金莲正宗记·清静散人》	1241	94/976	214/976	191/976	36/976	159/976	244/976	张神童诗（38）
4.3	《历世真仙体道通鉴后集卷·孙仙姑》	1294	151/1376	469/1376	104/1376	358/1376	129/1376	57/1376	移葬终南（108）
5	《金莲正宗仙源像传·清净散人》	1326	104/582	106/582	68/582	23/582	123/582	54/582	返真洛阳及诏封等（104）
6	《广列仙传·孙仙姑》	1583	45/349	147/349	0	17/349	82/349	58/349	0
7	《列仙全传·孙仙姑》	1600	45/271	126/271	0	17/271	83/271	0	0

附录 6　蒙元时期全真女冠信息统计

年代（年）	编号	相关女冠/师承/赐号	宫观	文献
1188		灵源姑唐拓氏	潍县玉清宫	马钰:《满庭芳》,垣,435
1196 之前		夹谷大师	大清观	李晋撰《玉真清妙真人李守坚墓铭》,垣,542
1215～1238	23	妙真散人郭守徽（师承：丘处机—张志安—郭守徽）	玄元观/养素庵	竖,122～123;程,1670
1224	12	洞妙散人杨守玄（张守徽之师）	太原榆次县专井村玉真庵	李俊民:《重建修真观圣堂记》,《庄靖集》卷八,垣,482
1242	82	张守徽	平阳路泽州修真观	李俊民:《重建修真观圣堂记》,《庄靖集》卷八,垣,482
1261		玉真清妙真人酅勒守坚（李守坚）（师承：夹谷大师—李守坚）	庆云观住持	李晋撰《玉真清妙真人李守坚墓铭》,垣,542
1284		文醇德懿知常真人李妙元（师承：姬志真）	汴梁路栖云观	刘将孙:《汴梁路栖云观记》,《养吾斋集》卷十七,垣,646
1285		师祖善（师承：清和真人赐号）	山西潞城	《潞城王氏迁葬碑》,《山右石刻丛编》卷二七,垣,650～651
1292		冲靖大师董妙真（师承：冲和至德通惠真人）	河南武陟玉真观	七翳英撰《新修玉真观碑》,垣,670～671
1286		创始:杨守和（李志常赐道号纯素散人）	河南安阳彰德府集真观	胡祗遹:《集真观碑》,《紫山集》卷十七,垣,671～672

续表6

年代（年）	编号	相关女冠/师承/赐号	宫观	文献
1296		奥敦妙善（宪宗皇帝赐号玄真通明真人）	亳州洞霄宫住持	任志洞记《女炼师奥敦君道行碑》，光绪《鹿邑县志》卷十，垣，686~687
1302		妙清—守净—刘慧秀	山东济宁任城神霄万寿宫	刘敏中撰《神霄万寿宫记》，《中庵集》卷十二，垣，709
1317	125	通玄大师提点靳慧远	解州芮城保玄观	垣，727~728（286）；程，1797
1317	126	张慧诠 彭慧长 韩守玉	解州芮城炼阳观	垣，727~728（286）；程，1798
1317	127	曾慧超 陈守忠 曾灵童	解州芮城修真庵	垣，727~728（286）；程，1799
1317	128	吴守悟 阎守静	解州芮城大素庵	垣，727~728（286）；程，1800
1317	129	陈守真 张守妙	解州芮城口真庵	垣，727~728（286）；程，1801
1317	130	王守淳 吴守忠	解州芮城玄都观	垣，727~728（286）；程，1802
1317	131	张守顺	解州芮城洞真庵	垣，727~728（286）；程，1803
1317	132	李守净	解州芮城修真庵	垣，727~728（286）；程，1804
不确		荣守玉		胡祇遹：《荣炼师信斋记》，《紫山集》卷十一，垣，671　王烼：《崇玄大师荣君寿堂记》，《秋涧集》卷四十，垣，691
不确		冲和至德通惠真人	修武县马坊清真储福宫	飞敭英撰《新修王真观记》，垣，670~671
1208	不确	卜道坚	房山东岳庙	《房山东岳庙女冠卜道坚升云之口》，垣，1057

续表6

年代（年）	编号	相关女冠	师承/赐号	宫观	文献
1260	不确	洪教仙姑李妙清		益都府玄真观	《坟前之记》，垣，1090
1264	不确	口真散人张守度—李守本、杨洞真、武守和		河北曲阳西北水宝岩浮休寺	《口真散人女冠张守度墓志》，垣，1093
1309	不确	钱善道			蒲道源：《守素大师女冠钱善道墓志铭》，《闲居丛稿》卷二四，垣，1143
1328	不确	封悟玄参化妙靖真人—陈志海		极真万寿宫	张养浩：《敕赐极真万寿宫碑》，《归田类稿》卷六，垣，1169～1170
不确	不确	左炼师			胡祗遹：《守真玄静散人女冠左炼师墓碑》，《紫山集》卷十七，垣，1123

按：1. 年代一栏，所属碑文中无明确年代记载则记为"不确"。

2. 编号一栏，有编号者为附录1所收录的山西地区全真教宫观，"不确"者则不确定是否属于全真派，而不在山西地区或不确定是否在山西地区的暂时不编号。

3. 相关女冠一栏，仅姓氏者为碑文中无名记载，如唐拓氏、左炼师等。荣守玉比较特殊，《秋涧集》卷四十所载的荣师即为王悭。宫观及女冠所属宫观虽不属于山西地区范围之内，但部分仍然收录在内。著者不确定是否属于全真派，笔者认为，胡祗遹在《紫山集》卷十一所载的荣师尚无具体姓氏。另一部分女冠仅有赐号而无具体姓氏。

4. 宫观部分，部分女冠及所属宫观不属于山西地区范围之内。另王宗玄《金元全真道教石刻新编》者简写为"垣"，为王宗玄《金元全真教石刻新编》者简写为"至"，程越《金元时期全真道宫观研究》者简写为"程"。

5. 文献部分，碑文系陈垣《道家金石略》者则简写为"垣"，者则简写为"至"，程越《金元时期全真道宫观研究》者简写为"程"。

附录7　全真教历任掌教①

姓名	号	籍贯	仙逝或掌教时间
王嚞	重阳	咸阳	金大定十年仙逝（1170 年）
马钰	丹阳	宁海	金大定十年至大定廿二年掌教（1170～1182 年）
谭处端	长真	宁海	金大定廿五年仙逝（1185 年）
刘处玄	长生	东莱	金泰和三年仙逝（1203 年）
丘处机	长春	登州	金贞祐五年至正大四年掌教（1217～1227 年）
尹志平	清和	莱州	金正大四年至蒙古太宗十年掌教（1227～1238 年）
李志常	真常	开州	蒙古太宗十年至宪宗六年掌教（1238～1256 年）
张志敬	诚明	安次	蒙古宪宗六年至世祖至元七年掌教（1256～1270 年）
王志坦	淳和	汤阴	世祖至元七年至元至元九年掌教（1270～1272 年）
祁志诚	洞明		元至元九年至至元廿二年掌教（1272～1285 年）
张志僊	玄逸		元至元廿二年始掌教（1285 年）
苗道一	凝和		元至大元年首任掌教（1308 年）
孙德彧	开玄	眉山	元皇庆二年至延祐七年掌教（1313～1320 年）
蓝道元			元延祐七年至至治三年掌教（1320～1323 年）
孙履道	明德		元泰定元年至天历元年掌教（1324～1328 年）
苗道一	凝和		元天历元年至元统三年复任掌教（1328～1335 年）
完颜德明	重玄		元元统三年至元末掌教（1335～？年）

①　此表主要参考了陈垣《南宋初河北新道教考》《道家金石略》，王宗昱《金元全真教石刻新编》，以及李道谦《终南山祖庭仙真内传》等全真相关的《道藏》资料，还参考了景安宁《道教全真派宫观、造像与祖师》中的研究成果。目前对全真教历任掌教的考察莫衷一是，仍有深化、厘清的空间。一般而言，认为第二任掌教马钰之后，谭处端、刘处玄、丘处机相继嗣任掌教，但对此仍有不少人提出质疑。其中青木道人清虚子朱信逸的研究极具启发性，他认为第三和第四任掌教应该为丘处机、王处一。除了第五任至第十任掌教时间比较明确外，对第十一任掌教之后诸位掌教的任职时间，研究仍比较模糊，对此朱信逸提出了在张志僊之后、孙德彧之前，相继有常志清首任、苗道一首任以及常志清复任掌教的观点，对张志僊的掌教结束时间、苗道一首任掌教的结束时间等目前无法给出定论的争议之处，朱信逸亦给出了令人信服的推论，具体内容不赘述，可详参朱信逸：《全真教历任掌教》，2013年。因为笔者研究精力所限，实无力对此问题继续深入考察，故只能暂且搁置。

附录8　金元全真道年表①

1112年，宋政和二年，辽天庆二年。

- 王重阳生于咸阳大魏村，名中孚，字允卿。

1119年，宋宣和元年，金天辅三年。

- 清静散人孙不二生于宁海（今山东牟平）。

1123年，宋宣和五年，辽保大三年，金天会元年。

- 丹阳子马钰生于宁海，原名从义，字宜甫，入道后自更名钰，字玄宝，号丹阳子。
- 长真子谭处端生于宁海。

1125年，宋宣和七年，辽保大五年，金天会三年。

- 王重阳应试刘齐政权科举，进入咸阳府学，成为诸生。

1138年，金天眷元年，南宋绍兴八年。

- 萧抱珍创立太一教。
- 金武举，王重阳应试，中甲科，获状元，改名德威，字世雄。

1142年，金皇统二年，南宋绍兴十二年。

- 玉阳子王处一生于宁海。
- 刘德仁创真大道教于河北。

1147年，金皇统七年，南宋绍兴十七年。

- 长生子刘处玄生于东莱（今山东掖县）。

1148年，金皇统八年，南宋绍兴十八年。

- 长春子丘处机生于登州栖霞（今山东栖霞）。

1149年，金皇统九年，南宋绍兴十九年。

- 广宁子郝大通生于宁海。

1159年，金正隆四年，南宋绍兴二十九年。

---

① 此年表制作重点参考了《正统道藏》，陈垣编纂《道家金石略》，《北京图书馆藏中国历代石刻拓本汇编》，王宗昱编《金元全真教石刻新编》及任继愈主编《中国道教史》之《中国道教史年表》等，除特殊情况，暂不对单条信息作注。

- 六月，王重阳于终南甘河镇遇仙。

1160 年，金正隆五年，南宋绍兴三十年。

- 王重阳再遇仙人于醴泉县。

1161 年，金大定元年，南宋绍兴三十一年。

- 宋廷出售修道度牒。
- 王重阳穴居终南山南时村，题"活死人墓"，始修道。入道后改名王喆，字知明，号重阳子。

1162 年，金大定二年，南宋绍兴三十二年。

- 金廷颁布敕令，无名额道观可纳钱获敕匾额。

1163 年，金大定三年，南宋隆兴元年。

- 王重阳迁居刘蒋村，与和玉蟾、李灵阳同住修道。

1166 年，金大定六年，南宋乾道二年。

- 太一教初祖萧抱珍卒。

1167 年，金大定七年，南宋乾道三年。

- 四月，王重阳焚毁刘蒋村茅庵，赴山东传道。
- 七月，王重阳先后于文登、宁海、福山、登州、莱州创立三教三光会、三教玉华会等。
- 九月，丘处机于宁海遇王重阳受化入道，训名处机，字通密，号长春子。
- 十月，王重阳锁庵百日，度化马钰、孙不二夫妇。
- 冬，王重阳度化谭处端入道，赐名处端，字通正，号长真子。

1168 年，金大定八年，南宋乾道四年。

- 二月，王重阳度化马钰入道。
- 二月，王重阳创立三教七宝会。
- 二月中，王处一于遇仙庭见王重阳，后于昆嵛山烟霞洞携母入道，赐名德清，号玄靖散人。
- 三月，郝大通随王重阳至昆嵛山烟霞洞入道，赐名璘，号恬然子。

1169 年，金大定九年，南宋乾道五年。

- 四月，王重阳等于宁海金莲堂立三教金莲会，于掖县立三教平等会。
- 五月，孙不二于金莲堂入道，赐名不二，号清静散人。
- 夏，刘处玄于掖县随王重阳入道，字通妙，号长生子。
- 十月，王重阳携马钰、谭处端、刘处玄、丘处机西行至汴梁（今河南开封）。
- 清和真人尹志平生于莱州。

1170 年，金大定十年，南宋乾道六年。

- 正月，王重阳蝉蜕于汴梁。
- 马钰继任全真掌教。

1174 年，金大定十四年，南宋淳熙元年。

- 马钰、谭处端、刘处玄、丘处机四人于秦渡镇真武庙论志。

1180 年，金大定二十年，南宋淳熙七年。

- 金世宗诏见太一教二祖萧道熙。
- 真大道教初祖刘德仁仙逝。

1181 年，金大定二十一年，南宋淳熙八年。

- 宋廷发售修道度牒。

1182 年，金大定二十二年，南宋淳熙九年。

- 孙不二于洛阳飞升。
- 牒发事件，金廷遣送无度牒道士各还本乡，马钰东归故乡。
- 刘处玄注《道德经》《黄庭经》等。

1183 年，金大定二十三年，南宋淳熙十年。

- 四月，马钰于莱阳县游仙宫羽化。
- 披云真人宋德方生于莱州掖城（今山东掖县），字广道，号披云。

1185 年，金大定二十五年，南宋淳熙十二年。

- 四月，谭处端仙逝于洛阳朝元宫。

1186 年，金大定二十六年，南宋淳熙十三年。

- 太一教二祖萧道熙仙逝。

1187 年，金大定二十七年，南宋淳熙十四年。

- 王处一居圣水玉虚观，受金世宗召见。

1188 年，金大定二十八年，南宋淳熙十五年。

- 二月，丘处机居燕京天长观，受金世宗召见，主万春节醮事，赐号高功法师。
- 宋孝宗诏汴京《道藏》经版移付中都天长观。

1189 年，金大定二十九年，南宋淳熙十六年。

- 王玉阳奉金章宗之名设醮。

1190 年，金明昌元年，南宋绍熙元年。

- 冲和大师孙明道搜访遗经，成《大金玄都宝藏》，凡六千四百五十五卷，六百零二帙。
- 金章宗禁全真教①。

1191 年，金明昌二年，南宋绍熙二年。

- 金章宗禁太一混元受箓，禁私建庵堂，禁止亲王及三品以上官员与道士来往。
- 丘处机住持栖霞太虚观。
- 尹志平参见丘处机于栖霞，执弟子礼。

1193 年，金明昌四年，南宋绍熙四年。

- 真常真人李志常生于开州（今山东范县）。

1194 年，金明昌五年，南宋绍熙五年。

- 真大道第二祖陈师正卒。

1195 年，金明昌六年，南宋庆元元年。

- 金廷没收无敕匾额茅庵、道观，予以充公。

1197 年，金承安二年，南宋庆元三年。

- 金廷发售修道度牒、紫衣，赐大师号。
- 七月，王处一、刘处玄受金章宗召见。王处一赐号体玄大师，赐燕京修真、崇福观。

---

① ［元］脱脱等：《金史》卷九《章宗纪》："明昌元年十一月，以惑众乱民，禁罢全真及五行毗卢。"

1198 年，金承安三年，南宋庆元四年。

- 三月，金章宗赐刘处玄五张匾额：灵虚、太微、龙翔、集仙、妙真，令立观度人。
- 王处一买匾额，祖庭定于灵虚观。

1201 年，金泰和元年，南宋嘉泰元年。

- 王玉阳奉金章宗旨，在亳州太清宫设醮。
- 刘处玄著《天道罪福论》。

1202 年，金泰和二年，南宋嘉泰二年。

- 天长观毁于大火，孙明道纂《大金玄都宝藏》经板被焚。

1203 年，金泰和三年，南宋嘉泰三年。

- 二月，刘处玄仙逝于灵虚观。
- 金赐天长观以太极宫匾额。

1205 年，金泰和五年，南宋开禧元年。

- 丘处机在莱州设醮。

1207 年，金泰和七年，蒙古太祖二年，南宋开禧三年。

- 金章宗元妃赐王处一圣水玉虚观、丘处机栖霞太虚观各一部《大金玄都宝藏》。

1212 年，金崇庆元年，蒙古太祖七年，南宋嘉定五年。

- 郝大通仙逝于宁海先天观。

1216 年，金贞祐四年，蒙古太祖十一年，南宋嘉定九年。

- 金宣宗召见丘处机，丘未至。
- 太一教三祖肖志冲仙逝。

1217 年，金贞祐五年，蒙古太祖十二年，南宋嘉定十年。

- 四月，王处一仙逝于圣水玉虚观。

1218 年，金兴定二年，蒙古太祖十三年，南宋嘉定十一年。

- 真大道教三祖张信真仙逝。
- 李志常于莱州拜丘处机入道，赐号真常子。

1219 年，金兴定三年，蒙古太祖十四年，南宋嘉定十二年。

- 金宣宗召见丘处机，丘未至。
- 宋宁宗召见丘处机，丘未至。
- 五月，成吉思汗诏刘仲禄求访丘处机。
- 十二月，成吉思汗遣刘仲禄迎丘处机于莱州昊天观。

1220 年，金兴定四年，蒙古太祖十五年，南宋嘉定十三年。

- 正月，丘处机从莱州出发，弟子十八人从行，尹志平、李志常在列。
- 二月至燕京，五月至德兴（今河北涿鹿），八月至宣德（今河北宣化）。

1222 年，金兴定六年，蒙古太祖十七年，南宋嘉定十五年。

- 四月，丘处机等在大雪山（今兴都库什山）八鲁湾川（今阿富汗查里卡东北）行营觐见成吉思汗。

1223 年，金元光二年，蒙古太祖十八年，南宋嘉定十六年。

- 三月，丘处机东归，太祖颁玺书，赐号神仙，掌天下道教事务，免道门赋役①。
- 五月，丘至阿不罕山栖霞观，七月抵云中，八月至宣德，居朝元观。
- 真大道教四祖毛希琮仙逝。

1224 年，金正大元年，蒙古太祖十九年，南宋嘉定十七年。

- 三月，丘处机入燕京，居太极宫。

1227 年，金正大四年，蒙古太祖二十二年，南宋宝庆三年。

- 成吉思汗下旨，改太极宫为长春宫，赐丘处机虎符。
- 七月，丘处机仙逝。
- 尹志平继任全真掌教。李志常任都道录，兼领长春宫事，主管教门公务。

1228 年，金正大五年，蒙古拖雷元年，南宋绍定元年。

- 西溪居士孙锡为李志常《长春真人西游记》作序，此书记述长春西游之始末甚详。

---

① 李道谦《全真第五代宗师长春演道主教真人内传》："授口免道门赋役之旨，以宠其归。"

1229 年，金正大六年，蒙古太宗元年，南宋绍定二年。

- 李志常在克鲁伦教蒙古太子《道德经》。

1230 年，金正大七年，蒙古太宗二年，南宋绍定三年。

- 有人告发长春宫处顺堂"绘事有不应者"①，掌教尹志平被捕，李志常以教门诸事皆己所掌，自承罪责，代之入狱，未久获释。

1232 年，金天兴元年，蒙古太宗四年，南宋绍定五年。

- 耶律楚材（1190~1244 年）自序《玄风庆会录》，记成吉思汗召长春西游之事。
- 掌教尹志平拜谒窝阔台。
- 刘祖谦撰《重阳仙迹记》。

1234 年，金天兴三年，蒙古太宗六年，南宋端平元年。

- 窝阔台妃赐掌教尹志平《道藏》②。
- 太原龙山全真石窟始建。

1235 年，蒙古太宗七年，南宋端平二年。

- 掌教尹志平命宋德方率众镂《道藏》经板。

1237 年，蒙古太宗九年，南宋嘉熙元年。

- 宋德方主平阳醮事，倡刊《道藏》经板，令弟子秦志安于平阳玄都观总领其事，乃设经局二十有七。
- 蒙古朝廷设贡举于平阳，何志渊中甲科，免俘入道，为黄冠。

1238 年，蒙古太宗十年，南宋嘉熙二年。

- 掌教尹志平让位于李志常。李志常继任全真掌教。燕京行省大断事官忽秃忽奉朝命授李志常以"玄教正派嗣法演教真常真人"称号。

1239 年，蒙古太宗十一年，南宋嘉熙三年。

---

① 当指《老子八十一化图》，绘事不应，即不符合事实，盖老子化胡之事在佛道之间引起的论争已非一时之事，而"绘"即壁画，无疑成为了这次佛道斗争的导火索。
② 任继愈主编《中国道教史》之《中国道教史年表》中，该《道藏》为金皇后赐，需勘误，应为窝阔台妃赐。另，该年表中列宋德方 1232 年修复天龙山石窟，错误有二：第一，应为 1234 年；第二，是龙山石窟，而非天龙山石窟。见任继愈主编《中国道教史》，上海人民出版社，1990 年，第 776 页。

- 太原龙山石窟修建完毕。

1241 年，蒙古太宗十三年，南宋淳祐元年。

- 秦志安撰《金莲正宗记》五卷。

1244 年，蒙古乃马真后三年，南宋淳祐四年。

- 宋德方遵师丘长春遗志重刊《道藏》，经八年（1237 ~ 1244 年）而成，凡七千八百余卷，为《道藏》卷数最多者。
- 暮冬，吕公祠被"野火延之，一夕而烬"①。

1245 年，蒙古乃马真后四年，南宋淳祐五年。

- 蒙元朝廷敕令，吕公祠升观为宫，为纯阳万寿宫。进纯阳真人号为天尊。
- 宋德方首倡重建纯阳万寿宫，冲和真人潘德冲奉尹志平、李志常令在吕公祠原址筹备营造②。

1247 年，蒙古定宗二年，南宋淳祐七年。

- 宋德方仙逝。
- 大纯阳万寿宫（今永乐宫）动工③。

1248 年，蒙古定宗三年，南宋淳祐八年。

- 迁葬宋德方于大纯阳万寿宫。

1250 年，蒙古海迷失后二年，南宋淳祐十年。

- 朝命以披云所刊《道藏》经板委官辇贮大纯阳万寿宫。

1251 年，蒙古宪宗元年，南宋淳祐十一年。

- 尹志平仙逝。
- 朝廷复颁诏命李志常掌道教事，赐金符，玺书。

---

① 《甘水仙源录·冲和真人潘公神道之碑》：甲辰岁，河东永乐吕纯阳祠堂焚。

② 《大朝重建大纯阳万寿宫之碑》："披云真人宋德方在陕右谓其徒曰：师升其号，观易以宫，苟不修崇，曷以称是？以是□□□长春之主教清和（尹志平）、真常（李志常）二真人，乃命燕京都道录冲和大师潘德冲充河东南北路道门都提点办其事，以完颜志古、韩志元辅翼之。"

③ 此采取柴泽俊的说法。柴泽俊据《大朝重建大纯阳万寿宫之碑》中梳文提到丙午（1246 年）十二月潘德冲还在大都五华观，认为开工之期当在 1247 年，至壬子（1252 年）宫内主要殿堂皆已屹立。见柴泽俊：《山西寺观壁画》，第 79 页。

1252 年，蒙古宪宗二年，南宋淳祐十二年。

- 大纯阳万寿宫主要殿堂无极殿（奉三清）、混成殿（奉纯阳）、袭明殿（奉七真）修建完毕①。
- 真大道教五祖郦希诚被封为太玄真人，大道教改名真大道教。
- 太一教四祖中和真人萧辅道受忽必烈召见，后仙逝。

1253 年，蒙古宪宗三年，南宋宝祐元年。

- 全真道士王志坦奉答蒙古宪宗垂询，设黄箓普天大醮。

1254 年，蒙古宪宗四年，南宋宝祐二年。

- 设普天大醮于燕京大长春宫。事竟，荐李无尘志烈为纯阳万寿宫宫提点之副。

1255 年，蒙古宪宗五年，南宋宝祐三年。

- 宪宗蒙哥召集佛道论辩，时任掌教李志常，全真输。宪宗降旨毁道教"伪经"，归还所占佛寺和田产，禁止《老子八十一化图》通行。

1256 年，蒙古宪宗六年，南宋宝祐四年。

- 全真掌教李志常仙逝。
- 张志敬继任全真掌教。
- 潘德冲仙逝于大纯阳万寿宫。

1258 年，蒙古宪宗八年，南宋宝祐六年。

- 第二次佛道论辩，佛道辩《化胡经》，少林寺福裕胜全真张志敬。下令焚道经。

1259 年，蒙古宪宗九年，南宋开庆元年。

- 真大道教五祖郦希诚仙逝。

1261 年，蒙古世祖中统二年，南宋景定二年。

- 元诏赐李真常上德宣教真人，王志谨惠慈利物至德真人，尹志平妙

---

① 《大朝重建大纯阳万寿宫之碑》："壬子，真常奉旨祀五岳回，驻于纯阳万寿宫，翌日登九峰，憩于纯阳洞，爱其峰峦秀拔，以王椅名之，且命其徒刘若水辈别营上宫，倾囊倒橐，悉为潘助。……于是为殿三：曰无极，以奉三清；曰混成，以奉纯阳；曰袭明，以奉七真。……是宫之作，肇于德冲。十年于兹，告成厥功。"

道广化真人。

- 掌教诚明真人张志敬命韩冲、虚志元兼知河东南北路教门事，主管
  修建大纯阳万寿宫完成尚未完成的工程，于翌年竣工。

1262 年，蒙古世祖中统三年，南宋景定三年。

- 元赐掌教张志敬光先体道诚明真人。
- 李志全仙逝。
- 王鹗撰《大朝重建大纯阳万寿宫之碑》。

1267 年，蒙古世祖至元四年，南宋咸淳三年。

- 诏赐姬志真文醇德懿知常真人。

1268 年，蒙古世祖至元五年，南宋咸淳四年。

- 敕命真大道教六祖孙德福统辖诸路真大道教，赐号通玄真人。
- 姬志真仙逝。

1269 年，蒙古世祖至元六年，南宋咸淳五年。

- 世祖忽必烈敕封全真教五祖七真。

1270 年，蒙古世祖至元七年，南宋咸淳六年。

- 全真掌教诚明真人张志敬仙逝。
- 淳和真人王志坦继任全真掌教①。
- 祁志诚为师宋德方请谥于朝廷，宋德方获赠"玄通弘教披云真人"，
  宋所居云溪观，赐额崇真观。

1271 年，元至元八年，南宋咸淳七年。

- 祁志诚授诸路道教都提点。

1272 年，元至元九年，南宋咸淳八年。

- 全真掌教王志坦仙逝。
- 洞明真人祁志诚嗣任全真掌教②。

---

① 高鸣《崇真光教淳和真人道行之碑》："七年，诚明上仙，今皇帝诏公袭位，仍加真人号。"
② 李道谦《玄门掌教大众是存神应化洞明真人祁公道行之碑》："八年，授诸路道教都提点，明年，嗣玄门掌教真人，仍赐玺书卫其教。"

1273 年，元至元十年，南宋咸淳九年。

- 真大道教六祖孙德福仙逝。

1274 年，元至元十一年，南宋咸淳十年。

- 忽必烈下旨，于北京、哈剌和林建太一广福万寿宫。

1275 年，元至元十二年，南宋德祐元年。

- 春三月，全真掌教祁志诚迁宋德方墓葬至于大纯阳万寿宫西北峨眉
  岭，并将宋于莱州神山开凿石窟之事奏闻于上①。

- 元廷诏道士把德冲留长春宫，提举诸路道教。

1276 年，元至元十三年，南宋景炎元年。

- 第三十六代天师张宗演受忽必烈召见，统领江南道教。

1278 年，元至元十五年，南宋祥兴元年。

- 世祖忽必烈下赐张留孙以玄教宗师号。

1280 年，元至元十七年。

- 上清派第四十三代祖师许道杞受忽必烈召见，命其统领其他道教。

1281 年，元至元十八年。

- 忽必烈下令焚道经，诏谕天下，除《道德经》外一切道经焚毁。

- 十月，集百官于悯忠寺，焚毁《道藏》。

1284 年，元至元二十一年。

- 王道明序《终南山祖庭仙真内传》。

- 真大道教七祖李德和仙逝。

1285 年，元至元二十二年。

- 全真掌教祁志诚荐张志僊继任全真掌教。

1288 年，元至元二十五年。

- 李道谦撰《甘水仙源录》十卷。

1291 年，元至元二十八年。

- 李道谦撰《七真年谱》一卷。

---

① 见《神山［无］［量］洞天长生万寿宫碑》，载陈垣编纂《道家金石略》，第 668～669 页。

1293 年，元至元三十年。

- 十一月二十八日，祁志诚仙逝。

1294 年，元至元三十一年。

- 大纯阳万寿宫龙虎殿（无极门）建成①。

1296 年，元元贞二年。

- 李道谦仙逝②。
- 刘玉真创净明道。

1298 年，元大德二年。

- 八月，吴全节任崇真万寿宫提点。

1303 年，元大德七年。

- 山西大地震。

1305 年，元大德九年。

- 山西大地震。
- 元廷免天下道士税赋。

1308 年，元至大元年。

- 苗道一掌教全真教事③。

1310 年，元至大三年。

- 二月诏，赆赠五祖七真十八真人徽号④。

1313 年，元皇庆二年。

- 孙德彧继任全真掌教⑤。

1314 年，元延祐元年。

---

① 龙虎殿"无极之门"竖匾内右侧题字："时大元国至元三十一年岁次甲午九月重阳日建。"
② 李道谦，字和甫，夷山人。曾任提点陕西五路西蜀四川道教，兼领重阳万寿宫事，著有《七真年谱》《终南山记》《甘水仙源录》《终南山祖庭仙真内传》等。
③ 《苗公道行碑》："丁未（下缺）踰年至大改元，授玄门演道大宗师，管领诸路道教商议集贤院。"
④ 见《永乐宫圣旨碑》《至大诏书碑》《天诏加封祖真之碑》，陈垣编纂《道家金石略》，第 727～733 页。
⑤ 《元汉会文圣旨碑》："辅道体仁文粹开玄真人孙德彧，以尔掌教玄□演道□馆。……可授神仙演道大宗师玄门掌教真人管领诸路道教所知集贤院道教事。宜令孙德彧。准此。皇庆二年九月日。"见王宗昱编《金元全真道石刻新编》，第 87 页。

- 七月诏，免除道士税赋。

1320 年，元延祐七年。

- 全真掌教孙德彧请辞终南。
- 蓝道元领全真教诸事。

1321 年，元至治元年。

- 八月，开玄真人孙德彧仙逝于终南山灵泉观。

1324 年，元泰定元年。

- 春，孙履道领全真教诸事①。

1325 年，元泰定二年。

- 六月，大纯阳万寿宫无极殿（三清殿）壁画绘毕，"马君祥长男马七待诏"题记。

1328 年，元天历元年。

- 凝和真人苗道一复掌全真教事②。

1335 年，元元统三年。

- 重玄真人完颜德明掌教全真③。

1358 年，元至正十八年。

- 大纯阳万寿宫混成殿（纯阳殿）壁画绘毕，"禽昌朱好古门人李弘宜、王士彦、王椿、张实、卫德和张遵礼、田德新、曹德敏"题记。

---

① 虞集《河图仙坛之碑》："泰定元年春，长春掌教真人阙，上用公（吴全节）荐，以汴梁朝元宫孙公履道主之。"

② 何约《皇元制授诸路道教都提点洞阳显道忠贞真人井公道行之碑》："天历始元，文宗入承大宝，起凝和于罩怀，复掌教之。"见王宗昱编《金元全真教石刻新编》。

③ 《清虚宫碑铭》："口统三年七月重七日，……持正明素忠纯大真人苗"；邓文原《皇元特授神仙演道大宗师玄门掌教辅道体仁文粹开玄真人管领诸路道教所知集贤院道教事孙公道行之碑》："元统三年岁舍乙亥九月吉日建。特进神仙玄门演道大宗师重玄蕴奥弘仁广义大真人掌管诸路道教所知集贤院道教事完颜德明。"

后　记

此书乃是在博士论文的基础上修改而来。

儒道释三家分别从社会、自然与心灵三个方面合力滋养着中国人文思想的持续发展。有宋以来，三家思想逐渐合流，作为其融合之集中体现的全真教，以异于传统道教的新姿态，于战火中兴起，救黎民于水火，在金元时期一时成为黄河南北影响深远的教派群体。其教义思想具有新创之处，其视觉艺术更是借助山西地区独特的人文地理环境而得以遗存至今。因此，在博士研究开始之初就已笃定，要借全真教艺术之视觉形象作为敲开传统道教思想世界知识之门的钥匙，而在那样一个战火连天、民不聊生的悲惨世界，回望历史、观照人心亦成为撰写此文的初衷。基于此，需特别感谢我的博士生导师王宏建先生，您对宗教艺术的本质、艺术与现实生活的关系、艺术美作为具体形象的真理等重要理论问题的深刻阐释，提纲挈领地为我在论文中分析并理解宗教艺术作品的内容及其形象内涵奠定了坚实基础。

在图像泛滥、泥沙俱下的当下，脱离了原境的古代艺术作品在视觉文化大潮中显然已被逐渐改变了其原初的意义。同时，作为研究者，面对距今千年开外的宗教艺术图像，即便如何冷静与理性，亦难以完全避免在图像时代影响下因视觉经验和图像认知的发展对眼睛的规训。还需看到，新材料、新观点、新方法这"三新"作为目前学界对学术研究的重要考量，正成为勒在研究者脖子上的一道无形的锁痕。中国古代美术史学研究，经过改革开放新时期的持续发展至今，坦诚而言，在材料方面出新难度较大，因此在新观点、新方法上寻求突破就显得迫切。特别是研究方法上，较之西方艺术史学研究的多元生态，中国传统美术史研究实则单调许多。因此，借助对西方美学史及艺术史学史已有的粗浅了解，如何寻找到一些适合解读中国美术史作品的新角度也就成为了笔者不断思考的问题。读博期间，无论是西方文学电影叙事学理论，还是潘诺夫斯基的图像学，无论是福柯、罗兰·巴尔特，还是米歇尔，无论是形式分析、心理分析，还是文化研究、性别研究等等都像放电影般一遍遍地不断在大脑中闪回。当时虽然不时冷静地提醒自己，强行嫁接可能会过度阐释，但在一股热情和冲动的裹挟之下已然顾不了太多，摸着石头就实验了开来……今年正值母校百年诞辰，在此特别感谢中央美院人文学院活跃而浓郁的学术氛围对我的精神滋养，感谢学习期间诸位一路携手而行的同好们通过各种形式开展的学术交流，博士三年的学习就像一场美丽的头脑风暴，诚愿诸位师友学业精进、前程似锦，恭祝母校永远年轻，充满活力。

在论文撰写期间，我已在《美术》杂志社实习，因此对杂志社诸位同事多年的陪伴与照顾一并表示真诚的感谢，特别是尚辉先生对我艺术理论素养和业务能力的培养铭记于心；在论文准备出版期间，又值在艺术研究院博士后流动站工作，亦是因为此书的不断修改而耽误了不少研究任务，为此要对我的合作导师牛克诚先生致以深深的歉意，同时因为您，让我打开了一个更宏深的学术视野；此外，还要特别感谢北京大学艺术学院的李淞先生为我撰写了推荐信，作为道教美术研究领域的权威，您的认可与鼓励让我信心倍增。

选择全道教艺术作为博士论文研究的对象并且借助这本专著作为三年求索的总结，于己而言可谓一个阶段的小完满。虽然不足之处仍然很多，但若能借此起到抛砖之功，在道教艺术研究这个久难一闻人间烟火气而今却已展现勃勃生机的学术新贵面前，激发越来越多的金玉同道们研究之兴趣，亦不啻为美事一桩。为此，特别感谢文物出版社为我提供这个难得的机缘，感谢责任编辑谷雨老师为此书的顺利出版所付出的辛苦努力。

最后，将此书献给我的父亲吴敏行先生、母亲刘子兰女士。

2018 年 9 月 4 日于望京南湖东园

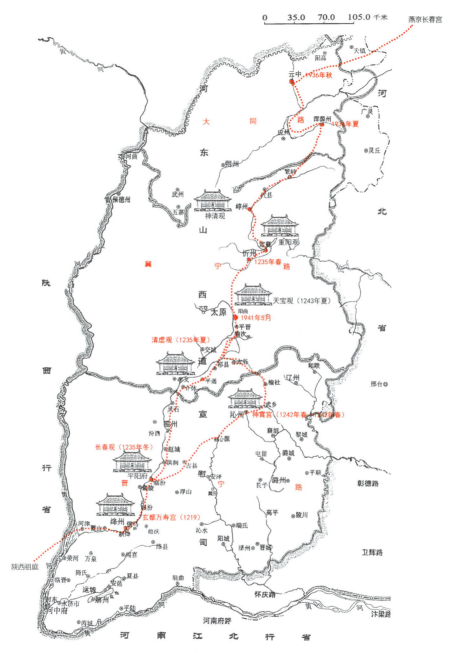

图 1.6 尹志平山西往还线路图（吴端涛制图）

彩版二

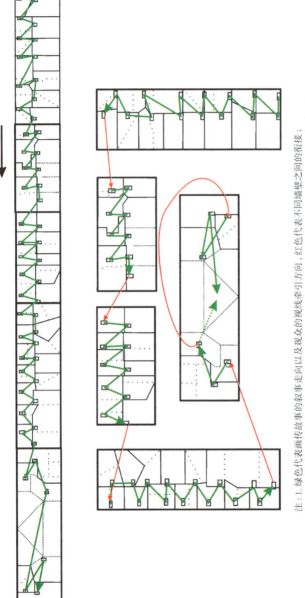

注：1. 绿色代表画传故事的叙事走向以及观众的视线牵引方向，红色代表不同墙壁之间的衔接；
2. 结合窟面端方位，将壁画倒置，其中中央倒三角为三清像，故可以设想在 52 与 53 之间，观众可能
会断开而首先瞻仰三清像，故用壁线标出。

图 2.4　重阳画传四壁五面叙事线路图（吴端涛制图）

重阳殿东壁

北 ←┼

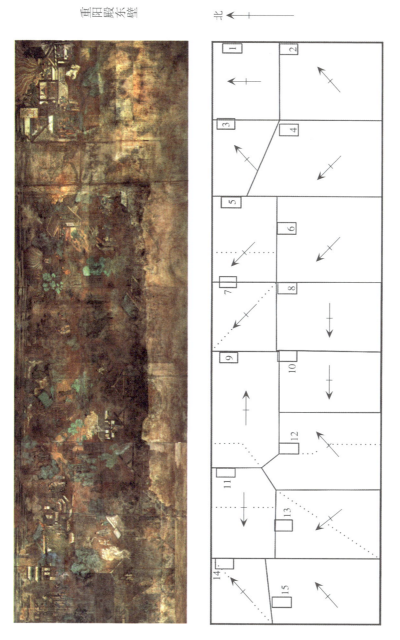

图 2.5　重阳殿东壁重阳画传视角变化（吴端涛制图）

扇面墙背面　　　　　　　　　　　　西壁

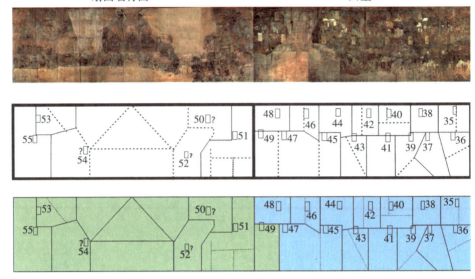

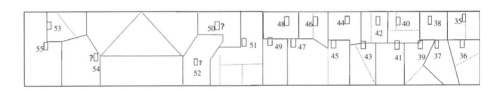

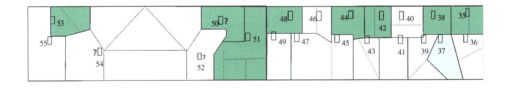

彩版四

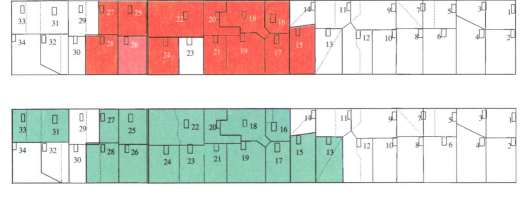

西北壁　　　　　　东北壁　　　　　　　　　东壁

注：画传由三部分组成，第一部分为第1～12，重阳入道，由棕色标出；第二部分为第13～48，重阳度化，先后由橙、
　　红、蓝色标出；第三部分为第49～55，重阳仙逝，由绿色标出。

图2.7　重阳画传的叙事顺序、整体结构及图文关系（吴端涛制图）

注：1. 红色部分为孙不二形象的出现位置，粉红色部分画面漫漶不清，不确定是否有孙不二形象
　　2. 绿色部分为马钰形象的出现位置，浅蓝色部分画面漫漶不清，不确定是否有马钰形象

图3.2　重阳画传中表现孙不二与马钰形象的位置分布图（采自萧军编著《永乐宫壁画》）

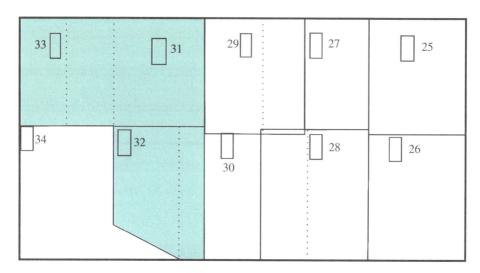

31. 度太古　32. 太古传衣　33. 太古传衣

图 2.14　北壁西侧三组度化太古图像 (采自萧军编著《永乐宫壁画》, 第 306 页)

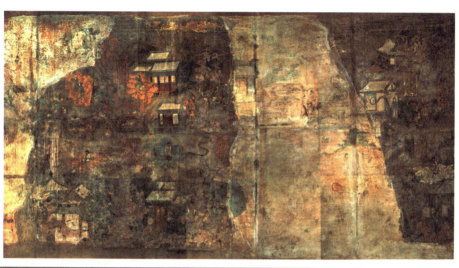

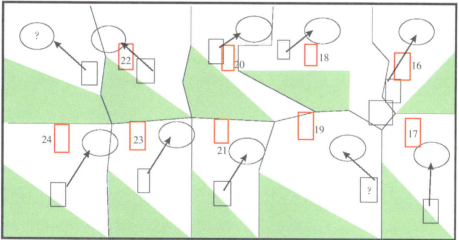

黑色椭圆:王重阳　黑色方形:马钰夫妇　三角形绿色区域:地狱场景

图 2.21　第 16～24 九组地狱场景的图像表现 (采自萧军编著《永乐宫壁画》,第 272 页)

彩版七

图 2.25 第 22《洒净水》之炉炭地狱（采自萧军编著《永乐宫壁画》，第 292 页）

图 2.30 第 27《叹骷髅》局部（采自萧军编著《永乐宫壁画》，第 311 页）

图 2.37　纯阳殿壁画《纯阳度化马庭鸾》局部 (采自萧军编著《永乐宫壁画》, 第 217 页)

图 2.38　纯阳殿壁画《纯阳救苟婆眼疾》局部 (采自萧军编著《永乐宫壁画》, 第 218 页)

15	16	17	18
20	21	22	24
25	26	27	28

图 3.1　重阳殿壁画孙不二形象汇总 (采自萧军编著《永乐宫壁画》)

图 3.13　第 6《屏弃妻孥》局部 (采自萧军编著《永乐宫壁画》, 第 283 页)

图 3.14 第 15《分梨环堵》、第 28《妆伴哥》、第 17《擎芝草》中的孙富春形象（采自萧军编著《永乐宫壁画》，第 291、312、296 页）

考古新视野

考古新视野
青年学人系列

2016 年

彭明浩：《云冈石窟的营造工程》

于　薇：《圣物制造与中古中国佛教舍利供养》

刘　韬：《唐与回鹘时期龟兹石窟壁画研究》

朱雪菲：《仰韶时代彩陶的考古学研究》

2017 年

王晓敏、梅惠杰：《于家沟遗址的动物考古学研究》

潘　攀：《汉代神兽图像研究》

邓　菲：《中原北方地区宋金墓葬艺术研究》

吴端涛：《蒙元时期山西地区全真教艺术研究》

2018 年（入选稿件）

李宏飞：《王朝更替与文化异同——商末周初文化流变的考古学观察》

王书林：《北宋西京城市考古研究》

袁　泉：《沿革并济：蒙元时期中原北方地区墓葬研究》

肖　波：《俄罗斯叶尼塞河流域人面像岩画研究》